教育部人文社会科学研究规划基金项目
"外在规约与主体抑制：民国乡村教师研究 (1927—1937)"
（批准号：13YJA770012）资助

德州学院学术著作出版基金资助

民国乡村教师
社会角色研究

姜朝晖／著

MINGUO XIANGCUN JIAOSHI

SHEHUI JUESE YANJIU

人民出版社

责任编辑:郭　娜
封面设计:姚　菲

图书在版编目(CIP)数据

民国乡村教师社会角色研究/姜朝晖 著. —北京:人民出版社,2016.11
ISBN 978－7－01－016647－6

Ⅰ.①民…　Ⅱ.①姜…　Ⅲ.①农村学校-教师-社会角色-研究-中国-民国
　Ⅳ.①G529.6

中国版本图书馆 CIP 数据核字(2016)第 211133 号

民国乡村教师社会角色研究

MINGUO XIANGCUN JIAOSHI SHEHUI JUESE YANJIU

姜朝晖　著

人 民 出 版 社 出版发行
(100706　北京市东城区隆福寺街 99 号)

北京明恒达印务有限公司印刷　新华书店经销

2016 年 11 月第 1 版　2016 年 11 月北京第 1 次印刷
开本:710 毫米×1000 毫米 1/16　印张:21.75
字数:301 千字

ISBN 978－7－01－016647－6　定价:55.00 元

邮购地址 100706　北京市东城区隆福寺街 99 号
人民东方图书销售中心　电话 (010)65250042　65289539

目　　录

导　　言

一、研究的缘起

所谓民国乡村教师,首先是指民国时期任教于县级以下区、乡、镇和村落学校中,以乡村儿童为教育对象的教师。由于民国时期的乡村学校基本上都属于初等教育,所以民国乡村教师大多数都是小学教师。其次,由于民国时期乡村办学并不规范,存在公办学校、私立学校、教会学校,以及私塾等多种办学形式,从整体上来说,任职上述各类乡村学校的教师都属于乡村教师。但是,由于民国时期公立(体制内)或私立(体制外)的乡村新式学校是乡村学校的主体,乡村教会学校数量很少,乡村私塾的存在受到政府的严格限制,所以所谓"民国乡村教师"主要以乡村新式学校的教师群体为主。另外,由于民国时期政治格局不统一,所以除了民国政府统治下的乡村教育之外,还存在中共政权领导下的乡村教育和抗战爆发后日伪政权统治下的乡村教育,为更好地说明近代社会转型视野下乡村教师的角色问题,本书所论民国乡村教师以民国政府统治下的乡村教师为限。

所谓"角色",本来是指戏剧舞台上演员扮演的人物。后来美国心理学家米德将它引入到社会心理学理论中,用来解释在社会舞台上的个体身份及其行为,并将其称为"社会角色"。我国学者认为"社会角色"是"与人们某种社会地位、身份相一致的一整套权利、义务的规范与行为模式,它是人们对具有特定身份的人的行为期望"。① 简言之,社会角色是指特定社会位

---

① 郑杭生:《社会学概论新修》,中国人民大学出版社 2002 年版,第 139 页。

置占有者的权利义务系统和行为模式的总合。

乡村教师是随着近代乡村教育转型,旧式私塾衰落,现代学校教育兴起而新出现的一个职业群体,而民国时期是乡村教师角色模式形成的重要历史阶段,对于民国乡村教师的社会角色研究具有重要的理论和现实意义。

从学术意义上看,对民国乡村教师角色的研究拓展和深化了对乡村教育和乡村教师问题的认识。

第一,中国至今仍然是一个农业大国,而民国时期中国至少有超过80%的人口都生活在乡村,所以,发展新式乡村教育对于中国教育现代化转型来说始终具有至关重要的意义。而乡村教师正是乡村教育活动的主要承载者,研究他们作为一个不同于传统塾师的新式从教者的角色形成、角色行为模式和角色困境等问题,能够真实反映民国乡村教育的发展状况,说明中国教育现代化过程中的深层次问题。

第二,研究民国乡村教师社会角色问题最主要的意义还在于推动乡村教师的发展。乡村教师是中国近代教师群体中的一个特殊人群,有着不同于普通教师角色的特殊性。首先,在中国近代城乡二元分化的特殊条件下,他们实际上处于沟通国家与社会、城市与乡村、精英与大众的媒介或桥梁的位置,处于城乡文化冲突、中西文化冲突、传统与现代文化冲突以及国家意志与地方传统冲突的第一线,往往成为各种矛盾的焦点,这一特点在民国乡村教师身上体现得更明显。而从历史的角度上来看,民国乡村教师身上的过渡转型特征也很突出。民国时期是新式乡村教师获取自身现代知识人角色的关键时期,随着国民政府下沉权力到乡村的力度前所未有地加强,新式乡村学校开办得越来越多,乡村教师不仅人数越来越多,而且国家对于乡村教师的规范化管理也越来越强,社会对于乡村教师的期待也越来越高。乡村教师所承担的责任义务和所享有的待遇保障都越来越明确,也就是说乡村教师的角色模式已经基本明确起来。但身处新旧文化冲突第一线的乡村教师,其角色扮演过程却远非单向地践行国家制度和社会期待所赋予的角色义务那么简单。其在实践过程中遭遇到的困境和对角色的领悟与反思,

对于建构一个真正具有跨文化生存能力、有实践效能的乡村教师角色是有
很强的启迪意义的。

从现实意义来看,在目前的社会主义新农村建设中,乡村教师仍然是一
个不容忽视的角色。因为现在农村中所缺乏的仍然是知识、智力和文化资
源,乡村教师仍然是一个沟通乡村与外部世界的媒介。但作为乡村中稀缺
的文化资源,现代乡村教师仍然面临着与民国乡村教师一样的角色困境和
自我角色认知的困惑。乡村教师缺乏与乡村社会的互动,专业素质和待遇
低下,在专业话语权、社会话语权上处于弱势等等问题,依然限制着乡村教
师发挥社会所期待的作用。所以深入探究民国乡村教师角色中的作用因素
和存在的问题,可以为建设现代乡村教师队伍、发展现代乡村教育提供历史
借鉴。

二、学术史回顾

目前专门针对民国乡村教师群体的专题研究并不多,关于乡村教师群
体的研究多包含在对近代小学教师群体、乡村教育或义务教育的研究里面。
这些研究虽然都涉及民国乡村教师的方方面面,但都不能反映乡村教师不
同于普通小学教师的独特性,更不能完整反映民国乡村教师作为现代知识
人的角色特征。

1. 关于民国乡村教师的专题研究

将民国时期乡村教师作为独立研究对象的专题研究大多是一些论文,
其中比较重要的有以下几篇。

郝锦花、田正平的《民国时期乡村小学教员收入状况考察——中国教
育早期现代化问题研究之一》①论述了民国乡村教师的经济状况,指出民国
时期乡村小学教员的收入是极其微薄的,与城市教员相比有较大悬殊,甚至

---

① 郝锦花、田正平:《民国时期乡村小学教员收入状况考察——中国教育早期现代化问
题研究之一》,《教育与经济》2007 年第 2 期。

不及城市工人之平均工资和乡村私塾先生的实际收入,并指出,清末民初乡村小学教员待遇之菲薄,乡村新式教育事业之举步维艰,是历届政府普遍漠视乡村教育的必然结果。侯明喜、曾崇碧在《试论民初乡村小学教师的社会地位——以20世纪30年代四川为例》①一文中认为,20世纪30年代的四川乡村小学教师,其经济收入菲薄,福利待遇低下,职业岗位得不到保障,社会声望不及塾师,严重影响了小学教师的社会形象和从教积极性,进而影响到国民教育的普及与质量提高。杜维鹏的《民国时期乡村教师的收入状况与生存状态——以华北地区为中心的考察》②分析了民国时期华北地区乡村教师收入来源的多样性,指出多样性的收入所得使得乡村教师在乡村社会普遍贫困化的情况下尚能保证生活上的自足,他们的消费水平亦要较普通乡民优越,不能简单地用清贫来形容乡村教师的生活。随着国家权力的不断下移以及现代化事业在乡村中的推行,乡村教师凭借自身掌握的文化资本开始更多地参与地方事务,有的甚至可以跻身于乡村社会权势阶层之中。张济洲的《国家与社会关系视野下的乡村教师社会功能的弱化》③论述了20世纪以来,随着国家权力介入乡村,乡村教师越来越体现国家意志而疏远乡村,造成乡村教师在乡村生活中的社会功能越来越弱化。丁留宝的硕士学位论文《乡村教师:乡村革命的播火者——以安徽农村党组织建设为例(1923—1931)》④视角很独特,它以安徽最早的农村党组织的建设为研究对象,指出这样一个事实,即中共下移到农村时绝大部分都是以教师为职业掩护进行革命宣传的,借助乡村教师这一职业带来的便利开展革命活

---

① 侯明喜、曾崇碧:《试论民初乡村小学教师的社会地位——以20世纪30年代四川为例》,《四川师范大学学报》2007年4期。
② 杜维鹏:《民国时期乡村教师的收入状况与生存状态——以华北地区为中心的考察》,《历史教学》2015年第4期。
③ 张济洲:《国家与社会关系视野下的乡村教师社会功能的弱化》,《菏泽学院学报》2009年第1期。
④ 丁留宝:《乡村教师:乡村革命的播火者——以安徽农村党组织建设为例(1923—1931)》,硕士学位论文,上海师范大学人文与传播学院,2007年。

动,大部分农村党组织的创建都是通过教师才得以创建的;作者断言:在共产主义运动从城市转入农村过程中,乡村教师起到了先锋、桥梁作用,他们是中国革命的播火者。

总之,目前关于民国时期乡村教师群体的专门研究多是就民国乡村教师的某个侧面展开的,不是对于民国乡村教师群体的系统性研究;而且受论文篇幅所限,现有研究多是现象描述,在理论分析的深度和论证材料的广度上还不够。

2. 关于近代小学教师群体的研究

民国时期乡村教师的主体是由乡村小学教师构成的,而且政府对于小学教师的管理制度是城乡一体的,并不十分突出乡村小学教师的独特性,所以现有的对于民国小学教师的研究非常有助于推动民国乡村教师的研究。目前这类研究多出自教育学专业中的教育史方向和中国近现代史专业的硕士学位论文,或偏重地域,或偏重小学教师生活的某个侧面,形成一定的个案积累。但这类研究往往主论民国小学教师,不能体现乡村教师的独特性。而且在论证上多偏重对教师制度或历史现象进行平铺直叙的描述,对小学教师问题背后的社会史内涵揭示得不够。所以,这类研究可以成为民国乡村教师研究的重要参考和支撑,但不能取代对乡村教师群体的多维度、立体化研究。

这类研究大体又分为两类:

一是特定区域或特定时期内的小学教师研究,如曾崇碧的《20 世纪 30 年代四川小学教师状况研究》①、许妍的《1927—1937 年河南教师群体研究》②、高海燕的《1927—1937 年间江苏小学教师研究》③、刘强的《1927—

---

① 曾崇碧:《20 世纪 30 年代四川小学教师状况研究》,硕士学位论文,四川大学历史文化学院,2003 年。
② 许妍:《1927—1937 年河南教师群体研究》,硕士学位论文,河南大学,2008 年。
③ 高海燕:《1927—1937 年间江苏小学教师研究》,硕士学位论文,南京师范大学教育科学学院,2008 年。

1937 年安徽教师群体研究》①等,上述研究概述了作为样本的特定小学教师群体的总体结构、经济待遇、培养和管理制度、社会声望等内容,作者一般认为民国法律法规对小学教师的权利保障逐渐制度化,但是小学教师的实际工作和生活状况并不理想。杨学功的《战时四川省小学教师生存境况的考察》②论述了战时四川小学教师群体结构、待遇状况、专业发展状况,结论认为各级政府虽然为了提高师资质量,采取了多种措施,但效果却不理想,总的来看,战时小学教育的发展在量的意义上是大于质的意义的。

二是关于民国时期小学教师发展某个侧面的研究,比如关于小学教师经济生活的研究有陈育红的《20 世纪二三十年代小学教师的薪水及其生活状况》③、冯梅的《20 世纪二三十年代广州小学教师薪资及生活状况》④等,这类研究通过对研究对象薪资水平的数据分析和生活状况描述,指出虽然民国政府制定了比较规范的教师薪俸制度,但在实际执行中小学教师的待遇仍然很低。关于民国小学教师相关制度的研究也在展开,如范星的《民国时期山东小学教员检定研究》⑤论述了民国时期山东小学教师的培养、检定、聘任及薪资待遇等制度及实施,特别是通过对山东省检定小学教员委员会公布的工作报告的分析,梳理了检定制度的制定和实施情况以及所取得的成效,同时,通过对检定考试试题的内容、题型的分析,讨论了小学教员检定考试试题的特点。作者认为民国时期的小学教师制度是较为完备的,其实施也取得了一定的成绩。徐旭的《南京国民政府时期小学教师管理制度

---

①　刘强:《1927—1937 年安徽教师群体研究》,硕士学位论文,安徽大学历史系,2011 年。

②　杨学功:《战时四川省小学教师生存境况的考察》,硕士学位论文,南京师范大学社会发展学院,2007 年。

③　陈育红:《20 世纪二三十年代小学教师的薪水及其生活状况》,《民国档案》2004 年第 4 期。

④　冯梅:《20 世纪二三十年代广州小学教师薪资及生活状况》,《西南交通大学学报》(社会科学版)2008 年第 1 期。

⑤　范星:《民国时期山东小学教员检定研究》,硕士学位论文,山东师范大学,2010 年。

研究(1927—1949)》①分别从抗战前、抗战时和抗战后三个阶段,对南京国民政府的小学教师管理制度进行了研究,总体认为,南京国民政府时期,中央政权一直不遗余力地完善小学教师管理制度,但国民政府制定相关政策时并没有考虑到国家现状与社会需要,再加上各地政策落实往往不到位,使得许多小学教师管理政策成为一纸空文。

另外,民国乡村教师与当时的乡村塾师关系密切,早期的乡村教师中有很多人都来自旧式塾师,而且塾师在民国时期的乡村教育界一直具有潜在的势力,对乡村教师的发展既构成挑战,同时在教学和生存经验上又是乡村教师的借鉴,乡村塾师与教师的此消彼长是民国乡村教师发展中的一个重要面相。在这方面,蒋纯焦的《一个阶层的消失:晚清以降塾师研究》②以晚清以降,塾师阶层随中国社会转型而衰落的历程为切入点,描述了塾师衰落过程中三个阶段性特征:清末废科举切断了塾师的仕进之路,降低了塾师职业的吸引力;民国新式学校的开办和普及极大地压缩了塾师队伍的规模,改变了其职业行为;新中国成立后,社会生活的巨变,消解了塾师的生存空间,使之最终被时代淘汰。蒋纯焦的研究没有从正面论述新教育的发展历程,而是从旧教育如何消亡的角度,深度还原了中国近代底层教育的现场,是研究民国乡村教师的重要参照。

3. 关于近代乡村教育、义务教育的研究

近代义务教育和乡村教育的发展是乡村教师群体兴起最直接的文化背景,与乡村教师研究关系密切。

关于义务教育的研究,都会论及发展义务教育所需的合格师资,而近代发展义务教育所需师资主要是乡村教师。田正平主编的《世纪之理想——

---

① 徐旭:《南京国民政府时期小学教师管理制度研究(1927—1949)》,硕士学位论文,南京师范大学,2014 年。

② 蒋纯焦:《一个阶层的消失:晚清以降塾师研究》,上海书店出版社 2007 年版。

中国近代义务教育研究》①引用大量的统计数据,分析了近代义务教育师资不足的原因。于伟敏的《南京国民政府时期义务教育研究(1927—1945年)》②则论证了义务教育师资的养成方式。阎广芬的《试论中国近代义务教育的师资培养》③一文,对近代中国当政政权在师资培养方面作出的努力和教师队伍的管理进行了分析。黄飚的《民国时期义务教育师资培养与管理研究》④从民国时期义务教育师资的概况、培养、管理三个角度,对民国时期的义务教育师资情况进行研究。

一些关于近代乡村教育的研究则必然要论及乡村教师的发展,而且这类研究多具有宏观的社会史视角和深厚的理论背景,对于深刻理解民国乡村教师问题很有帮助。

比如,丹麦学者曹诗第的《文化县——从山东邹平的乡村学校看20世纪的中国》⑤以邹平县为个案,将教育改革过程置于社会发展的大背景中,考察"教育是如何汇编入中国社会的篇章中的",以及"教育改革是如何成为我们常说的国家对中国农村的'渗透'中的主要力量的"。张济洲的《文化视野中的村落、学校与国家:一个县教育的历史人类学考察(1904—2006)》⑥也选择一个典型的县作为考察乡村教育历史演变的切入点,把近代乡村教育放到国家与乡村社会互动的视野下来考察,探讨一个世纪以来国家政权、村落和学校之间的互动关系,呈现了20世纪以来,伴随着国家政

① 田正平主编:《世纪之理想——中国近代义务教育研究》,浙江教育出版社2000年版。

② 于伟敏:《南京国民政府时期义务教育研究(1927—1945年)》,硕士学位论文,东北师范历史文化学院,2008年。

③ 阎广芬:《试论中国近代义务教育的师资培养》,《高等师范教育研究》2003年第1期。

④ 黄飚:《民国时期义务教育师资培养与管理研究》,硕士学位论文,东北师范大学,2007年。

⑤ [丹麦]曹诗第:《文化县——从山东邹平的乡村学校看20世纪的中国》,泥安儒译,山东大学出版社2005年版。

⑥ 张济洲:《文化视野中的村落、学校与国家:一个县教育的历史人类学考察(1904—2006)》,博士学位论文,华东师范大学教育学系,2007年。

权逐步介入乡村社会,国民教育体系建构与村落文化、地方性知识冲突的生动场面,揭示了乡村教育的复杂性。郝锦花的《新旧学制更易与乡村社会变迁》①跳出了教育本身,把教育放在当时的社会发展背景下进行考察,试图发现乡村教育在社会变迁中的作用。一方面"从文化竞争的角度考察兴学以来新学与私塾在乡村文化结构中的地位、作用,从整体上把握乡村教育的特征,并且剖析传统私塾和学校与乡村社会的内在联系",同时以"教育转型为切入点,从现代化的角度系统考察近代新学教育对乡村社会造成的多方面的影响,以及对于乡村社会在区位结构、经济和文化结构中地位的影响,并为这些影响提出一套可能的解释,进而透视中国现代化进程的一般特点"。杨娟的《苏南乡村教育研究(1905—1937)》②选取乡村士绅、乡民、现代教师作为切入点,通过他们的活动与文化选择,深入探讨了乡村教育与区域现代化之间的复杂互动关系。作者指出"苏南乡村教育的现代化过程中,理应善于利用中国的深厚文化传统,积极适应快速的现代化变革,实现教育与区域经济、社会的协调发展"。杨晓军《区域视野中的乡村、学校与社会——1905—1931年东北乡村教育研究》③对1905—1931年东北乡村地区的兴学运动进行细致的梳理,并对东北乡村兴学运动中的学堂事务管理与运作、教科书、考试方法与试题、学生与教师群体进行详细的分析,最后总结出东北乡村地区兴学运动的特殊性,并探讨其与近代东北乡村社会之间的关系。

三、研究思路和方法

1. 研究思路

社会学意义上的社会角色就是指处于特定社会地位的个体依据社会客

---

① 郝锦花:《新旧学制更易与乡村社会变迁》,人民出版社2009年版。
② 杨娟:《苏南乡村教育研究(1905—1937)》,博士学位论文,华东师范大学教育学系,2009年。
③ 杨晓军:《区域视野中的乡村、学校与社会——1905—1931年东北乡村教育研究》,博士学位论文,吉林大学文学院历史系,2009年。

观期望、借助自己的主观能力所表现的一整套权利、义务的规范和行为模式。也就是说,社会角色首先表现为外在规范的制约,具体到民国乡村教师的社会角色,它首先是近代中国社会现代化转型的结果,特别是近代教育转型的结果,身上折射着近代中国社会发展的客观需要。所以必须将民国乡村教师放到近代国家权力下沉基层、乡村社会被迫转型,以及精英知识分子代表的现代文化辐射的共同作用中,才能探明民国乡村教师的角色特征。总之,民国乡村教师的社会角色是在国家权力、现代知识精英和传统乡村社会等外部力量的共同作用下建构起来的。而这些外部规约对于乡村教师的角色期待既有源自时代和社会需求的内在统一性,也有源自国家和社会等不同利益诉求的多样性,所以民国乡村教师角色不是单一的。

首先,在民国乡村教师角色建构过程中,来自国家制度的规约力起着主导作用,国家的教育教师制度、法律法规基本规定了民国乡村教师的责任义务、权利待遇和各项职业规范。在国家制度设定中,乡村教师作为官方意识形态代言人和现代意义上的职业教书匠角色已经非常明确。

其次,20世纪二三十年代,由独立于政府的知识精英主导的乡村教育运动风起云涌,这些知识精英对乡村教师的角色期待也具有自己的特色,他们更加强调乡村教师作为知识分子的公共性,突出乡村教师在改造乡村、服务公众方面的主导性。这些构想对于国民政府的乡村教育政策构成一定的督促和示范作用,也从一个侧面反映了当时民国乡村教师角色的特征。

再次,乡村社会是乡村教师角色扮演的背景舞台,甚至可以说是乡村教师的对手角色,国家和精英们对乡村教师的角色期待,需要乡村教师在与乡村社会的实际交道中才能实现。表面看来,乡村社会在乡村教师的角色形成中所发挥的作用很被动,只是在对新式教师所代表的外来冲击被动地做出反应,但是,乡村社会对新式教师和新教育观念的抵触对于乡村教师的角色形成绝不是毫无影响的。至少在乡村社会的抵触下,乡村教师的角色和功能更加边缘化。

最后,虽然国家、精英、乡村社会等外部因素规定了乡村教师角色的基本权利义务和行为模式,但是,这些只是外部世界期待下乡村教师的"应然"角色,这种"应然"角色要落实成为角色实践,则需要借助乡村教师这个角色主体对于自身权利义务的领悟,并将自己的领悟进一步发展为实际的行动,才进入角色实践阶段。因为社会角色既受规范的外在制约,又受教师个体能力和主观能动性的影响,是客观与主观的统一,体现为个体采取的与自身地位相应的、符合社会要求的调节性行为。所以,来自乡村教师方面的主体因素也是乡村教师角色形成的一个重要动因。乡村教师作为主体是具有主观能动性的,他们能够在多大程度上领悟和实现外部期待,他们源自真实生活感受之上的自我身份认同和结合实践创造出的一些为这一角色先前所不具有的行为方式,最终决定了乡村教师的"实然"角色。

另外,在时间断限上,本研究主要以 20 世纪 30 年代为考察核心。因为南京国民政府成立后,特别是 30 年代,包括抗战爆发后的最初几年,是民国以来国家对于乡村教育最为重视的时期,国民政府先后推出的义务教育和国民教育政策都比较侧重于乡村教育,而且随着国民政府权威的建立,乡村教育无论在制度建设,还是政策执行方面也都较之前有明显进步,乡村教师从教学活动、日常生活到行政管理层面都比较上轨道,因而这一时期可以称得上是民国时期乡村教师角色构建的典型历史时期。

在资料来源的地域范围上,由于关于民国乡村教师生活方面的原生态资料很缺乏,所以在研究地域范围上适当扩大了一些,大体以国民政府权威能够覆盖的华北各省及长江中下游诸省为限,在涉及抗战爆发以后的国民教育实施阶段,也采纳了西南各省乡村教师的资料。

2. 研究方法

（一）文献分析法是最基本的研究方法

通过对原始文献、档案资料,特别是报刊资料的整理分析,可以实现基本史实的确证。但是,民国乡村教师的相关资料在搜集和梳理方面存在特殊困难。首先,由于乡村教师文化程度普遍不高,而且处于社会的最底层,在社会话语权上比较弱势,所以记录他们生活原生态的资料并不像对其他中上层知识分子的记载那么多而系统。其次,目前保留下来的关于民国时期小学教师的资料往往是笼统地将小学教师作为一个群体,很少将他们做严谨的城乡区分。而事实上,城市中心小学的教师与乡村小学教师在社会地位、生活状况、自我认同,甚至是管理制度上还是有很大差距的,这就要求研究者必须严格梳理这类材料,从中筛选出真正能够代表乡村教师状况的典型材料。最后,目前所见关于民国乡村教师生活原生态的资料除了民国时期的教育报刊之外,还有 1949 年以后出版的地方文史资料,尤其是在县级文史资料中才偶尔可见关于当地乡村教师的相关记录。但这类资料非常分散,搜集、整理工作难度很大。而且,这些 20 世纪 70 年代之前所发表的文史资料,由于受政治因素影响比较大,相关回忆和陈述难免有些失真,所以对这类资料的采用也必须谨慎。

(二)借助社会史的研究方法

对于社会史的研究对象和方法虽然有多种意见,但当代社会史研究有一个公认的特点就是眼光向下,"将透视的焦点从国家上层移向社会下层,下力气研究芸芸众生……透过他们日常普通的物质生活、精神生活和心理世界,展示千百万人的'众生相',由下而上地展开对中国社会深层结构的揭露"。[①] 本书对民国乡村教师社会角色的研究不再是单纯地从国家、民族、教育转型等大德目出发,简单地将民国乡村教师视为一个整体而予以符号化,这种政治史、教育史框架下民国乡村教师就只是中国乡村教育现代化过程中一个附属产品、一个小小的陪衬,乡村教师个体的生活和感受是无碍大局的。而社会史的研究是将乡村教师作为一个独立的底层职业群体来研究,关注这个群体中每一个个体的生命轨迹和心理感受,关注这个群体与其生存环境的互动,从他们对自身社会角色的体悟和感受中来反观、反思社会对乡村教师的角色设置。这种研究从勾勒乡村教师的立体化生活图式出发,来探寻民国乡村教师角色的历史厚度。

---

① 王家范:《从难切入,在"变"字上做文章》,《历史研究》1993 年第 2 期。

　　既然借鉴社会史的研究方法研究民国乡村教师群体,那么首先必然要借助国家与地方社会关系互动理论。在近代国家权力介入乡村这个重要的宏观参照系中,将乡村教师作为国家权力渗入乡村社区的重要标志,以此来分析国家对于乡村教师的设定、知识精英对乡村教师的期待和乡村社会对新式教师的抵触,势必会增强对乡村教师角色问题的认识。其次,事物总是在与同类及异质群体的参照对比中显示出自身特质,通过对乡村教师与塾师和其他知识分子的比较,才能凸显乡村教师的特点与性质,所以比较研究法也是一个重要分析工具。最后,关于乡村教师的研究需要使用大量的史实和统计资料,才能深入分析乡村教师群体的来源构成、教育教学活动和薪资生活等状况,所以也要用到统计学的相关方法。

第一章　中国近代教育变迁与
乡村教职的新陈代谢

自清末新教育兴起以来,乡村中承担基础教育职能的知识阶层从过去的塾师,变成了新式教师。乡村知识阶层的这种新陈代谢,是近代中国教育转型、特别是乡村教育转型的结果,新式学校教育取代传统的经学教育、乡村学校取代私塾是新式乡村教师产生的前提。

第一节　中国近代教育的转型:
从经学教育到学堂教育

清末以来,中国教育走上了由旧式经学教育向现代学校教育的转型之路。各类旧式教育机构,从各级官学到民间的书院私塾,都逐步过渡成为新式的各级学校。不仅教育机构的形式发生了改变,内在的教育思想、教育内容和整体的教育制度都随之发生了相应的调整。

一、传统教育的衰落

近代以来,以经学教育为主要内容、以科举为主要培养目标的中国传统教育越来越不适应中国近代社会的巨变,再加上西方新式教育的示范作用,中国教育就此走上了现代转型之路。

1. 新旧教育的不同

中国传统教育是与农业社会相适应的经学教育、科举教育,这种旧的教育模式从教育宗旨、教育内容到教育制度都有其独特性,与自然经济、专制政治、宗法社会相辅相成。而新式学校教育是一种从西方借鉴而来的新型教育模式,它与传统教育的不同是全方位的。

陈独秀曾经将传统以科举为核心的教育制度称为"旧教育";将清末学制改革之后的教育制度称为"新教育"。他认为新教育与旧教育的不同不仅仅在于形式的不同(旧教育是科举,新教育是学校)、教材种类的不同(旧教育讲授的是经史子集,新教育讲授的是科学),最为根本的是教育主义和方法以及教育功效的不同。旧教育主义是个人的,"是要受教者依照教育者的理想,做成伟人的个人,为圣贤,为仙佛,为豪杰,为大学者";新教育不专造成个人的伟大,而"注重在改良社会"。在教授方法上,旧教育采用的是教训式,新教育采用的是启发式。① 陈翊林认为新教育是"为民主政治、国民经济、国家社会和新文化而设的教育",其对于旧教育可以说是一种"教育革命"。②

具体来说,新旧教育的不同体现在以下几方面。

在教育宗旨方面,清代政府有训谕百姓的圣谕十六条:"敦孝弟以重人伦,笃宗族以昭雍睦,和乡党以息争讼,重农桑以足衣食,尚节俭以惜财用,隆学校以端士习,黜异端以崇正学,讲法律以儆愚顽,明礼让以厚风俗,务本业以定民志,训子弟以禁非为,息诬告以全良民,戒窝逃以免株连,完钱粮以省催科,联保甲以免盗贼,解仇忿以重生命。"③从中可以看出,清代的教育宗旨和目标无非就是养成孝子忠臣,维护农业、宗法社会的人伦秩序。清末学部所定教育宗旨为"忠君尊孔尚公尚武尚实"。虽然所谓尚公、尚武、尚实分别含有适应近代社会的公民教育、军国民教育、实利主义教育的意思,但总体来说,这时候清政府的教育宗旨仍然不脱忠君尊孔的窠臼。民国以

---

① 陈独秀:《新教育是什么?》,载华东师范大学教育系编:《中国现代教育文选》,人民教育出版社1998年版,第177—187页。
② 陈翊林:《最近三十年中国教育史》,上海太平洋书店1930年版,第8页。
③ 陈翊林:《最近三十年中国教育史》,上海太平洋书店1930年版,第9页。

后,从北京政府教育部宣布以"道德教育、实利教育、军国民教育、美感教育"为新教育宗旨,到南京国民政府正式颁布三民主义教育宗旨——"中华民国之教育,根据三民主义,以充实人民生活,扶植社会生存,发展国民生计,延续民族生命为目的;务期民族独立,民权普遍,民生发展,以促进世界大同。"①总体来说,是倾向于近代民主主义的。

在教育目标上,传统教育以为政府培养文官的精英教育为唯一目标,读书人实现自身社会身份上升的唯一渠道就是做官;而晚清新式教育是以培养近代合格的新国民为目标,所以,新教育首先是国民教育,然后才是人才教育,以向现代工商社会输出专门人才为培养目标。

在教育的行政管理制度上,过去清政府在中央设有礼部,专管全国教育行政事宜及典礼;在地方各省中央拣派提督学政主管乡试等事宜;在府州县设有教官管理府州县文武士子。这套从中央到地方的教育管理部门在功能上是混融的,兼管教育与科举。清末在废科举的同时还设立了专门的教育行政机关,中央为学部,各省设立提学使司,府厅州县设劝学所。进入民国之后则逐渐建立了从中央教育部、到省教育厅、再到县教育局这样一套完整、专门的教育主管机关。

在教育内容上,旧教育是单纯的经学教育、文字教育,从最低程度的三字经、千字文、百家姓、幼学琼林,到最高程度的四书、五经、纲鉴、唐诗以及时文小楷等等。特别需要注意的是,旧式学校教育的内容是围绕着科举指挥棒来转的,真正的教育功能有限。"府州县学只考课,沿袭官场具文,并不讲学,几乎不与教育发生关系。书院的课程稍涉及经史子集,而特重时文诗赋与小楷,不及宋时书院尚有讲学之风。国子监虽分经义治事两门,希望生员能极深研几,也只是有名无实。翰林院为半学半官的机关,设有编修、检讨和侍读等官,间有极少数人从事高深的研究,然其范围也不出于经史子

---

① 《中华民国教育宗旨及其实施方针》,载宋恩荣等选编:《中华民国教育法规选编》,江苏教育出版社1990年版,第45页。

集之外。私塾的教法着重记诵,凡教师所授均须能记诵,不问其意义,其他各种学校则又多属自由研究,甚至自由到只应考课与领膏火而已。至科举的内容,则只以制义、经义、策论、诗赋和小楷取士,中制的便可一步登天,不中制的则永沉海底。然无论中制与不中制,均不外代圣人立言,毫无实际。"①而新式学校教育的课程涉及人生社会的方方面面,特别是增加了科学教育和西方社会人文教育的内容,这是传统教育所没有的。

教育方法上当然也有很大不同,最主要的一点是,新式教育是以学生为主体的,重启发诱导,而不是单纯的背诵。所以有人说"单就课程说,旧教育是一种死教育,新教育是一种活教育"。

在学校制度上,现代学校制度更加严密系统,无论公立还是私立学校都须受到国家政府的严格规范和监督,这与过去将初等教育基本交给民间的方式很不相同。

2. 传统教育衰落的原因

在近代之前,旧教育就已经流弊百出。最被人所诟病的一点就在于各类学校与政府科举取士过于紧密地纠缠在一起,学校教育作为教育的特性有名无实,沦为科举的附庸。"原来旧教育以学校养士,以科举取士,而政府只重科举不重学校,因此官学与公学类多等于虚设,私塾则只以应科举为能事。所谓旧教育几乎成了科举教育的别名,而旧教育的末运便不得不来临了。"②

随着明清以后科举制度从内容到形式的日益僵化,它所引导下的学校教育也越来越形同虚设。首先,科举制度从内容上已然束缚很多,对于儒家经典的解说只能固守一家之言,脱离了正常的学术轨道。"惟垂为科举,立法过严,以为代圣立言,体裁宜正,不能旁称诸子而杂其说,不能述引后世而谬其时,故非三代之书不得读,非诸经之说不得览,于是汉后群书,禁不得

---

①　陈翊林:《最近三十年中国教育史》,上海太平洋书店 1930 年版,第 12—13 页。

②　陈翊林:《最近三十年中国教育史》,上海太平洋书店 1930 年版,第 13 页。

用,乃至先秦诸子,戒不得观。……故令诸生荒弃群经,惟读《四书》,谢绝学问,惟事八股,于是二千年之文学,扫地无用,束阁不读矣。"①士子们为应试只在做精致的八股文上用功夫,只读一些简陋的应试资料,连真正的孔孟之学也无所涉及,所以士子们其实是无学识的。故梁启超说"八股者乃率天下之人使不学也"。② 其次,科举制但取八股的形式,考官只重八股文章的音韵、文法、楷法等形式,也造成科举的空疏之风。"虽有经义五文,皆以短篇虚衍,虽有问策五道,皆以题字空对。但八股清通,楷法圆美,即可为魁科进士,翰院清才;而竟有不知司马迁、范仲淹为何代人,汉祖、唐宗为何朝帝者!"③所谓创新学术、传递文化、为社会输出儒家道德价值观、为政府培养有实际行政能力的合格文官的教育功能已然衰微,这就是学校"废学就试"的恶果。

到晚清,科举教育模式越来越不适应新形势的要求。晚清是中国历史上一个巨变的时代,政治上从专制王权走向民主共和,经济上从单一的小农经济走向现代工商市场经济,社会结构上传统宗法社会也在城市化浪潮中走向解体,这种种变化必然要求文化上也有一个相应的转型。就在这种时代背景下,传统教育模式遭遇到前所未有的质疑和冲击,逐渐走向衰落和崩溃。

晚清社会对传统教育的质疑和批评主要集中在科举束缚下的各类学校学风空疏,不能培养出近代中国富国强兵所急需的懂得科学、政艺的人才,所以,随着科举制度在晚清的衰落,中国旧式科举教育必然也随之衰落。

早在近代之初,被称为"开眼看世界"的第一代人中,教育改革就已然是一个很受重视的问题。林则徐的"师敌之长技以制敌",魏源的"师夷之

---

① 康有为:《请废八股试帖楷法试士改用策论折》,载舒新城编:《中国近代教育史资料》上册,人民教育出版社 1981 年版,第 37 页。
② 陈翊林:《最近三十年中国教育史》,上海太平洋书店 1930 年版,第 16 页。
③ 康有为:《请废八股试帖楷法试士改用策论折》,载舒新城编:《中国近代教育史资料》上册,人民教育出版社 1981 年版,第 37 页。

长技以制夷",龚自珍的"我劝天公重抖擞,不拘一格降人才"其实都反映出当时最敏锐、最先进的中国人对教育改革初步、模糊的认识。洋务运动中开办了许多新式实业学堂、军事学校,旧式教育一统天下的格局已然打破,但真正直接对准旧式科举教育进行批评和修正的动作,是从戊戌维新时期开始的。康有为在 1898 年上书光绪帝,请求改革科举制度时,指出:"夫人士之才否,国命之所寄托也。举贡诸生,为数无几,若童生者,士之初基。""夫以总角,至壮至老,实为最有用之年华,最可用之精力,假以从事科学,讲求政艺,则三百万之人才,足以当荷兰、瑞典、丹麦、瑞士之民数矣。以为国用,何求不得,何欲不成? 乃以三百万可用之精力人才月日,钩心斗角,敝精费神,举而投之枯困搭截文法之中,以言圣经之大义,皆不与之以发明也,徒令其不识不知,无才无用,盲聋老死。"所以康有为评价科举制是极其扼杀人才、戕害智慧的极其荒谬的制度,"是比白起之坑长平赵卒四十万,尚十倍之。其立法之谬异,流弊之奇骇,诚古今所未闻,而外人所尤怪诧者矣"。①

就在这样的大背景下,改良科举教育已经势在必行,从光绪初年清政府科举改革增加算学取士开始,后来戊戌维新时期又设经济特科,这种特科只试策论不试八股,而且内容也主要以内政、外交、理财、经武、格物、考工等近代新学为主;接着又有废止八股诗赋小楷,科举着重策论的改革。这些改革措施虽然随着戊戌维新的失败而被废止,但 20 世纪初,清政府鉴于国内外形势,还是不得不先递减科举名额,进而在 1905 年八月"谕令停科举以广学校"。

就这样在晚清几十年的时间里,科举制度骤然衰落。在这个过程中,以科举为目标的各类旧式学校必然受到直接冲击,因为废科举在制度上已经断绝了各级学校生员读书入仕的出路,为了前途,青年学子必然转投新式教育。陶钝在回忆录中记述,晚清科举废除后,自己家乡一些见识比较广、头

---

① 康有为:《请废八股试帖楷法试士改用策论折》,载舒新城编:《中国近代教育史资料》上册,人民教育出版社 1981 年版,第 38 页。

脑比较灵活的乡绅已经开始让自家子弟入新式学校读书了,尽管他们自己家里也设有私塾,但只是用来教育年幼的子弟。"这村的王姓三家地主,以往都是读书进考场,求功名的。这时候,科举停了,兴办学堂,以后要做官,就要学堂毕业。这三家王姓地主的少爷们,不在自己家里读'四书'、'五经'了,去徐家河岔北边十五里的相州镇入了学堂。"①

为了生存,各类旧式学校也不得不向现代学校教育模式靠拢。到民国建立以后,由于立国基础的改变,民主共和制度的价值支撑与君主专制制度的文化根基是根本不同的,"忠君与共和政体不合,尊孔与信教自由相违"。② 所以旧式学校的生存又遭遇到来自文化认同方面的危机,这种危机与废科举所导致的现实冲击相比,是一种更深层次上的价值认同上的危机,对于旧式学校的生存合法性来说是从根源上的否定。

3. 传统教育衰落的表现

晚清有很完整的旧式学校系统。从学校的开办主体来看,大体分为官办、公办和民间私立等几种类型。官办学校有为宗室和八旗子弟所设的宗学、觉罗学、景山官学、咸安宫官学等贵族学校;有为进士设的翰林院、为生员所设的国子监等京师的学校;也有为生员和童生所设的地方学校,如各省的书院、各府的府学、各州的州学、各县的县学。公办学校有专为贫寒子弟所设的分布于乡镇村落的义学或社学等。除此之外,还有许多由民间私人设立的学校——私塾,这种民间学校所教的学生程度有高有低,从蒙童的识字教育、读经教育,到一些学业水平比较高的大学生的应试教育都有。由于传统政府从未将遍设学校于民间作为自己的目标,旧式官学止步于政府的最底层行政组织——县,民间社学之类又很有限,所以私塾作为一种民间教育机构得以大行其道,承担着相当重要的普及教育的职能。

旧式学校的衰落首先以清末官学系统的改革为标志。

---

① 陶钝:《一个知识分子的自述》,山东人民出版社 1987 年版,第 9 页。
② 蔡元培:《对于新教育之意见》,载高平叔编:《蔡元培全集》第 2 卷,中华书局 1984 年版,第 136 页。

　　戊戌维新中有关教育方面的改革就是督促旧式教育体系向新式学校的转型，"即将各省府、厅、州、县现有之大小书院，一律改为兼习中学西学之学校。……其地方自行捐办之义学社学等，亦令一律中西兼习，以广造就"。① 戊戌维新虽然失败了，但1901年新政时期，清政府再次诏令各省将旧式学校改设新式学堂，要求"各省所有书院，于省城均改设大学堂，各府及直隶州改设中学堂，各州、县均改设小学堂，并多设蒙养学堂"。② 随之，在废科举的同时，清政府着手建立系统的新的教育制度，1904年颁布的《奏定学堂章程》（即癸卯学制）是第一个正式在全国颁行实施的学校教育制度，这就预示着旧式教育体系至少在法律层面上失去合法性依据。而且，清政府的教育改革也不仅仅对准由政府出资控制的官学系统，对于原来由社会和民间自主控制的某些教育领域，政府也着意加以引导，力图将民间教育资源和注意力引导到发展新式教育上来。如《奏定初等小学堂章程》中规定：地方官员对"绅董能捐设或劝设小学堂及私立小学堂者"应予以褒奖；而对阻挠办学之绅士"准地方官禀请将该绅惩处"。③

　　除了官学系统的改革之外，近代旧式教育的衰落还以私塾的改革与转型为标志。

　　据蒋纯焦推测："延续明朝和前清文化教育的发展势头，私塾教育在晚清洋务运动倡设新学以前可能到达它的鼎盛时期，从而造就了一支数目庞大的塾师队伍。"④由于近代教育转型过程中始终存在合格师资不足及教育经费短缺的问题，所以，借助私塾改良来实现普及教育的目的就成为一个必

---

　　① 《戊戌变法时期的教育措施》，载舒新城编：《中国近代教育史资料》上册，人民教育出版社1981年版，第45页。
　　② 《光绪二十七年八月初二日谕于各省、府、直隶州及各州、县分别将书院改设大、中、小学堂》，载陈元晖主编：《中国近代教育史资料汇编·学制演变》，上海教育出版社2007年版，第5—6页。
　　③ 《奏定初等小学堂章程》，载朱有瓛主编：《中国近代学制史料》第二辑上册，华东师范大学出版社1987年版，第175页。
　　④ 蒋纯焦：《一个阶层的消失：晚清以降塾师研究》，上海书店出版社2007年版，第53页。

要的手段,因此兴学之初并未造成私塾的消失。清末学部提出私塾改良的建议:"定章本意,即虑各地方官立、公立各小学,一时未能遍设,故筹此补助之法,要在该管学务官吏,认真考核,使私塾教授管理渐臻完备,求合于官学之程式,以立普及教育之基。"[1]

从清政府到民国政府,政府对于私塾都不得不采取这种务实的态度,对于民间大量存在、而且极其有生命力的私塾,都曾经着力加以引导改革。1910 年晚清学部出台了《改良私塾章程》、1912 年民国北京政府教育部出台《整理私塾办法》,1915 年袁世凯颁布《教育宗旨》和《特定教育纲要》、1937 年南京国民政府教育部颁布《改良私塾办法》等一系列教育法规,内容主要有两方面:一方面是对于私塾教学改革加以督导,督促私塾在课程内容和教育方法上向学校看齐;另一方面,也采取措施对于塾师加以培训,帮助他们向现代教师靠拢。当然,较之清末,民国时期的私塾改良态度更加激进,私塾改良活动完全由政府部门来组织推广,而且政府的督促改良活动更加严格。所以民国时期私塾虽然仍大量存在,但近代私塾的现代化是无疑的。"尽管新旧教育之争中,乡间新学始终没能战胜强大的私塾组织,但是传统私塾在新学教育制度的冲击和熏陶下渐渐流露出趋新的气象,无论如何私塾都不可能按以前的面貌按部就班地工作了。乡村私塾所出现的这些蕴含时代特色的新变化,说明传统旧学在经过一番抗拒之后,开始逐渐趋向于现代新学调适与融合。"[2]

总之,在近代教育转型的大前提下,旧式教育的衰退是必然的。而且,旧教育的衰落过程就是新式教育兴起和发展的过程。

二、现代学校教育兴起

中国教育现代化的主题就是通过学习西方先进经验,建立一个适合中

---

[1] 《学部:奏京师试办私塾改良办法情形折》,载陈学恂主编:《中国近代教育史教学参考资料》上册,人民教育出版社 1986 年版,第 754 页。

[2] 郝锦花:《新旧之间——学制转轨与近代乡村社会》,博士学位论文,山西大学历史与旅游学院,2004 年,第 24—30 页。

国国情的现代化教育体系。自晚清以来,在政府主导下的教育改革的内容,一方面是改革旧教育,另一方面就是发展新教育,改革旧式教育的目的就是为新式学校教育的发展扫除障碍。从清末到民国,近代中国新式教育的兴起和发展虽然历经坎坷,但基本趋势是逐渐普及和壮大。

1. 清末至北京政府时期现代学校制度的建立和初步发展

洋务运动时期,洋务派开始兴办一些新式学堂,以培养洋务运动所急需的翻译、军事、实业方面的专门人才,这时清末的教育改革还只是在不触动旧式教育格局的前提下,新设一些现代学堂。1862 年京师同文馆可以说是近代中国最早的新式学堂,它的建立,标志着中国的教育制度开始迈向近代学制。戊戌维新到清末新政,政府的教育改革已经触及整个教育制度的转型,特别是 1904 年颁布的《奏定学堂章程》,开始了从中央到地方政府的大规模兴学运动,对于近代中国的教育转型来说,至少在学制方面是质的飞跃。而民主共和制度的确立,更是动摇了旧教育存在所依赖的政治和文化结构根基,给新教育的发展开辟了更广阔的前途,使传统教育节节退缩。1913 年北京政府公布了新学制——壬子—癸丑学制。1922 年在新文化运动推动下新的壬戌学制公布,标志着中国教育制度从日本模式到美国模式的转变。壬戌学制反映了新文化运动以来课程改革的一些成果,内容更加丰富、分科更加合理,成为中国近代史上存在时间最长、影响最大的一个学制。

这一时期新教育的发展概况可以从以下教育统计数字中反映出来。

清末民初新学教育发展统计表①

年度	1902	1903	1904	1905	1906
学校数	222	627	1640	3433	11211
学生数	6804	21183	46867	100399	262423

---

① 转引自郝锦花:《新旧之间——学制转轨与近代乡村社会》,博士学位论文,山西大学历史与旅游学院,2004 年,第 11 页。

续表

年度	1902	1903	1904	1905	1906
年度	1907	1912	1913	1914	1915
学校数	16895	87272	108488	122286	129739
学生数	489005	2933387	3643206	4075338	4294257

据《第一次中国教育年鉴》反映,从1912年到1928年,新式学堂学生年平均增长率为6.89%,高于同期之人口年平均增长率0.46%。①

自清末新学制确立以来,逐步形成从通都大邑到县城、乡镇的涵盖大学、中学、高小、初小的比较完整的新式教育体系。它们各自的发展情况如下。

在大学教育方面,清末中国大学教育的起步是这样的:"综计清末十五年间,由中央政府及地方政府开办之大学,共不过三校,其成绩自有限也。此外据清末学部三次教育统计各省高等学堂,共有二十一校。京师尚有八旗高等学堂、顺天高等学堂、满蒙文高等学堂等三校亦属于高等学堂范围。故实际上清末大学及高等学堂共计二十七校。"②

民初北京政府时期,因高等学堂在当时学制系统之外,所以陆续停办,按照教育部第五次教育统计,民国五年的公立、私立大学共有七所。③ 但至1925年,全国公立私立大学增加到共计47所,具体情况是"十四年公立大学总数应为三十四校,私立大学总数应为十三校"。④ 大学数量的增长也与这时候新学制对于设立大学的门槛设定比较低、私立大学的设立比较容易

---

① 南京国民政府教育部中国教育年鉴编审委员会编:《第一次中国教育年鉴·丁编·教育统计》,上海开明书店1934年版,第30—31页。

② 南京国民政府教育部中国教育年鉴编审委员会编:《第一次中国教育年鉴·丙编·教育概况》,第11页。

③ 南京国民政府教育部中国教育年鉴编审委员会编:《第一次中国教育年鉴·丙编·教育概况》,第14页。

④ 南京国民政府教育部中国教育年鉴编审委员会编:《第一次中国教育年鉴·丙编·教育概况》,第17页。

有关系。

在中等教育方面,根据《第一次中国教育年鉴》所载"历年全国中学校数之统计"可知清末民初全国中等教育校数大致如下:①

年度	光绪卅三年	光绪卅四年	宣统元年	民国元年	民国二年	民国三年	民国四年	民国五年	民国十一年	民国十四年	民国十七年	民国十八年	民国十九年
校数	398	420	438	373	406	452	444	350	547	687	954	1225	1874

在初等教育方面,依照《第一次中国教育年鉴》所载"民元以来各省市小学幼稚园数量比较表"可以粗略看出民国初年初等教育的发展概况,全国各省市小学幼稚园总数上,民国十九年比民国元年增加 164522 所,民国元年与民国十九年的全国小学幼稚园数量的比例为 1：2.91,也就是说民国十九年约是民国元年数量的三倍。②（当然上述调查表所列数字不很确切,因为各年度所作调查的主体不一样,有北京政府的教育部、中华教育改进社,还有国民政府教育部,但仍然可以看出民国初等教育发展概况。）

2. 南京国民政府时期新式教育的发展

1927 年国共分裂之后的中国教育沿着两条不同的道路开始中国化的探索。国民党的三民主义教育主要致力于教育正规化的建设,以加强对于教育的集中管理。在教育发展、课程内容和训育制度上,国民党有意识地突出三民主义的民族主义因素,并将其解释为对中国传统价值的继承,力图实现三民主义教育与中国传统文化的结合。共产党的新民主主义教育在促进教育为革命战争服务、教育制度与中国农村实际相结合方面,探索出了一条新的教育中国化的道路。

南京国民政府主导下的新式教育大体经历了抗战前、抗战中和抗战后

---

①　南京国民政府教育部中国教育年鉴编审委员会编:《第一次中国教育年鉴·丙编·教育概况》,第 193 页。

②　南京国民政府教育部中国教育年鉴编审委员会编:《第一次中国教育年鉴·丁编·教育统计》,第 170 页。

三个阶段的起伏。南京国民政府成立后,随着政府权威的加强和对教育的重视,无论高等教育、中等教育,还是初等教育,在设校数、学生数、经费数都呈现稳定增长,至抗战爆发前的 1936 年达到一个高峰;其后的 1937 年,由于许多省份落入敌手,沦陷区的教育陷入混乱,国民政府的各项教育统计数字都有一个比较大的下滑;抗战期间,在政府的努力下,国统区的教育维持在低水平稳定增长的状态;直至抗战胜利后的 1945、1946 年,随着国土的收复,全国各级学校的各项统计数字达到峰值。随着国共再次分裂、内战再起,全国教育再次陷入混乱。

对于国民政府时期全国初等教育、中等教育、高等教育的发展情况,《第二次中国教育年鉴》第十四编教育统计中有从民国元年至民国三十五年的历年统计,下面所列各表除了关于全国初等教育的统计表之外都是缩略表,只选取了其中最有代表性的几个典型年份的数字,比如国民政府起点的民国十七年、以后经过历年发展之后达到战前顶峰的民国二十五年、因抗战爆发而陷入教育衰落的民国二十六年,以及代表战后教育发展顶峰的民国年三十四、三十五年。

历年度全国国民学校及小学之概况(民国元年度至三十五年度)①

学年度别	学校数	儿童数	经费数(单位:元)
元学年度	86318	2795475	19334480
二学年度	107286	3485807	23531124
三学年度	121. 081	3921727	24899807
四学年度	128525	4140066	23881730
五学年度	120097	3843454	23497097
十一学年度	177751	6601802	31449963

---

① 南京国民政府教育部教育年鉴编纂委员会编:《第二次中国教育年鉴》,商务印书馆 1948 年版,总第 1455 页。

续表

学年度别	学校数	儿童数	经费数（单位：元）
十八学年度	212385	8882077	64721025
十九学年度	250840	10943979	89416977
二十学年度	259863	11720596	93625514
二十一学年度	263432	12223066	105631808
二十二学年度	259095	12383479	106805851
二十三学年度	260665	13188133	106594685
二十四学年度	291452	15110199	111244207
二十五学年度	320080	18364956	119725603
二十六学年度	229911	12847924	73444593
二十七学年度	217394	12281837	64932910
二十八学年度	218758	12669976	65870491
二十九学年度	220213	13545837	172746505
三十学年度	224707	15058051	354654155
三十一学年度	258283	17721103	567077733
三十二学年度	273443	18602239	1264939346
三十三学年度	254377	17221814	1833746306
三十四学年度	269937	21831898	21863334281
三十五学年度	290617	23813705	608821682759

资料来源：教育部统计处根据民国元学年度至五学年度北京政府时代教育部编制之材料，十一学年度中华教育改进社材料及十八至三十五学年度各省市国民教育统计报告表等编制。

说明：自三十学年度至三十四学年度各学年度之经费数未将生活补助费加成数等计入。①

在中等教育方面，参见下表：

---

① 南京国民政府教育部教育年鉴编纂委员会编：《第二次中国教育年鉴》，总第1455页。

元年度至三十五学年度全国中等学校概况①

学年度	学校数				学生数				岁出经费数(单位:元)			
	共计	中学	师范	职业	共计	中学	师范	职业	共计	中学	师范	职业
十七学年度	1339	954	236	149	234811	188700	29470	16641	24602366	18916814	3468072	2217480
二十五学年度	3264	1956	814	494	627246	482522	87902	56822	61035605	41453790	10851224	8730591
二十六学年度	1896	1240	364	292	389948	309563	48793	31592	30396758	20866634	5312267	4217857
三十四学年度	5073	3727	770	576	1566392	262199	202163	1020302	6873629795	20822735908	3534229572	2516664315
三十五学年度	5892	4266	902	724	1878523	1495874	245609	137040	——	——	——	——

资料来源:教育部统计处根据民国元学年度至五学年度北京政府时代教育部编制之材料,十一、十四两学年度中华教育改进社材料及十七至三十五学年度各省市中等教育统计报告表编制。

说明:(1)二十五以前各学年度数字系全国各省市区之材料,二十六学年度为浙江等十八省,二十七学年度为江苏等十九省,二十八学年度为江苏等二十三省市,二十九学年度为江苏等二十五省市,三十,三十一,三十二,及三十三学年度均与二十九学年度同,三十四学年度为江苏等三十一省市,三十五学年度为江苏等三十六省市。(2)三十学年度以后各学年度之经费数未将生活补助费×加成数计入。(3)三十五学年度岁出经费数材料未齐,尚未整理,暂从缺。②

在高等教育方面,参见下表:

---

① 本表格为缩略表,主要列入 1928 年以后的数字。

② 南京国民政府教育部教育年鉴编纂委员会编:《第二次中国教育年鉴》,总第1427 页。

历年度全国专科以上学校概况（民国元学年度至三十五学年度）①

学年度别	校数			教员数			学生数			毕业生数（大学专科及专修科生）	岁出经费数（单位：元）
	小计	大学及独立学院	专科学校	小计	大学及独立学院	专科学校	小计	研究生及大学生	专科及专修科生		
十七学年度	74	49	25	5214	4567	647	25198	17792	7406	3258	17909810
二十五学年度	108	78	30	7560	6615	945	41922	37330	4502	9154	39275386
二十六学年度	91	67	24	5657	5175	482	31188	27926	3262	5137	30431556
三十四学年度	141	89	52	11183	9504	1679	83498	70047	13449	14463	16766763264
三十五学年度	185	117	68	16317	14057	2260	129326	110438	18893	20185	—

　　总之，近代中国教育处于转型期，新式学校方兴未艾，旧式教育也暂未绝迹，所以"由书塾而到学堂"②，即早年在旧式私塾读书，后转入新式学校就学，是中国近现代史上许多青年学子共同的求学经历。在北京十月文艺出版社出版的《世纪学人自述》③中，可以看到，像陈中凡、陈望道、顾颉刚、于省吾、冯友兰等一批在清末民初这段时间接受初等教育的学子，他们都有先读私塾，后转入新式小学堂的经历。到更晚一些的民国时期入学的学子，直接入新式学校的现象更多了一些。但是先入私塾后转入新式学堂的例子仍然大量存在，特别是在那些出身于文化比较闭塞的内地乡村的学子身上，这种情况更多一些。这种现象本身就是近代中国新旧教育过渡转型的特有表现。

---

　　①　南京国民政府教育部教育年鉴编纂委员会编：《第二次中国教育年鉴》，总第1400页。本表为缩略表，只列入1928年以后几个典型年份的统计数字。

　　②　郁达夫：《郁达夫自传》，江苏文艺出版社1996年版，第13页。

　　③　高增德、丁东编：《世纪学人自述》第1卷，北京十月文艺出版社2000年版。

第二节　近代中国乡村教育的转型：
从私塾到学校

　　近代之前的乡村本来遍布私塾,在近代教育转型的大潮下,中国的乡村教育也开始发生变化。旧式的私塾开始出现一些新的改革,进而被改造为学校;新式学校也越来越多,大有取代私塾一统天下的苗头。但是近代中国教育的转型呈现出内地落后于沿海、乡村落后于城市的特点,现代乡村教育的起步要比城市教育晚一些,主要发生在民国时期,而且乡村教育的发展始终落后于城市。

　　民国时期乡村中的所谓新教育,又称新学,是指以学堂教学为形式、以西学(包括近代社会科学和自然科学知识)为教学内容,在教学方法和教育功能等方面都几乎完全不同于旧式乡村教育的新教育模式。而所谓旧教育,是指以私塾教学为形式、以儒家经典和伦理为教育内容、包括与之相适应的教学方法和教育功能的教育模式。

一、清末民初新式学校教育在乡村的起步

　　这里所谓的"清末民初"是专指从清末到南京国民政府成立之前,历经晚清政府、南京临时政府、袁世凯当政、北洋政府几个历史阶段。在这个阶段,乡村新式学校教育艰难起步,但发展比较迟缓和曲折,私塾在乡村中的地位并未受到根本触动。

1. 乡村教育在法律上的起步

　　清末民初乡村教育的起步主要体现在有关乡村教育的法令政策的出台上。

　　自清末兴学以来,政府主导下的教育改革路向始终是精英教育、城市教育优先,乡村教育问题是在改革过程中逐渐受到重视的。

　　所谓乡村教育是指施教的区域在乡村,但在漫长的传统社会中,由于城

乡分化并不显著,造成城市文化基本上是认同乡村的,所以乡村教育并没有作为一个专门的问题被提出,它真正被人们重视是民国之后的事情。这是因为民国时期开始出现严重的城乡分化,此时的"乡村教育"也开始呈现出与都市教育的明显不同——近代中国城市教育逐渐摆脱几千年的传统教育模式,新式学校教育在城市逐渐成型;而近代乡村教育的发展速度则远远落后于城市,传统私塾仍然保持着持久的生命力。所以清末民初并没有人专门提出过乡村教育问题。这时新式乡村教育虽有零星出现,但在广大乡村,还是私塾遍设的传统格局,乡村社会受到新式教育的冲击是很微弱的。清末以来所设的新式学堂多属于专科学校或高等教育,且多设在风气比较开放的通商口岸等大城市中,对于内陆和乡村影响很小。

"乡村教育"这一概念大约是在 1919 年被提出。"因为中国以前的教育走错了路,忽略了百万个乡村,直到民国八年,才有人觉得义务教育的重要,不仅在少数的都市城镇,而尤其这百万个乡村,由于这样的一种觉悟,乃正式地起来提倡乡村教育运动。"[1] "当时最初喊出乡村教育或下乡从事运动者,大都是不得意而稍稍具有革命性的留学生。"[2] 政府层面很少有关于乡村教育的专门政策。但是,因为中国是个农业国,全国绝大多数人口都在乡村,义务教育的重点和难点都在乡村教育的普及,所以,政府有关义务教育、初等教育的政策都为在乡村推广新式教育提供了法律依据,因此,清末民初乡村教育的法律化、制度化进程已经开始。

1904 年,清廷颁布了《奏定学堂章程》,即"癸卯学制",标志着中国近代义务教育学制的确立。"癸卯学制"将全国学校系统分为三等六级。在初等教育方面,分为两级,初小修业年限为五年,高小修业年限为四年。张百熙、张之洞上奏的《学务纲要》中第六条"小学堂应谕绅富广设",其中如是云:"初等小学堂为养正始基,各国均任为国家之义务教育。东西各国政

---

[1]　古楳:《乡村教育》,商务印书馆 1935 年版,第 61 页。

[2]　张沪:《张宗麟乡村教育论集》,湖南教育出版社 1987 年版,第 164 页。

令,凡小儿及就学之年而不入小学者,罪其父母,名为强迫教育。"之后,清政府又出台了一系列的法令,将义务教育制度进一步规范化。1906年,学部设立劝学所管理本县学务,劝学所在本辖区分若干学区,每区设劝学员一人,负责本区内的劝学事务,劝导儿童入学,使学务向基层社会日渐推广。[①]1907年,清政府颁发了《强迫教育章程》10条,其中有"各村须设蒙学一所"、"幼童至七岁须令入学"、"幼童及岁,不令入学者,罪其父母"[②]等项。1911年,清廷召开教育会议,通过《试办义务教育章程》、《国库补助初等小学经费案》等议案,明确规定小学四年为义务教育。普及义务教育逐渐由思想主张付诸法律实践,在乡村推进新式学校教育获得了法律依据。

中华民国自建立伊始,便开始在义务教育上进行改革,颁行法令,督促实行。1912年9月10日,教育部公布《学校系统令》,即"壬子学制",其后又颁布《小学校令》、《中学校令》,丰富和完善了"壬子学制"的内容,经过修订,形成了"壬子—癸丑学制"。这个学制规定"初等小学四年,为义务教育。毕业后得入高等小学校或实业学校"。[③]

袁世凯掌握北京政权以后,认识到义务教育的重点在于推进乡村教育,开始在县以下划分学区,并且开始确定推行义务教育的年限。1914年12月,教育部颁发的《整理教育方案草案》,将推行义务教育的重点置之于县,并将县再划分为许多学区,这说明教育部已经认识到兴学的关键在于推进乡村教育。"关键知富强莫先于教育,教育莫先于小学;中央以是责之省,省以是责之县;县奉文书筹款若干,办一二小学斯已矣,镇乡莫应也。即有应者,或踊跃于先而竭蹶于后,或敛财其实而办学其后;病在无办学机关以经营之;一县之大,其耳目之所周者有限,未可以坐谈学务也;故自治会成立

---

① 朱有瓛主编:《中国近代学制史料》第2辑上册,华东师范大学出版社1987年版,第144页。

② 朱有瓛主编:《中国近代学制史料》第2辑上册,华东师范大学出版社1987年版,第372页。

③ 《教育部公布学校系统令》,载《中华民国史档案资料汇编》第3辑教育,江苏古籍出版社1991年版,第59页。

前,必先分画学区。其分画标准,以前清城镇自治区域为率,过大者得设分区。每区设学董一员及学务委员若干员,以当整理董率之任。"①1915 年 2月,袁世凯颁布《特定教育纲要》,提出了按计划分年推进义务教育的主张。同时,对义务教育的组织形式也提出了改革主张,将初等小学分为两种,一为国民学校,一为预备学校。

1922 年由教育界参与制定的"壬戌学制"成为民国时期义务教育的基本体制。"壬戌学制"将初等小学四年定为义务教育,1923 年颁布的《中华民国宪法》第四章明确了"中华民国人民依法律有受初等教育之义务"。②义务教育首次出现于宪法,为中国近代义务教育的发展,提供了法律保障。

但是,这个时期军阀混战,社会动荡不安,地方上不受政府辖制,所以中央关于义务教育的法令徒有虚名。具体到各地方当局,他们对义务教育的重视则各有不同。例如,山西省在义务教育的普及方面做了许多工作,乡村教育也随之有些成绩。

山西省从 1918 年开始厉行义务教育,全省计划分 7 期,用三年半时间将义务教育普及全省。根据其颁布的《施行义务教育程序》,山西义务教育的重点在乡村,第一期办理区域在省城,第二期为县城,第三期为各县乡镇及 300 家以上之村庄,第四期为 200 家以上之村庄,第五期为 100 家以上之村庄,第六期为 50 家以上村庄及不满 50 家毗连之村庄能联合设学者,第七期为凡人家过少之村庄而附近又无村庄可联合者。③ 据教育专家袁希涛于民国九年的调查,山西全省入学儿童占全省儿童总数的 60%强。④ 在山西的示范效应下,再加上新文化运动所造成的民主潮流的辐射作用,义务教育、乡村教育更受重视。1920 年 4 月 2 日,教育部参照山西分期分区次第

---

① 《整理教育方案草案》,载朱有瓛主编:《中国近代学制史料》第 3 辑上册,华东师范大学出版社 1990 年版,第 31 页。

② 郭卫等:《中华民国宪法史料》,大东书局 1947 年版,第 31 页。

③ 《山西国民教育计划》,《申报》1918 年 12 月 20 日。

④ 袁希涛:《民国十年之义务教育》,《新教育》第 4 卷第 2 期。

筹办义务教育的办法,也颁布了一个分期筹办全国义务教育的区域和期限表,以 8 年为期全国一律普及义务教育:1921 年,省城及通商口岸办理完竣;1922 年,县城及繁镇办理完竣;1923 年,500 户以上之乡镇办理完竣;1924 年,300 户以上之市乡办理完竣;1925、1926 年,200 户以上之市乡办理完竣;1927 年,100 户以上之村庄办理完竣;1928 年,不及 100 户之村庄办理完竣。[①] 江苏、山东、浙江、江西等省也纷纷效仿,规定各省兴办义务教育的程序,务期在一定时限内将新教育由都市推进到最基层的乡村。

2. 乡村教育的发展

在外部教育环境的影响下,各地乡村教育也在不同程度上开始起步,新式乡村学校数量和学生数量都在逐渐增长。据统计,从 1912—1915 年,初等小学的学生数量有很大增加。1912—1915 年初等小学的学生数量从 2795475 人增加为 3921727 人;学校数量从 86318 所增加到 121081 所。[②]

但是,总体来说,由于这一时期各省政局不宁,有关乡村教育的各种制度是否能够贯彻实行、是否有实际效果很可存疑。有人评论:"这种初等教育制度,至 1915—1916 年,略见完备。1917 年,各省设立教育厅,为一省最高教育行政机关;又在各县设立劝学所,管理一县的教育事宜。可是,因为民国以来,政治的根底不定,各省中差不多都不能积极进行教育事业。"[③]既然政策很难落实,新式乡村学校的发展自然很不理想。

首先,受民初政治动荡的影响,各地乡村教育发展极不平衡、极不稳定。

有些地方乡村教育的发展出现反复。余家菊对他家乡湖北黄陂的乡村教育如此描述:"民元以后,原业小学教育者,就吾乡言之,多改途他就,又加以政治上的转变无常,国事未定,乡村教育殊为退步。学校既无可观,而

---

① 袁希涛:《民国十年之义务教育》,《新教育》第 4 卷第 2 期。
② 《教育部公布学校系统令》,载中国第二历史档案馆编:《中华民国史档案资料汇编》第 3 辑教育,第 30 页。
③ 乐嗣炳编:《近代中国教育实况》,上海世界书局 1935 年版,第 29 页。

私塾教师亦甚难得优良之选。"①民初的四川教育则受政治牵连出现暂时的衰退。1915年,北洋政府教育部视察四川学务报告称:"四川省自前清提学使成立后,教育事业蒸蒸日上……群亦争相砥砺,县官玩视学务即行撤换,一时学风丕变,庶乎所谓有精神教育者。鼎革后,改教育为一司,权限既轻,主之者不得人,而教育遂日渐退化。"②

以文教事业一直比较发达的苏南地区来说,有研究者评价这一时期苏南的乡村教育具有两面性。一方面,"与1905年之前的几年相比较,1905—1911年这几年中,乡村新式小学堂纷纷设立,尤其在1905—1908年中形成了一个小高潮"。而且乡村小学在环境、师资水平、教学内容及方法等方面都有改进。另一方面,由于乡民对由兴学而引起的税收增加和调查户口不满,发生了乡民毁学事件,"1910—1911年间,苏南地区就发生了超过49起毁学堂事件"。③

其次,民初乡村教育的发展多属于形式上的,在实质内容上则很成问题。

比如,民初对于乡村教育的重视多属于舆论宣传上的,对于乡村教育本身影响不大,多数乡村并不明白新式学校的意义,将它看得如同过去的科举预备场所一样。"当时所提出的目标不过是救济社会的危机,改进乡村中的教育。至于实际工作则喊者自喊,应者自应,大半在杂志报刊上做工作。中国乡村需要什么,究竟应该怎样做,做过的成绩怎样,完全不知。所以,民国八年至民国十二年有乡村教育之宣传而无实际的进行。当然,在那个时期中也依然有乡村小学,但是在穷乡破庙中办小学者,决没有余暇看这些宣传文字,他们依然希望自己的学生,他年衣紫挂红,或得西人的青睐,得发大

---

① 余家菊:《乡村教育通论》,上海中华书局1934年版,第141页。

② 《教育公报》第3年第6期,转引自隗瀛涛主编:《四川近代史稿》,四川人民出版社1990年版,第397—398页。

③ 杨娟:《苏南乡村教育研究(1905—1937)》,博士学位论文,华东师范大学教育学系,2009年,第52—53页。

财以救乡邻,光耀家族师友。所以,这一时期于乡村教育运动实际的裨益很少。"①

山东初等教育的数量在民初也获得很大发展,但内在质量则问题多多。

1912—1929 年山东省部分年度小学情况统计表②

年度	1912	1913	1914	1915	1916	1918	1919	1923	1929
初小数量	4766	9500	12481	14375	16539	18167	18535	22492	26265
高小数量	286	460	824	381	456	524	565	675	1015
学校总数	5052	9960	13305	14756	16995	18691	19100	23167	27280

虽然设校数量上一直在增加,但在办学质量上则很可质疑。在这一时期于山东乡村小学念过书的王尽美这样评价山东的乡村教育:"山东的乡村教育,自我们看来,不配说不良,只可说是没有。按乡村教育不良这句话,只可说其学校腐败,学制不宜,那末,就其原有的大概,整顿整顿就是了。哪知我们山东的乡村教育,连个腐败的雏形都不具,待往哪里改良去?"③何思源就任山东省教育厅厅长后,曾就 1928 年之前的山东乡村教育指出:"本省初等教育,在十七年以前,因无具体计划,率呈芜乱无序之观,语其病象,计有三点……(二)县立小学,多在城市,而忽于乡村。经费既少,教员程度太低,学生亦率不足额,不足负基础教育之使命。(三)通都大邑之间,私塾充斥,不惟取缔之法,视同具文,各乡镇之能成立私塾者,即属凤毛麟角,备受邻近人士之欣羡。"④

---

① 张沪:《张宗麟乡村教育论集》,湖南教育出版社 1987 年版,第 164 页。

② 山东省地方史志编纂委员会编:《山东省志·教育志》,山东人民出版社 2003 年版,第 77 页。

③ 王瑞俊:《山东的师范教育与乡村教育》,《励新》山东教育号(一),第 1 卷第 2 期,1921 年 1 月 1 日出版,转引自中共诸城县委、山东大学历史系合编:《王尽美传》,山东人民出版社 1981 年版,第 94 页。

④ 何思源:《近八年来之山东教育》,《教育杂志》1936 年第 11 期,第 42 页。

20 世纪 20 年代末俞子夷曾失望地评价清末民初十几年的乡村教育，他说："忽忽十六年大家也不好算没有努力，办小学的成绩也不好算完全失败，不过离开的程度却是离得很远很远。并且一到乡僻，私塾要比小学多；有时候私塾的成绩还可以在小学之上。"[①]

二、国民政府时期乡村教育的发展

进入 20 世纪以来，乡村教育呈现出的一个重要发展趋势就是，随着国家政权不断向基层延伸，政府在推动乡村教育方面扮演着越来越重要的角色。虽然清末已经提出了义务教育的概念，但从清末至民国北京政府时期，中国新教育的发展重点基本都停留在都市教育，广大的乡村则仍然是旧式私塾占主导地位。这种状况在南京国民政府时期得到了改善，南京国民政府凭借政府权威向基层社会大力推进新式教育，使中国义务教育进入所谓"厉行推展期"，[②]随着义务教育进入实质性阶段，乡村教育也得到一定的改观。所以，南京国民政府成立是中国乡村教育的转折点，乡村教育的发展进入了一个新阶段。

国民政府在推进乡村教育方面的主要经历了普及义务教育阶段（1935—1940 年）、普及国民教育（1940—1946 年）和战后第二次国民教育五年计划等三个阶段，主要工作体现在以下两方面：新式学校教育的发展和改良私塾。这一时期的乡村教育主要是与国民政府的义务教育、国民教育政策的推进相伴随的。

1. 义务教育推进中的乡村教育

南京国民政府成立后，义务教育、乡村教育开始受到政府的重视，相关法律法令不断完善，特别是短期小学的设立，使乡村新式教育的发展进入一

---

① 俞子夷：《一笔教育上的旧账》，董远骞等编：《俞子夷教育论著选》，人民教育出版社 1991 年版，第 230—232 页。
② 熊贤君：《千秋基业——中国近代义务教育研究》，华中师范大学出版社 1998 年版，第 105 页。

个新阶段。

1928 年 5 月，国民政府大学院在南京召集了由政府各部、各省市及特聘专家参加的第一次全国教育会议，并通过了《厉行全国义务教育》一案，从行政、经费、施行程序等各个方面对普及义务教育问题作了详细说明。而且，这次会议对 20 世纪 20 年代在民间风起云涌的乡村教育思潮进行了回应，通过了一些有关乡村教育的专门性议案，陶行知的《乡村小学师范学校标准案》和《推广乡村幼稚园案》、欧元怀的《提倡乡村教育设立乡村师范学校案》等。这次会议使得之前主要由社会力量推动的乡村教育运动，进入政府执政的考察范围内。1930 年，全国第二次教育会议提出，"在训政六年期内，我们深切感到全国有百分之八十以上不识字的民众和大多数没有受教育机会的儿童，是推行训政和建设的障碍，也就是推进民族文化的大阻力，所以在训政六年期内，对于义务教育和成年补习教育，主尽量推进，而对于中等教育和高等教育主整理充实，先求质量的提高，不遽作数量的增进"。① 这就进一步明确了政府的教育职能由原来的发展精英教育向普及教育的转型。

1932 年 6 月，教育部订定《短期义务教育实施办法》及《第一期实施义务教育大纲》，同时推行一年制和四年制普及义务教育。《第一期实施义务教育大纲》提出："在城镇和经济相对发达地区推广以四年制初等小学为主的普及教育；同时提出在偏僻乡村地区普及一年制短期小学，最终达到在全国普及四年制义务教育运动目标。"②同时还提出分期办理短期小学。

1933 年国民政府颁布的《小学规程》规定，为了弥补普通小学的不足，各地可以设简易小学和短期小学。"简易小学招收不能入初级小学之学龄儿童。其修业期限，以授课时间折算，至少二千八百小时。短期小学招收十足岁至十六足岁之年长失学儿童。其修业期限为一年，以授课时间折算，至

---

① 商丽浩:《政府与社会——近代公共教育经费配置研究》，河北教育出版社 2001 年版，第 158 页。

② 邰爽秋、黄振祺等:《中国普及教育问题》，商务印书馆 1938 年版，第 64 页。

少五百四十小时。"①简易小学和短期小学的设立对于在乡村推进义务教育是一个务实而灵活的变通方式,也可以说是在特殊历史条件下的一种权宜之计,其主要目的就在于使全国的贫苦失学儿童能够得到最低限度的教育,这对于推进乡村教育起到了积极作用,也使得普及教育的成效十分显著。

1935 年 5 月,教育部重订《实施义务教育暂行办法大纲》,此后又出台了一系列与之相关的法令,如《义务教育暂行办法大纲施行细则》、《市县划分小学区办法》等等,开始推行两年制短期小学;并计划分三期实现全国普及四年制义务教育;为适应一些贫困偏远乡村的需要,在教学组织方式上规定采取更灵活的变通,例如采用二部制和巡回教学法等等。这些法令的先后颁布,极大地促进了义务教育在全国的开展。所以,南京国民政府建立之后,到抗战爆发这一段时间可以说是民国乡村教育发展的黄金期。

1937 年抗日战争爆发后,全国进入了战时状态,义务教育遵循着蒋介石"平时作战时看,战时作平时看"的方针,将抗战与建国合二为一,义务教育有如以往照常进行。因此,即便是在抗日战争的动荡中,义务教育的发展仍然维持一定的水平。但是抗战爆发后,战区小学很难再按照计划进行,后方各类小学虽然勉力增设,终究为数不多,"以是自二十六年度起,全国设校数量大为减少"。②

根据教育部历年之初等教育统计(连同东北四省及蒙古西藏两地方),兹将 1935—1939 年义务教育发展情况编列为下表:③

时间	短期小学	简易小学	初级小学	完全小学	其他公私立小学	幼稚园	总计
1935 年	12814	6034	234204	36507	668	1225	291452

---

① 南京国民政府教育部中国教育年鉴编审委员会编:《第一次中国教育年鉴》,第27 页。
② 南京国民政府教育部教育年鉴编纂委员会编:《第二次中国教育年鉴》,总第 231 页。
③ 南京国民政府教育部教育年鉴编纂委员会编:《第二次中国教育年鉴》,总第 231 页。

时间	短期小学	简易小学	初级小学	完全小学	其他公私立小学	幼稚园	总计
1936 年	28661	6704	244398	39034	—	1283	320080
1937 年	30021	5103	175385	18563	—	839	229911
1938 年	28124	3473	168274	16693	—	857	217394
1939 年	26900	774	168752	19288	2500	574	218758

地方上,以义务教育发展没有因抗战爆发而发生中断的大后方的四川省为例,其1929—1939年小学教育的发展概况基本是逐年进步的。

四川小学概况统计简表(1920—1939年,不包括短期小学)①

时间	校数	班级数	在校学生数	教职员数	年支经费数
1929 年	21587	87120	917602	47373	5246392
1930 年	22480	未详	853076	47907	6029117
1931 年	19351	54514	874926	39785	5255742
1932 年	16928	未详	105278	未详	5409850
1933 年	14514	33933	882089	33545	5157130
1934 年	14514	33933	882089	33545	5157130
1935 年	16417	36964	957672	31906	6005417
1936 年	19095	未详	1272521	39845	6873123
1937 年	18962	422214	1463581	44327	8177065
1938 年	19023	44417	1419449	45005	7639384
1939 年	18280	41219	1408758	44287	7569156

再以湖北宜昌县的乡村教育为例,"宜昌县抗日战争以前的乡村,私塾普遍,新式学校不多。……1930年县立乡村初级小学5所,分设于前坪、西

① 柯嘉兆:《四川初等教育的历史叙述》,《教育视导通讯》第19、20期特辑,1941年,第47—48页。

坝、万年春、小溪塔等地共 5 班、学生 190 人"。此后历经起伏,1935 年以后随着义务教育政策的实施,宜昌乡村教育有了一个大的发展。"到 1936 年底,全县有县立小学 7 所,58 班,学生 2769 人;短期小学 5 所,5 班,学生 380 人;县立初级小学 42 所,52 班,学生 1280 人;省立实验短期小学 3 所,3 班,学生 173 人;短小班 3 所,6 班,学生 358 人。总计:全县公、私立各级小学 60 所,125 班,学生 4956 人,教职员 226 人。其中,乡村区学校 27 所,占全县小学 45%;50 班,占全县小学班数 40%;学生 1160 人,占全县小学生数 23.5%;教职员 68 人,占全县教师数 31%。"①可见,南京国民政府时期义务教育政策的推行,大大推进了基层乡村新式教育的发展。从 1940 年 8 月开始实施国民教育,至此实施义务教育第一期终了。

2. 国民教育制度下的乡村教育

1940 年 1 月国民政府实施新县制,教育部根据新县制精神,实施国民教育制度。国民教育的原则是主张义务教育与民众补习教育合流,国民教育系统中,将小学改为国民学校和中心国民学校,"每乡镇设中心学校,每保设国民学校,均包括儿童、成人、妇女三部分,使民众教育与义务教育打成一片。"

1940 年 3 月,南京国民政府公布《国民教育实施纲领》,开始在全国范围内实施国民教育制度,义务教育向国民教育转化。纲领规定将国民教育分为义务教育和失学民众补习教育两部分,应在保国民学校及乡镇中心学校内同时实施;另外,还规定了义务教育年限及其分期普及义务教育的程序。具体规定如下:全国自 6 足岁至 12 足岁之学龄儿童,除可能受 6 年制小学教育者外,应依照纲领受 2 年或 1 年之义务教育。全国自 15 足岁至 45 足岁之失学民众,应依照纲领分期受初级或高级民众补习教育。其 12 足岁至 15 足岁之失学儿童得视当地情形及其身心发育状况,施以相当之义务教

---

①　黎祥清:《抗日前及抗日期间的宜昌乡村教育》,载《宜昌县文史资料》第 5 辑,第 77—78 页。

育或失学民众补习教育。第四条内还规定"国民教育之普及以五年为期。自民国二十九年八月起至三十四年七月止,分三期进行"。[1]

国民教育制度是在战争初期义务教育基础上推行的,同时把义务教育的范围扩大,将初等教育的普及与民众教育的推广结合起来,广泛动员社会组织和力量,整体上推动教育的普及。国民教育制度,作为战争状态下制定出来的教育制度,它既坚持了平时普及教育的基本方针,又兼顾了战时集中权力,加强行政效率,节约人力物力,提升民族自信的需要。而且,国民教育坚持"政教合一"的方针,除了希望通过这一方针,将教育目的融于政治需求之中这一目的外,还有一个很重要的原因就是希望利用行政的力量来实现国人的梦想——普及基础教育。

《国民教育实施纲领》颁布以后,教育部指定四川、云南、贵州、广西、广东、湖南、福建、浙江、江西、陕西、甘肃、河南、湖北、重庆等 14 省市普遍实施;1941 年又指定安徽、青海、西康、新疆等 5 省市于 1942 年起实施。

1944 年 3 月,国民政府又公布了《国民学校法》以替代 1932 年制定的《小学法》,至此国民教育制度框架大体形成。此法规定"6 岁至 12 岁之学龄儿童,应受之基本教育""地方有特殊情形者得增设之,或联合数保共设一所;一乡镇内国民学校,应以一校为国民中心学校,设于乡镇适当地点,兼负辅导各保国民学校之责;乡镇区域辽阔或国民学校数较多者,得增设中心国民学校"。[2] 为了使国民学校得以贯彻实行,1944 年 7 月,国民政府又公布了《强迫入学条例》,规定了国民学校实行学龄儿童的强迫入学。

国民政府预定自民国二十九年八月起,至三十四年七月止,期于五年内达到国民教育普及之程度。以下是从 1941 年至 1945 年度,国民教育第一次五年计划实施的结果:"至三十五年终,业已达到原定五年计划之期限,总计其实施结果,十九省市有 315780 保,共设国民学校,中心国民学校及其

---

① 南京国民政府教育部教育年鉴纂委员会编:《第二次中国教育年鉴》,第 183 页。
② 宋恩荣等编:《中华民国教育法规选编》,第 292 页。

他小学等 237000 校,平均每四保设三校,共有学龄儿童 38173765 名,已受教育儿童 29160803 名,约占学龄儿童总数 76% 强,文盲总数 92890227 名,历年共扫除文盲 53163077 名,占文盲总数 57% 强,均与原计划实施程序预期之目标,相差不远。"①至于沦为战区未能如期实施国民教育之省区,除在安全地区酌量试行国民教育外,其余各地仍设法维持原有义务教育及失学民众补习教育设施。

对于那些未沦为战区,国民教育开展没有被打断的省份来说,国民教育取得的成绩更好一些。以四川省为例,其入学儿童占学龄儿童总数的比例,以及入学民众数占失学民众数的比例都高于全国的统计数字。

据《第二次中国教育年鉴》载四川省"历年人口,学龄儿童,失学成人数,以及现在尚有失学儿童及成人数"②与"各省市实施国民教育概况"③对比,以 1945 年(民国三十四年)的数字相比,全国入学儿童数占学龄儿童数为 61.76%,四川省则为 80.44%;全国入学成人数与失学成人数之比为 37.25%,而四川省则为 41.44%。四川省基本达到了实施国民教育第一期的预期目标。"该省自实施国民教育五年以来,无论中心国民小学国民小学,均年有增加。中心国民学校,第三年度,即已超过一乡镇一所之预计。国民学校,亦大都超过三保两校之最低限度。幼稚园复因各地需要,有自然增加之势。"④

以上是从时间跨度上、小学教育全局的角度上反映乡村教育的发展情况,如果从基层社区的数字上看,可以更直观地反映乡村学校教育发展的情况。以湖北宜昌县为例,虽然城区和部分乡沦为敌占区,但是后方人民仍然于 1941 年实施国民政府的国民教育政策,在乡、保设立中心学校和国民学

---

① 南京国民政府教育部教育年鉴编纂委员会编:《第二次中国教育年鉴》第三编《初等教育》,第 1 页,总第 179 页。

② 南京国民政府教育部教育年鉴编纂委员会编:《第二次中国教育年鉴》,总 244 页。

③ 南京国民政府教育部教育年鉴编纂委员会编:《第二次中国教育年鉴》,总 241 页。

④ 南京国民政府教育部教育年鉴编纂委员会编:《第二次中国教育年鉴》,总 243 页。

校,将义务教育与民众教育熔为一炉。所以,宜昌乡村教育比抗战前有了更大发展。"据1944年上半年省教育厅初教类统计:宜昌县27乡、423保,共有中心学校25所,国民学校199所,其他小学(救济院孤儿学校、民众教育馆附小)2所,中心学校学生6740人,保国民学校学生1442人,其他小学学生87人。总计全县乡村小学226所,学生18618人。比较沦陷前的1939年,学生增加5.3倍,比较1933年(县教育鼎盛时期)增加了3倍。"

当然,还要看到,抗战爆发后,宜昌乡村教育的发展不仅仅是国民政府推行国民教育的结果,还有一方面的原因是由于战争所造成的影响,比如,战争使城市学校被迫迁到乡村,湖北的省立学校甚至都被迫迁入宜昌乡村,所以造成到1939年8月间,宜昌全县58所学校全部在乡村。再者,由于湖北宜昌所处的特殊地理位置,使得"本县沦陷区和外地的流亡教师,荟萃于峡江乡村,教师数量足质量好"。再加上随着民众觉悟的提高,乡村新式学校逐渐受到认可,以及政府对于教师基本生活的保障等等,也造成了抗战期间宜昌乡村教育的大发展。①

3. 抗战期间及战后的乡村教育

抗战时期,中国的乡村教育被分割为国民党统治区、共产党领导下的根据地和日伪占领区三部分。在这三种政权主导下的乡村教育呈现不同特点。战后,则主要是国统区和中共领导的根据地两种类型的乡村教育存续下来。

在国统区,战后继续推进义务教育和国民教育。抗战胜利后,国民政府在教育复员的基础上,提出了全面普及国民教育的方案。1946年11月22日,教育部颁布《实施国民教育第二次五年计划》。计划规定,自1946年1月起,于五年内"使全国各地所有学龄儿童和成年失学民众,均能分别受相当时期之义务教育与补习教育"。已实施国民教育的四川等19个省市,另

---

① 黎祥清:《抗日前及抗日期间的宜昌乡村教育》,载中国人民政治协商会议湖北省宜昌县委员会文史资料研究委员会编:《宜昌县文史资料》第5辑,1991年,第80—81页。

订第二次实施国民教育五年计划。尚未实施国民教育的江苏等 23 个省市及台湾省拟定第一次实施国民教育计划。在此期间,以教育部为核心的教育行政机关也积极进行政策实施工作,在具体措施上,由教育部拨发专业补助款,充实国民学校设备;改善和提高国民学校教师及师范生的待遇。但是由于内战的爆发,政府的人力、财力、物力都用于内战,关于发展义务教育、乡村教育的计划就此中断。

在中共领导的革命根据地,由于主要是在教育基础薄弱的乡村,所以对于乡村教育中共采取更务实的策略,其突出表现就是对于旧式私塾和塾师以利用改造为主。1934 年 1 月毛泽东指出:"为了造就革命的知识分子,为了发展文化教育,利用地主资产阶级出身的知识分子为苏维埃服务,这是苏维埃文化政策中不能忽视的一点。"①抗日战争时期,中共在各边区采取多种多样的形式建立自己的乡村教育体系。对于旧式塾师也采取措施鼓励他们参与到新教育的建设当中,如晋察冀边区曾经开办大规模的师资训练班,招收包括旧教师、旧塾师在内的乡村知识分子进行培训,经过训练后将他们再分配到乡村小学教师岗位上去。冀中地区于 1938 年就培训出 6354 名小学教师。② 1944 年陕甘宁边区规定,民办公助小学"可以让群众聘请他们最信任的人当教师,只要是好人,年纪大些也无妨,政府则应给以指导和帮助"。③ 蒋纯焦评价"所谓'最信任'、'年纪大些',简直就是为旧塾师的转型提供政策空间。提出'精兵简政'的李鼎铭(1881—1947),就曾是陕西米脂县的一位塾师"。④ 当然,中共对于旧式知识分子的利用是以其革命化改造为前提的,如苏皖边区改造私塾的方针为:"反对封建落后的反动

① 董纯才主编:《中国革命根据地教育史》第 1 卷,教育科学出版社 1991 年版,第 66 页。
② 董纯才主编:《中国革命根据地教育史》第 1 卷,教育科学出版社 1991 年版,第 355 页。
③ 于述胜:《中国教育制度通史》第 7 卷,山东教育出版社 2000 年版,第 310 页。
④ 蒋纯焦:《一个阶层的消失:晚清以降塾师研究》,上海书店出版社 2007 年版,第 254 页。

文化,争取和改造现有私塾,使之成为开展国民教育的辅助机关,逐步变为民办小学。"其最低要求是"取消封建反动的教材,改教适合群众需要的实际知识;对学生废除打骂制度;组织私塾董事会;塾师参加文化学习团体"。①

全面抗战爆发后,大片国土沦陷,日寇在沦陷区建立伪政权,推行奴化教育,国民政府开办的学校系统遭到破坏。当时国人如果不愿入殖民学校,就只有入私塾受教。因此,私塾在沦陷区大量复苏,尤其是在乡村则更是如此。但是这一时期私塾的性质带有一定的民族主义色彩。"因此,在'七七事变'后的 8 年抗战中,沦陷区的私塾有所复苏,成为中国人自办的一种既传统又另类的教育机构,部分弥补了中国政府留下的空缺,为国人在外敌铁蹄之下提供了一个非暴力不合作的教育途径。沦陷区的塾师们的社会角色,也因此增添了几分民族主义色彩,突然变得有些高大了。"②

三、改良私塾问题

近代乡村教育现代化转型过程中,改良旧式私塾是一个无法回避、不得不为的重要工作。

民国时期所谓的私塾是指"凡不违背中华民国的教育宗旨,及其实施方针的,未经呈准立案的私立小学,以教读为目的,自行设塾;由私人延师在家教授的,都叫做私塾"。③ 或是"凡私人联合设立不能完全依照现行学制办理之教育组织,向以教育应受义务教育之儿童为目的,均为私塾"。④

私塾是中国传统私学的一种,历史上一般被称为家塾、学馆等,到清末民初分官、私学堂后,才有私塾这个名称。它主要分塾师自设的散馆,

---

① 于述胜:《中国教育制度通史》第 7 卷,山东教育出版社 2000 年版,第 319—320 页。
② 蒋纯焦:《一个阶层的消失:晚清以降塾师研究》,山东教育出版社 2000 年版,第256 页。
③ 梅焕涑:《闲话私塾》,《江西地方教育》1941 年第 215—216 期合刊。
④ 《苏省取缔私塾规程》,《安徽教育行政周刊》1932 年第 5 卷第 35 期。

官绅商贾等延聘老师设立的专馆,以及由祠堂庙宇的地租收入或私人捐款开办的义塾,还有由多个家庭集资聘请塾师,只教出资家庭子弟(多见于农村)的村塾。清代私塾不完全属于学校教育,又不完全属于家庭教育,但就其教育层次来说,多数私塾属于民间初等教育。私塾承担了封建社会的启蒙教育任务,弥补了官方办学的不足,并在实践上取得了一些成绩和经验。

1. 私塾与学校并存的二元格局

首先,由于新式乡村学校不足,再加上私塾属于民间私人性质的教育行为,中央或地方政府由于各种原因对于私塾的存在或无能为力,或置之不理,使得私塾事实上"成了法外逍遥的教学机关"。① 因此导致民国时期的乡村旧式私塾或明或暗地大量存在,与新式学校形成并存的格局。

有研究者指出:在清末改良后的私塾多出现在城市,就乡村来说,从1862年中国第一所官办的新学教育机构——同文馆创立以来,晚清长达50年的教育革新始终没有触动乡村社会这种历史悠久的、占统治地位的私塾教育模式。②

民国时期,教育部曾经统计1935年的"全国各省市私塾状况",并与1933年全国新式初等教育情况相对比,得出这样的结论:"以二十四省市私塾各项数字,以与最近年度(二十二年度)全国初等教育统计相比,则私塾数约当小学校数三分之一,塾师数当小学教职员数六分之一,学生数约为八分之一,学费数约为二十分之一,如各省报齐,其数量当不止此。"③即全国私塾与小学数量之比为1∶3,塾生与小学生的数量比为1∶8。

---

① 梅焕涑:《闲话私塾》,《江西地方教育》1941年第215—216期合刊,第31页。
② 郝锦花、王先明:《论20世纪初叶中国乡间私塾的文化地位》,《浙江大学学报》(人文社会版)2005年第1期。
③ 《教育统计　全国各省市私塾状况》,《教育杂志》1936年第26卷第12期。

1936—1937 学年部分省市小学学生与私塾生徒概况表①

省市	小学学生	私塾生徒	塾生占学生百分比
南京	59162	8103	13.70%
福建	497159	60676	12.20%
河南	1078140	128912	11.96%
北平	50194	5724	11.40%
绥远	71083	7229	10.17%
湖南	1033407	100388	9.71%
天津	70852	5992	8.46%
广东	1718452	120001	6.98%
上海	188177	11335	6.02%
江西	846793	30172	3.56%
青岛	43925	820	1.87%
云南	763327	7999	1.05%
山西	936456	7633	0.82%
总计	7781163	526267	6.76%

但上述调查统计是针对县市教育的,既包括乡村教育,也包括大量都市城区教育在内,所以上述比值不能直接反映乡村私塾与小学的比值。有研究者分别考察了 20 世纪 30 年代全国范围、省域范围和县域范围内的乡村新旧教育之间的比例,观察到这样两种现象,一、"越是基层社区,私塾所呈现的规模就越大。""私塾的走向是向下延伸,因而地方县乡的私塾有增无减呈发展态势。"②二、"政府对于私塾规模的统计数字,要比民间人士的调

① 中国第二历史档案馆编:《中华民国史档案资料汇编》第 5 辑第 1 编教育(一),江苏古籍出版社 1994 年版,转引自蒋纯焦:《一个阶层的消失:晚清以降塾师研究》,上海书店出版社 2007 年版,第 249 页。
② 熊贤君:《中华民国时期私塾的现代化改造》,《华东师范大学学报》(教育科学版) 1998 年第 3 期。

查或观察结果保守很多。"①所以,上述统计可能低估了当时乡村私塾的
数量。

　　这还只是抗战之前的统计,抗战开始之后,据当时的观察和推测,乡村
私塾的数量当有所增加,"因为自抗战以来,大小都市,有许多都遭到敌机
的狂炸,人民大都疏散在乡村,因之私塾在近两年来,数量一定较前更多;并
且在沦陷区内,因为原来有些小学都停办了,私塾当然是应运而生;所以私
塾在近几年来,一定比以前更多,这里虽无统计,但是可以想象得到的。"②

2. 私塾改良的历程

　　由于新式乡村学校始终不足,而私塾又有生命力,所以借助改良私塾以
补充乡村学校的不足就成为一个务实又有点无可奈何的选择。从清末到民
国时期,政府总体的法律取向上是对私塾采取抑制的政策,但是从没有对私
塾采取断然取缔的极端态度,私塾改良是政府对于私塾采取的主要措施。
私塾改良后升为小学和允许改良私塾的存在,是民国政府推动乡村义务教
育的重要手段之一。

　　其实清末学部于 1910 年就出台了《改良私塾章程》二十二条,各地政
府也有相应的政策出台,但清末改良私塾主要以奖励劝导为主,目的是为了
使之与学校趋同,来弥补新式教育的不足。

　　民国时期,由于私塾教学内容陈旧、教学方法不良、设施简陋,特别是它
所传达的价值观不符合现代民主教育观念,所以民国时期政府发展乡村教
育的一个重要内容就是改良旧式私塾教育,使之最终与乡村小学日趋并轨。
随着政府教育职能的强化和控制能力的增强,对于私塾改良的推进力度明
显加大。有研究者总结:"民国私塾改良虽然在时间上承接清末新政,但与
清末有两个明显不同:其一,由于立国思想由儒家文化转向西方资产阶级文
化,对私塾的态度较清末激进,于改良中增添了取缔之意,欲将旧式私塾尽

---

　　①　姜朝晖、朱汉国:《1930 年代中期新旧教育二元并存格局初探》,《齐鲁学刊》2013 年
第 3 期。
　　②　吴鼎:《推广国民教育与私塾改良》,《教育通讯周刊》1940 年第 3 卷第 5 期。

归于新式学校,而最终全部消灭之。其二,不再借助于民间协会(私塾改良会),而完全由政府部门来组织推广。……这些举措,充分反映出政府教育职能的强化和控制能力的增强。"①但是,由于民初教育部对于改良私塾的总体态度仍持"奖进主义",②北京政府出台的改良私塾的政策,虽然对于私塾科目、设备、塾师培训等等有所整理,但实际上,政府改良私塾的政策流于形式,未能认真实行,而且事实上为私塾的扩充开辟了道路。另外,军阀混战,政局混乱,也给私塾的存在带来反复。比如,1926—1928年张宗昌督鲁期间推行尊孔读经,结果"各地学堂都变成了私塾"。③

南京国民政府成立之后,改良私塾工作才进入比较实质性的阶段。比如塾师培训、塾师的资格检定、取缔不合格私塾等工作才真正广泛开展。1931年国民政府出台《教育部乡村小学充实学额办法及繁盛都市推广小学教育办法》、1937年国民政府教育部推出《改良私塾办法》。与此相应,各省市地方以上述中央政策为依归,在不同时期都各自制定了一些具体的私塾改良办法。

以1937年6月颁布了《改良私塾办法》为例,国民政府改良私塾主要包括以下几方面的工作:

第一,设塾条件方面,各省一般皆明令禁止在小学附近设塾,不得收容曾经肄业之学龄儿童,或收容失学儿童不得妨碍小学之进行。另外,政府要求塾师设塾须登记注册,目的也是为了预备政府审查,防止私塾与学校重复设置,争夺生源。没有登记注册的私塾,则随时可能被教育行政部门查封。

第二,关于塾师资格方面,教育部规定凡符合以下条件的,如不违背中华民国教育宗旨及其实施方针、塾师文理精通常识丰富、能运用教育部审定

① 蒋纯焦:《一个阶层的消失:晚清以降塾师研究》,上海书店出版社2007年版,第214—215页。
② 《教育部整理教育方案草案》,陈学恂:《中国近代教育史教学参考资料》中册,人民教育出版社1987年版,第214页。
③ 王翠红:《近代山东私塾改良研究》,硕士学位论文,山东师范大学,2007年,第24—25页。

之教科书的,才能发给塾师许可证。教育部的规定比较宽泛,各省的规定就比较具体和严格,塾师必须达到一定的要求,经过考试合格才能执业。

第三,关于课程内容方面,要求私塾尽量与小学校保持一致,各省一般皆规定塾师须有国语、算术、常识、党义等新式课程,教材上须"遵用教育部审定之教科书";且要"订定课程简表",按课表上课。

第四,教学和管理方式上,由于新文化运动的开展和西方现代教育思想的引进,中国的普通中小学开始倡导个性化教育,要求在教育中尊重个人、尊重儿童。这些新的教育理念在私塾教育中也得到了反映。教育部要求塾师改变"死教死读"方法,做到:1.根据循序渐进的原则,采取"逐步教学"。2."教学时须以引起儿童学习兴趣为主,并须注重理解,不得专重背诵"。3."绝对禁用体罚"。4."平时并须指导儿童作课外活动,以养成儿童运动及守纪律之习惯"。

第五,关于基本设备方面,一般都要求塾舍房屋宽敞、空气和光线充足,最好有运动场;还都规定塾舍必须有党旗、国旗、总理遗像,以及一定的纪念仪式,如总理纪念周等。

第六,关于塾师训练方面,教育部要求"主管机关应于寒暑假期或相当时期,举行塾师训练班或讲习班。其讲习学科,除国语、算术、常识外,并须注重公民训练、科学常识与各科教学法之实际研究。塾师训练班或讲习班,应委托县市立初级中学或县立师范学校,或规模较大之县市立小学举办之。其训练或讲习总时期共计至少为三个月"。[①]

第七,各省还规定了比较具体严格的私塾奖励和取缔方式。如 1932 年青岛市取缔私塾时,规定"根据调查结果,择其最劣者会同公安局先行取缔;择私塾设备较优及塾师学力较佳者,准其暂时存在,由局规定其应授之课程,限令补授,逐渐改良并由局随时派员视察,如不能遵办者,仍执

---

① 《教育部颁布改良私塾办法》,中国第二历史档案馆编:《中华民国史档案资料汇编》第 5 辑第 1 编教育(一),江苏古籍出版社 1994 年版,第 678—680 页。

行取缔"。①

也有研究者将近代私塾的趋新改造概括为以下几方面内容："第一,私塾作为一种基层民众教育机构,政府将其纳入常规的行政管理体系,打破了以往基层教育机构自发性、民间性、无组织性的状态。第二,从教学设备来看,相当一部分私塾在教室内添置了新式的教学用具。第三,一部分私塾教学内容增添了新学知识。第四,从塾师的出身来看,塾师结构也发生了一些变化,大量新式学堂的毕业生充实到塾师队伍中。"②

总之,民国时期政府对私塾的总体政策是通过种种改良和培训活动,使塾师们在教学上逐渐向小学校趋同。但是,从效果上来看,近代私塾改良对于私塾的影响是双重的。

一方面,它直接推动了塾师向现代教师的转换,导致了旧式私塾和塾师数量的逐渐减少。虽然私塾改良政策的执行力度受到质疑,私塾的势力和影响仍难从根本上消除,但至少摆脱了封建时代因制度空缺而对乡村教育不闻不问的状态。而且,这个时期的私塾教育也因之呈现出新旧杂陈的特征,既是传统教育的载体,又是不断向学校教育转变的变体。陶钝这样记述1916年一个自称为"改良私塾"的乡村家塾的教学情况,"他(指塾师)问询了学生的程度(当时叫做造诣),分成三班上书:我和四叔一同上,讲读《左传》,四叔只听讲不背诵;四弟读《孟子》,单独一班;志彬的书由学长代上,采用现行的小学国文课本,读'人、手、足、刀、山、水、田、狗、牛、羊'。任师傅说:'咱不是私塾,也不是学堂,叫做私塾改良吧!'县里视学来马家的小学视察,也到我们这里来看了看。志彬摆着小学一年级的课本,四弟也弄了本小学四年级课本摆着;四叔和我都在读《左传》。任师傅请视学员查看,接着问读这些书行不行,视学员答应了个'行的'。这个重开的私塾就成了私塾改良了。当时这类的私塾改良有许多处,县教育局默认了。如果不默

① 青岛市教育局编:《教育行政报告》1932年,第21页。
② 郝锦花:《新旧之间——学制转轨与近代乡村社会》,博士学位论文,山西大学历史与旅游学院,2004年,第24—30页。

认,都办起学堂了,教员也是不够的。"①所以说,在政策环境的压力下,近代乡村私塾必然要经历前所未有的现代化改造。

另一方面,私塾改良政策存在对私塾传统妥协的一面,所谓私塾改良,法律仍然为塾师的存在保留有一定空间。甚至到 20 世纪 30 年代国民政府统治下,义务教育、乡村教育虽然进入一个快速发展期,但在教育法令上仍然对于私塾的存在留着口子。"私塾在法令上虽无必须设立之明文规定,但在相当情形之下应许其存在,应予以改良,此为现时各省教育主管行政机关处理私塾的通例。"而且由于政权不统一,基层政权不健全,各地地方官在对待新旧教育的态度上很随意,所以造成乡村私塾与小学的设置还是很混乱。1932 年对江西各县私塾概况的调查显示,"本省各县教育主管行政机关对于私塾之态度——大多数县份对于私塾取放任态度,设立停闭悉听自由,少数县份予以消极的取缔,惟最少数县份则主张积极的改善"。②

第三节 近代乡村教职的新陈代谢: 从塾师到教师

随着近代乡村教育的转型,乡村教职也随之发生转型。乡村本来是塾师的天下,随着乡村新式小学越来越多地设立,乡村新式教师队伍逐渐扩大,乡村塾师的职业生存空间越来越小,面临着逐渐被淘汰的命运。但这个过程并非一帆风顺,也非一蹴而就,其间经历了很多曲折和反复。

乡村塾师和乡村教师虽然都是在乡村从事基础教育的职业群体,但二者之间存在很大差别,他们是属于两个不同时代的从教者。

塾师是传统小农社会礼教秩序的维护者和儒家价值观的传播者,乡村塾师的主要教学内容就是基础的识字教育,教学方法、教学设备,甚至教学

---

① 陶钝:《一个知识分子的自述》,山东人民出版社 1987 年版,第 36 页。
② 曾国权:《从廿二年度江西各县教育概况谈到改进私塾问题》,《江西教育旬刊》第 10 卷第 2 期,第 16—17 页。

内容都没有很严格的规范，可以由塾师自行安排，具有灵活性和随意性；而且很多塾师或有科举功名，或是赋闲在乡的官僚，是严格意义上的士绅，所以他们的身份特殊，成为教化百姓、整合乡村秩序的领袖人物。而乡村教师是随着近代教育转型而新兴起的阶层，他们是近代新文化的产物，理论上也是新文化的载体。乡村教师的教学内容、教学方法、学校组织等各方面都受到国家教育制度的严格规范，经常受到教育行政部门的督查和考核，其职业行为更加规范化、制度化；但新式乡村教师没有过去塾师那样的准政治身份，事实上更接近近代意义上单纯的知识分子，所以在乡村他们不像旧式塾师那样具有很高的文化权威和社会地位，往往沦为乡村社会生活中的边缘人物。

一、乡村塾师阶层的衰落

塾师即私塾中的教职人员。在进入近代社会的前夜，塾师群体的状况是这样的，"明清时期，随着私塾在全国各地遍设，造就了一支数目庞大的塾师队伍，形成一个社会阶层。""总体而言，塾师阶层大致可分为两个层次：一是家境贫寒，读书力学，没有获得科举功名的读书人，他们占据了塾师队伍的大部分，但居于职业底层；二是那些取得科举功名（如秀才、举人）而未能入仕的读书人，或已做官而被革黜，或自行退出官场，告老赋闲在家者，他们在社会上有一定的名望和地位，居于塾师队伍的上层。前一种人多在乡村设馆，收入微薄，有的还要耕种几亩薄田，且耕且教才能勉强维持生计，或兼营他业，如占卜、行医、看风水、代写公私文书等等。后一种人无论自行设馆，还是被聘为西席，大多收入较高，衣食无忧。"①

自晚清开始的教育改革，特别是清末废科举兴学堂和辛亥革命后民主共和制度的确立，对于旧式乡村教育和乡村文化的中心——塾师的打击是

---

① 蒋纯焦：《一个阶层的消失：晚清以降塾师研究》，上海书店出版社2007年版，第26页。

历史性的,所以,晚清以降,塾师阶层经历了一个急剧衰落的过程,其职业生存空间越来越狭小,塾师队伍也越来越缩小,直至新中国成立后,在很短的时间里彻底消失。

1. 塾师衰落的原因

对于近代整个塾师阶层的衰落,蒋纯焦做出这样的概括:"塾师阶层的消失是近代中国社会进步和教育发展在底层推进的一个缩影,这种消失过程以塾师阶层队伍数量的减少、经济待遇的下降、社会地位的降低、教学活动的变化为表征,以社会的政治革命、经济变革、文化鼎新和教育转型为诱因,是社会变迁与教育变迁交互作用的结果。"①作为一个与传统社会高度融合的社会阶层来说,塾师阶层的衰落有其特定的社会动因,塾师的衰落绝不仅仅是乡村教育变迁自身能够解释的,它与近代中国社会的综合变迁有关系。但具体说来,造成塾师衰落的直接原因无非是清末废科举的举措和自清末以来的私塾改良运动。

第一,科举制的废除注定了塾师衰落的历史命运。

从晚清洋务运动开始,虽然新式教育开始萌芽,但无论是中国人自办的新式学校还是教会学校都是集中在少数口岸城市的,新式教育在乡村尚未获得认同,乡村教育仍然是私塾的天下,真正对私塾的存在构成挑战的是1905年清政府的废科举。

严格说来,科举制度只是政府的文官选拔制度,但读书—科举—入仕可以说是传统读书人实现自己人生抱负的唯一出路,所以,科举制度事实上一直充当着封建社会后期中国教育制度的指挥棒,私塾的教育目标与科举功名是直接挂钩的,即使是乡村蒙馆也是科举教育系统上的一个环节。蒋廷黻在回忆录中回忆:"在乡下念书只有一个目的:考中后去做官。这种考试没有其他用途。它只给青年人一条路:学而优则仕。教育的目的是作古文。

① 蒋纯焦:《一个阶层的消失:晚清以降塾师研究》,上海书店出版社2007年版,第304页。

55

乡村私塾读了五年,我仍然不会写一封报告起居的家信,但我却能作辞藻丰富的文章。至于古文的内容,不论是哲学的、伦理的或是历史的,我都是一知半解。"①

科举是中国旧式教育制度长盛不衰的现实利益支柱。正因如此,虽然晚清政府三令五申督办新教育,对于科举取士的制度也做出向选拔实学人才方向的倾斜调整,但是科举的存在始终是发展新式学校的障碍。正如袁世凯等人在"奏请废科举折"中所说的那样:"科举一日不停,士人皆有侥幸得第之心,以分其砥砺实修之志,民间更相率观望,私立学堂绝少,又断非公家财力所能普及,学堂绝无大兴之望。……欲补救时艰,必自推广学校始。而欲推广学校,必自先停科举始。"②也正因如此,清政府才断然停废了科举。

清末废科举兴学堂的历史性举措对于旧式私塾的存在和塾师阶层的打击是致命的,首先是因为它从制度上切断了塾师的再生机制和仕进之路。

传统塾师的来源与科举出身是紧密相连的,"据张仲礼的统计分析,在19世纪晚期,约有40%的绅士以塾师为职业,全国大约有60余万名有绅士身份(即取得生员及以上资格)的塾师,平均每个州县略多于400人。③而拥有科举功名的塾师只是塾师阶层的一小部分,位居于职业上层(如任教经馆、报酬较高);还有数量更大的塾师为白首童生,位居于职业下层(如任教蒙馆、报酬较低,这种区分并不绝对,有些秀才也乐意充当蒙师)"。④虽然多数乡村蒙馆的塾师可能并没有取得科举功名,但他们所属这个阶层的职业声望和前途无疑是与科举功名直接相连的,他们的教育背景,甚至人生

---

① 蒋廷黻口述:《蒋廷黻回忆录》,岳麓书社 2003 年版,第 27 页。

② 《光绪三十一年八月初四日袁世凯等奏请废科举折》,载朱有瓛主编:《中国近代学制史料》第 2 辑上册,第 110 页。

③ 张仲礼:《中国绅士的收入》,费成康等译,上海社会科学院出版社 2001 年版,第 106—108 页。

④ 蒋纯焦:《一个阶层的消失:晚清以降塾师研究》,上海书店出版社 2007 年版,第 86—87 页。

目标与科举士子们一致,他们中间的一些人尚存有进一步获取功名的强烈愿望;他们所培养的学生虽属于初等教育阶段,但读书入仕仍然是这些学生们学习的最高目标。所以,受过正统的科举教育是乡村塾师从业的背景门槛,科举资历仍然构成乡村塾师们的事业基础,甚至在科考之路上取得的成就高低直接关乎他们在塾师职业层级上的地位。比如徐特立在做塾师的同时,也参加科举考试,"于1904年赴岳州参加科举考试,预试以第19名被录取。但他因付不起复试的费用又不愿接受别人的资助,没有参加复试,表现出'特立独行的个性'。然而,这次科场小胜还是使徐特立从中受益,他的社会地位和经济待遇迅速提高,'年金由十四串升到六十串,一跃四倍'。可见科名直接左右着塾师的职业收入"。[1]

　　总之,无功名的乡村塾师与高等的经馆塾师是一体的,都与科举制度根脉相连。既然如此,科举制度的废除不仅切断了部分下层塾师通过科考晋升社会上层的希望,也在制度上、理论上切断了塾师的再生机制,中断了塾师的来源。因为"(1)私塾成了学校教育的辅助和准备,塾生三五年后转至学校就读,只有越来越少的人以私塾作为人生所受教育的唯一场所。而那些只求掌握粗浅文化知识的受教育者,即便不到学校继续受教育,也不具备充当塾师的条件。这样一来,由私塾教育自身生产出来的塾师数量大大减少。(2)新人入旧行的现象虽然存在,但毕竟少之又少,且多系个人行为,不具有普遍性。这些受过新教育的塾师个人选择空间较大,流动起来比旧塾师方便得多,不一定会终身执塾师业。(3)由于塾师队伍的青黄不接,导致塾师阶层逐渐老化,无法完成年龄结构的正常转换,结果是:随着老塾师大量正常(年龄大了不能继续从教、找不到生徒而被迫歇业)或非正常(其私塾因不能改良被政府部门强行取缔)的离去,塾师队伍后继乏人,严重萎

---

　　① 蒋纯焦:《一个阶层的消失:晚清以降塾师研究》,上海书店出版社2007年版,第202页。

缩"。① 随着最后一代旧式塾师的老去或离开教育界,像他们一样受单一的正统经学教育,甚至身有功名,以私塾为业的塾师最终会消失。民国时期大量存在的私塾,其实都是一些没能达到新式学校的设置标准,在教学方面半新不旧的私立学校而已。所以说,废科举注定了塾师阶层最终会衰落。

其次,废科举对乡村塾师的打击还在于它极大地压缩了塾师的职业生存空间,使他们的职业前景渺茫。

废科举首先受到冲击的是塾师中的上层——经馆塾师,经馆的生徒是直接以科举为目标的,废科举使经馆生徒的流失很严重,随着科举废除,经馆的消失很快。而比较来说,由于蒙馆僻处乡村,风气闭塞,新式学堂在乡村也一时难以遍设,而且蒙馆以承担基础的识字教育功能为主,与科举考试的直接距离稍远,所以乡村塾师对科举废除所带来冲击的反应相对滞后。但是,尽管滞后,乡村塾师所受到的冲击也是实实在在的。从清末山西老塾师刘大鹏的日记可以看出,科举一废,乡村塾师"失馆"现象比比皆是,塾师职业的没落是无可挽回的。

"昨日在县,同人皆言科考一废,吾辈生路已绝,欲图他业以谋生,则又无业可托,将如之何?"②

"科考一停,同人之失馆者纷如,谋生无路,奈之何哉!"③

"在东阳镇遇诸旧友借舌耕为生者,因新政之行,多致失馆无他业可为,竟有仰屋而叹无米为炊者。嗟乎! 士为四民之首,坐失其业,谋生无术,生当此时,将如之何?"④

"武肆三充太谷北乡劝学员,所劝大村小庄设立学堂,蒙童从事于科学,欲将一切舌耕者置于闲散,不得借以谋生。现状太谷一邑,蒙师多不能

---

① 蒋纯焦:《一个阶层的消失:晚清以降塾师研究》,上海书店出版社 2007 年版,第269 页。

② 刘大鹏:《退想斋日记》(1905 年 10 月 23 日),山西人民出版社 1990 年版,第 147 页。

③ 刘大鹏:《退想斋日记》(1905 年 11 月 3 日),山西人民出版社 1990 年版,第 147 页。

④ 刘大鹏:《退想斋日记》(1906 年 3 月 19 日),山西人民出版社 1990 年版,第 149 页。

安其业也,有因设立学堂而废旧日蒙馆者已数村矣,天实为之,谓之何哉!"①

在近代人物的早年求学经历中,特别是在清末民初受初等教育的这批人物当中,先入私塾,后半途转入新式学校的例子比比皆是。如果转换一下角度,就可以从中看到一个旧式塾师在这个时代变迁中陷入失业或被迫改业的落寞遭遇。如余家菊回忆自己早年的求学经历时,曾赞美自己"所从学之塾师"黄祺薰为"无名的康德",这位黄先生在余氏家族教书十余年,在余家菊家教书七年,余家菊最早经历的六年私塾教育都是受教于黄先生一人。但"彼在吾家第七年,我则肄业于县立高小,至第八年春,虽曾到馆,但不久即因病归家,而终于不起"。② 陶钝回忆自己家乡几家属于"仕宦之家"的地主,因为"眼界比一般人广,事情比一般人知道得多,风气比一般乡村开得早。朝廷废科举,兴学校,一概学西洋的新政,他们首先响应,在相州镇办起了一所中学。王家官庄的几家地主子弟多数去中学,家馆里只有几位不去中学的子弟维持着"。③ 而陶钝自己的开蒙塾师王师傅,则在民国建立以后在县政府"禁止设立家塾(叫做私学)"的气氛下,主动接受培训,成为新式教师。"王师傅不能再教家馆了。他到县城东关新办的'单级师范养成所'受训一年之后,就当了学堂的教员了。"④

虽然,乡村私塾在整个民国时期一直存在,而且一直对新式学校的生存构成竞争力,但不可否认的是,从清末废科举兴学堂以来,乡村塾师的职业前景已经势必很渺茫了。蒋纯焦总结清末废科举兴学堂对塾师职业生存空间的压缩主要表现在以下几方面:一是私塾生徒流失,大量学龄儿童选择了进入新式学堂,或从私塾转入学堂;二是由于一些家长为自己的子弟选择新式学校,所以导致塾师就业的馆地减少;三是由于大量政府拨款、民间公款

---

① 刘大鹏:《退想斋日记》(1907年4月14日),山西人民出版社1990年版,第159页。
② 余家菊:《乡村教育通论》,上海中华书局1934年版,第136页。
③ 陶钝:《一个知识分子的自述》,山东人民出版社1987年版,第11页。
④ 陶钝:《一个知识分子的自述》,山东人民出版社1987年版,第14页。

公产被用于新式教育,所以私塾所占有的经费等资源势必减少。①

第二,政府的私塾改良举措对塾师的生存形成持续的压力。

清末废科举对塾师职业的冲击是全方位的,与之配套的塾师改良举措可以说是持续不断地对塾师队伍构成现实压力,在这种压力下,合格的塾师可以合法开业,有些甚至转化为新式教师;不合格的塾师则不被允许设塾,逐渐被淘汰出塾师队伍。因而,塾师的职业生存空间一步步被压缩。

政府和民间社会对于私塾的改良活动主要集中在塾师培训和对设塾的条件标准认定方面。

首先,近代以来,各地所制定的塾师培训措施虽然有不同,但基本方法与途径以开设假期塾师训练班或讲习班为主,再辅之以通信传习、巡回传习或到小学参观学习等方式。对塾师的培训内容从具体的学科知识培训、新式教学设备和方法运用,再到现代教育理论的理解,其目的是促使塾师在教学方面进一步向新式教师靠拢。清末民初,由于私塾改良活动缺乏来自政府方面的严格规范,甚至许多塾师培训都是民间自发的行为,所以这一时期由塾师经短期培训后转变为教师很容易,也很普遍。比如,曾经"教馆十年"的徐特立,在清政府废科举前夕联合另外两位乡村塾师投考了"宁乡速成师范",虽然只经过四个月学习便结业,但他们从此正式转变为小学教员,不仅教书,而且亲自创办了许多现代学校,有小学、师范,俨然一个"现代的人物"。② 到南京国民政府成立后,政府对于塾师的管理才更加规范,塾师培训和改良活动才更加严格一些。

其次,塾师资格检定对于塾师队伍的优胜劣汰起着更直接的作用。传统的私塾在设塾方面是没有严格标准的,比较自由随意,塾师的任职门槛并不严格。清末新政中少数地方就已经有对塾师进行考验,发给凭照的做法。

---

① 蒋纯焦:《一个阶层的消失:晚清以降塾师研究》,上海书店出版社 2007 年版,第 147—155 页。

② 徐特立:《我的生活》,中央教育科学研究所编:《徐特立教育文集》(修订本),人民教育出版社 1986 年版,第 293 页。

民国时期,特别是 30 年代,则普遍对塾师施行资格检定,必须达到一定标准才能继续执业。如 1936 年《湖北各县改良私塾暂行办法》要求塾师必须具备以下资格之一,向县政府呈准登记后方可设塾。"甲、曾在简易师范学校或简易师范班毕业者;乙、曾在初级中学毕业或与初级中学毕业资格相等者;丙、曾经塾师检定委员会检定合格,领有证明书,尚未逾有效期间者;丁、曾经在塾师训练班毕业,领有成绩证明书者;戊、曾任小学教员二年以上成绩优良者。"①

当然,除了通过检定对于一些过于腐败的私塾进行淘汰之外,为防止乡村私塾与新式学校争夺生源,妨碍学校发展,历届教育部规定的设塾条件中都有对于影响乡村小学招生的私塾采取断然措施的规定。各地方出台的类似规定更多,如湖南桂阳县规定城区及乡区教育比较发达的地方,所有私塾一律封闭,凡乡村办有初级小学,在五里范围内,不准设立私塾,"违者除封闭外,得由本局呈请县政府票传该塾私东一干到案,予以相当处分"。②

从实施效果上看,一方面,塾师改良确实是提高了部分塾师的教学水平,这部分塾师经过教育行政部门的认定后,成为合法执业的改良私塾,其中之优异者甚至可以转化为教师。如 1937 年 6 月教育部在《改良私塾办法》中规定:"主管机关对于所辖私塾,除已核准改称改良私塾者外,其成绩优异者得酌改为短期小学,简易小学或代用小学。"③另一方面,在一次次认定过后,许多没能通过检定,或者根本没有参加检定的塾师就被清退,从而使得落伍的塾师被淘汰。

当然,民国时期的塾师改良对于遍布基层乡村的塾师来说,所起的作用

---

① 《湖北省各县改良私塾暂行办法》,中国第二历史档案馆编:《中华民国史档案资料汇编》第 5 辑第 1 编教育(一),第 676 页。

② 湖南省档案馆档案,转引自罗玉明、汤水清:《三十年代南京政府对私塾的改造述论》,《江西社会科学》2003 年第 3 期。

③ 《教育部颁布改良私塾办法》,中国第二历史档案馆编:《中华民国史档案资料汇编》第 5 辑第 1 编教育(一),第 681 页。

没有在城市中大。所以蒋纯焦称"蒙童教育"是"塾师阶层的最后一块自留地"。① 但不管怎样,政府对于私塾的严厉政策使许多乡村私塾处于危机当中,要么停闭,要么堕入非法隐匿的状态,成为廖泰初所说的隐匿乡间的"无名学制"。② 所以,乡村塾师的衰落是必然的。

2. 塾师衰落的表现

第一,体现塾师阶层衰落的第一个指标无疑就是塾师数量的减少,前面已经述及,乡村本来是塾师的天下,到民国时期的乡村已经是私塾与学校并存的二元格局。至于私塾到底衰落到什么程度,乡村私塾与新式小学的数量比重具体为多少,始终缺少一个严谨、公认的说法。但对于乡村私塾的数量在 20 世纪 30 年代发生大的衰退应该是没有异议的。蒋纯焦甚至认为,"南京政府时期,私塾和小学'和平共处'被打破。原因是义务教育的'厉行推展',使小学在数量和规模上迈上了一个新台阶,破坏了 20 年代新旧教育之间的平衡,私塾的数量开始迅速下滑。民国前期小学尚不能与私塾相抗衡,到了民国中期则完全颠倒,小学取得了绝对的优势"。③ 所以他将民国时期定义为塾师"从主流到边缘的转化"的阶段。

但是,数量的减少只是塾师阶层衰落的一个表现,真正代表塾师阶层在衰落的是其职业前景的渺茫和社会地位的衰落。

第二,塾师的束脩水平可以说是体现塾师职业前景和社会地位的一个指标,特别是与同时代的乡村小学教师相比,他们的薪资水平怎样最能说明问题。但是对于这一问题目前还缺乏直接、准确的统计数字,在一些个案资料中,既可以看到乡村塾师的束脩水平远远超过同时、同地的乡村小学教师的案例;也可以看到大量乡村塾师收入微薄、贫无立锥之地的例子。虽然结

---

① 蒋纯焦:《一个阶层的消失:晚清以降塾师研究》,上海书店出版社 2007 年版,第 238 页。

② 廖泰初:《动变中的中国农村教育:山东汶上县教育研究》,1936 年个人刊,第 23 页。

③ 蒋纯焦:《一个阶层的消失:晚清以降塾师研究》,上海书店出版社 2007 年版,第 245 页。

论不尽一致,但研究者大体都认为塾师的收入是越来越低的。比如,据郝锦花研究,20世纪二三十年代乡村塾师的收入大约为每年150元左右,而乡村小学教师的年薪约为120元,普通农民的年收入大约在12—60元。所以她认为,20世纪二三十年代乡村塾师收入略高于乡村教师,与19世纪后期塾师相比,其经济地位有所下降。① 蒋纯焦对比19世纪末塾师与书院教师的薪资水平,又对比了20世纪二三十年代塾师与大学教员的薪资水平,得出结论:"塾师收入与上层文化人的差距扩大,与下层平民的差距缩小,明显表现出下降趋势。"②

用20世纪30年代中期江苏省的一个数字对比,比较能够说明问题。据档案资料,1935—1936年统计的全国私塾概况所显示,江苏省塾师的年均收入为61.45元,③1930年江苏省就规定俸给等级最低的乡村初级小学教员月薪为10—15元,④远高于1935年江苏塾师的收入水平。

第三,塾师的衰落还有一个隐形表现,就是儒家价值信仰权威的衰落与塾师形象的矮化。废科举、辛亥革命和新文化运动等一系列变迁导致儒家价值信仰权威的衰落,塾师也失去了成为社会上层精英的机会,甚至失去与社会上层交流的渠道,这些都使社会对于塾师职业的认同感和塾师自身的职业荣誉感在减弱,这也是塾师阶层衰落的一个表现。

山西塾师刘大鹏在1905年废科举之后,这样在1905年11月2日日记里记述自己对风气变迁的苦闷心态,"凡守孔孟之道不为新学蛊惑而迁移者,时人皆目之为顽固党也。顽谓梗顽不化,固谓固而不通,党谓若辈众多

① 郝锦花:《20世纪二三十年代乡村塾师的收入》,《福建论坛》(人文社会科学版)2005年第8期。

② 蒋纯焦:《一个阶层的消失:晚清以降塾师研究》,上海书店出版社2007年版,第262页。

③ 中国第二历史档案馆编:《中华民国史档案资料汇编》第5辑第1编教育(一),第683页。

④ 南京国民政府教育部中国教育年鉴编审委员会编:《第一次中国教育年鉴》,第428页。

不能舍旧从新,世道变迁至于如此,良可浩叹!"①废科举虽然导致了塾师职业的生存危机和精神危机,但在晚清"中体西用"的改革方针下,废科举并未能根本动摇塾师对于儒学价值的信仰。而随之而来的中华民国,立国根基发生了本质上的改变,"忠君与共和政体不合,尊孔与信教自由相违",②这种政治环境的巨变对于私塾和塾师所归属的儒家价值观的打击是巨大的,因为儒学丧失了来自皇权的现实支撑,变得更加脆弱和容易受到攻击。

民国时期儒家价值观受到的最大冲击是在新文化运动时期,而新文化运动的兴起就是以袁世凯当政时提倡读经教育为起因。新文化运动的锋芒直指当时的复古教育和孔孟之道。鲁迅在《狂人日记》中毫不留情地批评传统礼教"吃人"。陈独秀则批评所谓忠、孝、节、义等道德都不过是奴隶道德;认为封建礼教与民主政治不能两立,与平等人权之信仰不能相容。③ 传统私塾教育以儒家道德伦理为主要内容,所以高举反礼教大旗的新文化运动势必受到严重冲击。

在新的社会观念里,塾师,特别是乡村塾师的形象越来越矮化,甚至是鄙陋。私塾在民国主流教育媒体中的形象是这样的:"提起私塾,我的头脑中就不假思索地联想到那个可笑的陈腐的疣物,光线不充足的房屋,几张缺腿的桌凳,衔着旱烟袋的老先生,几个垢面拖鼻涕的小猢狲,还有森罗殿似的案桌,厚沉的戒尺,脱落了石灰的墙壁上,洒满了黑墨水,空中的蜘蛛网,恰像替代了普通学校中的外国皱纹纸条,地上更有黄脓似的涕吐,还有……总之,比之她是一个人间的地狱,小孩子的牢笼,实不为过。"④

某刊物的一篇题为《私塾怪现象》的文章,摘套空城计的唱词如此辛辣、刻薄地讽刺私塾和塾师:

---

① 刘大鹏:《退想斋日记》,山西人民出版社1990年版,第147页。
② 蔡元培:《对于新教育方针之意见》,载高平叔编:《蔡元培全集》第2卷,第136页。
③ 毛礼锐等主编:《中国教育通史》第四卷,山东教育出版社1988年版,第371—373页。
④ 黄志成:《私塾在普及教育运动中之地位》,《中华教育界》1935年第22卷第7期。

"猴王高卧,猴子串戏,我正在东门自在行,耳听得人声乱纷纷,鸟飞鹊噪不分明,却原来猢狲变成的精。看那猴王(塾师也指东门外下塘街之霍氏私塾),宰予书寝,一群猴子好起劲。有的你我捉盲盲,有的扭了辫儿臭汗淋;也有鼻涕拖三寸,也有的面涂黑墨,好比张飞活现形。我不免掩口胡卢轻轻笑,不笑别的,笑那先生,胡须翘得壁卓灵,口含了牛溲马勃(黄烟也),青天白日将尸挺。你这个先生太不兴,为什么?放任那那那猴子胡行。听我访员把话论,你这混蛋害人精,我劝你,从今把猴散尽,休待保正到来临。你休要,诗云子曰骗钱文,你就滚滚滚,免得青年,误了终身"①

国民党政府兴起后,国民党携政权的威势来推行党化教育,以三民主义意识形态来改造教育,许多旧式私塾更加赶不上形势,被冠以"反动",愈加处于被淘汰的危险之中。广州国民政府时期,广州市立小学教职员联合会曾致函中国国民党广州特别市党部执行委员会,要求"廓清私塾",其理由如下:"径启者,窃为同属一国之人民,应受同一之教育,欧美各国莫不皆然。我国学制课程,早经颁布,南北各省一致遵行。本市为全省文化中枢,岂容有破坏学制、违背课程之私塾永久存在,以蔑视我注重儿童本位教育之党纲。矧我国民政府,厉行党化教育……而近在革命策源之广州市内,更岂容有腐化教育之塾师,执其封建思想、反动言论,灌输青年之新脑,以梗我党化教育之推行。"②

第四,科举的废除造成乡村士绅阶层的衰落,也使得与乡绅关系密切的塾师更加世俗化、职业化,乡村塾师传统的社会功能和声望在弱化。

传统乡村社会的塾师虽然不必然是士绅,但在乡村是理所当然的上层精英,甚至很多塾师本身就是合格的士绅。据张仲礼估计,在 19 世纪后期,全国有 60 余万名有士绅身份的塾师,平均每个州县略多于 400 人。③ 而且

① 风凉:《私塾怪现象》,《饭后钟》1921 年第 9 期。
② 《取缔私塾之再接再厉》,广州《民国日报》1928 年 5 月 26 日。
③ 张仲礼:《中国绅士的收入》,上海社会科学院出版社 2001 年版,第 106—107 页。

大约 1/3 的塾师同时在从事经理地方事务中获得更高的社会威望和丰厚的收入。① 当然乡村塾师在质量上要更低一些,但即使本身不具备士绅身份,乡村塾师与乡绅之间的关系也是密切的,他们在价值观和行为方式上也是相互认同和协调一致的。所以帝制国家赋予乡绅的权威和特权,即他们对于乡村社会生活的控制和把持,乡村塾师也在某种程度上得以享有,也就是说,塾师处于乡村社会中心的地位。但这种地位在民国时期发生了动摇。

一方面,科举制的废除切断了塾师的仕进之路,使他们很难再晋级成为具备正式资格的传统士绅;城市化的加快造成过去由官而退隐为塾师的情况减少,乡村精英走向城市,滞留乡村的士绅在新的社会文化环境下也在隐退,所以乡村中像原来那样具备正规士绅身份的塾师越来越少,意味着与士绅一体的旧式塾师越来越少。另一方面,在新的社会环境中传统士绅身份的衰落。科举制度下的乡绅作为政府官员的后备人员,是官民之中介,是一个居于地方领袖地位和享有特权的社会集团,是基层社区系统中最主要的力量,各地兴革大事或地方事务均由其把持,甚至在一些士绅势力张扬的地方,地方官仅仅成为士绅的"监印",而无法直接插手地方公务。② 士绅身份的衰落也造成与其一体的塾师在处理乡村社会事务时不再那么顺理成章,塾师的整体身份越来越职业化、世俗化。并不是每个乡村塾师都能够成为乡村社会礼俗生活中心,许多塾师的功能其实只是管理塾生和处理一般文字事务,他们很难像传统士绅那样参与管理乡村公共事务了。

近代新式乡村教育兴起之后,有一个突出问题经常被诟病,即由于新式乡村学校得不到乡村社会的认同,新式教师无法成为乡村社会文化生活的中心,反而使得塾师在乡村社会文化生活中的优势更加凸显出来。这是近代乡村教师被认为最不及旧式塾师的一点。但这只是问题的一个侧面,是人们对新式乡村教育寄予过高希望所导致的结果,爱之深,所以责之切。从

---

① 张仲礼:《中国绅士的收入》,上海社会科学院出版社 2001 年版,第 250 页。

② 王先明:《近代绅士——一个封建阶层的历史命运》,天津人民出版社 1997 年版,第 52—53 页。

近代乡村教育的总体趋势来看,塾师过去在乡村社会生活中的绝对中心地位事实上在衰退。虽然衰退的直接原因并不一定是新式乡村教育有多么强大,但是,清末废科举兴学堂和随后民国政府的一系列改良塾师、发展新式教育的举措所造成的教育转型的大环境,甚至帝制被推翻、民主共和的胜利所造成的政治环境和社会主流价值观的变迁,无不对乡村文化生态造成潜在而深刻的冲击,塾师、私塾被认为是与经学教育、专制时代相配套的东西,势必走向衰落。

二、乡村教师阶层的兴起

清末民初随着乡村新式教育的兴起,乡村教师群体开始出现并发展起来。

1. 乡村教师的兴起和发展

随着在乡村设立的新式学校越来越多,乡村教师群体也随之发展起来,最直观的表现就是乡村教师队伍的扩大。但是由于民国时期很少有专门针对乡村教育、乡村教师的统计,所以乡村教师的数量只能从其他相关统计中曲折体现。由于民国时期乡村学校以初等教育为主,乡村小学是民国时期乡村学校中的绝大多数,所以从当时初等教育的相关统计能够曲折反映民国乡村教师的队伍规模。

据《第一次中国教育年鉴·丙编·教育概况》第一学校教育系统中,关于民初历年小学情况的统计显示,民初教职员数量规模大致如下:①

年份	校数	学生数	教职员数	经费数
光绪三十三年	34650	918586		
光绪三十四年	41739	1192921		
宣统元年	51678	1532746	85213	

---

① 南京国民政府教育部中国教育年鉴编审委员会编:《第一次中国教育年鉴·丙编·教育概况》,第 423 页。

续表

年份	校数	学生数	教职员数	经费数
民国元年	86318	2793633	214453	19334890
民国二年	107287	3485807	270544	22531124
民国三年	121080	3921727	294269	24899807
民国四年	128525	4140066	312097	23881730
民国五年	120103	3843455	296319	22840084
民国十一年	177751	6601802	264818	31449963
民国十八年	212385	8820777	407044	64721025
民国十九年	244618	10788582	553985	88510710

　　《第二次中国教育年鉴·第三编·初等教育》中有"民元以来初等教育之学校儿童数及教职员数":①

学年度别	学校数	儿童数	教职员数
元学年度	86318	2793475	21×453
二学年度	107286	3485807	
三学年度	121081	3921727	
四学年度	128525	4140066	
五学年度	120097	38434×4	296319
十一学年度	177751	6601802	223279
十八学年度	212385	8882077	407044
十九学年度	250840	10941979	586484
二十学年度	259865	11720596	564032
二十一学年度	263432	12223066	557840
二十二学年度	259095	12383479	556451
二十三学年度	260665	13188133	570434
二十四学年度	291452	15110199	610430

---

　　①　南京国民政府教育部教育年鉴编纂委员会编:《第二次中国教育年鉴》,总第230页。

学年度别	学校数	儿童数	教职员数
二十五学年度	×20080	18364956	702831
二十六学年度	229911	12847914	482160
二十七学年度	217394	12181827	432630
二十八学年度	218758	12669976	427454
二十九学年度	220213	13545837	490053
三十学年度	224707	15058051	547737
三十一学年度	258283	17721103	669616
三十二学年度	273443	18602239	696757
三十三学年度	254377	17221814	635611
三十四学年度	269937	21831898	783224

上述两个表中列举的历年全国初等教育中的教职员数是包括教员和职员两类人员的,而严格来说,职员不属于教师,而当时对学校中教员与职员的数量并无全面统计,但有些省份的统计中有相关情况的反映。

以浙江省为例:"1.历年教职员之数目　教员:民国元年度13027人,二年度16104人,三年度14779人,四年度16027人,五年度17705人。

职员:民国元年度5462人,二年度6891人,三年度1614人,四年度6180人,五年度7734人。

十八年度,教职员共计26395人。

2.十九年度之统计　教员23255人,(男21073,女2182。)职员8478人,(男8254,女224。)"①

江苏省的统计更加翔实,江苏省民国十九年统计的初等教育教职员数目如下:②

---

①　南京国民政府教育部中国教育年鉴编审委员会编:《第一次中国教育年鉴·丙编·教育概况》,第434页。

②　南京国民政府教育部中国教育年鉴编审委员会编:《第一次中国教育年鉴·丙编·教育概况》,第428页。

		教员数	职员数
省立	幼稚园	23	7
	初级小学		
	完全小学	347	140
县立	幼稚园	90	54
	初级小学	13019	2770
	完全小学	6381	1005
私立	幼稚园	13	11
	初级小学	680	140
	完全小学	1053	198

民国时期乡村教师队伍虽然在不断扩大,但总体数量始终不足。

袁希涛曾经对民国初期义务教育所需师资的数量作了大致的推算。他说,依中国现在学龄儿童折半数 4000 万人计,平均每 40 人有一教员(都市约三班四个教员,乡村人少者亦不能满 60—70 人一班之限制。故假定以此平均数为标准,又民国四年、五年统计,国民学校教员与学生比例,约 23 个学生有一个教员,兹所加已在一倍左右),计需 100 万教员。民国四年至五年统计,民国学校教员 15 万余人,其未谙教育不能受鉴定者,至少除去 5.5 万人。姑定为已有 10 万,今尚需 90 万人。又假定此学龄儿童内有 1/4 为半日间日等之简易学校,一教员可教加一倍之学童,计减 2/10 教员(减 20 万,倘简易的学校略加多,则教员数可略再减少),应尚缺 70 万。又每年教员因疾病、死亡、事故、改业者之随时补充,数年内姑以总加三成计算,总共需培养 100 万以上之新教员。①

1927 年 4 月,南京国民政府成立。同年 7 月,国民政府大学院院长蔡元培训令各省、特别市教育行政机关力行义务教育,筹设义务教育委员会,

---

① 袁希涛:《义务教育之商榷》,商务印书馆 1921 年版,第 38 页。

限于 1929 年 5 月底以前制订推行义务教育规划,于计划实施之日起每两年须减少失学儿童 20%。据统计,截至 1930 年底,全国已受义务教育的儿童数仅占学龄儿童总数的 22%。① 教育部认为:"其所以经时久用力多而获效甚鲜者,则以四年义务教育以二十年为期普及全国,所需经费以三四千万计,所需教员百数十万计,衡诸国家财力及现有师资之实际状况,相差太巨。"②此段文字足以见得教师数量之短缺。

　　除了数量的增加之外,乡村教师的兴起和发展还表现在有关乡村教师制度的完善和乡村教师素质的提高上。特别是在南京国民政府时期,政府在有关小学教师的培养、资格检定、聘任、待遇等方面出台了比较完善的法律法规,也在一定程度上落实执行了这些法规。这些制度化建设对于提高乡村教师的专业素质、规范乡村教师的管理、加强对乡村教师的职业保障都是有直接促进作用的,一定程度上改变了早期乡村教师在任职上的随意性和落后性。相关问题将在第三章和第五章中展开说明,所以这里就不再赘述。

　　总体看来,近代新式乡村教师自出现以来就有明显的发展壮大。但由于近代中国教育的转型呈现出由城市向乡村扩散、由精英教育向义务教育发展的特点,所以在新式教师的兴起和发展过程中,乡村教师的出现和发展也都比较滞后,乡村新式教师的出现要晚于城市,而且发展也较为缓慢,数量始终不足,质量明显落后于城市教师。

2. 20 世纪 30 年代中期乡村教师队伍概况

　　以 20 世纪 30 年代中期为例,民国时期乡村教师队伍内部构成情况比较复杂,这种复杂性主要体现在如下几个方面:

　　首先,民国时期的乡村教师主要从事初等教育,但民国时期乡村小学有多种类型,乡村小学教师的内部构成也有初小、高小之分,或公立、私立

---

① 中央教科所编:《中国现代教育大事记》,教育科学出版社 1988 年版,第 215 页。
② 南京国民政府教育部中国教育年鉴编审委员会编:《第一次中国教育年鉴·丙编·教育概况》,第 487 页。

之别。

国民政府实施义务教育之前,乡村教师主要分布于初级小学、高级小学;实施义务教育后,除了任职于初高级小学外,还大量分布于短期小学和简易小学;1940 年以后,随着国民教育在各省先后展开,乡村教师主要分布于中心国民小学和国民学校中。下表可以反映出 1931—1945 年全国小学教职员在各类小学中的分布情况,其中最主要的部分是乡村小学教师。

全国国民学校及小学之教职员数(二十学年度至三十四学年度 单位:人)

学年度别	共计	中心国民学校	国民学校	小学	初级小学	短期小学	简易小学	幼稚园	其他
二十学年度	546032	—	—	90439	451891	—	—	1839	1863
二十一学年度	557840	—	—	129067	422247	2023	1732	2056	715
二十二学年度	556451	—	—	141913	403032	3506	4425	2219	1356
二十三学年度	570434	—	—	146486	410066	3169	6487	2472	1754
二十四学年度	610430	—	—	175343	406411	17734	6864	2443	1635
二十五学年度	702831	—	—	196624	453073	42504	8023	2607	—
二十六学年度	482160	—	—	143772	294084	36188	6716	1400	—
二十七学年度	432630	—	—	119032	278834	28744	4529	1491	—
二十八学年度	427454	—	—	120585	270172	31632	1127	946	2992
二十九学年度	490053	114279	209863	39692	115877	5525	1062	973	2782
三十学年度	547737	148101	278215	38545	77476	2802	601	789	1208
三十一学年度	669616	191634	373079	67398	35625	410	—	1014	456

续表

学年度别	共计	中心国民学校	国民学校	小学	初级小学	短期小学	简易小学	幼稚园	其他
三十二学年度	696757	201925	410850	82820	—	—	—	1021	141
三十三学年度	655611	205842	378159	70217	—	—	—	1393	—
三十四学年度	785224	251892	438047	92878	—	—	—	2407	—

资料来源:教育部统计处根据二十至三十四学年度各省市国民教育统计报告表编制。

说明:自二十至二十五学年度各项数字系全国二十八省五市二区之材料,战事发生后之材料,二十六、二十七学年度为浙江十八省,二十八学年度为浙江等二十二省市,二十九、三十、三十一、三十二及三十三学年度为江苏等二十四省市,三十四学年度为江苏等三十一省市。①

其次,民国时期各地方乡村教育的发展状况极不平衡,所以,乡村教师的地域分布状况也很不平衡。

根据"1936 年全国初等教育概况分省统计表"可见小学教师(主要是乡村教师)在各省市的分布情况。②

地域别	教职员数	地域别	教职员数
总计	702831	广西	59256
江苏	28760	云南	32082
浙江	36150	贵州	7847
安徽	15873	绥远	2257
江西	28408	宁夏	649
湖北	13024	新疆	394
湖南	58802	辽宁	17081
四川	40322	吉林	4422

---

① 南京国民政府教育部教育年鉴编纂委员会编:《第二次中国教育年鉴》,总第1459 页。

② 中国第二历史档案馆编:《中华民国史档案资料汇编》第 5 辑第 1 编教育(一),第580—583 页。

地域别	教职员数	地域别	教职员数
西康	181	黑龙江	2570
河北	68275	热河	1473
山东	73864	察哈尔	7447
山西	34034	南京	1749
河南	35796	上海	7283
陕西	17637	北平	2066
甘肃	6228	天津	2027
青海	1574	青岛	1185
福建	16699	东特区	682
广东	76241	威海卫	493

再次,民国时期乡村教师队伍中男女教师比例情况如下,下面是1937年全国小学教师中男女比例分布情况,是根据"全国初等教育概况总表"编制:①

学校性质别		教职员数		
		男女共计	男	女
小学	高级部	143772	125701	18071
	初级部			
初级小学		294084	281978	12106
短期小学		36188	34125	2063
简易小学		6716	6239	477
幼稚园		1400	186	1214
总计		482160	448229	33931

---

① 中国第二历史档案馆编:《中华民国史档案资料汇编》第5辑第1编教育(一),第584页。

由表中可见,小学女教师比例很低,幼稚园中,女教师比例要高很多,但绝大多数幼稚园都是设在城市中的,不能反映乡村教师的情况。

最后,民国时期乡村教师的来源比较复杂,教师学历资格不一,造成乡村教师队伍素质不齐。

各省市国民学校及小学教员资格统计
（三十三年八月至三十四年十二月截止　单位:人）

地域别	共计	师范大学大学师范学院大学教育学系及师范专科毕业者	大学专科学校或专门学校毕业者	师范学校或特别师范学校毕业者	幼稚师范小学毕业者	简易师范学校毕业者	短期师范学校师讲所或范习班毕业者	曾受资师训练毕业者	高级中学或高职业学校毕业者	初级中学或初职业学校毕业者	试验检定合格者	无试验检定合格者	小学毕业者	其他
百分比	100.00	0.11	1.43	16.06	0.11	7.03	2.65	6.50	10.74	30.88	0.49	0.24	20.89	2.87
浙江	2638	—	79	313	—	229	101	59	269	716	93	33	638	108
安徽	1390	1	21	199	—	118	32	25	328	477	—	—	145	46
江西	1315	4	26	190	—	35	55	131	170	344	—	2	342	16
湖南	1817	6	46	289	—	243	53	101	371	492	11	8	166	31
四川	4940	5	97	348	3	274	95	377	551	1314	3	4	872	97
河南	4363	1	27	740	—	477	57	292	318	1139	17	23	205	67
陕西	2705	—	16	418	—	85	46	263	194	782	1	—	820	80
甘肃	930	—	4	59	—	94	36	121	20	122	11	—	413	50
福建	2174	—	37	329	14	245	6	93	258	857	15	2	229	89
广东	1013	4	29	132	—	80	38	13	167	392	—	1	131	27
广西	4686	1	14	266	9	106	197	300	226	1560	—	—	1850	156

续表

地域别	共计	师范大学大学师范学院大学教育学系及师范专科毕业者	大学专科学校或专门学校毕业者	师范学校或特别师范学校毕业者	幼稚师范小学毕业者	简易师范学校毕业者	短期师范学校或师范讲习所班毕业者	曾受师资训练毕业者	高级中学或高级职业学校毕业者	初级中学或初级职业学校毕业者	试验检定合格者	无试验检定合格者	小学毕业者	其他
云南	602	3	1	154	3	71	7	34	63	201	—	—	56	9
贵州	3133	3	36	461	3	119	99	203	337	1153	—	2	605	112
重庆	175	5	12	79	1	1	—	—	57	20	—	—	—	—
总计	30981	33	445	4977	33	2177	822	2012	3329	9567	151	75	6472	888

资料来源:教育部统计处根据国民教育辅导委员会三十二年八月至三十四年十二月各县国民学校及中心国民学校国民教育研究会会员之登记卡片编制。①

　　其中小学毕业充当小学教员的占到 20% 以上,初中毕业充当小学教员的达到 30% 以上,而且这类学历层次低的教员绝大多数是任职于乡村小学的,所以乡村教师的总体素质肯定很低。

---

　　①　南京国民政府教育部教育年鉴编纂委员会编:《第二次中国教育年鉴》,总第1469 页。

第二章　知识精英理想中的乡村教师

　　乡村教师所秉持和传播的价值观只有与社会主流价值观相符合,其存在的合法性才能获得主流社会的认可。乡村教师与中国现代主流价值观的关系可以从 20 世纪二三十年代的乡村教育运动中得到反映。在民国乡村教师角色的形成和发展过程中,知识精英、教育专家曾经是一个发挥重要作用的群体。在由他们主导的二三十年代的乡村教育运动、乡村建设运动中,乡村教育是中心,①乡村教师也是受关注的群体,被视为乡村工作的重要参与者和实践者。而且,知识精英们对现代乡村教师应有的品质、素质和功能做出了比较全面的理论反思。

　　这里所谓"知识精英""教育专家"主要是指 20 世纪二三十年代由社会团体、而非政府主导的乡村教育运动中的领导者、参与者,他们大多是一些生活于城市环境中的知识分子,自身并不是乡村教师。而且这部分人员的组成是很复杂的,他们发起或参与乡村运动的主观动机也很不一样。张宗麟曾经对"现有的乡运人才"做过一个大概的分类,主要分为十二类人:一是有志于乡村教育工作的归国留学生;二是儒家学者及其门徒;三是基督教青年会背景的"回国来留学的博士后"们;四是各地掌握教育界实权的"绅士";五是批评有力实干不足的躲在大学里的学者书生;六是以乡运事业做

---

　　①　傅葆琛说:"乡村教育,是各种乡村问题的先决问题,各种乡村事业的基本事业,无论消极的改革,或积极的建设,都离不开教育。……所以乡村教育,可以说是各种乡村建设的综合;乡村运动,可以说就是乡村教育运动。"——陈侠、傅启群编:《傅葆琛教育论著选》,人民教育出版社 1994 年版,第 310 页。

升迁资本的"商界或政界闻人";七是运用自己的"技艺"救助乡村的人;八是"本来别有怀抱,因为一时无术上进,只得小施其才于乡村"的"名流";九是对乡村运动并无深刻认识,但实际上埋头办乡村学校的乡村小学教师;十是为"暂保教授地位"而著书立说的"大学教授";十一是赶时髦、"名为乡运实则重苦农民"的"剥削农民的恶吏凶官";十二是暂时失业的"大学师范毕业生"。① 总之,这些主导了乡村教育实验的人物,多数是居于乡村之外的城市精英,只是乡村教育的旁观者或研究者角色,很少有乡村教育的直接经验。但是,他们中有一些人具有较深厚的现代教育背景,本身就是教育专家,在见识和眼界上超越普通民众,能够更敏锐、更准确地把握现代乡村教育的发展方向;而且由于他们一般都具有较高的社会地位,所以在乡村教育运动中能够成为比较有号召力、有权势的群体,有能力发起和推动乡村运动实验;并且他们还把握了相当多的教育报刊,以此为阵地一定程度上操控着乡村教育的舆论方向,②所以,在民国乡村教师角色建构过程中,这些知识精英们充当着理论的探索者、改革的宣传者、实验的主导者的角色。

在这些知识精英们的期待中,乡村教师的公共性尤其受到重视,"复兴民族的战士"③、"改造和建设地方社会的原动力和指导者"④、"万能的人物"⑤等等,是他们谈到乡村教师时的常见称谓。

第一节 乡村教师角色的公共性

在乡村教育派眼里,一个合格的现代乡村教师绝不应只是一个单纯的

---

① 张宗麟:《乡村运动与乡村教育的人才问题》,《中华教育界》第22卷第4期。
② 乡村教育热潮中,有所谓"中国杂志派的乡村教育理论家"之说。参见雷通群:《中国乡村教育实际问题——雷通群教授讲演》,《龙溪教育月刊》1931年第1卷第7期,第54页。
③ 张光涛:《乡村小学教师的训练》,《存诚月刊》第1卷第6期。
④ 滕仰支:《如何解决中心学校及国民学校教师兼办地方行政之困难》,福建《国民教育指导月刊》1941年第1卷第2期。
⑤ 张绳五:《乡村教育的实地经验谈》,《基础教育》第1卷第1期,1935年12月。

教书匠角色,而应该成为一个具有全面综合素质的知识人;他身上尤其应该体现出知识分子的公共性与教师专业性的统一,能够凭借自己的智识,成为引领乡村社会各项事业发展的动力源。

一、乡村教师的社会责任

民国时期的乡村教育思潮以改良整个乡村社会为目标,他们期望乡村教育的辐射范围能够超越普通学校教育的范畴,教育的对象除了包括儿童之外,还应包括成人,其改良事业的范围辐射了包括乡村教育在内的所有乡村社会事业。在乡村教育派眼里,乡村教师作为乡村里稀有的文化人,无可置疑地是乡村精英和乡村领袖,理应承担更多的社会责任。其社会角色绝不仅仅是一个局限于课堂和校园、整天面对儿童的职业教书匠,而应该是面向所有乡村事业和所有乡村民众,甚至是面向整个国家和民族的。

1. 乡村教师的社会责任

在国家衰败、民族危亡的大环境下,社会舆论往往是从国家、民族的角度来定位乡村教师的功能、责任和义务,造成整个社会将乡村教师角色泛化。

首先,在思想上,对乡村教师的角色期待与近代以来教育界流行的教育救国思潮有关。

知识精英们之所以把乡村教育提到如此优先的位置,其思想依据就是对思想文化在改造社会方面的力量深信不疑。人们坚信:"智识原是权力,可以改造一切,所以改造中国,先要给大多数人有相当的智识,人民能获得智识,当然要靠教育。"①以知识精英为主干的乡村教育派都是近代典型的教育救国论者,他们都深信思想文化和教育的力量能够解决包括政治、经济在内所有问题,他们坚信发展教育是实现国家进步、民族富强的基础或前提。在他们谈到乡村教师地位的重要性时,惯常的推理逻辑是这样的:"由

---

① 周尚:《二年来之晓庄乡村教育运动》,《河南教育》1929 年第 2 卷第 4 期。

复兴民族,富强国家便想到普及教育;由普及教育,便想到小学教师。可是我们再想,普及教育重要的对象,便是占全国人口百分之八十五以上的乡村人口;那么乡村小学的教师,在普及教育复兴民族中的地位,是如何的重要?"①或者再有一个推理路径是:救中国必先救乡村,救乡村必先"救济"乡村教育。傅葆琛在论述乡村教育的重要性时,其理论逻辑是这样的:首先,救国的关键在乡村、在乡村民众身上,"你们都知道中国有四万万同胞。这四万万人里头,只有六七千万人在城市里住,其余的人都住在乡村里。就是说中国一百个人里头,有八十多个人是做庄稼的。中国乡村的人既是这样多,他们担负的责任自然也很大。所以中国的前途,还要靠这大多数乡村的人民。他们强,中国也就强;他们富,中国也就富;他们弱,中国也就弱;他们穷,中国也就穷。我们想一想:中国乡村的人民现在是强吗? 是富吗?咳! 不说还好,说起来真要教人伤心呢"。其次,乡村社会贫、弱、愚的关键原因在于教育不发达,甚至中国所有的问题都与教育落后有关。"我们说到这里,就不能不归罪于我们中国人没有见识,把读书这件事,看作一种行业,只是当'士'的才应该读书,其余当农、工、商的人,是可以不必读什么书,研究什么学问的。这种见解是全然错了。他们不晓得一般农、工、商也要有农、工、商的知识学问,才能进步。要是没有必需的知识学问,农、工、商就永远不能改良了"。②

　　这两种思路的最终落脚点都是强调乡村教师负有拯救国家民族的责任,乡村教师的角色定位与国家民族命运紧密挂钩。"照平常想来,乡村教育与中国改造,不会发生关系,改造中国是政治家、经济家、社会家的事,不是教育家的事,更不是乡村教育的事。但实际上,乡村教育在人类事业中,占极重大的位置,负极重大的责任。不要说改造中国是乡村教育的事,就是

---

　　① 张光涛:《乡村小学教师的训练》,《存诚月刊》第1卷第6期,第81页。
　　② 傅葆琛:《为什么要办乡村平民教育?》,陈侠、傅启群编:《傅葆琛教育论著选》,人民教育出版社1994年版,第2页。

改造世界,也是乡村教育的事。"①所以,在乡村教育运动中,有人提出应当将乡村教师训练成为"复兴民族的战士"。②

其次,除了教育救国思潮的影响之外,乡村教师之所以受到重视最根本的原因还在于乡村教师在沟通城乡文化、新旧文化方面具有无可替代的中介作用。

受新式教育出身而又生活在乡村的乡村教师身处新旧文化交流的第一线,同时也是官方意志与地方传统之间沟通的媒介,这种天然的社会位置注定他们在推动基层社会事业方面的优势。"一个小学校,在教育者和社会工作者的眼光里,实在是新和旧的一条桥梁,旧文化和新文化的调节机关,政府和民众间的沟通者。所以,一个小学真能发挥力量的话,社会事业可以由学校发动,政府的命令可以由学校宣达,现代文明可以由学校作媒介。小学校真能成为改造和建设地方社会的原动力和指导者。"③

而具体来说,乡村教师的天然优势主要在于贴近乡村、了解乡村民众方面远远超过城市知识精英,在知识阶层中只有乡村教师最贴近民众。"当然,大学、中学,都是教育的场所,不过究竟谁最接近民众,谁最接近乡村呢?谁最适宜去发动广大民众呢?我认为只有小学教育了。"④这就造成任何外源性的乡村运动都必须借助乡村教师的中介才能够渗入乡村。

有人指出,在由国家权力和知识精英策动的乡村运动中,由于乡村教师更易于启发乡村民众的自觉,从而可以在乡村形成一种内源性的动力,所以复兴农村的运动必须得以乡村教师为中心。"复兴农村,为现在不可略缓的事。但是这实在是一件繁难的工作。只靠知识分子的提倡和政府的督促,效果一定不会好。因为复兴农村,建设农村,根本还需要农民本身之觉

---

① 周尚:《二年来之晓庄乡村教育运动》,《河南教育》1929 年第 2 卷第 4 期。
② 张光涛:《乡村小学教师的训练》,《存诚月刊》第 1 卷第 6 期。
③ 滕仰支:《如何解决中心学校及国民学校教师兼办地方行政之困难》,福建《国民教育指导月刊》1941 年第 1 卷第 2 期。
④ 江问渔:《大时代的小学教师》,《教育通讯周刊》1939 年第 2 卷第 20、21 期。

悟,与作乡村运动者亲密合作,随了他们的指导而去努力;不然,那便是等于徒唱高调。而这种促进伟大农民之自觉自救,乡村教育实是其主要的动力;而乡村小学教师,无论在地域上、环境上、和做事的方便上,农民之信赖上,都是很好的乡村运动的中心。一个良好的乡村小学,不只是教儿童读书,还要能以儿童以学校为中心,进而推及于儿童的家庭,学校的四周的感化及改革,而达到全村自治的目的。那么这'教师'将又是如何的重要。有人说:乡村的领袖是村长佐,而实际上不如说是小学教师。"①可以说,乡村教师作为知识分子的乡土性使得乡村教师在任何新式乡村事业中都具有无可争辩的位置。

最后,从开展乡村运动的现实条件上来看,知识精英们所倡导的乡村教育运动需要大量的资金、教育机关和教育人才,而乡村的现实条件是不允许的,在这种情况下,借助现有的乡村学校和乡村教师是最现实、最经济的选择。

傅葆琛曾经谈到乡村小学教师协助促进民众教育问题,他指出无论哪一国、办何种教育,都离不开人和钱这两项,而中国乡村当时则是"财才两缺的特殊情况",所以乡村民众教育"尚寥寥如晨星",这就不得不利用现有条件,而"现时最普遍的教育机关,要算小学,最普遍的教育人才,要算小学教师"。所以借助乡村小学教师开展民众教育就是最经济的选择,而且傅葆琛认为如果方法得当,"不但不致妨害小学的本身业务,而且他们在课外对民众的活动和指导,还可使小学教育效率增高呢"。② 另外,近代以来乡村精英离村现象严重,从而更加突出了乡村教师作为乡村中稀有人才的重要性,许多乡村社会工作几乎都必须依赖教师进行。比如,非常时期由谁来担任对乡村民众的国防训练工作? 有人就指出"我认为小学教师同仁最为妥当",原因即在于"农村既如此破产,民间稍有一技之长的便向外谋生去,

---

① 张光涛:《乡村小学教师的训练》,《存诚月刊》第 1 卷第 6 期。
② 傅葆琛:《小学教师应当怎样协助促进民众教育》,陈侠、傅启群编:《傅葆琛教育论著选》,第 135—136 页。

财政又那样艰窘,也决没有钱任用专任人员去分布四乡,作国防教育的基本
工作,而小学教师,差不多是乡间仅有的知识分子,全国小学教师数,据教育
部十九年的统计:有568484人,占教育工作人员百分之八十四。这是一个
巨数,有如是大量的知识分子分布在乡间,值此民族生死存亡之秋,而不使
其担起一份重要工作,决不是聪明的做法"。①

正因为社会将乡村教师的使命定位在国家民族这一高度上,所以民国
时期乡村教师的责任义务往往是溢出教育、文化的范围,超出乡村学校和教
师专业的局限的。

比如,在国民政府进入训政时期后,村治建设纳入地方政务范围,在乡
村自治组织建设中,有人就提出应该将乡村教育与乡村自治建设联系起来,
甚至可以由乡村教师出任村长。这种提议在当时也是有一定现实性的,因
为乡村自治建设首先面临的困难是缺乏合格的村长。江苏省曾特设机构培
养训练村长,但这种养成所培训时间只有三到六个月,受训人员基础也很
差,"大概还是高小毕业的居多数,据闻也有和小学或中学毕业程度相当的
私塾先生及其他青年在内",如此培训出来的村长能否胜任乡村公共事务
是很成问题的。另外,村长是专任还是兼任也是一个问题,如果村长是无薪
水的兼职,乡村公益事务繁难,普通"寒士"无力承受;如果村长专任,"做成
一种特殊职业",等于在一般村民以外另立一个特殊阶级,"整日里,坐在办
公室,下命令,出布告,好像一村村民,皆是他的治下一般"。所以有人提出
应该用一种变通方式解决村长问题,就是乡村基层工作人员与乡村小学教
师合作,不一定非得用养成所毕业人员充任村长。"若为此过渡时期设想,
最好办理村治人员,和农村小学联成一气,合成一家;在村长知识才能差一
点的地方,只要小学校长教员好,村长时常可以到校内去请教,请他们来指
示帮助;若是知能优长的,更可以联合学校的先生,共谋进行,则力量更厚。
小学校长教员,要以了解农村教育热心农村教育为要件,倘若是本村无适当

---

① 张建勋:《一个乡村小学教师办理乡村青年团的回忆》,《乡村运动周刊》第20期。

做村长的人才,就是校长或教员兼任村长,也未尝不可。"对于乡村教师方面来说,能够参与领导乡村自治事业,在组织村民、指导村民方面做一些工作,也正体现了乡村教育的最终目的。①

再比如,乡村教育运动中设立乡村师范专门培养乡村教师是一个重要内容,对于乡村师范的培养目标就存在专业性与公共性的分歧。有人明确主张乡村师范设立的意义不应该仅仅是培养合格的乡村小学教师,而应该将乡村教师培养成为乡村社会领袖。如顾克彬就认为在人才缺乏的乡村,乡村教师完全有资格、有能力取代塾师,成为乡村领袖。"农村师范所要养成的小学教师是要能作领袖——中国教育不发达,不普及,人人皆知,而以乡间尤为甚。在农民之中,有稍识字而有一点办事能力的,便算是领袖人物。在乡村未有学校以前,私塾先生在乡村受大家尊重,就是因为他受过教育,能指导他们,帮助他们,遇有事体发生,就来请他解决。私塾取缔以后,这种责任,遂移在小学教师身上了,所以小学教师,平时在校中,要训练他有领袖的能力,为他日服务社会的预备。"②

总之,在乡村教育思潮中,乡村教师是有义务、有责任、有能力承担教育以外的各项社会建设职能的乡村领袖角色。

2. 民族危机语境下乡村教师角色的崇高化

20世纪30年代民族危机的加重使得中国社会从民间到官方,对于乡村教师的角色期待都提升到了极端的高度,乡村教师与国家民族的命运空前紧密地联系在一起,甚至可以说乡村教师角色被崇高化和万能化了。

首先,在民族危机的局面下,乡村民众那种"大梦鼾鼾"的状态确实令人着急,对乡村民众的基本国民素质教育自然引起全社会的重视。"直到现在,他们几乎仍是度着中古或中古以前的生活,日出而作,日末而息,什么国家,什么民族,又是什么国际等等,在他们是一个不解的谜题。……他们

---

① 《农村教育丛辑第三辑·村治与农村教育》,中华职业教育社印行,1928年版,第21—22页。

② 顾克彬:《农村师范应养成何种小学教师》,《中华教育界》1924年12月第6期。

的头脑里仍然是些封建思想的陈迹,或米面柴油的琐事,若说他们是健全的国民,那直是痴人说梦,若把整个中华民族的担子,去请这些位大梦鼾鼾的同胞去肩负,试想会弄成什么样子呢?"①

抗战爆发以来,乡村民众懵懂无知的状态使新教育发展几十年来一直忽视乡村教育、民众教育的恶果暴露无遗,反思中国教育几十年来的发展经验和教训成为抗战时期教育界的一种思潮。有人指出,中日之间民族矛盾的总爆发不仅是"我民族生存能力的一场大考验",更是"我国数十年来教育成效的一次大检阅",检验的结果无疑证明"我们的智识程度实在太低落了,我们过去的教育已整个失败了"。他们认为中国几十年来的学校教育是令人失望的,中国数十年的学校教育不过是机械的模仿抄袭,培养出一些"博士学士""政客官僚的候补者","充其量亦不过养成一般记定理背死书的书痴"。"如此教育,哪能望其提高文明? 哪能望其养成健全的国民? 哪能望其推进我国家与民族臻于强盛繁荣之境遇呢?"②

社会批评中国教育失败的焦点在于新式教育偏重办理精英教育、忽视基础教育;在基础教育方面也只侧重对学龄儿童的普通教育,而忽视民众教育,由此造成乡村民众作为近代国民的基本国民素质是很低的,民族意识、国家意识普遍比较缺失。有人比较激烈地批评说,抗战一爆发,中国"变成一个汉奸充斥万民惶然的世界",其中原因即在于文盲充斥,现代国家、民族意识不发达。"因为教育不普及的原故,乡村里识字的人很少,兵役法规也看不懂,一切政令都无从晓得,抗战的意义更无从知道;纵或偶然来了什么宣传队,也不过昙花一现,秋风灌牛耳,使乡下人多看见几个洋学生玩把戏,饱饱眼福;丢下的什么宣传标语之类,不过使乡下人增加了一些包裹纸";由于乡村民众对于国家、民族和抗战等观念懵懵懂懂,想方设法逃避兵役、赋税,基层行政人员——保甲长之类人物素质也是参差不齐,有的甚

---

① 王钟铭:《献给乡村小学教师》,《基础教育月刊》1936年第1卷第8期。
② 《敬告中小学教师》,沈云龙主编:《近代中国史料丛刊三编·第53辑申报评论选·教育》,台北文海出版社,第14—15页。

至上下其手,借机勒索敲诈百姓,增加了乡村社会的混乱。① 而且,随着抗日战争转入僵持状态,人们越来越认识到乡村和乡村民众在抗日持久战中的重要性,如何教育、组织和动员乡村民众事关抗战的成败。"抗战已进行了二十三个月,血的经验告诉我们,要取得最后胜利,只有依靠乡村,依靠民众。……可见乡村与民众是我们抗战必胜建国必成的关键了。"②

既然对于乡村民众的教育如此重要,那么究竟由谁来承担这个责任最适宜呢? 在一般社会舆论看来,最贴近乡村民众的知识人——乡村教师无疑是最合适的人选。"因为小学教师既多,散布又广,无论城市乡村,有小学校的地方,就有小学教师,这许多优良的小学教师,就是化导国民,转移风气和复兴国家的干部人员,他们的力量,真不在冲锋陷阵的将士之下。"③"推动社会这个大车轮,向前迈进,小学教师的力量最大,因为小学教师分布得最普遍,与下层社会最接近。这是大家一致公认的。在国难紧迫的今日,小学教师的动向,却把握着整个民族存亡的关键。"④有人还指出,在国家民族危难之际,承担基本国民素质教育的小学教师的作用甚至是超过大学教师的。"中小学教育为一般普通国民教育,为教育之初基,比大学教育更为重要。二十年后中国状况如何? 我们只须看现在的中小学生,以及教中小学的教师,便可预断。老实说,中小学教师的手里,实掌握着中华民族的命运。"⑤

从现实条件上来说,开展民众教育、社会教育急需大量够资格的教育人才,在时间紧迫、财力有限的情况下,也只有利用现有的乡村小学教师最现实。"在这种财才两缺的特殊情况下,要希望在极短的时期内,给予失学的

---

① 恭四:《从战时教育谈到目下乡村小学教师应该干的工作》,《新新周刊》1938年第13期。

② 江问渔:《大时代的小学教师》,《教育通讯周刊》1939年第2卷第20、21期。

③ 孙廷莹:《国家兴衰与小学教师》,《师大月刊》1936年第7卷第29期。

④ 任福山:《小学教师的精神陶练》,《基础教育月刊》1936年第1卷第11期。

⑤ 《敬告中小学教师》,沈云龙主编:《近代中国史料丛刊三编·第53辑申报评论选·教育》,台北文海出版社,第15页。

民众以相当的教育,不得不在现有的经费人才之外,另想办法。现时专门办理民众教育的机关,既是非常之少,又没有大宗的款项来添设,我们打算普遍地推广民众教育,似乎不能不利用其他的普通教育机关来促进民众教育的事业。现时最普遍的教育机关,要算小学;最普遍的教育人才,要算小学教师。我们可以不可以利用小学来推广民众教育? 我们可以不可以委托小学教师来负担推广民众教育的任务?"[1]而且作为乡村中少有的知识人的乡村教师,因为传统上得百姓信任和尊敬,在乡村天然地具有"可以左右一切"[2]的优势,所以社会舆论对于战时乡村教师具有很高的期待,认为乡村教师是统一乡村民众的思想认识、凝聚乡村民众的力量、整合乡村社会的政治秩序不二人选。"我国自抗战以来,怎样使孩子们认清敌人,怎样使孩子们充实合时代的知能,怎样使乡村父老,关怀自己的国家,以及怎样推动地方自治等工作,没有一项不需要小学教员去实干、苦干。""所以说:国家未来的命运,操于小学教员之手,亦不算太过。"[3]

另外,近代流行的教育救国论在抗战语境下几乎在中国教育界成为一种宗教性的信念,教育总是被赋予超越教育专业限制的更大的政治或社会功用,这种信念对于提升乡村教师在抗战中的角色功能也是非常有帮助的。在 20 世纪二三十年代乡村教育思潮兴起时,教育界就有所谓"乡村教师救国论",提出"以乡村学校,为乡村建设之中心。以乡村教师,为乡村民众之领袖"。[4] 教育被当成是改造乡村社会的有力工具。当时教育界为说明基础教育的重要性,经常引用一个故事,就是 1870 年普法战争,德国胜利之后,他们的主将毛奇将军将战争的胜利归功于本国的小学教师。许杰先生

---

①　傅葆琛:《小学教师应当怎样协助促进民众教育》,陈侠、傅启群编:《傅葆琛教育论著选》,第 135 页。

②　恭四:《从战时教育谈到目下乡村小学教师应该干的工作》,《新新周刊》1938 年第 13 期。

③　钱卓升:《小学教员待遇法规实施情形概述》,《国民教育指导月刊·江西》1941 年第 12 期。

④　王怡柯:《乡村教师救国论》,《江西教育行政旬刊·论著》1932 年第 3 卷第 7 期。

提到在 20 世纪 20 年代初他就读的师范学校大礼堂的门楣上就写着"胜法""沼吴"四个字,老师解释说:"'沼吴胜法'的下面,应该还有四个大字,就是'教育之功'。这就是说,所谓'沼吴',指的是越王勾践的故事,而所谓'胜法',则是指的普法战争,德国战胜法国的故事。那个时候,我们举国上下,都把富国强兵、收复失地这样远大的希望,寄托在小学教育的普及上。"许先生自己也是在这样的气氛和信念影响下,立志献身于小学教育的。[①]在全民抗战的大背景下,这类传奇故事更是被反复提及[②],被当作证明小学教师社会功能的事实佐证,连蒋介石慰勉全国小学教师的专电中也提及普法战争中的这个典故。中华儿童教育社在 1936 年的第六届年会上发起"良师兴国运动",在其宣言中就宣称"观于普人胜法和日人胜俄,皆归功于小学教师,已足证明良师可以兴国。再看波兰的复兴,小学教师的功绩更大……所以任何功绩的小学教师,果能誓作良师,努力爱国,国家的复兴,必成事实。"[③]可以说,民族危机的现实刺激使得整个社会对乡村教师角色功能的期待强化到了极致。

就这样,乡村教师工作的成败事关国家民族的前途命运成为社会共识,乡村教师角色愈来愈神圣化、万能化。"小学及国民学校教员之称职与否,不仅影响国民教育之生命,且于国家民族前途关系亦至巨大。"小学教员"论其功绩不亚于疆场转战之官兵"。[④] "大时代中的小学教师"[⑤]是抗战时

---

① 《许杰自述》,《世纪学人自述》第 2 卷,北京十月文艺出版社 2000 年版,第 43 页。

② 此类言论还有:钱乃希:《小学教师在国防上应有的责任》,《进修半月刊》1936 年第 5 卷第 6—7 期,第 220 页;阮亮:《国民基础教育讲座:怎样做战时国民基础教师》,《广西教育通讯》1940 年第 1 卷第 7 期,第 15 页。

③ 孙廷莹:《国家兴衰与小学教师》,《师大月刊》1936 年第 7 卷第 29 期。

④ 陈大白:《增益小学及国民学校教员待遇之几种制度》,《国民教育指导月刊》(江西)1941 年第 12 期。

⑤ 此类文章有:江问渔:《大时代中的小学教师》,《教育通讯周刊》1940 年第 2 卷第 20、21 期;方叔文:《大时代中的小学教师》,《安徽儿童》1940 年第 1 卷第 3 期;王九菊:《大时代中的小学教师》,《甘肃教育半月刊》1940 年第 2 卷第 10 期;唐盛元:《大时代的教师》,《教与学月刊》1940 年第 5 卷第 9 期等。

期许多人谈论乡村小学教师时一个最惯常的命题。

总之,虽然教育救国论早就成为中国教育界的流行语,但是民族危机的加剧无疑使乡村教师的使命更加紧密地与国家、民族的命运结合在一起了。乡村教师的作用受到前所未有的重视,社会舆论期待乡村教师能够发挥他们扎根社会底层的优势,在培养国民素质、开展基层社会建设方面发挥重要作用。而在整个民国时期的社会舆论中,乡村教师一直是被当作公共知识分子的,而不仅仅是一个专业教育者的角色,除了教育乡村儿童,他们还应该关注自己专业以外、校园以外的事务。

二、乡村教师作为公共知识分子的素质

既然乡村教师身上承载着重大的社会使命,那么成为一个合格的乡村教师也不是一件容易的事。就像对乡村教师的责任和功能抱有很高的期待一样,民国时期对于一个合格乡村教师应该具备的素质和技能也要求很高,特别是在与乡村教师的社会责任相关的社会工作能力方面。

1. 乡村教师的综合素质——"万能的人物"[①]

在 20 世纪二三十年代乡村教育逐渐受到社会重视之后,各地开始创办一些专门的乡村师范,专门培养乡村教师。既然将乡村师范与普通师范分别设置,就说明乡村教师职业的特殊性应该突出出来,但实际上,早期所设立的乡村师范在课程设置、培养目标上基本与普通师范差别不大,1929 年教育界出台的各种教育方案中把乡村师范专列一类,但所举纲目也十分简略,"其他各省的乡村师范,如与初中同程度的,就直抄初中课程,加上一二科农业大意与教育学等,如与高中同程度的,就直抄高中师范科课程……"[②]总之,关于乡村教师应受什么样的训练,具备什么样的技能和素质,教育界还在探索当中,尚未形成成熟的教育体系。教育界对此讨论很

---

①　张绳五:《乡村教育的实地经验谈》,《基础教育月刊》第 1 卷第 1 期,1935 年 12 月。
②　张兆林:《乡村小学教师应有的本领》,《中华教育界》第 19 卷第 1 期。

多,虽然有意见分歧,但总体思路仍然是将教学专业技能知识的培养只当作乡村教师素质中的一部分,甚至是一小部分,乡村教师主要的素质还是在乡村社会工作方面。

以《中华教育界》上的一篇比较有代表性的文章为例,这篇文章是将乡村教师作为一种专门职业而做的职业分析,也是对当时遍设的乡村师范在厘定乡村师范课程标准方面的一个建议。其中所列"乡村教师应有的本领"共分七大项,分别为"对付社会的本领""对付儿童的本领""干农事的本领""关于科学的本领""医药卫生的本领""关于有艺术价值的本领""办理杂务的本领"。其中只有所谓"对付儿童的本领"一项比较局限于校园和儿童教育范围内,"办理杂务的本领"一项比较局限于应付教育行政部门要求的日常事务,其他各项都是面对整个乡村社会的,涉及乡村社会事务的方方面面。作者希望乡村师范作为专门学校,至少应该在以上几方面对未来的乡村教师做专门的职业训练。

以乡村教师应有的"对付社会的本领"为例,具体内容应包括:"1.会开茶饭店。2.会办民众学校。3.会医小病,懂得卫生医药常识。4.会做账房先生,懂得当地的应酬习俗。5.会算钱粮,会帐,利息等,并且会量地,算地价,过户等。6.会看当票,发票,钱粮票,捐票,契据,公文,以及俗体字。7.会写对联,婚帖,会单,契据,信件等。8.会说笑话,说武书,通俗讲演等。9.会做和事佬,遇不得已时能写公文状子。10.会编贴壁报。11.会几套武术,并能联合民众,办自卫团。12.会变戏法,做通俗戏,口技,双簧等。13.会指导组织合作社。14.会布置学校变为民众的公园。15.会主持民众集合。16.明了世界大势。17.明了本国现状。18.熟悉本地社会经济现状。19.熟悉本地故事与大事。20.懂得当地礼节。21.有当地职业的常识,并能相机介绍改良的方法。"显然,乡村教师应当成为当地文化礼俗生活的中心,而且是沟通外部世界与乡村的文化中介。而所谓乡村教师的"关于有艺术价值的本领"也是对乡村教师的文化习俗方面的要求,既包括初级的音乐、绘画技能和欣赏能力,还包括布置会场、修理桌椅、烧菜做点心和装点自己和环境的实用生活技能等等。总之,它要求乡村教师不仅要融入乡村传统的文化礼俗生活,而且还要凭借自身的现代文化素养,来引领乡村精神文化生活。所谓"干农事的本领"既包括会种地、养殖、修理农具等乡村基本生活技能,又包括像"会看农业书报""结交农业研究机关和当地老农"等明显具有现代引导作用的工作。所谓"关于科学的本领"既包括像了解当地虫害、气候特点、矿物情况等基本的气象、物象等普通乡村农业常识,又包括像明了日常用品的化学和物理原理、会使用和修理日常用的普通机械用品等初级物理、化学知识和阅读科学书报等现代农业常识。所以,乡村教师不仅必须是一个合格的农民,而且必须还得是一个懂得并且能传播新知识的现代农民。由于传统乡村民众基本上是无所谓医疗保健知识的,所以,所谓乡村教师的"医药卫生的本领"则全是一些新东西,包括了解人体基本结构、常用药物和急救知识、乡村公共卫生要点等等,以及掌握接种牛痘、治疗沙眼疥疮等常见普通疾病的办法,几乎可以充当半个乡村医生。①

　　可以想见,具备上述本领的乡村教师是何等全能的人才,连作者自己也知道自己的建议"未免近于理想",但这确实是当时的社会对于乡村教师的期待。主编山东省《基础教育月刊》的陈剑恒在潍县章邱对短期小学教师训练部讲话时讲道,在乡村经济破产的情况下,乡村教师不应畏缩不前,而应该效法武训、陶行知,知难而进。而且他指出,在乡村经济困境中,办学也不是毫无办法,只要教师做个"有心人"。"凡事只怕有心人,只要作教员的不甘为环境所屈服,一颗聪明的心,一双万能的手,是可以替学校创造出一个新世界来的。"他举了一个例子,就是他的朋友王静波先生,也是做教员的,利用平时打猎得来的动物做成标本,居然制造了四五十件标本,学校特为他的标本准备了一个"博物馆",而且引得许多外县人来参观。陈的目的是为了说明"没有钱只要有心也可办学",但他这里给出了一个"万能教师"

-----

① 　张兆林:《乡村小学教师应有的本领》,《中华教育界》第19卷第1期。

的活生生的例子,树立了一个榜样。①

随着 20 世纪 30 年代末国民政府新县制改革的启动,在社会舆论和政府的地方自治设计中,乡村教师还承担了部分基层政治建设的职能,"是担负抗战建国全部下层工作的一重要干部"。② 下面是当时舆论对乡村教师在抗战建国战略下应该承担的责任义务的具体设想:"甲、关于政府方面的:(一)准乡村小学教师指导监督学校附近人民之集会结社。(二)颁发战时重要政令与乡村小学教师,以便宣传。(三)增筹乡村小学教师办公费。(四)准乡村小学教师监督地方行政。(五)学校地址,准以学校附近战时教育推动情形而迁徙。(六)以推动战时教育,列为乡村小学教师考绩之一。乙、关于乡村小学教师方面的:(一)每日率领附近民众,举行升降旗典礼,并报告摘要时事。(二)每星期一率领附近民众,举行纪念周及精神讲话。(三)每月召开民众会议一次,讨论推行政府政令,解决地方问题。(四)实施流动教学。(五)主办壁报。(六)监督保甲长,切实推行抗战政令,为民众谋利益。"③从中可以看出,社会期待乡村教师在抗战中所扮演的角色突破了教育专业范畴,期待他们充分发挥他们在智识上的优势,既充当整个乡村社会精神和文化的中心,又在改良乡村政治方面发挥相当大的作用。而且,社会舆论也很清楚,乡村教师角色的这种拓展需要的不仅仅是乡村教师自身方面的努力,更首先需要政府在教师制度上有所改革。

总之,按照上述标准,乡村教师是货真价实的全能型、复合型人才,他们绝不只是只会教书的专才,而是在农业生产改良、乡村文化风俗革新、乡村卫生环境进步、乡村自治建设等方面都能充当动力源的全才。说他们是"万能的乡村教师",一点都不为过。

---

① 陈剑恒:《乡村小学的"没钱""省钱"和"用钱"问题》,《基础教育月刊》1936 年第 1 卷第 3 期。
② 郭登敖:《国民教育所见》,《教育与服务月刊》1941 年第 47 期。
③ 恭四:《从战时教育谈到目下乡村小学教师应该干的工作》,《新新周刊》1938 年第 13 期。

2. 乡村教师必备的关键素质

在社会对乡村教师的综合素质提出的各项要求当中,有一些方面的素质被认为更具优先性,同时也很有可能是当时乡村教师现状中最为欠缺的素质。如乡村教师献身乡村的理想和精神,以及乡村教师融入乡村社会的能力。

乡村教育工作重要,但乡村工作的艰苦和寂寞又不是常人可以忍受的,所以,一个立志从事乡村工作的人必须首先要有献身乡村的坚定决心和毅力才能坚持下去。董显贵曾经指出,乡村教育工作的特质使得乡村教师无论在能力还是精神方面都是有特殊要求的,关于"乡村学校教师应具有几种特殊精神",具体来说就是:牺牲精神、持久精神、合作精神、愉快活泼的精神、专业精神等等。①

当时谈到乡村教师素质问题时,很多人都首先强调献身精神的重要,社会上常常指出从事乡村工作必得是有理想的人,而且对于自己的理想抱有如宗教般热诚的信仰,如此才能坚持下去。梁漱溟曾经这样描述乡村教育工作者的精神境界:"以出家的精神做乡村工作",做乡村教育工作的人必须像真正要出家的和尚似的"被一件生死大事,打动他的心肝,牵动他的生命",具有"抛弃一切,不顾一切"的决心才能行。②

陶行知也强调合格的乡村教师必备的条件之一就是"改造社会的精神",他说"大凡小学教师,没有改造社会的精神,便是很枯燥无味的。乡村教师与未来的乡村教师,心里都应当有一个'理想的社会'。比方这里定山已是一个社会,我们要把这个原有社会的恶习惯、坏事情,统统把它革除,把我们心中理想的新社会实现出来"。③ 这种献身乡村的决心不是凭空而来

---

① 董显贵:《怎样才配做一个乡村学校教师》,《青岛教育》第 2 卷第 5 期。

② 梁漱溟:《以出家的精神做乡村工作》,《梁漱溟全集》第 5 卷,山东人民出版社 1992 年版,第 425 页。

③ 陶行知:《在湘湖师范教学做讨论会上的答问》,华中师范学院教育科学研究所主编:《陶行知全集》第 2 卷,湖南教育出版社 1985 年版,第 164 页。

的，必得是建筑在对农村和农民深沉的情感基础之上，对农民的生活处境怀着深沉的悲悯与同情，这样才能体念农民的辛苦，从农民主体出发，为农民服务。就像陶行知所说的那样，要向农民"烧心香"，"我们从事乡村教育的同志，要把我们整个的心献给我们三万万四千万的农民。我们要向着农民'烧心香'。我们心里要充满那农民的甘苦。我们要常常念着农民的痛苦，常常念着他们所想的幸福，我们必须有一个'农民甘苦化的心'才配为农民服务，才配担负改造乡村生活的新使命。"①

强调献身精神和信念在当时的乡村教育界是有一定的现实意义的，因为民国时期乡村教师的实际精神状态是比较低迷的。一位乡村学校视导员曾经这样反映乡村教师的现状："乡村生活有什么苦闷或乐趣？——据潍县廿四处短小教员填答的来说，大多数是没有什么乐趣的，反言之，自然是苦闷得多了。"这位短期小学视导员针对这种精神低迷状态给出的解决之道是："我想，我们只要对自己的工作有信念，有办法，有希望，是没有什么苦闷的。所怕的，是你的信念不定呀！因为信念不定，到任何地方都是苦闷的！要有了确定的信念，到任何困难的环境里也是兴奋的呀！"②面对乡村教师们的实质性困难，以空洞的理想、信念来鼓励乡村教师，能起多大作用很可怀疑，但是，这种状况也确实反映了提升乡村教师的精神追求的必要性和迫切性。

融入乡村，与乡村社会打成一片是乡村教师开展工作的前提和基础，而这一点也正是当时许多年轻乡村教师最欠缺的能力。对此，关注乡村教育工作的人给出了很多建议。

有人指出，如何融入乡村，消除与乡村民众之间的隔阂其实是一个既复杂又简单的事情，因为它涉及乡村教师与乡村社会之间的深层文化隔阂，但消除这种隔阂有时候其实需要从日常生活中不起眼的小事情上着手。比如

---

① 陶行知：《我们的信条》，华中师范学院教育科学研究所主编：《陶行知全集》第1卷，湖南教育出版社1984年版，第651页。

② 徐伯璞：《第十三区短期小学视导感谢》，《基础教育月刊》1936年第1卷第2期。

乡村教师的着装问题,就是办理乡村教育过程中一个很重要的问题,它事关乡民对乡村教师的第一印象,直接关系到此后的工作能否顺利进行下去。有人在谈到乡村教师如何才能取得乡民信任的问题时,指出乡村教师要消除乡村社会的排斥首先就要注意着装,"怎样对待曾受旧式教育,并有相当成就(如文中秀才)者,这一类人物,在乡间所占的势力最大,要把他们对付好了,与你有很大的帮助,对付的办法:最好先把你的服装改变,假使你的穿戴不对他的眼,他看见你就先带三分气,他哪里还有意思和你攀谈呢? 他不同你说话,难道你还能把他缚在那里听你演讲不成吗?"①

从事乡村教育工作的人在着装上如果过于城市化,不符合乡村习俗的话,往往在第一印象中就会带给乡村民众一种外来文化的冲击,在当时封闭保守的乡村环境中,这种外来冲击一般会遭到乡村民众的抵触,而不是接纳,接下来的交流就比较困难了。邰爽秋曾回忆这样一件事:"记得今年春天我们有一部分同志到定县去参观教育。当时北平各大学有数百个热心乡村教育的男女青年,西装革履,装束入时,摩登头,高跟鞋,毛披肩,呢大衣,一阵阵的走上定县的乡间道,迎风招展,令人应接不暇! 当时定县乡村一般民众的好奇心,顿被这班外来客引起。每到一个村庄,合村男女老幼都跑出来看把戏,屋顶上都站满了人。"②作者通过这样一个生动的事例,让我们看到了城市化倾向与乡村生活之间的隔阂——从事乡村教育的人和行为却被乡村民众视为"把戏",仅是一场热闹而已。所以邰爽秋提醒从事乡村教育的人应该注意着装不是小事,它关系到能否消除城乡文化之间的距离感,增加乡村教师与乡村民众之间感情的问题。"如果教师的服装太华丽奇异,农民便生一种见外的心理,对教师会见而远之不敢亲近,而讥诮你为'洋

---

① 国魂:《乡小教师取得乡民信仰的我见》,《基础教育月刊》1936 年第 1 卷第 7 期。
② 邰爽秋:《念二运动——由提倡土货到民族复兴的一个具体方案》,《念二运动》1933 年第 1 期。

化''烧包''二鬼子'等的评论。"①

　　许多研究乡村教育的人都提到青年乡村教师的着装问题,认为这是一个既普通但又重要的"印象问题","你的服装修饰,在第一个时期,不要太使他们(农民)眼生,头脑简单的农村同胞,会把你当做二鬼子一流,而害怕你,远离你,使你和他们少有接近的机会。"当然,作者也不是要乡村教师们都做老学究,开历史的倒车,而是建议青年教师们注意策略,在拉近与民众之间的距离,取得乡村社会的信任之后,再渐次倡导改革就比较容易了。

　　与着装问题类似的就是青年乡村教师的举止问题,这也是一个既普通又重要的细节问题。"我们知道农民的头脑里,给前代传统思想的流毒浸透了。他们脑子中的'先生',必须是循规蹈矩,行止有礼,学识渊博的'士'而不是眉开眼笑,一跳三尺高的野孩子,假使你给他们第一个印象是个野孩子,那便糟糕,因为他不愿使自己的子女去学下流,所以你校中便没有他们的子女。"

　　除了第一印象上要消除与乡民之间的距离之外,真正能在乡村开展工作还必须要靠扎根乡村,与乡民生活融合为一体。做到这一点并不容易,首先,乡村教师要放下自己读书人的架子,不能"妄自尊大,不屑与乡民多谈",才能与乡民增厚感情;要能过简单朴素的生活,体念乡民生活的艰苦,不能鄙视穷苦的乡民;还要有始终如一的精神,安心在乡村工作;开门办学,经常与学生家庭联系沟通。② 其次,从策略技巧上说,许多人指出对于乡村民风民俗的保守性、落后性应该予以适当的妥协,以消除乡民的抵触,这是乡村教师开展乡村工作的第一步。"在初和村民相处的时候,你要少说话,少说他们不爱听,听不懂的话,处处在行动上,叫他认为你和他们没有什么不同,叫他们在你的各种表现上,发现他以前对你的认识的错误——成见。

---

　　① 邰爽秋:《念二运动——由提倡土货到民族复兴的一个具体方案》,《念二运动》1933年第1期。

　　② 王钟铭:《献给乡村小学教师》,《基础教育月刊》1936年第1卷第8期。

等到须要重新认识你的时候,你的说话的机会,开导他们的机会就到了。"①

有人归纳总结到,要想融入乡村成为一个合格的乡村教师,必须先下这样一个决心:"要想抓着真正的劳苦民众,非自身先农民化而后才可化农民,要想取得民众的信仰,非自身吃苦不足以感动民众。"②

总而言之,所谓万能的乡村教师是存在于社会理想中的"应然"角色,而现实中乡村教师的"实然"角色在献身精神和融入乡村的能力等基本素质方面,还是有待进一步改进。

第二节　乡村教育运动中的乡村教师——以晓庄师范和邹平乡校模式为例

20世纪二三十年代,以陶行知、梁漱溟、晏阳初等为代表的一批精英知识分子借助各种条件,得以部分地施行自己改造乡村教育和乡村社会的理想,虽然他们的设想总体来说并没有获得很充分的时间和机会来付诸实行,但所得经验教训也可以为现代乡村教师角色的形成提供一些借鉴。

一、晓庄模式下的乡村教师

1927年3月,陶行知与东南大学教授赵叔愚共同努力,在南京和平门外劳山脚下的晓庄村里创建了晓庄师范学校,后更名为晓庄学校。晓庄模式下的乡村教育和乡村教师是改造乡村社会政治、经济、文化风俗的主体,即改造乡村社会的"灵魂",所以陶行知对乡村教师的综合素质和能力期望很高。

所谓晓庄模式不仅论及晓庄师范学校,还包括同一时期与晓庄乡师齐名的江苏其他几个乡村师范学校——栖霞乡师等。

---

① 徐伯璞:《第十三区短期小学视导感谢》,《基础教育月刊》1936年第1卷第2期。
② 喻任声:《从摸索中所得的教训》,《中华教育界》第22卷第4期。

1. "改造乡村社会的灵魂"

"要有好的学校,先要有好的教师"①,陶行知是将培养合格乡村教师作为改造乡村教育的突破口的,他从事乡村教育的主要实践活动都放在开办乡村师范学校上。他提出自己开办乡村师范学校的目标就是"培养乡村人民儿童所敬爱的导师",使之能够成为"改造乡村生活的灵魂",而他所谓的合格的乡村教师必须满足以下几个条件:康健的体魄、农人的身手、科学的头脑、艺术的兴味、改造社会的精神,②其中农人的身手、科学的头脑和改造社会的精神三项是他经常谈到的最基本的三个条件。

所谓"农夫的身手",即农民能干的事他们都能干,这样,往大处说,可以了解农民的疾苦,容易和农民亲近,和农民交朋友,保障他们;往小处说,这是乡村教师必备的生活技能,有了农夫的身手,在乡间便有用武之地,种菜、养鸡可以补助自己的清贫物质生活,因此便有办学之乐而少办学之苦。晓庄实验乡村师范学校创办后,贯彻生活教育理念,乡村生活里有什么,晓庄学生就学习什么。乡师毕业生出为乡村小学教师,种田、煮饭、清扫是必需之事,因此,在学校里,就要培养这种能力,养成这种习惯。晓庄为培养学生的种田能力,按照佃户租田的办法,让每位学生都自己种一份田,收入归自己。为培养学生的烹饪能力,学校开设了烹饪课,让学生自己煮饭。陶行知说:"乡村里当教师,不会烹饪,就要吃苦。我们晓得师范生初到乡间去充当教师,有的时候,不免饿得肚皮叫,就是因为他们不会炊事。从前科举时代文人因过考需要,大多数都会烹饪。现在讲究洋八股反把这些实用的本领挥之门外,简直比科举还坏。所以我们这里的口号是'不会种菜,不算学生','不会烧饭,不得毕业'"。③

---

① 陶行知:《试验乡村师范学校答客问》,华中师范学院教育科学研究所主编:《陶行知全集》第1卷,第664页。
② 陶行知:《在湘湖师范教学做讨论会上的答问》,华中师范学院教育科学研究所主编:《陶行知全集》第2卷,第163页。
③ 陶行知:《试验乡村师范学校答客问》,华中师范学院教育科学研究所主编:《陶行知全集》第1卷,第667页。

　　所谓"科学的头脑",就是要虚心好学,对一切科学上的新发明,尤其是有关农业上的科学发明,充满着浓厚的兴趣,并努力将这些科学知识介绍给农民,以打破农村社会的保守性。他主张师生和农民打成一片,做到学校与社会结合,学生和农民结合,劳动和生活一致。积极组织学生参加生产劳动和社会实践,经常到农民家去谈心交朋友,参与农村的各项改革。

　　所谓"改造社会的精神"就是指乡村教师要有改造乡村的理想和决心,"他们把自己的小学变成发电机,拿电力送到农家去,使家家发出光明来"。① 这既是一种能力要求,也是一种信念要求。必备的知识、技能和吃苦耐劳的精神品质等等都是侧重于对乡村教师能力的一种要求,但改造乡村社会的精神则既是一种能力,也是一种理想目标,即乡村教师能以自己先进的知识文化来改进乡村,调动起乡村社会自我发展的活力,才是乡村教师价值的最终体现。所以,一个乡村教师工作的立足点虽然是基于乡村,但他不是一个因循守旧、随遇而安、株守现状的人,他应该将自己的能量辐射出去,成为乡村社会改进的引领者。陶行知对于一个合格的乡村教师所应起到的社会作用曾经有这样一个描述:"乡村教师要怎样才算好? 好的乡村教师,第一有农夫的身手,第二有科学的头脑,第三有改造社会的精神。他的足迹所到的地方,一年能使学校气象生动,二年能使社会信仰教育,三年能使科学农业著效,四年能使村自治告成,五年能使活的教育普及,十年能使荒山成林,废人生利。这种教师就是改造乡村生活的灵魂。"②

　　概而言之,在陶行知看来,合格的乡村教师就是农夫、科学家、社会改革家,甚或还要加上艺术家等多重角色的复合体,既要有生存于落后和艰苦环境下的能力,又必备现代社会的新知识和放眼于乡村之外的开阔眼界,还有改造乡村社会的理想、决心和勇气,是理想与能力的完美统一体。正如黄质

---

　　① 陶行知:《中国乡村教育运动之一斑》,华中师范学院教育科学研究所主编:《陶行知全集》第 2 卷,第 28—29 页。
　　② 陶行知:《试验乡村师范学校答客问》,华中师范学院教育科学研究所主编:《陶行知全集》第 1 卷,第 665 页。

夫所言："吾人所渴望之理想乡村教师,具有冷静头脑,热烈心肠,有理想,有抱负,任劳任怨,了解乡村教育真谛,不为噉饭而来者,真如凤毛麟角,才难不其然乎。"①

所有晓庄模式的乡村师范学校都是以培养乡村领袖、改良乡村事业为目标的,其眼界绝不仅仅局限于学校教学。比如栖霞乡师的主张为:"一、使学生明了乡村社会的实际情形;二、使学生为优良的乡村小学教师而外,同时具有改造社会的知能和精神;三、唤起农民能自动的改善生活;四、培养农民能负起完成训政之责任。推进个人之自立自治以达到国家民族之自立自治。"②

在这种思想主导下,陶行知创办的晓庄师范学校,特别体现出一种重实际、重实践、重实干、重实用的作风。晓庄的学生除了学习当老师以外,其他乡村教师实际社会工作中需要做的一切,学生们都要学习,甚至是种菜、烧饭。为培养学生对农民的感情,了解农民,了解农村社会,晓庄独特的方式为"会朋友"。全校师友共分八队,于每星期四下午,各队同时出发分往指定的村落。他们和农人谈话,联络农友的感情,了解农友的生活,访问农友的家庭,征询农友对于学校的意见,调查农村社会的实际状况。总之,力争通过晓庄学校的培养为今后学生服务乡村社会打下基础。

栖霞乡师为选拔熟悉并且愿意从事生产劳动之学生,在入学考试上即包括农事操作一项,农事操作不合格者无资格进入栖霞乡师。农事考试之外,国文试卷中,会设置"劳心与劳力孰重"的题目,以考查学生是否摒弃"劳心者治人,劳力者治于人"的传统观念。栖霞乡师开展的乡村推广事业应有尽有,涵盖乡村社会生活的方方面面。以联系农友、组织农友、帮助农友为目的之友农社为例,其乡村推广事业包括传播知识、道德风俗、娱乐、乡村经济、乡村公共事务等。友农社设立后,事业开展颇有成效,"每天来的

---

① 黄质夫:《栖霞乡师十六年度之回顾》,《栖霞新村》1929 年第 10 期。
② 栖霞乡师:《我们的主张与实施》,《江苏教育》1933 年第 12 期。

农友很多,有问字的,有请人代笔的,有看书的,有受人欺压来商榷的,有来交换棉花种子的,有送女儿来上学的,有来研究育蚕的,有来讨论种稻种麦的方法的,有来问自己或妇女或儿童疾病的,有来托购农具的,托介绍职业的,有来问村政制度的,有的托代算账的,好像似一个乡村大学的研究院,我们学校从此真变了乡村文化的中心了"。①

2."天才的校长"

晓庄学校是陶行知培养自己理想中的乡村教师的实践,那么,如陶行知所期望的那样完美的乡村教师现实中有没有呢? 他们又是如何实现自己与乡村社会的结合的呢? 陶行知曾经提供了这样一个现实榜样,而且在实践中将晓庄的学生塑造成这样的乡村教师。

陶行知在开办晓庄师范学校的过程中,曾经考察过附近许多乡村小学,其中有些乡村小学的办学思路深得他的赞赏,这些小学的校长或教员,如燕子矶小学的校长丁超(丁兆麟),甚至被陶行知称为"天才的校长"。② 所谓天才的乡村小学校长,其实就是指那些在自己的办学过程中具有主动创新精神,能够在乡村办学和乡村改造实践中取得一些成绩的乡村教师。这种乡村教师在当时乡村教育不景气、也不吸引人的情况下,是难能可贵、不可多得的人才。就像陶行知所说:"好的教师有生成的,有学成的。生成的好教师如同凤毛麟角,不可多得,恐怕一百万位乡村教师当中,九十九万九千九百位是要用特殊的训练把他们培养成功的。"③就因为自我生成的天才乡村教师不可多得,所以陶行知才有了开办乡村师范、培养合格教师的愿望。

那么,丁超校长到底成功在哪里,有哪些办学经验方法得到陶行知的赞佩呢? 之所以被称为是"天才的校长",主要原因就在于丁超校长能够将自

---

① 质夫、治愚:《我们友农社的设计》,《栖霞新村》1929 年第 11 期。

② 《半周岁的燕子矶国民学校》,华中师范学院教育科学研究所主编:《陶行知全集》第 1 卷,第 473 页。

③ 《试验乡村师范学校答客问》,华中师范学院教育科学研究所主编:《陶行知全集》第 1 卷,第 664 页。

己的理想、理念与乡村办学实际相结合,并凭借自己的能力,将自己的能量辐射传播出去,影响学生和乡村。"他能就事实生理想,凭理想正事实。他有事实化的理想,理想化的事实。他事事以身作则。他是教员的领袖,学生的领袖,渐渐的要做成社会的领袖。"①也就是说丁超比较好地实现了一个乡村教师的社会价值,将自身和学校塑造成改造乡村社会的中心,这正是陶行知所梦寐以求的完美的乡村教师。

具体来说,丁超的成功首先在于他具有不同流俗的办学理念,这种理念就是以教育改造乡村社会。"要说到他的教育主旨,那更是奇特得很;他是一方面注意在学生身上,同时一方面又注意在学生的父兄身上。教成好学生,固是他们的重要目的,因教学生而使学生的家庭,也得着了教育的效益,更是他们的重要目的。因此之故,所有他们的教育设备,教育方针,教育方法,就不能不特别的注重到社会方面,专以改良社会环境为教育目的了。要叫学生明白卫生,也要叫他的父母兄姊,同时明白卫生;要叫学生享受高尚娱乐,也要叫学生父母兄姊,同时能享受高尚娱乐……"②

除了改造乡村的高远理念之外,丁校长还有将自己的理念贯彻于工作中的能力和毅力:一、他能够扎根乡村,专心办学。民国时期由于乡村教师工作艰苦,所以乡村教师往往任职无恒心,而丁超在燕子矶小学任职以前,已经在尧化门国民学校任职八年之久。二、他有符合乡村条件的实干、苦干精神。丁校长不鄙视体力工作,把自己变成了一个"钉锤校长""扫帚校长",以身作则、亲自动手改造学校环境。所以,学校虽然没有门房、听差之类校工,但"全校无事不举"。三、他懂得如何与乡村社会打交道。"平常办学,学校自学校,社会自社会,不要说联络,连了解也说不到。丁校长接事只有半年,对于燕子矶社会情形,了如指掌。他并能得地方公正绅士之信仰和帮助。学校因此无

---

① 《半周岁的燕子矶国民学校》,华中师范学院教育科学研究所主编:《陶行知全集》第1卷,第473页。

② 中华职业教育社印行:《农村教育丛辑第三辑·村治与农村教育》1928年版,第11页。

形中消除了好多障碍。"民国时期许多乡村小学是设在庙里的,一面学生在上课、一面乡民在拜佛,课堂与神像共处一室,显然是于教育不利的,许多乡村教师要么听之任之、要么无可奈何,而丁超则有礼有节地主动解决了这个问题,他先领着学生先为神像开光、洗刷,又行礼之后,将神像恭恭敬敬地请到了隔壁庙里,为学校争取了一间合适的教室。四、他关心学校以外的事务,有改造乡村社会的责任感。他曾经领着学生为燕子矶栽树,从学校门口一直栽到燕子矶顶,使风景为之一变。他还领着学生打扫燕子矶坡上的垃圾,村民倒一回,他就打扫一回,久而久之,村民便不倒了,燕子矶头终于清洁了。在丁超校长的经营下,燕子矶小学成了一个"用钱少成绩好"的学校。①

晓庄师范学校开办之后,在附近乡村创办了五个乡村小学——吉祥庵小学、万寿庵小学、三元庵小学、神策门小学及黑墨营小学,分别由晓庄师范生去负责开办。这些乡村单级小学的办学过程可以说是陶行知理想中的乡村教师的实践。

一方面,晓庄的师范生在实际办学中获得了多方面的宝贵经验,比如如何创办乡村小学、校舍如何管理、学校经济如何维持、需要多少设备、教师培训、小学与师范如何沟通促进、乡村小学的社会活动、儿童和导师的生活、遇到的困难问题等等。

在学校的创办方面,三元庵小学的创办过程中,由于没有找到"在那地方上能够说几句话的人",结果办学接洽几乎陷于停顿。这个经验使从事乡村教育的人充分认识到了"接洽要找地方上的农民领袖"的重要,认识到尽管这些农民领袖"未必是我们理想中的怎样的真正是一个有远大的心胸、科学的头脑、维新的志愿、进取的勇气的领袖",甚至也许他们对于办学也是如普通农民一样的怀疑、反对,但是"他愈与我们反对,愈要想法子使他和学校有关系,如组织校董会,招生委员等,都要设法使他不得不加入;在

---

① 《半周岁的燕子矶国民学校》,华中师范学院教育科学研究所主编:《陶行知全集》第1卷,第473—477页。

他听到了我们的要求、赞颂、靠托后,他也就会不再反对,肯乐从了"。① 对于乡村民众的抵触也同样要凭借耐心和耐力来化解。在校舍管理方面,由于校舍多数是借用的庙产,经验证明乡村办学必须尊重乡村民众的宗教生活,对于神像的处置必须慎重。在这五个小学的创办过程中,就多次遇到由于燕子矶小学搬移神像所造成的消极影响,"农友们怕办学校的印象,就是因为燕子矶小学的搬去关帝神像。我们去到他们的村里去,农友们对我们说:'观音门燕子矶小学,又把菩萨搬去了,我们这里办起学校来,不是也要这样吗?这可是不得了呀!'菩萨在农民看来,差不多是第二生命,菩萨搬掉了,好像是大难临头。"许多乡民怀疑"你们初进庙来,却能安安稳稳,过了三两月就不对了,庙宇既被你们占住,和尚要被你们驱逐,神像也要被你们毁灭",所以他们干脆选择反对办学。② 所以,在晓庄开办的各个小学对搬动神像问题都比较慎重,在没有取得乡村民众认可的情况下,宁可教室与神像共处一室,用布帘隔一下,也不轻易妨碍乡民烧香拜佛。再如,对于乡村教师如何在繁忙的校务之外还能有精力来开展社会活动的问题,也曾经困扰乡村工作者,经过在这几个乡村小学的实践,他们得出的经验是"社会活动,不是小学教师一个人去干的,要使得乡村上的人民,共同起来,自己来干的。教师不过是一个群众中的一份子。开头是教师要多费一些心,但到后来,各事已有头绪,教师即可少问,而站在旁边了。这是我们从事实上得来的"。③

另一方面,从事乡村教育工作是困难的,特别是对于晓庄这种社会办学模式,又是带有试验性的办学,其中所遇到的问题自然不少,它的许多解决方法也自然是带有创新性的。比如,对于乡村小学放不放寒暑假问题,晓庄中心小学的实践者们认为,寒假阶段正是乡村教师开展学校教育和社会教育的比较合适的时期,因为冬天农民比较闲,儿童在此时也不会因农忙而缺课,所以"于此时期,正在连续地给他们以五个月的学校生活。又可借此时

---

① 陆静山:《晓庄中心小学之创设及其问题》,《教育杂志》第 21 卷第 5 号,第 73 页。
② 陆静山:《晓庄中心小学之创设及其问题》,《教育杂志》第 21 卷第 5 号,第 69 页。
③ 陆静山:《晓庄中心小学之创设及其问题》,《教育杂志》第 21 卷第 5 号,第 84 页。

期革除社会上一切不良事务,如赌博等,所以寒假是乡村教育最重要的一个时期"。再比如,在怎样与附近的私塾竞争的问题,本来私塾在国家的教育法令上已经是被淘汰的地位,但在乡村还是暗地里大行其道,许多学校对私塾往往是"借官厅力量""用威吓力量"来处置的态度,简单地予以排斥,但在实际竞争中乡村小学事实上又经常是私塾的手下败将。晓庄中心小学的方法则比较灵活而务实,采取了主动予以吸纳改良的处置态度。"我们只有和他妥洽,渐渐地溶化他。坐私塾的先生,所以要坐私塾,无非是为经济。所以我们要解决他,要替他在经济上着想。现在本学校有塾师训练的事业。和平门小学附近的一位塾师,他就是我们此地受塾师训练的第一位,现在他非常努力,一切都不自满,态度实是可佩。将来出去办学,定是一位好教师。此外还有一个办法,即我们去和他一同来办私塾,或由我们接办这私塾,学生的学费仍归塾师收,不过塾师要受我们的训练。"①

总之,晓庄师范学校作为比较纯粹的社会办学模式,其理想中的乡村教师应该具有独立的办学思想、献身乡村的奉献精神和适应乡村生活的能力,以及开展乡村社会工作的自主创新能力。

二、邹平模式下的乡村教师

梁漱溟是"乡村建设派"的代表。1931 年韩复榘划定邹平县为乡村建设的试验区,梁漱溟来到山东,开始了邹平乡村建设运动。

乡村教育是乡村建设活动中的重要组成部分。梁漱溟选择寓政治于教育的方式,提出将教育与政治融合,以求达到乡村自治的目标。在这个政治、教育合一体制中,乡村教师也是一个政治、教育合一的角色设置。

1. 村学乡学体系中的乡村教师

在梁漱溟发起的山东乡村建设运动中,乡村基层行政系统被改为乡学、村学。村学、乡学的设立是将政治机关教育化,通过学校的形式将乡村的

---

① 　陆静山:《晓庄中心小学之创设及其问题》,《教育杂志》第 21 卷第 5 号,第 88 页。

政、教、养、卫等多个方面统一管理起来,并试图把政治上的统治与被统治关系,纳入村学、乡学的师生关系之中,建立起一种具有"师统政治"特征的组织。乡村教师是这一政教合一体系中的重要一员,理论上发挥着重要作用。

按梁漱溟的设想,以"村学"代替原来的村公所、以"乡学"代替原来的乡公所,从功能上,村学、乡学可视作一种基层自治组织,但在负责区内行政事务的同时,还肩负着以教育方法训练民众的责任,所以,乡学村学蕴含着以教育的方式来组织乡村、促成乡村建设和乡村自治的意思。乡学和村学的组成人员主要有这样几部分:学长、学董、教员、辅导员,其他乡村民众被称为"学众",是一般受教对象。"学长"由学董会推举乡村之中年高德劭、有威望的长者充任,他们具有监督执行的权力;"学董"由乡村中年富力强、且有一定权威的人组成,负责乡农学校的筹设与管理等事务性工作;辅导员是乡农学校的主要辅导者,不仅对学众起教育作用,而且还对学董、学长起辅导作用。乡学"辅导员"由乡村建设研究院研究部的毕业生担任,村学辅导员由训练部的毕业生或乡师毕业生担任。

这里的"教员"是指村学或乡学的教师,由学董根据乡农学校的需要聘请,任职资格上,应该大都曾在乡村建设研究院接受过培训,他们是邹平乡学村学模式下的既从事民众教育也从事儿童教育的乡村教师。乡村建设派还对邹平原有的师资力量(多为小学教师)进行了专门的培训,使之了解并认识乡村建设与乡村教育的种种理论,尽量使之纳入乡村建设体系。

乡村教师在理论上的职责是发挥他们智识上的优势,做乡村建设思想的执行者和乡村运动的实施者。因为"他们较为明白村学、乡学这套办法,而负有推行这制度的使命。村学、乡学实是一新制度,不但乡下人不懂得怎样一回事,即学长、学董一时亦尚不能就明白透彻。……此时全赖教员、辅导员为之讲解指点,纠正错误,引入轨道。即如这本《村学乡学须知》,亦就是预备教员、辅导员讲给乡村人众听的"。① 进一步说,乡村教师应该在上

---

① 《村学乡学须知》,《梁漱溟全集》第 5 卷,山东人民出版社 1992 年版,第 458 页。

级的县政府研究院与下级机关——村学、乡学之间起到一种沟通交流作用，"教员的责任要在使上级机关与下级机关，于问题研究方法供给上成一联锁循环关系"。即，乡村教师既负责将研究院制定的方针政策指导、推广、贯彻于基层，同时，教员可以将基层实践中遇到的问题源源不断地反映到上级研究院，由研究院予以研究解决，由此"社会既得到满足，学术亦因以进步；学术进步，社会更得到满足：此连锁循环作用之开展，其关键全在教员也"。①

这时乡村教师所做的工作绝不仅局限于儿童教育，而是以乡村社会改造为目标的，融入乡村、贴近民众是其必须要做的工作。"村学、乡学的教育是广义的；教员的责任亦即是广义的教育功夫——村学、乡学的教育，本以合村人众为教育对象，要在推进社会为主，而亦将通常学校教育归包在内。故教员责任不以教书为足，且不以能教校内学生为足。1.应时常与村众接头，作随意之亲切谈话，随地尽其教育功夫。2.应注重实际社会活动，向着一个预定目标进行。3.更要紧的是吸引合村人众喜于来村学内聚谈。如能将村学作成村众有事无事相聚会的地方，此教员即算是头一步的成功。"

在新的乡学、村学体制中，乡村教师所处的地位很超然，不太涉及具体事务，由于他们在智识上的文化优势和扎根底层的社会位置决定了他们对于乡村的职责主要在智识上的输出，而不是实际事务上的责任。"村学是为一村求进步的；就以合村算一个学堂，父老中有品有学的为学长，为人明白会办事的为学董，领着众人一齐讲求进步；还恐自家人知识不足，更请位教员先生来指教我们一切。——这便是村学的组织。"②这种理论指导工作使得乡村教师的理论地位很尊崇，如同乡村社会改革的导师，但实际职权则比较超脱。

---

① 《村学乡学须知》，《梁漱溟全集》第5卷，第464页。
② 《村学乡学须知》，《梁漱溟全集》第5卷，第451页。

总之,在邹平的乡村建设体系中,乡村自治建设是主体,乡村教育组织和乡村教师表现为一种工具性价值,乡村教师是乡村建设思想的实际执行者之一,明确负有"治"的责任;但又不涉具体事务,居于导师般崇高而超脱的位置。

2. 实践中乡村教师的角色

乡村建设运动使得邹平乡村教育获得了一次发展的历史契机。在开展乡村建设运动之前,菏泽的乡村教育比较落后,全县只有小学十二处。其中,东平乡陈天官集一带,八九十个村庄,仅有单级小学一处。乡农学校设立后,积极推动当地乡村小学教育。一方面,在部分乡农学校设立高级部,培养小学师资;另一方面,东平乡农学校划分了十八个村学区,在各学区中利用破旧庙宇建立单级小学或多级完小,共十八处,每个村学区都有一处小学或完小。① 但是,在邹平实践中,乡村教师实际扮演的角色、所起的作用是怎样的呢?

首先,邹平乡村教育的发展只是形式上和数量上的,乡村教师的总体落后格局没有改观,乡村教师的基本职业素质仍然很低。

一篇有关20世纪30年代邹平乡村小学现状研究的文章这样概括邹平乡村学校的状况:"以邹平的村立学校说,大多数是因陋就简,乃至简陋之不可就,大多数学校的儿童被关在地狱里似的,结果造成不健康的神态,不健全的心理,恶劣的习惯,无疑的他们的前途,在不知中天晓得里葬送了!"②而且作者认为邹平乡村小学的问题中,以教师问题最重要,作者引用曾任邹平乡师学生实习指导的周葆儒先生的研究,指出"现在乡村小学教师的缺点"有以下几点:"1.迟睡晏起,每晨学生上学,教师还在床上打鼾。2.不常举行朝会。3.上课餐食不守规定时间。4.喜装绅士架子,懒于操作。5.遇见儿童,喜戴道学先生假面具。6.不注意校舍清洁,各室尘蔽垢积。7.

_____

① 付理轩口述、沙德廷整理:《回忆乡农学校》,中国人民政治协商会议菏泽市文史资料研究委员会编:《菏泽文史资料》第1辑,1988年内部发行,第112—113页。
② 韩昭:《邹平存立学校的现状及其改进》,《基础教育月刊》1936年第1卷第10期。

不注意儿童清洁卫生,不指导儿童盥洗。8.妄自尊大,责令儿童恭敬行私。9.懒于布置,不喜更张,如墨板高悬离地四五尺,不知移动改良。10.强制儿童静坐,不准儿童嬉笑游戏。11.不善且不喜教唱游,劳作,自然课等,常令儿童静坐写字等。12.动辄打儿童,威吓儿童。13.视察学生传习,取监督态度,不加指导。14.懒于阅报,不读参考书。"文章还引用了曾指导院内第三届学生实习的杨晓春的研究,同样反映了邹平乡村小学教师因循、落后、敷衍的现象。① 作者还引用了一个乡村教师的个案,给出了邹平乡村教师现状的活生生的例子:"那些小同学真可怜,他们太受罪了,一天到晚坐在板凳上,到厕所里去还得要拿着一个木牌,木牌只有一个,有的同学到厕所里不回来,想便溺的同学有时急得哭,功课呢? 已把课本当样子,实际上不念了,换上孟子论语尺牍等,我就没听见他们唱过一次歌! 最奇怪的早晨升旗晚上降旗却不叫同学参加,先生起床很早,他自己拿过旗来挂上,晚上放学了,学生走后,他再解下来搁到屋子里,也没有旗杆,挂在一棵树上,看去好像是一个理发处的幌子,真是无奇不有。"作者对此现象感叹、费解,"费解的,不是在私塾内,而是在新式的学校中。"②

其次,在邹平的试验中,乡村教师被设计为乡学村学组织中的一员,但实际上,乡村教师与乡农学校体制之间的关系并不融洽,尤其是那些属于原普通小学的教师甚至自我感觉到被排斥在乡村建设工作之外,乡村建设运动与自己关系不大。所以,乡村教师实际参与所谓乡村运动的力度其实很有限。

当然,这首先是由于乡村建设运动本身在邹平的成效就是有限的,就像梁漱溟自己所说的那样,其目标是推动乡村社会自身产生自觉的能动力,结果却是推不动。甚至连乡农学校体系本身也并没有真正建立起来。据时人回忆,当时邹平全县村学工作的开展,很不平衡,靠近县城的几个乡,开展得

---

① 　韩昭:《邹平存立学校的现状及其改进》,《基础教育月刊》1936 年第 1 卷第 10 期。
② 　韩昭:《邹平存立学校的现状及其改进》,《基础教育月刊》1936 年第 1 卷第 10 期。

好一些;距县城远的一些乡,工作开展得差一些;有的乡因没派去村学教员,连村学区都没划定,工作根本没有开展;有的村学,虽然有村学教员,也确定了学长、理事等,但仅是挂名而已,不从事实际工作,因而工作也开展不起来。① 最基层乡村的村学实际上并没有真正成立,或者成立的并不多,乡村教员在乡村建设中的作用也就无从谈起了。

在那些建立了乡农学校的地方却也存在这样一种奇怪的现象:在一般乡村教师眼里,乡农学校是高高在上的"衙门",自己与之格格不入,根本谈不上成为其中的一员。"前些时候自己常常跑到乡村去,最近也还时常和在乡村里面工作的朋友通信,他们大都是对于乡农学校有一点误解,就是认乡农学校是一个衙门,是和以前的区公所没有两样。"作者认为这个问题很严重,需要认真对待,据作者分析,乡村教师之所以与乡农学校关系不洽,有一些属于社会性原因,比如:乡村学校作为一种政治、教育合一的体制,在开展乡村工作的时候为图便利,偏重于多用政治力,从而造成民众将乡农学校等同区公所的误解;乡村土劣对乡农的污蔑等等。除此之外,乡村教师反感乡农学校也有一些特殊原因,"(1)有的因为乡农学校对他有一点不大礼貌。(2)有的因为某一个人说错一句话,或处理一件事情的不得当,便生轻视心。(3)有的觉得从事乡校工作的人,在资格上并不比他们好,居然坐到自己的上头,便生嫉妒心。(4)中国人历来就是讨厌官府,他们认乡校为官府,所以在感情上就不顺。(5)他们根本并不了解乡农学校的意义,认为道不同就不相为谋,但乡农学校还要干涉他,所以也引起他的厌恶"。② 这两方面的原因归纳起来无非是两个:一是乡农学校有衙门气,并未能主动团结广大乡村教师;二是乡村教师自身思想心理固陋封闭,难于接受新事物。

再次,知识精英发起的乡村运动存在理想化的倾向,其对乡村教师角色的设想是出于想当然的人为设计和良好愿望,而不是出自经验事实。而处

① 贾巨川:《山东乡村建设研究院在部平的实验情况》,载山东省淄博市政协文史资料研究委员会编:《淄博文史资料选辑》第2辑,1984年内部发行,第71—72页。
② 黄省敏:《乡农学校与乡村小学教师》,《乡村运动周刊》1937年第6期。

在办理乡村事务一线的乡村教师在实际运作中往往面临很多障碍,以至规划角色难以实现。

乡村教师面临的第一重障碍就是,乡村教师在真正参与社会事务、承担许多社会责任时,不一定就会如精英们所设想的那样顺利地受到乡村民众的接纳。事实上这时的乡村教师往往会与乡村社会产生矛盾,进而会反过来影响乡村教师自身在乡村社会中的地位。这其中的深层原因在于社会精英赋予乡村教师的社会责任体现的是国家意志、民族利益,与草根社会的需要之间是有距离的。

比如,梁漱溟曾谆谆教导乡学教员要努力改变乡学学生的一个"错误的观念"——"念书为个人将来升官发财的捷径的思想",他的理由是"我间接的听说,乡村里都还充满着从前只图个人上进的观念,以到都市去为荣,以在社会上比人更占面子,过更优的生活为荣,不愿在乡村。我们乡学的教员如果这时心里有道理的话,应扭转他们这种观念。告诉他们单凭识字和靠运用观念来比旁人多占便宜,会取巧拿钱多等等,要看为是可耻的事。我们应告诉他们,我们这社会生活靠谁维持。要以乡村中能吃苦努力使社会受益的人为可贵。运用观念的人有时也可以予社会以好处,有时则只会运用头脑以取巧,图享特别利益,而于社会毫无补益"。为此,梁漱溟甚至反对高小学生追求升学,号召学生"不以劳力为耻,而以劳力为尚","我们不到都市,我们需要改进乡村,以乡村统治都市"。① 他这番道理说得冠冕堂皇,但却完全忽视了乡村民众正当的向上流动的个体生命诉求,所以说扛着乡村建设大旗的乡村教师,在乡村社会却不一定欢迎,乡村教师在履行职责时,也往往会面临角色冲突与尴尬。

比如,1935 年春邹平县在全县推行乡村青年训练,目的是对全县乡村十五岁以上、二十五岁以下的青年男子进行训练,训练内容包括军事训练和成人教育两项,其中的成人教育部分就规定由乡村小学教员在教学工作以

---

① 《散篇论述 1934 年》,《梁漱溟全集》第 5 卷,第 567 页。

外的时间来担任。由于这种训练波及面广、而且"乡间以少事无事为最好，一旦有新事情发动，彼总愿避免过去，觉得政府是可欺的"。所以，如何把法定受训青年都发动征集起来，送到乡学里受训是一个比较难办的事。实际承担着发动征集受训青年任务的基层工作人员就面临着乡村民众的情绪抵触，而尤以无权无势的乡村教师最感为难。"催办青训之下级干部人员，多为乡理事、村庄长、联庄会员、小学教员等人。此数种人多为本籍人，或本村人。照命令严催，则引起地面人之嫉忌；尤以学校教员更办不到，因乡民可使其儿童不入学，则教员无办法矣。"有位曾经在某村做过乡村工作的孟镜亭老师，本来"一向彼与本村人等，感情极洽。今春政府举办青年训练，彼热烈参加，代表政府强制执行，于是村人皆曰：'不想孟老师还干这个？'此一语中，今日乡人之怕事态度，乡区心理，和盘托出矣！"乡村教师参与政府行为会引起乡村反感只是问题的一个表象，乡村社会的反感会给乡村教师造成实际的工作障碍是很大的问题。因为本来新式乡村教育就没有得到乡村民众的信仰，乡村学校招生一直比较困难，乡村教师实际上一直处于有求于乡村民众的弱势地位，如果由于乡村教师自身的原因而引发乡村社会的恶感，对于乡村教师来说就有点顾此失彼了。所以，在这次乡村青年训练中，有人就委婉地提出这样一个问题："如何使政治与教育在方法上分开，而免得乡下人之恶感，后日对老师畏之不欲前，致多隔阂，而于工作不利。"①这一现象典型地反映了乡村教师扮演的政治角色与其教育专业角色之间的矛盾冲突。

乡村教师在扮演多重社会角色时面临的第二重障碍就是工作力不从心。一般来说，乡村教师的正常教学工作就已经很繁重，如果再承担过多社会责任的话，往往会力不从心，结果会是政教两误。

一般认为乡村小学的教学工作对教师的业务水平要求不会太高，其实

---

① 李鼐:《专论·邹平二年来的乡村青年训练之我见》,《乡村建设半月刊》第5卷第10期。

这是一种误解,乡村小学的常规教学工作就对教师提出了很高的要求。因为民国时期一个村庄一般只设一个复式学级的初级小学,十几到几十个年龄不同、学业程度不同的学生必须分成几个年级组教学,但乡村学校一般只有一个教员,有时甚至只有一间教室。所以,这位教员必须是一个教学多面手和课堂组织管理方面的能手,不然被称为"哄哄一堂"①的课堂教学秩序都无法正常组织下来。这样下来,乡村教师课上课下的工作量加起来就已非常可观。甄怀宸根据自己对小学教师同人的通信调查,描述他们的工作情形如下:"每人每周至少任二十五节至二十七节,或三十节,总时间为一千一百七十分(部令)至千二百分左右,平均每日至少任课四节至六节"。每日的时间除去上课、批改作业、课下辅导之后,教师"每天都感觉时间的短促,不敷应用"②。有些教师甚至每周任课"多至三十余点的也有",他们除了"管理监护订正簿册以外,一天的工夫就完全去了。要想休息运动娱乐,哪里还有什么时间? 至于想自己研究点学问,那是更不必说了"。③ 而且乡村小学由于经费不足,总体的倾向总是尽量少聘教师,加重现任教师的任课钟点,结果使乡村教师的工作负担更加繁重。

　　兼任社会事务后的乡村教师自然就更加忙碌。除了教学这个本职工作之外,他还必须拿出一定的精力来应付社会事务,乡村生活中的许多社会和文化事务,如自卫、农业、公共卫生、法律、合作,以致村民婚丧嫁娶中的礼俗事务等等,都成了他们责无旁贷的义务。其结果就像乡村教师自己说的那样,"一个教员就如同一个万全的杂货店,从黎明即开门头照应顾客,直到下午十点方才闭门。店内的记账也是他的,买卖货物也是他的……就算他有孙行者的本领,也总是忙得不得了"。④ 乡村建设运动中的乡村教师其实也免不了会顾此失彼。以邹平的乡村青年训练为例,"小学兼青训成人教

①　姚斐然:《我的小学教师生活写实》,《基础教育月刊》第 1 卷第 7 期。
②　甄怀宸:《小学教师感觉苦闷的来源与解决的途径》,《基础教育月刊》第 1 卷第 7 期。
③　左绍儒:《乡村小学实际问题十四谈》,《基础教育月刊》第 1 卷第 12 期。
④　刘俊田:《不可忽视的几个小学教师的问题》,《基础教育月刊》第 1 卷第 12 期。

育导师者,早晨天黑即须起床阅操讲话,天明成人军训解散回家,接着是小学生来校上班,晚上再接成人夜班。初则尚能振起精神干下去,十日后即觉精神不够用,而小学生、成人教育,都有顾及不到"。①

其实,乡村建设运动中已经有人看到对乡村教师的责任期望存在脱离现实的问题。他们指出"乡村小学为乡建之核心,殆无疑义了。自然,在政府没有办法以前,由教育界出来倡导改造乡村,也只好以乡村小学为发动机关,最为适当"。"可是理想是理想,事实是事实,乡村小学在事实上如何能够负起建设乡村的责任,这个问题就不简单了。"放在乡村建设这个大前提下的乡村教师的角色设定是"全才""通才",而现有的乡村教师体制和工作现状都使他们难以胜任乡村建设重任。首先,现有乡村教师的培养体制根本不是培养乡村建设所需的通才,"乡村小学的教员至多一人至二人,而乡村事业则包括自卫、合作、经济、农业、工程、卫生、法律、教育等,这些多方面的事业一二人的才干能否应付? 才干方面姑且勿论,知识与技能方面一二人能否兼具? 再问乡小教员是怎样训练的? 现有的师范学校,决不能训练这样的人材,那是限于部定功课,自不必说,假使施以特别训练,训练方法应该是怎样的,不可不研究"。其次,是乡村教师的工作繁重,无力应付。"乡村小学为发动机关,小学教员时间能否分配得过来,又是一个大问题。小学教员本来每天要照料儿童的功课,随时应付行政机关的公事,常常参加农家的婚丧大事,比较活动的乡小教员在乡间简直忙得和党国要人差不多。如今还要添加成人训练工作,及其他乡建活动事业,精力时间两生问题了,不可不研究的。"再次,"教员的生活也是一个大问题"。各地乡村小学教员的薪酬极低,仰事俯畜都不足,生活困难,自然不安于位,"如是人材的保留和罗致,都很困难。最近定县举行第四区乡小教师训练,发现提出问题次数最多者有:(1)薪金太低;(2)支薪时间不定;(3)包薪(即学校中一切用费统

---

① 李蕭:《专论·邹平二年来的乡村青年训练之我见》,《乡村建设半月刊》第5卷第10期。

由教师薪金中开支)盛行,报酬低减更甚。又(1)应酬太多;(2)生活不定;设备不全。又他们答复小学教师的话:'要求实现增薪,只有努力富强国家,复兴农村。国家富强、农村繁荣以后,乡小教师的待遇自可提高。在现时的国势之下,是不应当只顾个人甘苦的,应当专心致志于救亡大业!'这段话,似在'训'的方面多一些,安慰意义少一些,不知小学教师听了作何感想"。①

总之,民国时期的乡村教育运动是由知识界、教育界首先提出来的,而且有些实验摆脱了对政府的依赖,完全由社会精英们所主导,所以这场运动的知识分子色彩很浓,人为设计的痕迹很重,其结果就是代表智力因素的乡村学校和乡村教师的功能和作用被放得很大。乡村教师被期待成为领导乡村社会改造的灵魂和领袖,除了做个合格的教书匠之外,还应该成为一个全能型知识分子,在改良乡村社会方面起主导作用,而且是建立在独立的社会理想基础之上的带有创造性的作用。民族危机的加剧,更加推动了乡村教师角色的崇高化,乡村教师被期望承载起国家民族的命运;乡村教师的角色义务也明确突破了学校教育的范围,甚至突破了教育和文化的题内之义,被要求承担部分政治功能和社会功能。只不过作为一种民间舆论,这些要求都还是比较笼统和抽象的,理论启迪和舆论宣传意义很大,在有限的乡村教育运动实践中这种期待并没能有效地转化为具有可操作性的程序。虽然现实中有某些公共知识分子型或全能型的乡村教师被树立为标杆,但这只是个案,大多数普通乡村教师对于社会赋予他们的理想角色并不知道其所以然,甚至对于乡村建设运动本身都很隔膜。

张宗麟对"现有的乡运人才"做过的分类中,在十二类人里,只有第九类人员属于普通乡村教师,占全部人员中的很小一部分。而且从张宗麟的分析中可以看出这部分乡村教师对于乡村运动是有些隔膜的,从他们的主观境界来说,对自己所承担的乡村教育的真实意义并无自觉,处在一种懵然

---

① 周葆儒:《从乡村建设说到乡村小学》,《基础教育月刊》1936 年第 1 卷第 6 期。

无知的意识状态。"本来是办寻常学校的先生们,不过因为该校有乡村二字的牌子,于是不得不做些劳动工作,办几件与农民有关系的工作,如民众学校,茶园,品种试验,合作社,农产品展览会。在表面上干得轰轰烈烈,踏实一问,所为何事? 为谁而干? 便茫然不知所对。"张宗麟肯定了乡村教师的实干精神,认可他们是乡村教育的主干力量,称他们是"无名英雄"。但他认为乡村教师在这个运动中基本上是一种被动随从力量,而不是主动的领导者。"这批人不是存心作伪,有许多乡村小学教师,确实具有赤心热忱,埋头工作,为乡村运动中无名英雄。他们虽然不知大规模的运动,没有世界的眼光。但是脚踏实地的干,得一滴便是一滴,如此人才,倘若能够互相团结,确实可以成为乡运的基本队伍。"①所以总体来说,乡村教师与知识精英们所主导的乡村教育运动、乡村建设运动是有距离的,乡村教师既不是运动的主导者,甚至不是主要的参与者,他们是比较被动的群体,只是被虚拟为运动的主体而已。

但是,乡村教育派对于乡村教师角色的期待是有一定时代性的,它反映了20世纪初期中国乡村教育转型、中国乡村社会转型中对新式全能型、复合型人才的迫切需要,在当时乡村社会才、财两缺的现实局面下,中国乡村教育、乡村社会要发展就只有借助乡村教师的力量这一条路,可以说历史要求乡村教师们承担起更重要的社会责任和义务。20世纪二三十年代乡村教育派对乡村教师新的社会角色的构建才只是在思想舆论上开了一个头,真正起作用的是来自国家和制度的力量,国民政府在乡村教师制度方面的建设是构建乡村教师新的时代角色的主要动力。

---

① 张宗麟:《乡村运动与乡村教育的人才问题》,《中华教育界》第22卷第4期。

第三章　乡村教师角色的国家法定建构

　　中国现代国民教育体系是在国家政权的强力推进下建立起来的,反过来,现代国民教育也是推动中国现代民族国家建立的重要动力,所以中国现代教育的主要趋势就是国家主义化。表现在乡村教师的社会角色上,就是乡村教师的角色功能更加贴近新的意识形态建设和现代国家制度建设的需要,为此国家大大加强了对于教师的管控。从乡村教师的培养、选拔、任用、管理等各个环节,到乡村教师的职责、功能、权利、义务等各个方面,制度化水平都在加强,乡村教师成为一个相对独立的职业人群。国家对于乡村教师的角色期待主要是通过这些法律规定来实现的。

　　在传统的乡村教育中,私塾属于民间教育组织机构,政府并未对塾师的任职资格、聘任程序、待遇等环节做出明确规范,而是纯粹由私塾的举办者对塾师的知识水平和教学能力等方面的功底进行主观判断,其聘任、更换也是由塾东和塾师商议着办,没有特别固定的期限和程序。近代以来兴起的小学教育则体现出越来越强的组织化、制度化、规范化的特征。民国时期,特别是20世纪30年代,国民政府的权威强化,国家政权向基层乡村社会推进,其中一个表现就是政府开始大力推广义务教育,乡村教育受到政府前所未有的重视。这期间国民政府对于乡村教师的职责、权利、素质、待遇等各方面的管理都达到前所未有的水平,新式乡村教师获取社会资源、权利、身份和合法性都依赖于国家教育制度,乡村教师的身份角色和行为规范打上了很强的国家意志和法律制度的印记。这是民国时期乡村教师社会角色国家化、政治化、制度化特征发展最明显的一段时期。但是,由于制度方面存在缺陷和国民政府向基层社会下沉权威的能力不够,所以,许多制度设置只具有理论上和制度上的意义,缺乏实践效能。

制度建设在乡村教师发展过程中起着决定作用。近代乡村教师发展的制度化历程从清末的《壬寅—癸卯学制》就已经开始了,《壬寅—癸卯学制》中的各类学校章程中专列了"教员、管理员章",此外还有许多专拟的章程,对小学教师的任用、检定、待遇方面做出了规定。直到民国北京政府时期,从中央到地方,有关小学教师的制度设计越来越完善,但是由于政局动荡和政府权威缺失,小学教师制度在实践层面并无太多建树。所以关于乡村教师角色的制度建构以国民政府时期,特别是 20 世纪 30 年代为重要发展期,并且与国民政府推出的以下教育法令法规直接相关:1932 年 12 月国民政府颁布的《小学法》;1933 年 3 月,教育部依据《小学法》,制定颁行的《小学规程》,该规程共 14 章、106 条,其中第 12 章为"教职员",其中包含有关小学教师制度的具体条款。1936 年 7 月 25 日,教育部颁发《修正小学规程》,该规程第十一、十二两章内对于教职员之人数、资格、登记、检定、任用、服务、待遇、进修、辅导等,均有规定,嗣后所颁有关教职员之法令,大体以此为依据而更加详密精微(为了推进国民教育,保证国民教育的师资质量,1944年《国民学校法》公布,原来的小学法同时废止)。所以,关于民国时期乡村教师社会角色的国家制度建构,大体可以以 1936 年的《修正小学规程》为典型例证。

第一节　乡村教师角色的政治化

无论是旧式塾师还是新式教师都离不开政治和政权。旧式塾师的责任之一就是"传道",他们是儒家伦理在基层社会的传播者,而且他们还具备一定的"士"的身份,承担着一定的乡村治理的责任。新式乡村教师虽然作为一个单纯的职业人的特征更多一些,作为知识传播者的身份更突出一些,但其在新时代应负的意识形态责任仍然很重,乡村教师除了负有作为"师"

的"施教"责任之外,还被赋予了如同过去的士大夫那样的"施治"的责任,不仅是三民主义宣传员、国民导师,而且还正式成为国家行政系统中的一员——基层干部。所以国民政府赋予乡村教师的角色功能是意识形态化的、政治化的。

一、乡村教师的意识形态代言人角色

通过正规的学校系统实现官方价值观念的意识形态化和合法化,是自古以来统治者热衷办学的主要动因,教化理所当然地被视为学校的主要职能。现代学校教育体系和新式教师也是依靠发挥意识形态作用和造就新的社会领袖、发挥稳定基层社会秩序的作用而取得身份合法性的。

当然,乡村教师所传播的意识形态是大异于塾师的。旧式私塾所传达的社会思想是对宗法伦理秩序和君臣政治秩序的认同;而新式学校则是紧贴时代的教育,以培养现代新国民为目标。现代国家制度是建立在主权在民、国家主权学说为核心的政治文化基础之上的,即国家的主体是国民或公民,因而国家政权在向下层社会扩张的同时,必须显示其"人民性",所以,推行现代教育制度、实行义务教育成为国家义不容辞的职责。除了"人民性",现代国家政权为论证自身的合法性,也必须包含推进国家现代化的目的,所以"现代性"也是国家推进现代教育发展的一面旗帜。新旧两种意识形态的差别是如此截然分明,给同时经历这两种教育的学生所造成的思想冲击是很大的。

余家菊曾回忆自己于清末从家塾考入新式乡村高等小学("道明学校之所在地,系一人口不过百户之小集镇,学生皆系来自附近之农村。依任何意义以言之,固不能不谓之为一乡村学校也")时,感受最深的变化是眼界大开,懂得了"爱国思想和奋发气概"。"庚戌年春季,改入县立道明高等学校,始接受新式教育。当时的学堂,虽仍着重经史,但是尚有种种新学科之辅佐,在知识上取得许多新的见闻,自是必然之事。然而道明所给予的最大教训,实为爱国思想与奋发气概。清末废科举兴学校的动机,原系欲求强国救亡,学校教师皆系初出师范学堂天真未泯的维新志士,其设教旨趣,当然大异于私塾老师。"①作者记述了两件让他印象深刻的事,一为有次学生举行"野战练习",分作攻防两队进行攻守训练,结果守队防线被突破,"守队同学,殊为悻悻然。守队指挥者为姚干青先生,莞笑而言曰:'我们是日本,日本败于中国,好极了!'于是全体顿归寂静"。另一事为一位"性严肃,语默不苟,面无笑容",甚至被学生称为"闵阎王"的闵文卿老师的言行,"一次,讲甲午中日之战。说明战争之前因后果以及战前战后中国之国际地位后,愤然厉声曰:'记着! 中国是个纸糊的老虎,戳穿他的,就是这个小杂种。'言时,手指地图上之日本"。②

国民党所领导的国民政府是在以党治国的原则下建立的,党化教育是国民政府的基本教育方针。从党化教育口号提出,到三民主义教育宗旨正式确立,中国教育蒙上了新的意识形态色彩,承担基础教育的乡村教师被赋予更深刻的意识形态责任。到后来抗战爆发后战时教育政策的出台,乡村教师角色的政治化达到顶峰。

1. 从党化教育到三民主义教育

借助学校和教师进行意识形态宣传,在广州国民政府时期就开始了,党化教育的口号就是在这一时期提出的。

南京国民政府"党化教育"的内容经历了一个逐渐完备的过程。1927年7月,国民政府教育行政委员会首先对"党化教育"作了诠释:"所谓'党化教育',就是在国民党指导之下,把教育变成革命化和民众化,即教育方针要建筑在国民党的根本政策上。国民党的根本政策是三民主义、建国方略、建国大纲和历次全国代表大会的宣言和决议案。"③可见,此时的"党化教育"就是要对民众进行党义灌输。此后,国民党向各级学校的党义灌输

---

① 余家菊:《乡村教育通论》,上海中华书局1934年版,第140页。
② 余家菊:《乡村教育通论》,上海中华书局1934年版,第140页。
③ 韦愨:《国民政府教育方针草案》,载舒新城:《近代中国教育史料补编》,上海中华书局1928年版,第8—9页。

很快遭到教育界人士的质疑,被认为是摧残思想自由,他们呼吁应取消统一思想与党化。

国民党在定都南京之后,鉴于"党化"二字具有褊狭性,好像教育仅为一党所有,这必然遭到有些人的反对;而且国民党成为一个全国性的政权之后,它必须说明自己所办的教育具有国家性,能为大多数国民所接受,在这一点上三民主义教育比党化教育更有说服力和进一步阐发的空间。所以在1928年5月由南京国民政府大学院召开的全国教育会议上,议决废止党化教育的名称,改称三民主义教育,并明确宣布"此后中华民国的教育宗旨就是三民主义教育"。① 同时,大会指出:"三民主义教育就是以实现三民主义为目的的教育,就是各级行政机关的设施、各种教育机关的设备和各种教学科目,都是以实现三民主义为目的的教育。"②但是,利用学校系统做意识形态宣传工具的实质是不变的,所谓"三民主义教育",其实质仍是"党化教育"。1928年10月,国民党中央通过"党治教育实施方案",规定:教育宗旨应根据国民党的"主义"确定;教育制度应根据国民党的"建国大纲"制定;与国民党党义有关的各种教育职务(如全国及各省教育行政长官、国立、省立党校校长,及各校训育主任、党义教师等),应由具备相当资格的国民党忠实党员担任;各级党部要遵照中央的规定,对各该地教育行政机关实施党治教育的情况进行指导和监督,同时,还要调查统计各该地在党治教育实施方面的成绩,以资考核;各级教育行政机关既有执行党治教育的责任,又有指导和监督其下属机关和学校实施的责任。这样一来,各级学校教育就被置于国民党的控制之下。

1929年4月由国民政府正式公布了《教育方针及其实施原则案》,最终

---

① 《废止党化教育名称代之以三民主义教育案》,载南京国民政府大学院编:《全国教育会议报告·乙编》,转引自沈云龙主编:《近代中国史料丛刊续编》第43辑,台北文海出版社,第29页。

② 《中华民国教育宗旨说明书》,载南京国民政府大学院编:《全国教育会议报告·乙编》,转引自沈云龙主编:《近代中国史料丛刊续编》第43辑,台北文海出版社,第2页。

公布的确定的三民主义教育宗旨为"中华民国之教育,根据三民主义,以充实人民生活,扶植社会生存,发展国民生计,延续民族生命为目的,务期民族独立,民权普遍,民生发展,以促进世界大同"。这项方案强调"本党今后必须确定整个教育方针与政策,其根本原则必须以造成三民主义的文化为中心"。公布教育宗旨时还附有该宗旨实施方针8条,经1931年国民党第四次全国代表大会修正后予以公布:"(一)各级学校之三民主义之教育,应与全体课程及课外作业相连贯。以史地教科阐明民族之真谛;以集体生活训练民权主义之运用;以各种生产劳动的实习,培养实行民主主义之基础;务使知识道德,融会贯通于三民主义之下,以收笃信力行之效。(二)普通教育须根据总理遗教,以陶融儿童及青年'忠孝仁爱信义和平'之国民道德,并养成国民之生活技能,增进国民之生产能力为主要目的。……"①从这8条中可以看出实施党的教育目标是与履行政府的普通教育职能结合在一起的,从而使党化教育具有更强的国家权威色彩。三民主义教育宗旨的正式产生所具有的意义正如有些研究者所论断的那样:"自此以后,三民主义教育便不再仅停留在思想交融的层面上,也不再是教育界对教育的本质理解不同而产生的论争,而是转而变为与统治思想合流,与政治关系难解难分;并通过政府法规制度来推行。"②也就是说国民党通过确立三民主义教育宗旨和垄断对三民主义的解说权,从法律上确立了三民主义的官方意识形态地位,以及国民党对教育的垄断和主宰权,而且党化教育还披上了一层国家教育宗旨的外衣。③

1931年之后的"党化教育"明显受到"九一八"事变的影响。国民党在各级学校的"党化教育"中加强军训、注重国耻教育,以培养学生的民族意识。

---

① 南京国民政府教育部中国教育年鉴编审委员会编:《第一次中国教育年鉴·甲编·教育总述》,第8页。
② 董宝良等主编:《中国教育思想通史》第7卷,湖南教育出版社1994年版,第7页。
③ 姜朝晖:《民国时期教育独立思潮研究》,中国社会科学出版社2008年版,第206页。

自 1934 年 2 月起,南京国民政府开始在全国各级学校大力推行"新生活运动"。蒋介石指出,国家和民族的复兴,完全在于一般国民有高尚的知识道德,而要提高一般国民的知识道德,就必须从"衣食住行"这四项基本生活着手,使其能合乎礼义廉耻。要做到这一点,只能依靠教育,学校教育尤为重要。[①] 这一阶段的"党化教育"中又增添了"新生活运动"的内容,三民主义教育走向封建化、专制化。抗日战争爆发后,国民政府再次调整了三民主义教育的总方针,一方面适应战时需要,另一方面更加加强了国民党的独裁专制,三民主义教育方针更加有名无实了。

2. 乡村教师在党化教育中的角色

乡村教育也是党化教育的重要领域,乡村教师的职责与国家政治形势紧密结合,其充当国家意识形态在乡村中的代言人的角色特征很突出。

党义教育是"党化教育"的主要内容之一。南京国民政府成立后,要求全国各级学校必须添授党义课,以向广大学生进行国民党党义的灌输。根据 1928 年 7 月 30 日由国民党中央党部直接拟定、由国民政府公布的《各级学校增加党义课程暂行条例》规定:"为使本党主义普遍全国,并促进青年正确认识起见,各级学校除在各课程内融会党义精神外,须一律按本条例之规定增加党义课程。"条例还对各级学校开始党义课的具体课程,最低授课课时量都做出了具体规定。[②] 这种强制性的灌输很快使广大师生感到厌烦并遭到消极的抵制。为改变这一状况,1933 年后,国民党中央取消中小学的党义课,并将其内容归入公民、历史、地理、国文等科目中。党义课从此成为普通教育中的常规教学内容,在国民党辖区内全面推行。

为保证乡村教师成为合格的意识形态代言人,必须首先保证乡村教师

---

① 《新生活运动之要义》,1934 年 2 月 19 日在南昌行营扩大总理纪念周讲,秦孝仪主编:《先总统蒋公思想言论总集》卷 12,台北国民党中央委员会党史委员会 1984 年版,第 70—79 页。

② 《南京国民政府公布各级学校增加党义课程暂行条例》,载中国第二历史档案馆编:《中华民国史档案资料汇编》第 5 辑第 1 编教育(二),第 1073—1075 页。

了解和接受三民主义意识形态,所以,乡村教师既是党化教育的施教者,又是受教者。在国民政府的党化教育体系中,乡村教师必须首先做到掌握基本的三民主义理论。作为党义教育的专门教师,党义教师和公民教员自然备受官方的重视。虽然乡村学校很少能够专设党义教员,但在对乡村小学教师的资格检定当中,政治思想方面的考核是必备的。

有研究者考察了 20 世纪 30 年代山东省小学教员检定过程,指出:"山东检定小学教员考试试题体现了四个方面的特点,即思想性、常识性、实用性和灵活性。首先,试题体现了对小学教员思想政治观点的要求。三民主义是检定小学教员的必考科目,对那些免部分试验的教员来说,三民主义是不免的。值得注意的是,在三民主义试题中,没有纯理论性的题目,所有试题都是与三民主义有关的社会问题。如:民权是(不是)促进中国国际之地位平等的? 民族是(不是)自然力组成的,也可以说是用王道成的团体? 民生(是否)就是人民的生活? 等等。在社会常识考试中,也不乏该类试题。如:国民政府的五院是(哪五院)? 三民主义是何人创的? 立法、行政、司法是(不是)国家的三要素? 孙中山(是否)在南京曾任临时总统? 等等。这些问题,都涉及当时国民党政府的治国主张,检定考试的目的在于强化小学教员对这些问题的认识。""三民主义考试以三民主义理论中的常识为主,考查受试人员对该理论常识的了解和掌握程度。三民主义是当时中等教育学校普遍开设的课程,是国民党政府实施思想政治教育的一种方式。从第一次检定考试的试题来看,初级是判断题形式,高级是选择填空题形式,既无名词解释、简答题,更没有论述题,而且试题内容都是当时各种教科书中常能见到的。与其说该科目是要考查受试者对三民主义理论基本知识的了解程度,倒不如说是要通过这一形式,进行一次思想政治观点的教育。"①显而易见,这种检定是对乡村教师的一次意识形态的宣传和整肃。

① 范星:《民国时期山东小学教员检定研究》,硕士学位论文,山东师范大学,2010 年,第 26—27 页。

对于旧式私塾的改良也同样与党化教育宗旨挂钩,改革的办法基本以要求私塾添设党义课和中国革命史课,并组织总理纪念周等活动为主;而且广州政府时期的党化教育带有很强的革命时期的强制性,甚至有通令塾师入党的规定。

1926 年广州市教育局提出了《厉行私塾党化教育大纲》,规定:"1.开办塾师训育所,勒令本市私塾塾师助教,概行入所训育,其规程另定之。2.按照现分塾区为十三区,酌其学塾知(之)多寡,函请市宣传部派遣训育养成学员,轮讲党义,其每区应派员额另定之。3.由宣传员分赴各属演讲后三个月,着原任各区指导员,分赴各塾测验其对于党义之认识若何。4.严令各塾师添设三民主义,及每周举行总理纪念周。5.严令各塾师添设中国革命史,并不得教授经书中之与主义有抵触者。6.各塾师之未入党者,一律令即加入。7.俟测验之塾生,对于党的主义有相当认识时,即请市组织部派员分赴各塾组织区部。8.对于革命的群众运动,随时由局招(召)集各区塾师生参与,使得更深之革命观念。"① 根据上述规定,广州市教育局于 1927 年 1 月通令各塾师入党,并负起宣传党的主义的责任。② 又鉴于塾师多为前清遗老,缺乏对革命与党的意义的真正理解,所以设立"广州塾师训练所",要求所有塾师必须入所接受三个月的训育。③ 对于那些不能遵照党化教育原则进行改革的私塾,国民政府是毫不客气地取缔。按照新的党化教育宗旨所制定的取缔私塾标准,包括教授、设备、卫生、管理四项,其中尤其以教授一项最重要,按照新标准考察后,到 1928 年广州市共取缔私塾达两百多间。"此次广州市教育局局长陈嘉霭,毅然禁闭市内腐败私塾二百余间,洵足为拥护党化教育运动之伟举。"④

随着革命军的推进和南京国民政府的建立,对于私塾的这种党化改造

① 《教育局厉行私塾党化教育》,《广州民国日报》1926 年 12 月 19 日。
② 《教育局对松山党化教育之通令》,《广州民国日报》1927 年 1 月 7 日。
③ 《本市塾师须受党的训育》,《广州民国日报》1927 年 1 月 14 日。
④ 《取缔私塾之再接再厉》,《广州民国日报》1928 年 5 月 26 日。

也随之在更广泛的地区推进,如江西省教育厅通过的《取缔私塾暂行条例》规定,塾师如有反革命行为、吸食鸦片、品行卑污者取消资格;私塾内应悬有总理遗像、党旗、国旗,置有黑板讲桌等设备,并举行总理纪念周,及参加国庆纪念、国民纪念等仪式或活动。① 国民政府教育部在《改良私塾办法》中有"奖惩和取缔"专章,其中有规定对违反三民主义者予以取缔。②

总之,随着国民政府权威的建立和三民主义教育宗旨的确立,乡村教师角色也在国家法定制度建构上被赋予三民主义代言人和宣传员的角色,为增强民众对国民政府的认同发挥作用。

二、抗战背景下乡村教师法定角色的提升

虽然三民主义教育宗旨赋予新式乡村教师意识形态代言人的职责,但在国民政府成立之初乡村教师身上并无其他特殊的政治色彩,总体来说更接近一个单纯的职业教书匠,与传统塾师的"士""师"合一、"治""教"合一的混融性角色有所不同。抗战爆发后,中国社会普遍期待乡村教师能够承担更多的社会工作,发挥动员和组织乡村民众的作用,而1940年前后国民政府的新县制改革和与之相配合的国民教育制度的出台,成为抗战时期政府对上述社会期待的回应,乡村教师的法定身份发生了重大变化,国民教育制度下的乡村教师除了"教"的责任外,还必须承担起更多的"治"的责任。

1940年3月21日教育部公布了《国民教育实施纲领》标志着国民政府的教育方针实现了义务教育向国民教育的转化,乡村教师成为国民教师;再加上1939年9月,国民政府颁布《县各级组织纲要》,规定乡村教师可以充当基层行政干部,这是一种"冶义教民教于一炉,融教育与自治为一体"③的

---

① 《江西省取缔私塾暂行条例》,多贺秋五郎编:《近代中国教育史资料》民国篇(中),文海出版社1976年版,第519—520页。

② 《教育部颁布改良私塾办法》,中国第二历史档案馆编:《中华民国史档案资料汇编》第5辑第1编教育(一),第681页。

③ 沈复镜:《实施国民教育后小学教员责任和待遇的检讨》,《国民教育指导月刊·江西》1941年第12期。

政教合一的角色。其社会角色正如蒋介石在"慰勉小学教师"的电文中所描述的那样,"故诸君兹后之任务,不仅应为培养现代儿童健全之师保,更已进为担当建国之基干,训育全民之导师"。[①] 与乡村教师责任使命的扩大相适应,乡村教师的职业素质、待遇保障问题也受到空前重视,相关制度也不断出台。所以,抗战背景下乡村教师角色功能更加政治化和社会化,乡村教师的法定角色有所提升。

1. 乡村教师的法定角色:全民导师和基层干部

具体来说,抗战背景下乡村教师的制度角色有如下变化。

首先,乡村教师的教育职能在扩大,成为完整意义上的"国民教师"。过去义务教育阶段的乡村小学只承担学龄儿童的小学阶段的义务教育;实施国民教育后,初等教育实行儿童教育与成人教育合一的政策。具体到乡村小学教师的责任,就是从原来的主要针对学龄儿童办理义务教育,扩展为兼办民众教育。国民教育相关法令规定,一乡(镇)至少设一所中心国民学校,一保至少设一所国民学校,一方面收容六足岁以上十二足岁以下的学龄儿童,予以最少一年的义务教育,另一方面还收容十三足岁以上四十五足岁以下的失学成年民众予以补习教育。所以从形式上,国民教育沟通了学校教育与社会教育。《国民教育实施纲领》总则规定国民教育的宗旨为:"国民教育之实施,应遵照中华民国教育宗旨及其实施方针,注重民族意识,国家观念,国民道德之培养及身心健康之训练,并应切合实际需要,养成自卫自治之能力,授以生活必需之知识技能。"[②]即从内涵上来说,国民教育是根据抗战这一特殊历史条件下、中国民众民族意识淡薄的紧迫现实,有针对性地利用小学教师,对全体国民进行基本的国民素质培养的教育。就这样,乡村教师从过去单纯的学校组织范围内的知识传授者转变成为"国民教师"。

其次,由于《县组织纲要》颁布,国民教育与新县制结合起来,乡村教师

---

① 蒋介石:《慰勉小学教师电(专载)》,《教与学月刊》1940年第4卷第10期。

② 宋恩荣、章咸选编:《中华民国教育法规选编》,江苏教育出版社1990年版,第284页。

的责任从教育和文化扩大到了地方自治事业,乡村教师有责任和义务参与地方自治,承担部分地方行政工作,成为国民政府基层政权中的一个行政人员。

国民政府公布的《县各级组织纲要》,对于地方基层行政建设本着管教养卫合一的原则,实行所谓三位一体制或称为一人三长制,"乡(镇)长、中心小学校长及壮丁队长,保长、保国民学校校长及保壮丁队长,均暂以一人兼任之。在教育经济发达之区,乡镇中心学校校长及保国民学校校长,以专任为原则。乡镇中心学校教员,兼任乡镇公所文化股主任及干事,保国民学校兼任保办公处文化干事"。① 根据《国民学校及中心国民学校规则》第十八条规定,国民小学及中心国民学校教职员职掌也在扩大,除正常校务之外,还要承担协助乡镇公所及保办公处训练民众、推进地方自治,举办社会服务事业等工作。② 就像有人说的那样,乡村国民小学的教师还应当充当"一个模范的壮丁""一个精干的小官吏""一个革命的党务工作人员""一个企业的优良经理人员",即一个乡村教师不仅是教师,而且"是担负抗战建国全部下层工作的一重要干部"。③ 总之,三位一体制下乡村教师的新身份是政治、教育合一的,这一点可以说是在抗战这个大的时代背景下,乡村教师社会角色的制度转型中最有特色的一个变化。

"国民导师"和"基层干部"的角色设定只偏重于乡村教师的责任和义务,为保证乡村教师角色的实现,还需要加强乡村教师福利待遇方面的制度保障,有关这一时期乡村教师的福利待遇制度将在第三节中论述。

2. 乡村教师角色的泛化

国民教育制度下三位一体制的实施有可能使乡村教师的角色功能扩大,社会地位提升。

① 南京国民政府教育部教育年鉴编纂委员会编:《第二次中国教育年鉴》,第183页。
② 陈运嘉:《国民教员?小学教员?必也正名乎!》,《教育通讯月刊》1948年第5卷第12期。
③ 郭登敖:《国民教育所见》,《教育与服务月刊》1941年第47期。

政府实施三位一体制是有其现实原因的,一方面可以使基层政权事权集中,避免权责分散所带来的办事效率低下的弊端。另一方面,又适应了当时中国人才缺乏、财力有限的国情,节约了地方自治的成本,是一种因地制宜的灵活务实选择。"假使这种变革彻底地实现,地方上人力财力物力等都可得到最经济最灵活的使用,达到政治上教育上最高的效能,完成建国的基础。在一个国民智识水准较低的国度里,确是一种值得赞许值得推行的制度,抗战期间尤其需要积极的实施。"①但从更深层的社会意义来看,三位一体制的推行可以使学校与社会打通,促进政治与教育之间开展良性互动,从而最大限度发挥教育的政治和社会功能,乡村教师的角色地位自然也随之提升。

一方面,三位一体制能革除过去教师闭门教书,不谙世务的弊端,能够使教育更好地服务于社会。

对于身兼政教双重身份的教师来说,"将以全体国民为其施教对象,全部社会生活为其课程与教材,而全社会为其施教区域矣"。② 这样可以使受教者更好地融入社会,消除过去学生与社会事务相隔膜的状态。对于受教的儿童和民众来说,更广泛的时代内容被融入教学中,而且"这些活动应是一串有计划的和国家政治经济防御计划发生密切的连锁的社会活动",可以使乡村民众和儿童"自然而然的就对国家尽了责任"。③ 如此一来,乡村教师服务于抗战的工具性价值更加凸显出来了,能够真正履行社会所期待的"'积极的精神国防'的使命"。

由于地处僻壤的乡村教师闭门教书,眼界狭窄,不熟悉社会事务,所以很容易被一般社会所轻视,直至民国时期仍然存在这样的风气,三位一体制的实施被认为有助于改变这种状况,从制度上提升乡村教师的责任和地位。

---

　①　许镜涵:《论三位一体制》,《教育与服务月刊》1941 年第 47 期。

　②　李相勖:《国民教育制度中的三位一体制问题》,《教育通讯周刊》1941 年第 4 卷第 10 期。

　③　许镜涵:《论三位一体制》,《教育与服务月刊》1941 年第 47 期。

"过去因教育界闭门教书,一般社会人士遂目为'书呆子''教书匠',不甚尊重。实行三位一体制后,学校教员为地方建设的干部,则可提高其地位。"①

虽然多数舆论都是在谈新县制下小学教师责任和义务的加重,但责任义务与权利待遇应该是相匹配的,小学教师责任的增加必然也意味着其权力的增加。"实行新县制下的小学教师,不但在教育这部门上去做民众的导师,同时在地方政治这部门上做成民众的领导者,而且还在民众军训组织这部门上去担当干部,总揽地方上的政军学三个基层机构的实权,变成三位一体的领导者和策动者。"②

另一方面,乡村教师成为地方基层干部,也使得教育功能延长至地方社会建设领域,可以起到以教育引领社会、引领政治的功效。

按照教育界对国民教育方针的理解和解读,新县制下三位一体的地方基层组织,可以说是以国民教育为中心的,国民教育被称为"作为新县制灵魂的国民教育",③所以三位一体制下的国民教育蕴含着以教育为中心,建立学术化社会、学术化政治的目的,"国民教育应该是管教养卫合并起来的教育……换言之就是以教育推行政治,以教师办理政务,以革命建国之综合的目的为目的"。④ 更有人明确提出,三位一体制下的国民学校教师应该发挥以教统政的领导作用,因为三位一体制"是政教合一,也可以说是'以教统政',更可以说是学治精神的表现。我们教育人员对于这一点必须格外认清,绝对不能放弃自己责任"。⑤

其实,在政教关系上,教育界始终存在以教育引领政治的呼声。一篇发表于《中央日报》教育周刊第五十期上的文章《小学教师的政治责任》,为江

---

① 李相勖:《国民教育制度中的三位一体制问题》,《教育通讯周刊》1941 年第 4 卷第 10 期。

② 张乃璇:《新县制下小学教师的新任务》,《江西地方教育》第 1745 期合刊。

③ 蒋成堃:《"国民教师"应充分认识"国民教育"》,《国民教师通讯》1944 年 9 月第 26 期。

④ 郭登敖:《国民教育所见》,《教育与服务月刊》1941 年第 47 期。

⑤ 张乃璇:《小学教师对于新县制应有的认识》,《江西地方教育》第 176 期。

苏省政府试办政教合一试验区做宣传,其文肯定了小学教师在新时代负有"以教治政""以教辅政"和"以教为政"的政治责任。所谓"以教治政",按照作者的意思,就是指在基层政治混乱和腐败的情况下,"小学教师要用悲天悯人的信念,入狱救人之决心,本清高的志趣,组织的能力,运教育的精神,训练的法则,去管理政治"。所谓"以教辅政",是指"我们要本着理想的主张,辅导的原则,教育的方法,去促成新政治的建设"。所谓"以教为政",也叫"政教化合","我们要把教育的主张,拿到政治上去。把教育的设施,渗透到政治的理想上去;务必达到化合的目的,以教为政的作用。具体的说,我们的教育理想和政治的结果要紧凑合拍而一致"。①

总之,三位一体制的设计在一定程度上回应和落实了社会的期待,从国家法令建构上推动了乡村教师从单纯的教书匠到政教合一的多重角色的转变。三位一体制下,乡村小学教师更多地参与、甚至是领导乡村政治和社会工作成为一种法定职责,而不再仅仅是社会舆论、或是个别乡村教育派的地区性试验。

很多人看出,三位一体制对于乡村教师的制度角色、法定身份和社会地位来说都是一种扩展和提升。"'小学成为社会的中心,教师成为民众的导师',在过去,是教育家和社会工作者的一种理想,一种期望,也可以说是一种试验。现在,这种理想由乡单位,县单位,省单位的试验和推行,获得了实际的成效……从二十八年九月十九日国民政府公布县各级组织纲要二十九年三月教育部公布国民教育实施纲领后,地方小学一变而为中心学校国民学校,所负的责任綦重,这种责任不像过去是带着试验的性质,教师对社会事业的提倡也不是单凭感情和热忱,教师对社会事业的参与,也不单是辅助和指导,在新县制下的中心学校国民学校,是真正的成为建设地方的发动机,中心学校校长成为当地社会的中心人物,他兼任了乡镇长和壮丁队长;保国民学校校长兼任了保长和保壮丁队队长;所以中心学校及保国民学校

---

① 居秉溶:《小学教师的政治责任》,《公教学校》1935年第1卷第12期。

的其他教师,也可以兼任联保办公处的股主任和干事。所以现在实行国民教育的教师,对于社会事业的提倡与参与,已成为一种责任,一种法定的工作,他不仅凭着感情与热忱去辅助和指导,而且要切实的执行,亲身参加进去和民众站在同一利害关系上来完成预定的事业。"①

当然,这一时期乡村教师地位身份的提升不可能仅仅依赖一个只偏重职责义务的三位一体制,它应该是一个涉及更多的福利保障内容的综合工程,就像有人描述的那样,现代小学教师制度应该是综合的制度建设,而这种制度建设的大方向无疑指向小学教师身份的国家化,即从原来的自由职业者向类似国家公务员身份的转化。

"小学教师已公认为国民导师,其使命初不□限于课室之教学,影响所及,□为推进国民教育以期复兴民族之主力。国家的小学教师制度,应包括训练、服务,以及薪俸、补助金、养老金、恤金、专业地位等整个的组织。自教育由□人专业形成为社会的□共□业,以至于国家专业,小学教师地位显已不复如前此之自由职业者,而成为社会服务员,或竟认为国家公务员。此种意义之转变,为构成现代教师制度之主因。"以中国近代小学教师制度的发展来看,虽然在小学教师的培养、待遇等方面的制度法令逐渐在完善,但由于各种原因,至20世纪30年代末这些法令并未产生效果,乡村教育仍然有私人事业的性质,乡村小学教师在身份上还是如同自由职业者,缺乏制度规范和保障。"吾国义务教育,发轫于清季,迄今已三十余年。政府注意法令之编纂,计划之拟定。地方教育仍保持私人事业之形态,小学教师处于自由职业者之地位。'教员检定规程'与'教职员养老金恤金条例'实际上几未生效。即所颁'订定薪水原则'所谓'两倍于其生活费之所需'者,亦纯属根据阿尔马克与兰氏(Almack and Lang)之理论(见两氏合著'教师职业问题'二四八页),无实际价值。匪特国家教师制度无法产生,地方组织偶有创

---

① 滕仲支:《如何解决中心学校及国民学校教师兼办地方行政之困难》,《国民教育指导月刊》(福建)1941年第1卷第2期。

动,时或反为法令所摧抑。师范教育制度,师资训练已有相当历史,然求毕业生之能终身尽瘁小学事业者,寥寥可数。国家对于教师,不仅缺乏训练,亦且缺乏组织,缺乏保障。仰事俯畜已成问题,欲其力量表现进行顺利不亦南辕北辙也!"所以为避免国民教育陷于空谈,作者建议应该在加强立法、利用中央及省款补助的手段、鼓励地方的制度创新、基于实地经验等方面来落实和完善国家的小学教师制度,而这种国家教育行政建设的原则或目标是实现小学教师身份的国家化。"要之此种人事行政之目的,在使小学教师受适当训练,根本改变其自由职业者之地位,终身乐于任职;而后策动国民教育之中心力量始能树立,民族复兴庶有豸乎。"[1]

新县制和国民教育制度下,乡村教师的制度角色是全民导师和国民政府的基层干部,这种远远溢出教育范畴之外的泛化的社会角色是国家意志和时代主题的映射。

第二节 乡村教师专业素质的现代化

由于近代科学的飞速发展,知识成为教师职业活动的主要对象,虽然我们并不否认教师还有培养学生的能力、情感、道德等各方面的教育责任,但近代教育实质上首先是一种知识教学,即知识的传授,教师职业主要以传授知识作为主要的活动或劳动方式。而且乡村教师的国家化、意识形态化的新角色,也必须以知识结构和教学模式的更新为基础,所以,乡村教师的专业化是乡村教育现代化的重要内容。

所谓教师专业化,即将教师视同于专业技术人员,并要求其执业资格的获取,必须经由专门培训和考选。民国时期乡村教师的培养和检定制度逐渐完善,而且在一定范围内得到初步施行,对于规范乡村教师队伍的专业素质起到了一定作用,使得乡村教师职业有了专业规范和评价标准,相应也就

---

[1] 程宗潮:《国民教育与小学教师制度》,《教与学月刊》第5卷第4期。

形成了一定的职业要求。民国乡村教师的教学专业人员的角色形象基本建构起来。

一、乡村教师的培养

自从民国政府将推行义务教育列为教育发展的主要目标,就一直面临义务教育师资短缺的困境,而主要的缺口是在乡村师资方面。为扭转乡村师资短缺的局面,民国时期在乡村师资的培养机构和培养方式方面都做出了一定努力。

1. 乡村教师培养的制度化

袁希涛曾经对民国初期义务教育所需师资的数量作了大致的推算。他说,依中国现在学龄儿童折半数 4000 万人计,平均每 40 人有一教员(都市约三班四个教员,乡村人少者亦不能满 60—70 人一班之限制。故假定以此平均数为标准,又民国四年、五年统计,国民学校教员与学生比例,约 23 个学生有一个教员,兹所加已在一倍左右,)计需 100 万教员。民国四年至五年统计,民国学校教员 15 万余人,其未谙教育不能受鉴定者,至少除去 5.5 万人。姑定为已有 10 万,今尚需 90 万人。又假定此学龄儿童内有 1/4 为半日间日等之简易学校,一教员可教加一倍之学童,计减 2/10 教员(减 20 万,倘简易的学校略加多,则教员数可略再减少),应尚缺 70 万。又每年教员因疾病、死亡、事故、改业者之随时补充,数年内姑以总加三成计算,总共需培养 100 万以上之新教员。[①]

面对如此大的教师缺口,再加上师范学校规模过小、师资培养经费的匮乏等现实困难,民国初年义务教育师资的来源与培养,成为制约义务教育发展的主要因素。为改变这种局面,民国政府在不同时期都对于培养义务教育师资推出过一些相应的政策和办法。具体来说,民国时期义务教育师资培养的主要途径来自以下几种培养机构——正规师范学校、简易师范学校、

---

① 袁希涛:《义务教育之商榷》,上海商务印书馆 1921 年版,第 38 页。

私塾改良、师范传习所、短期师资培训班等。

第一,正规师范学校。民国初年,教育部先后颁布了《师范教育令》《师范学校规程》等政策,完善师范教育。1913 年,鉴于小学师资缺乏,教育部又通令各县建立小学教员讲习所,以速成班的形式培养小学教员。1915年,小学教员讲习所改称为"师范讲习所"。比如在 1913 年,江苏的中等师范学校形式多样,计有省立师范学校 10 所、县立 7 所、私立 3 所。除了师范学校外,江苏还有甲、乙两种师范讲习所可以培养小学师资。

1922 年新学制将师范作为中学的一科,与农、工、商科等并列。此后,江苏省各地独立设立的师范学校大都并入中学。如江苏省五所农村师范分校附属于各中学。设在吴江的一师分校成为苏州中学乡村师范科,设在黄渡的二师分校成为上海中学乡村师范科,设在洛社的三师分校成为无锡中学乡村师范科,设在栖霞的四师分校成为南京中学乡村师范科,设在界首的五师分校成为扬州中学乡村师范科。虽然普通中学兼办师范科也培养了一些人才,但由于师范与中学的合并,取消了师范教育的独立制度,使师范教育的地位大大降低。学校的培养目标由各校自己决定,同时取消了师范生的公费待遇,这样就使得师范学校的招生数量和质量都大幅度地受到影响。直到 1927 年 7 月,江苏开始试行大学区制后师范学校仍未独立设置。

南京政府成立初的 10 年间,由于师范教育再次获得独立办学地位,所以这十年是师范学校快速发展的时期。1928 年,国民政府大学院在全国教育会议上通过了《整顿师范教育案》,1932 年 12 月国民政府教育部又公布了《师范教育法》17 条,1933 年 3 月公布了《师范学校规程》138 条,规定:师范学校的课程设公民、国文、历史、地理、算学、物理、化学、生物、体育、卫生、军训、劳作、音乐、美术、论理学(逻辑学)、教育概论、教育心理、教育测验与统计、小学教材教法、小学行政、实习等 21 种科目。师范教育在学制体系中重新获得了独立地位。1935 年 6 月修正为 143 条,并于 1934 年 9 月公布了《师范学校课程标准》。这些条例的颁布促进师范学校数和师范学校学生数的迅速增长,据统计,1928 年全国共有师范学校 236 所、学生 29470 人;

1929 年学校猛增至 667 所、学生 65695 人;至 1936 年,学校达 814 所、学生 87902 人,比 1928 年分别增加 245% 和 198%。[1] 至此,师范教育渐趋完备。

有些教育比较发达的地区在此时期还开始重视发展专门的乡村师范教育。比如,1933 年江苏省教育厅公布了《江苏省立乡村师范学校组织暂行规程》,规定省立乡村师范学校以培养乡村小学教师为宗旨。此后,师范教育虽有所发展,但是与迅速发展的小学教育对师资的需求相比还是不敷应用。如《江苏省鉴》称,据 1930 年的统计,江苏省为初等教育培养师资的师范学校,"省立中学师范部只有 16 处,省立乡村师范只有 6 校,县立师范有 43 校。每年毕业生就省县立各校合计,约有 1700 余人。但其升学或改就他职者,已不乏人。纵令全数悉能服务小学,姑以一人教一级计算,则此 1700 余人,分配于 13756 学级,不敷之数实巨。故各地小学教师,多有不合格者滥竽其间。"[2]

第二,简易师范学校。简易师范的出现是中国普及义务教育的权宜之计。为迅速造就义务教育师资,1933 年《师范学校规程》规定各地得设简易师范学校,或于师范学校及公立初级中学内附设简易师范科,并作了具体规定。根据规定,简易师范学校以县市设立为原则,招收小学毕业生,修业 4 年,毕业后充任简易小学或短期小学教员,服务期满可升入师范学校深造;简易师范科,招收初级中学毕业生,修业年限 1 年;简易师范科以附设于师范学校为原则,但根据地方情形亦可附设于公立中学。[3] 从下面一组数字中可以知道简易师范的发展情况:1907 年全国各省简易师范学堂学生约占当时全国各省师范学堂学生总数的 71.2%;1909 年简易师范学堂学生约占

---

① 南京国民政府教育部教育年鉴编纂委员会编:《第二次中国教育年鉴》,第 1428—1429 页。
② 江苏省教育厅编审室编印:《江苏教育概览》,1932 年版,第 28 页。
③ 田正平、肖朗:《世纪之理想——中国近代义务教育研究》,浙江教育出版社 2000 年版,第 389 页。

全国各省师范学堂学生总数的 46.3%。① 到了 1922 年师中合并至 1932 年，简易师范学生数所占比例又有所下降，但是到了 1933 年后，简易师范及简易乡村师范学生数又有回升，1933 年全国简易师范及简易乡村师范学生约占全国师范学校学生总数的 58.5%；1937 年全国简易师范学校及简易乡村师范生 28904 人，约占全国师范学校学生总数 48793 人的 59.2%。②

第三，改良私塾。改良私塾始终是民国时期弥补义务教育师资不足的一个途径。1935 年 6 月 14 日，教育部公布《实行义务教育暂行办法大纲施行细则》，其中第 4 章第 18 条规定：“各县市应在县市立初级中学或县市立师范学校，或规模较大之县市小学内，设置塾师训练班，招收私塾教师，予以短期之训练，专授短期小学课程之教材及教学方法，训练期满，考查及格，给以证明书，推其充当改良私塾教师。”③1937 年 6 月 1 日，教育部颁布《改良私塾办法》，规定主管机关应于寒暑假期或相当时期，举行塾师训练班或讲习班。其讲习学科，除国语、算术、常识外，并须注重公民训练、科学常识与各科教学法之实际研究。塾师训练班或讲习班，应委托县市立初级中学或县市立师范学校，或规模较大之县市小学举办之。其训练或讲习总时期共计至少为三个月，并得依塾师就训或讲习之便利，分期分区举行。主管机关平时对于境内私塾应注意下列事项：介绍进修读物、令塾师参加当地小学研究会、指派塾师在附近小学作艺友、指派塾师参观优良小学等等。④

虽然说塾师改良在当时的中国已经成为推动义务教育的力量，但从下列数据来看，其任务仍然任重道远。1935 年，全国还有私塾 110144 所，已

---

① 璩鑫圭、童富勇编：《中国近代教育史资料汇编（实业教育）》，上海教育出版社 1994 年版，第 625 页。

② 《民国十七学年度至二十六学年度全国师范学校学生数和毕业生数统计表》，载中国第二历史档案馆编：《中华民国史档案资料汇编》第 5 辑第 1 编教育（一），第 532 页。

③ 《行政院关于〈实行义务教育暂行办法大纲施行细则〉致教育部指令》，中国第二历史档案馆编：《中华民国史档案资料汇编》第 5 辑第 1 编教育（一），第 627 页。

④ 《教育部颁布改良私塾办法》，中国第二历史档案馆：《中华民国史档案资料汇编》第 5 辑第 1 编教育（一），第 680 页。

改良者 38525 所,占 34.98%,未改良者 71619 所,占 65.02%;塾师 110933
人,已改良者 39191 人,占 35.31%,未改良者 71762 人,占 64.69%。①

第四,短期师资训练班。南京国民政府以开办短期小学的方式来推进
义务教育,为了应对第一期义务教育对义务教育师资的迫切需要,举办短期
师资训练班成为民国政府采取的临时措施。

1935 年 6 月 14 日,教育部颁发了《实施义务教育暂行办法施行细则》,
其中第四章指出:"各省市应自实施义务教育第一期开始以后,在省市立或
县立初高级中学及师范学校内广设短期小学师资训练班,招收相当于初级
中学毕业程度之学生,予以短期之师范训练,其课程以研究小学教科(材)
及教学方法为中心,训练期满,考试及格,予以证明书,准其充任短期小学教
员。"②1936 年,在各省市积极反馈下,教育部颁发了《各省市义务教育师资
训练班办法》,规定各省市从 1936 年开始,要举行义务教育师资训练班,招
收初级、高级中学及师范学校或同等学校毕业生之尚未就业者,甄别训练,
其训练期间分别定为三到六个月。义务教育师资训练班,除讲授关于义务
教育之法令以及办理小学与短期小学之办法与教学法外,并注重民族意识
之训练、军事训练、农村经济与公共卫生常识。义务教育师资训练班学生修
业期满,经考核及格者,给予毕业证书。义务教育师资训练班毕业生,应由
各省市教育厅局尽先派充义务教育各项师资,或办理地方义务教育行政
人员。

短期师资训练班的举办为义务教育发展提供了一定数量的师资,但同
时伴随而来的便是严重的师资质量问题。从 1944 年以来,除了边远或贫瘠
地区仍然办理短期师资训练班外,多数省份都逐渐增加师范学校或三年制
简易师范,所以,短期师资训练班也在逐渐减少。

---

① 《民国二十四学年度至二十五学年度全国私塾概况表》,中国第二历史档案馆编:《中
华民国史档案资料汇编》第 5 辑第 1 编教育(一),第 682 页。
② 《行政院关于〈实行义务教育暂行办法大纲施行细则〉致教育部指令》,中国第二历
史档案馆编:《中华民国史档案资料汇编》第 5 辑第 1 编教育(一),第 626—627 页。

第五，师范传习所、讲习所。师范传习所、讲习所，是为补充小学师资并提高小学师资质量而临时设置的短期教育机关，主要是晚清时期比较盛行。师范讲习所是从清末的师范传习所演变而来的，民初将之改为小学教员讲习所，1915 年改称师范讲习所。如 1917 年，山西省设立了省立师范讲习所，学制为一年，主要是为了快速培养义务教育阶段的教师。1918 年，在阎锡山的号令下，全省 105 个县均设立了县立师范讲习所，到 1919 年，每县 1 所，共计 105 所。为了保证质量，1918 年山西省教育厅制定了《山西省各县设立师范讲习所办法》，对师范讲习所办学条件做出了明确的规定：一、各县应设师范讲习所 1 处，各所至少先办 1 班，毕业后继续添招，以足敷县内义务教育所需教员之数为度。二、讲习所应设主任教员 1 人，需具有以下资格：高等师范及优级师范毕业生、师范本科第一部及第二部毕业曾任教员 1 年以上者、中等以上学校毕业曾任职教员 3 年以上者。三、教员聘任，由县知事遴选合适人员，呈报教育厅委任。四、学生资格：曾任小学教员或曾在中等学校肄业者。五、讲习所学制为一年或半年。一年毕业者，准充国民学校教员并得于年内暂缓检定；半年毕业者，准充任代用教员或国民学校教员并有受试验检定之资格。[①]　虽然师范讲习所的教学质量不是很好，但还是在一定程度上缓和了义务教育阶段师资缺乏的矛盾。1927 年后，随着师资力量的逐渐优化，师范讲习所逐渐地退出了历史舞台。

2. 乡村教师培养的乡土化

在乡村教师的培养上，一个突出的问题是普通师范教育往往不能关照乡村师资的特殊性。为培养具有乡土性的师资，开办专门的乡村师范学校曾经成为 20 世纪二三十年代的一个潮流。

民国时期就有人注意到普通师范教育在培养乡村师资方面缺乏针对性，缺乏适应乡村环境的教育特性。"乡村里的乡民，唯一的职业是农业，

---

①　《各县设立师范讲习所办法》，山西省教育厅编印：《山西教育计划进行各案》1918 年版，转引自申国昌：《守本与开新：阎锡山与山西教育》，山东教育出版社 2008 年版，第 242 页。

乡村里的一切社会活动,是以农业为中心的,乡村里的一切经济组织,是农业为基础的。推而至于乡民的一切思想行动信仰等等没有不反映着农业的环境。因此我们主张以乡村教育的力量来建设新中国的乡村的乡村师范,对于乡农业的改良,应该负着一部分重要的责任。若只偏重于师范而忽略乡村的重大意义,结果乡村还是乡村,师范仍是师范,乡村与师范到底也不会连贯而熔化的,那便是乡村师范的失败,乡村教育之破产。"①

在如何培养适应乡村需要的师资这个问题上,教育界有不同的观点。以程湘帆为代表的一些教育家认为培养乡村学校师资,只需在已开办的师范学校中增加学级、人数即可,无论从办学成本,还是城乡教育意义的一致性上来说,都无须专设乡村师范学校。他认为:"乡村师范学校虽有异于寻常师范学校,然无与寻常师范学校分立之必要。其故:(1)乡村教育与城市教育之基本主义同;(2)分立则学生因环境的限制,见闻狭窄;(3)分立则教授设备不能经济。"②与程湘帆不同,一些从事乡村教育事业的教育家大都支持在乡村设立专门的乡村师范学校,培养乡村学校师资和改造乡村社会之人才。著名的乡村教育家古楳就认为现有的设在城市的师范学校很多方面都不能造就适合乡村需要的师资,他列举了八个原因:"1.师范学校之训练,因为太重理论而轻实际,以致学不能用;2.师范学校之工作,因为过于劳心,而忽略劳力,以致不能适合乡村生活;3.师范学校之精神,因为不能使学生对于乡村有正确之观念,以致离乡而他就;4.师范学校之实施,因为皆偏于都市化,以致办理乡教者,亦多因袭都市学校之遗规;5.师范学校之教师,因为仅知识之传递,以致学生少刻苦耐劳高洁品格之鼓励;6.师范学校之师生,因为不能真正共同生活,同甘苦,以致养成师生间之特殊阶级;7.师范学校之实习,因为时间太短,以致对于乡校事宜,更不能切实认识;8.师范学校之设立,因为与乡村环境隔阂太远,以致对于乡村需要少知改革。"③鉴于以

---

① 张辉:《乡村师范与农业改良》,《苏省乡师月刊》1931 年 11 月第 7 期。
② 程湘帆:《新制中师范学校课程编制之意见》,《新教育》1922 年第 1、2 期合刊。
③ 古楳:《乡村师范概要》,上海商务印书馆 1936 年版,第 6 页。

上原因,古楳认为只有在乡村设置专门的乡村师范学校,培养适合乡村需要之人才,乡村教育才能进步,改造乡村社会才有希望。

20世纪二三十年代,设立专门的乡村师范学校以培养乡村教师成为一时的潮流,各省份开始建立一些乡村师范学校,包括省立乡村师范、县立乡村师范、县联立乡村师范、私立乡村师范和教会立乡村师范等各种类型、各种层级的学校。1934年全国乡村师范学校有327处,至少有17个省份建立乡村师范学校。与城市的师范学校相比,这些乡村师范学校具有鲜明的特色:第一,从校址的选择上看,这些乡村学校大多设立在乡村。第二,从生源上看,大部分乡村师范的学生来自乡村。第三,从教学内容上看,明显有别于城市师范教育。在课程设置及教学实习活动中相应的增加了乡村教育的课程。第四,乡村师范学校更多地强调乡村的社会实践。①

这类乡村师范学校最主要的特色是在课程设置方面力图同时兼顾"师范"和"乡村"的双重需要,具体来说,乡村师范课程主要包括三类:普通课程、教育课程、农事课程。普通课程有公民、国文、算术等,教给学生普通知识,在课程中必不可少。教育课程,是对担任教师的一种专门训练,包括教育概论、教育心理学等教育类课程。乡村师范学校与普通师范学校不同之处即在"乡村"二字,它在课程上突出的是与乡村农业生活相关的知识和技能。如1935年6月22日,国民政府教育部公布《修正师范学校规程》第27条,规定了乡村师范学校的教学科目如下:公民、体育、军事训练(女生习军事看护及家事)、卫生、国文、算学、地理、历史、生物、化学、物理、伦理学、劳作、美术、音乐、农业及实习、农村经济及合作、水利概要、教育概论、教育心理、小学教材及教学法、小学行政、教育测验及统计、乡村教育及实习等。简易乡村师范学校的教学科目为公民、体育、卫生、国文、算学、地理、历史、植物、动物、化学、物理、劳作(农艺、工艺、家事)、美术、音乐、农业及实习、水

---

① 朱汉国等:《转型中的困境——民国时期的乡村教育》,北京师范大学出版社2016年版,第170—172页。

利概要、农村经济及合作、教育概论、教育心理、小学教材及教学法、教育测验及统计、乡村教育小学行政及实习等。①

主张设立乡村师范的人对于上述三类课程各自应占的比重有不同意见,如古楳认为基本学科应占 60%,教育学科应占 20%,农事学科应占 20%。金海观则认为"普通学科宜减少到 51% 以下,其余两种科目,均宜增至 25% 左右"。② 在实际执行中,各个乡村师范学校在上述三类课程的比例上就自己灵活掌握了。1927 年后,江苏省四所乡村师范学校三类课程各自所占比重如下。

江苏省四所乡村师范学校三类课程设置比重表③

学校	栖霞乡师	洛社乡师	灌云乡师	吴江乡师
普通课程学分	152	179	185	165
普通课程比重	67.3%	81%	80.5%	73.6%
教育课程学分	46	21	24	32
教育课程比重	20.4%	9.5%	10.4%	15.1%
农事课程学分	28	21	21	24
农事课程比重	12.3%	9.5%	9.1%	11.3%

在农事课程的设置上,各乡师也各有特点。从江苏四所乡师所设课程可以看出,栖霞乡师分门别类详细,有关造林、土壤、病虫害等几乎所有关乎农业生产的都囊括在内,这样的课程设置使学生知识广博,能有效解决乡村社会问题,符合乡村社会需要。但同时,课程设置如此繁密使学生不能深入学习,如再没有适当的农事实习,则会使所谓的农事课程流于表面。洛社乡

---

① 《教育部公布修正师范学校规程》,中国第二历史档案馆编:《中华民国史档案资料汇编》第 5 辑第 1 编教育(一),第 443 页。

② 金海观:《实施部定乡村师范及简易乡师课程之困难及改进意见》,《中华教育界》1937 年 7 月第 1 期。

③ 转引自吴晓朋:《民国时期的江苏省乡村师范教育(1922—1937)——以省立六所乡师为中心的考察》,硕士学位论文,南京大学,2008 年,第 42 页。

师、灌云乡师则把农事课程集中于农业知识的教授,忽略了广大农村的副业等,不利于学生毕业后更好地服务乡村。

除了在课程设置方面突出乡村需要之外,也有人指出乡村师范学校在教育实习环节也应该适当调整,以适应乡村教师"单级独教"的现实。因为乡村单级小学由一个教师担任各科的教学,并不适宜规模较大的小学分科教学。而师范毕业生服务乡村小学的机会,相对于城市小学来说较多,所以对于小学各科的教学都须具有相当的经验,一旦实地任职时,不致毫无头绪。所以,吴增芥认为:"师范生实习应该多往地方小学,而不能以附属小学为唯一的实习场所。乡村单级小学也要实习,并应由富有单级教学经验者担任指导。"①

除了这类专门的乡村师范学校特别突出乡土性之外,由于民国时期一些师范讲习所之类机构的设置比较灵活,所以一些地方师范讲习所在课程设置方面也可以非常贴近乡村生活。比如,为使师范生提早熟悉乡村中基本事务的应对,一些师范讲习所专门针对乡村的各种习俗编纂了教材。如博山县立师范讲习所编辑了《应用杂组》一套,发给学生每人一份,以应酬社会的需要。该书内容包括婚、丧、嫁、娶、寿诞、乔迁、析产、过嗣、典卖文书、喜庆楹联、祭文讣告等,可说是包罗万象,应有尽有,时人把此书形象地描述为一个陪嫁的"针线筐箩"。②

总之,能够注意到乡村师资培养上的特殊性,增加乡村教师培养上的乡土特性是民国乡村教师培养制度上的有益尝试。

二、乡村教师的任职资格和检定制度

传统塾师在任职资格方面比较灵活,并无硬性规定,塾师能否入职完全取决于东家是否认可。比如徐特立幼年入蒙馆 6 年,换了好几位塾师,最后

---

① 吴增芥:《小学师资训练实际问题》,《中华教育界》1935 年第 23 卷第 5 期。
② 宋德圃:《博山县立师范讲习所简史》,中国人民政治协商会议山东省淄博市博山区委员会编:《博山文史资料选辑》第二辑,时间不详,内部发行,第 144 页。

一位竟是位和尚,而且和尚除了教八股文之外,还教佛家的禅宗语汇录。这一例子"说明塾师的选择没有固定的标准","充分反映出私塾教育的灵活性和不规范性"。而徐特立本人在 19 岁做塾师之前,也曾经以医病、算命、看风水谋生。① 而新时代下的乡村教育则体现出追求专业化、规范化的近代特征,所以,乡村教师在任职资格方面也越来越受到严格的制度规范,受到国家教育行政体制的更多约束。

民国时期教育主管部门对于小学教师的任职资格是有法定条件的。以 1936 年 7 月教育部颁布的《修正小学规程》为例,其中第六十二条规定,凡是具有下列资格之一者,得为小学级任教员或专科教员:一、师范学校毕业者;二、旧制师范学校本科或高级中学师范科或特别师范科毕业者;三、高等师范学校或专科师范学校毕业者;四、师范大学或大学教育学院教育科系毕业者。以中国当时的小学师资状况,尤其是对于乡村师资状况来说,这个标准是过高了,因此它对于乡村教师队伍整体素质所能起到的实际约束力也就很有限。鉴于能够满足教育部要求的合格师资很缺乏,《修正小学规程》又规定了检定制度和代用教员制度予以变通。如关于小学教师资格检定制度,《修正小学规程》第六十三条规定,"学校级任及专科教员无前条所列资格之一者,应受主管教育行政机关所组织之小学教员检定委员会之检定"。② 对于三四十年代小学教师队伍的整体素质真正发挥了一些规范和约束效力的是国民政府的教师资格检定制度。

1. 小学教师检定制度

民国时期的小学教师资格考核主要是通过对小学教师的检定来进行,教师检定制度对于保证小学教师队伍的质量是一种重要的手段。

教师检定全称为教师资格检定,也称教师资格认定,即教师资格的检核与认定。通常由教育行政部门主持办理,也可委办、自办或联合自办。教师

---

① 蒋纯焦:《一个阶层的消失:晚清以降塾师研究》,上海书店出版社 2007 年版,第199 页。

② 《小学规程》,宋恩荣、章咸选编:《中华民国教育法规选编》,第 278 页。

检定的方式有二:一为无试验检定;二为试验检定。前者也称检核或"登记",须组织检定委员会按期办理。检核程序为,对被检核者的学历和经历进行审核和确认,主要通过证书或证明文件的查验来进行。后者也称考试或甄试,须组织考试委员会和襄试委员会按期办理。考试科目有专项规定,考试程序严格、规范。凡成绩未达标者,即不能获得任教资格。即使获得任教资格者,通常也并非终身制,而是每隔三五年,还须参加甄选考试,以获得继续执业的资格。教师检定既可在入职前进行,也可在入职后实施。它是保证教师队伍质量的一种重要手段。①

教师检定制度的出现是近代中国教育转型中必然的一个过程,因为新式教育的快速膨胀,必然伴随着教育质量的问题。

随着新式学堂的急速增设,学校师资的需求量也骤增,致使师资质量良莠不齐的问题凸显。尤其是小学师资的优良与否,直接关系到中国未来教育的命运。清廷学部选定小学教员质量的提高作为突破口,对于教师检定制度进行了初步设计。《检定小学教员章程》共 27 条,具体规定了检定机关的设置、检定员的资格、检定的对象及类别、检定日期与科目、接受无试验检定的资格、试验检定的种类、各种试验检定的科目、试验检定的成绩计算及分发、教员品行要求等。② 清末的小学教师检定仅仅停留在制度设计阶段。1916 年 4 月 28 日,教育部颁行《检定小学教员规程》,该规程共 34 条,较清末的《检定小学教员章程》更为完备。在此背景下,教育部于 1917 年 1月 27 日订定《施行检定小学教员办法》10 条决定继续执行《检定小学教员规程》,选定以提升基础教育师资质量为突破口,要求在 1918 年 8 月前完成第一届小学教员的检定工作。但总的说来,从 1916 年到 1933 年这 10 余年时间里,除少数地方初步实施小学教师资格检定之外,大多数地方小学教师

---

① 张汶军:《教师专业化的初步尝试:民国后期小学"教师检定"的定制与实践》,硕士学位论文,华中师范大学,2009 年,第 2 页。

② 李桂林、戚名秀等主编:《中国近代教育史资料汇编·普通教育》,上海教育出版社2007 年版,第 51—53 页。

检定依旧停留在制度设计阶段。相较于清末而言,检定制度虽有所完善,但由于观念的变易和学制的改订,加之政治、经济形势日益恶化,所以小学教师检定在实践层面并无成绩,小学教师队伍的总体质量仍然参差不齐。南京国民政府在 20 世纪 30 年代曾经在实践层面比较全面地推进小学教师检定。1936 年 12 月,教育部依据《修正小学规程》,制定颁发了《小学教员检定规程》(1943 年 12 月改为《小学教员检定办法》),其中规定了小学教员的检定标准——对于不能满足《修正小学规程》第六十二条规定资格的小学教员,应根据其学历和经验进行检定。检定分为无试验检定和试验检定两种,对于学历、经验稍高的小学教员予以无试验检定,由检定委员会审查其各项证明文件即可;学历经验稍差的进行试验检定,即除审查其各项证明文件外,还需加以试验。

具体来说,《小学教员检定规程》第五条规定的无试验检定条件为:"具有下列资格之一者,得视其学历或经验,分别受初高级小学级任教员或专科教员无试验检定:一、毕业于简易师范学校或简易师范科者;二、毕业于旧制中学,或现制高级中学以上学校,或与旧制中学现制高级中学同等之学校,曾充小学教员一年以上或曾在教育行政机关或大学教育学院系或师范学校等所办暑期学校补习教育功课满二暑期者;三、毕业于旧制乡村师范学校或县立师范学校或二年以上之师范讲习科,曾充小学教员二年以上或曾在上述暑期学校补习满三暑期者;四、曾充小学教员三年以上,经教育行政机关认为确有成绩或曾在上述暑期学校补习满四暑期者;五、曾充小学教员三年以上,有关于小学教育之专著发表,经主管教育行政机关认为确有价值者。具有前项第一款资格者,以受初级小学教员无试验检定为限;具有前项第二、三、四、五各款资格之一者,如曾任高级小学或初级小学教员年限与各该款规定相合者,得分别受高级小学或初级小学教员无试验检定。初级小学教员无试验检定合格后,任职四年以上有相当成绩者,得受高级小学教员无试验检定。"

第六条规定的试验检定条件为:"具有下列资格之一者,得依其志愿分别受高级或初级小学级任教员或小学专科教员试验检定。一、曾在旧制中学或高级中学毕业者;二、曾在师范学校或高级中学修业一年并充小学教员一年以上者;三、曾在师范讲习所毕业者;四、曾任小学教员三年以上者;五、学有专长并充小学教员一年以上者。"[1]各地还可以根据教育部的检定规程,自行制定符合当地情况的检定细则。

然而,当小学教师检定全面施行后未久,抗日战争便全面爆发,使这项工作不得不中辍。1944 年《国民学校法》公布,原来的小学法同时废止。依据《国民学校法》的规定,1945 年 9 月订颁了《国民学校及中心国民学校规则》,原来的《修正小学规程》同时废止。1946 年 11 月依照国民学校法之规定,订颁《国民学校教员检定办法》,前颁《小学教员检定办法》同时予以废止。

总之,历次法规对于教员资格、参与试验检定的条件、检定委员会的组织等项的规定均出入不大,虽然按规定各省市小学教员不论现任,还是非现任,或具有参加小学教员检定资格志愿充任小学教员者,均需向教育行政机关申请登记,但事实上由于战乱和政局动荡,除了抗战爆发之前在有些地区曾经短暂推行之外,小学教师检定制度并未得到全面施行。

2. 小学教师检定的施行

教育部颁布的教师检定办法只是原则,各地在实际检定过程中依照的是各地自行制定的办法。各地自行制定的检定标准是高低不一的,等于是对于教师检定制度予以细化,更加适合当地的实际情况。但大体还是遵循教育部所出台的标准为基准的,而且在检定程序方面尽量做到规范。

以山东为例,1919 年 11 月山东才开始筹备办理第一届小学教员检定工作。南京国民政府成立后,于 1929 年 10 月,山东教育厅拟定了《山东省检定小学教员暂行规程》。同年 11 月 1 日,成立山东省检定小学教员委员

---

① 《小学教员检定规程》,宋恩荣、章咸选编:《中华民国教育法规选编》,第 681—682 页。

会,并在很短的时间内公布了《山东省检定小学教员委员会组织大纲》《山东省检定小学教员委员会办事细则》《山东省检定小学教员施行细则》《山东省各市县承办检定小学教员事务所简章》《山东省检定小学教员要项》,从而完善了小学教员检定的法规系统,为检定工作的具体实施提供了系统的法规保障。

各市县检定小学教员事务所是负责实施检定的基层组织。《山东省各市县承办检定小学教员事务所简章》规定,"各市县教育局内设立承办检定小学教员事务所,由各市县长委任职员四至六人"组成。事务所职员的资格为:教育局局长、市县政府主办教育事务掾属、市县督学、教育委员。《简章》详细规定了事务所的工作职责,主要包括:调查申报人员资格及填报登记表、发给受检定人志愿书、履历书、品行证明书,并示以各种用书的填写方法、解释受检定人对于各项规程条文的疑义、收发各种文书、审查并汇报受检定人所送书纸文件、公布审查合格人姓名并督饬其应试、转发教员成绩表及许可状、办理关于检定事务各项文件。①

《山东省检定小学教员要项》将检定分为免试验检定、暂免试验检定、免一部分试验检定和试验检定四种。"与教育部的《规程》相比,山东对检定资格的规定更加严格和严密。这主要体现在两个方面:其一,教育部《规程》中符合无试验检定资格的人员,在山东省还要参加免部分试验检定;其二,教育部《规程》对试验检定者资格要求比较笼统模糊,而山东对免一部分试验检定和受试验检定者资格要求的划分更加清晰。另外,山东的《暂行规程》增加了'不得受检定'情事的规定,即违反中国国民党党义查明属实者;受剥夺公权处分未复权者;吸食鸦片及染有其他不良嗜好者,均不得受检定。《施行细则》增加了免试单科的规定,即受试验检定的教员,如果所教授的某科目有特殊成绩,经省督学查报、教育局长切实证明、检定小学

---

① 《山东各市县承办检定小学教员事务所简章》,《山东省政府教育厅第一次工作报告》,1930年,第49—50页。

教员委员会审查合格,可以免该科目的考试。"①

　　《山东省检定小学教员要项》将检定程序细化为八个步骤,即登记、报名、审查、试验、评卷、发许可状、检定用费、书证文件发还。"试验"环节又分为笔试、口试、体格检查和教学实习四项。考试是检定的关键环节,关于考试的程序《要项》规定得非常详细:受检定人必须于试验日期前三日,到试验场所报名、领取试验证;各区试场由教育厅指定,预先公布,并由所在地县长、教育局长预先布置;各区主试委员必须在考试前四日到场;试卷由检定小学教员委员会预备,姓名一律盖印密封;试题由检定小学教员委员会拟定,发交主试委员临时揭示;试场坐位,依次编号;主试委员于考试前二日,列表公布逐日考试科目;襄试委员由主试委员于考试前一周约定;免部分试验人员与受全部试验人员在同一试场考试,由主试委员暗记符号。《要项》规定,各科试验完毕,主试委员与各试验委员一起将笔试试卷、口试成绩册、体格检查表、教授案、日记本以及点名册等与考试有关的一切资料汇集封固,加盖印章后,当日寄呈教育厅,再由教育厅发交检定小学教员委员会评阅。检定小学教员委员会将于一个月内在《山东教育行政周报》上公布录取者姓名,并通令各市县教育局告知受试者,并由检定小学教员委员会发给许可状,由教育厅通令各市县分配任用。

　　《要项》将检定试验成绩分为甲乙丙丁四等。80 分以上为甲等,70 分以上为乙等,60 分以上为丙等,40 分以上为丁等。不同等级的成绩所得许可状的有效期不同:甲等有效期为五年,乙等为四年,丙等为三年,丁等只能充任代用教员,其有效期为二年。许可状期满后必须重新接受检定。但是,在许可状有效期间,教学成绩特别优良的教员,经省督学查实,并经县市教育局局长切实呈报或在暑期学校肄业得有合格证书的人员,可以酌量增加

---

　　① 范星:《民国时期山东小学教员检定研究》,硕士学位论文,山东师范大学,2010 年,第 14 页。

有效期限。①

20世纪30年代山东小学教员检定考试科目为:国语、教育、三民主义、社会常识、自然常识、算术。从考试题目的内容看,都是作为教员所必须具备的基本知识。国语考试以阅读和写作为主,考查受试人员对现代语言文字常识的掌握和运用能力;教育考试以教育学基础知识和教学方法为主,考查受试人员对教育学常识的了解程度和对现代教育教学方法的理解程度;三民主义考试以三民主义理论中的常识为主,考查受试人员对该理论常识的了解和掌握程度;社会常识考试试题以政治、历史、地理常识为主,考查受试人员对一般社会常识的了解程度,虽难度不大,却体现着对小学教员宽广知识面的要求;自然常识考试以自然科学常识为主,考查受试人员生活常识的知识面,内容涉及植物学、动物学、物理学、化学和生理卫生等学科的基础知识;算术考试试题以高级小学算术教学必备的知识为主,以能熟练进行小学算术教学为标准。以山东第一次检定小学教员考试来看,"试题体现了对小学教员较宽广知识面的要求",而且"试题体现了以实际应用能力考查为主的原则",非常贴合乡村教师在教学和管理能力方面的实际需要。②

经过1931年和1932年两次检定试验,山东省取得许可状的小学教员达到18644人,但其中41%的人属于考试不足60分的代用教员。在这些获得许可状的教员中,中等以上学历的人员仅占20%,而80%的人员来自师范讲习所、单级养成所或不具备教员资格却已工作了两年以上的人员。从中可见,当时小学师资整体素质不高。③

总之,民国小学教师的资格审定除了学历审定之外,鉴于学历合格的师资一直十分缺乏,所以,教师资格检定制度是以考察实际教学能力并结合学

---

① 范星:《民国时期山东小学教员检定研究》,硕士学位论文,山东师范大学,2010年,第16—17页。

② 范星:《民国时期山东小学教员检定研究》,硕士学位论文,山东师范大学,2010年,第26—28页。

③ 范星:《民国时期山东小学教员检定研究》,硕士学位论文,山东师范大学,2010年,第23—24页。

历审定的双重审定,以此遴选出水平素质较高的小学教师以弥补师资之不足。这种兼顾小学教师学识和经验的考核办法可以说是一种既能补助师资不足又能保障教师质量的有效可行的办法。

3. 乡村教师任职资格的变通

民国时期官方认定的合格小学教师的任职资格一直是《修正小学规程》第六十二条所规定的四条标准。但《小学教员检定规程》第六十二条所规定的四条标准只是为民国小学教师的任职资格确定了最高标准,由于它过于脱离乡村教育的实际情况,并不能真正起到规范乡村教师队伍整体素质的作用,真正起作用、具有操作性的标准是各地实际执行的那些变通性的制度。像教师检定制度其实也是一种务实变通,其他比教师资格检定规定的标准更低的任职标准在乡村教师的实际任用中所在皆是。

由于民国时期合格的小学教员不足,特别是在一些边远乡村地区,能够通过检定的合格教员远远不能满足需求,所以政府颁布的《小学法》在小学教员的聘用方面就留着余地,"小学教员由校长聘请合格人员充任,如合格人员有不敷时,得聘具有相当资格者充之,均应呈请主管教育行政机关备案"。① 所谓的"相当资格"的规定就是对小学教师任职资格方面有实际的变通,这种变通主要在两个层次上进行。

一是《修正小学规程》第六十六条规定的代用教员制度,即可以任用那些够试验检定条件、但还没有通过检定的教员做代用教员。"小学因地方特殊关系,无从延聘第六十二条所规定资格或已受检定之教员时,得以具有小学教员检定规程所规定之试验检定资格之一者为代用教员,但应呈请教育行政机关核准。"②根据这条规定,《小学教员检定规程》第六条规定的试验检定的五个条件,实际上就成为教育部所允许的小学教师最低的任职资

---

① 宋恩荣、章咸选编:《中华民国教育法规选编》,江苏教育出版社 1990 年版,第244 页。

② 宋恩荣、章咸选编:《中华民国教育法规选编》,江苏教育出版社 1990 年版,第279 页。

格了。当然,具体执行上各地又有一些具体的执行办法,如山东省在20世纪30年代初的教师资格检定中,规定对于那些参加试验检定平均分数虽达不到60分,却在40分以上的教师,可以为代用教员,发给时效两年的许可状。这种代用教员在当时的法律框架下是合法任职的教师,而不是合格的小学教师。

二是各地根据自己的实际情况制定的检定细则与教育部制定的检定标准又有一定的差距,有些可能比教育部规定标准低,而且在实际实施检定时又很不规范。《山东省检定小学教员施行细则》(1930)中有如下规定:"在举行试验检定之后,其师资不足应用时,以代用教员分配之,如仍有不足时,得由一市县单独或联合邻县举办小学教员训练班,招收检定未能及格者,予以相当期间之训练,俟训练终了,由检定小学教员委员会派员举行特殊试验,其成绩合格者,得给予证明书,准暂充任教员。"对代用教员的要求已经比较低了,而"仍有不足时"所任用的训练班的人员,质量就更难保证。这虽是不得已而为之,但却事实上降低了小学教员的任用标准,并一定会影响到小学的教育质量。①

1933年,四川省教育厅制定的《四川省教育厅检定小学教员暂行规程》对检定资格、检定科目等作了详细说明。其中规定受试验检定者资格为:中学毕业或修业满三年以上者、在小学任职满三年以上者、研究专科学术兼明教育原理而有相当证明者。有研究者指出,四川小学教师检定规程与教育部检定规程的不同之处在于,四川小学教师检定规程对无试验检定者资格范围规定更广,对试验检定者资格要求则比较笼统模糊。②

不可否认,各地贴合自己的实际情况制定的小学教师检定细则、代用教员制度等等,确实是在制度上一再降低小学教师的任职门槛,但不能因此而

---

① 范星:《民国时期山东小学教员检定研究》,硕士学位论文,山东师范大学,2010年,第34页。

② 转引自曾崇碧:《20世纪30年代四川小学教师状况研究》,硕士学位论文,四川大学,2003年,第17页。

否定国民政府在小学教师素质建设方面的贡献。因为即使检定制度和代用教员制度都降低了标准,但它们的出现至少改变了过去乡村塾师在任职门槛上的随意性,使乡村教师在任职资格上有了制度上的规范;而且在乡村教师队伍质量参差不齐的现实情况下,上述制度的推行也能起到淘汰落后教员、规范师资质量、防止小学教师素质过低的作用。

总之,民国时期的乡村教师作为一个独立的职业群体,以现代知识结构为基础的专业素质是构成其职业角色的基础。民国时期的乡村教师培养制度和任职资格检定是乡村教师专业化的起步。虽然像教师资格检定这样的淘汰筛选制度在标准的制定和执行等方面都还存在这样那样的缺点,但它对于提高乡村教师队伍的现代化专业素质仍然发挥了至关重要的作用。

第三节　乡村教师管理的规范化

在传统上,乡村社会对于塾师从聘任到待遇之类的事务都是自行决定的,很少受到政府的直接干预。而新式乡村教师的管理模式则越来越多地受到国家法律制度的规范,对乡村教师的管理也越来越脱离原来那种民间自为的性质,而成为国家的权力。为保证乡村教师能够精确、稳定、有序、高效地履行国家赋予他们的职责、权利和义务,对于乡村教师的管理也势必更加制度化和规范化,这也是乡村教师角色现代化的重要内容和表现之一。

一、乡村教师的聘任

民国时期,教师身份已经由过去从事教育、教化的官吏转变为自由职业者,他们是凭借自己的技艺和专长谋生的职业"教师"。他们的任用主要受国家教育法令法规的限定,而不是像过去那样隶属于官僚系统,服从行政命令。而对于教师队伍最低端的乡村教师来说,在他们的任职程序上,除了受教育法令法规的规范和教育主管部门的监督之外,还受到乡村社会原有的自由聘任教师这一传统的制约。

1. 校长聘任制

民国时期,乡村教师的聘任主要受《小学法》和《修正小学规程》的约束。从民国教育法规上来说,公立乡村小学教师的聘任权在校长手里,乡村教师应由乡村小学的校长直接聘任,校长在聘用教师问题上受上级教育主管部门的监督。私立乡村小学的校长和教员都由学校的设立者或校董事会来遴选,受政府干涉少一些。

南京国民政府成立后,1932年12月国民政府公布《小学法》,其第十二条规定,"小学教员由校长聘请合格人员充任。如合格人员不敷时,得聘任具有相当资格者充任之。均应呈请主管教育行政机关备案"。小学校长的遴选权则在教育行政机关,属于政府委任的,"小学设校长一人,综理校务。省立或直隶于行政院之市市立小学校长,由教育厅或市教育行政机关遴选合格人员任用之。县市立或区立坊立或镇立小学校长,由县市教育行政机关选荐合格人员,呈请县市政府任用之,并呈请教育厅备案。私立小学校长由校董事会或设立人遴选合格人员聘任之,并呈请主管教育行政机关备案;附属小学校长,由主管学校校长聘请合格人员充任,并呈请主管教育行政机关备案。但私人学校之附属小学有特殊情形另设校董事会者,由校董事会聘任之"。①

1936年7月教育部公布的《修正小学规程》对小学教师的聘任程序作了更详细的规定,首先在任期方面有如下规定:"第六十五条 小学教员由校长依小学法第十二条之规定,于学年开始前一个月聘任之。初聘以一学年为原则,以后续聘任期为二学年。聘定后应即呈报主管教育行政机关备案。遇有不合格者,主管教育行政机关得令原校更聘。"其次,小学教员虽由校长聘任,但第七十八条规定了小学教师不得随意解聘。"小学教职员不随校长或主管教育行政人员之更迭为进退,非有左列情形之一者不得解

---

① 《国民政府公布小学法》,中国第二历史档案馆编:《中华民国史档案资料汇编》第5辑第1编教育(一),第539页。

职:(一)违犯刑法证据确凿者;(二)行为不检或有不良嗜好者;(三)任意旷废职务者;(四)成绩不良者;(五)身体残废或身有痼疾不能任事者。"再次,法令规定,除小学教师的聘任必须要由教育主管机关"备案"之外(连聘用代用教员也不例外,第六十六条规定,聘用代用教员,"应呈请主管教育行政机关核准"),小学教师的解聘也须由上级教育行政机关监督认定。如"第七十九条　小学教员非有第七十八条各款情形之一而解职者,得声叙理由呈请主管教育行政机关查明纠正。第八十条　小学教员因故解职后,应由校长声叙理由呈报主管教育行政机关存案备查"。①

　　总之,国民政府加强了对小学教师聘任的制度化建设。但是,校长聘任制度在当时还是受到一些人的质疑。

　　教育界在关于教师任用制度问题上曾经存在教师委任制与聘任制之争,对于在当时教育界(包括大学、中学、小学)普遍盛行的教师聘任制,有人分别指出了其中的优缺点。"若基于教育行政的立场,则校长聘任制的优点如下:(一)易使学校内部和衷共济;(二)校长可因学校的需要而聘请适当人才;(三)增加校长的责任;(四)校长既为一校之长,自应有用人全权,以便指导与监督,实现其教育计划。以上四大优点的反面,也就是政府委任制的缺点。不过行政学者同时也列举聘任制的弊端:(一)教师常随校长进退,校长更换,全校牵动;(二)校长聘任的选择范围每失之太狭,且予亲戚故旧以幸进之权;(三)造成地盘观念;(四)各校用人各自为政,一个教育行政区中师资的任用,不能有通盘计划;(五)校长忙于人事应付,不能集全力于教学研究。"作者指出"学者"们主张聘任制、反对任用制,是基于对政治干预教育的警惕,"按说文,'聘,访也'。'委,随也'。曲礼说,'诸侯使大夫问于诸侯曰聘之',聘当然是平等的。而汤之于伊尹,'使人以币聘之',更见宠礼有加之义。而国人习于'不怕官只怕管'的观念,因此不愿在

---

　　① 《教育部公布修正小学规程》,中国第二历史档案馆编:《中华民国史档案资料汇编》第5辑第1编教育(一),第547—548页。

任命制下讨生活。做教师的不愿视校长为高一级的官,并以为既有任命,就有撤职,这是难堪的,显然违背中国一向尊重师道的精神。其次有一部分学者或许会怀疑政府的统制任用,简直是罢黜百家的工作"。①

具体到与乡村教师聘用直接有关的校长聘任制,主要在以下两方面受到质疑:首先,校长聘任制容易受私人关系的牵制而失去用人的公正性。

校长聘任制所带来的问题之一就是,校长把持学校用人,他们多会凭人情关系来用人,而不是看教师的业务水准来选择,这样便使一些有资格的教师反而不能顺利得到教师岗位。所以民国时期乡村教育界一个怪现象就是,一方面乡村学校合格的师资极其缺乏,另一方面就是大量的师范生反而失业。这种不公平的就业环境助长了教育界的一些不良行为,如为在每年的聘任季能够获得一个职位,教师们忙于奔走逢迎搞关系,真正有能力但无背景的教师反而会失业。四川省对这种现象有一个形象的描述,叫"六腊战争"。"因地方势力和学阀操纵,校长聘请教师有时要受人事关系左右,教师就业竞争激烈。每逢六月、腊月暑假寒假时节,教师为谋求下学期工作进行激烈角逐,时称'六腊之战'。许多有真才实学而无人事背景的教员往往失业。"②

民国时期基层政治是很不上轨道的,各地方政界纷争不断。对于基层县政来说,由于很大一部分县款都是用于教育,所以政界纷争必然连带教育界,哪怕乡村学校的教职也被视为派系斗争的分赃之地,握有聘任大权的校长职位更是炙手可热。有人描述20世纪30年代初安徽省颍上县的朋党之争时,就指出学校和校长的职位是各派主要的争夺对象。"那时的斗争重点,多在教育领域,主要的是争夺学校、校长。当时全县只有一所县立初级中学,一至六年级县立完全高等小学六所,县立女子完小一所,分设在全县城乡各地。学校教师的聘用大权,完全掌握在校长手里,因而校长这一席

---

① 《急待确立的我国教师任用制》,《教与学月刊》第5卷第9期。
② 四川省资阳县志编纂委员会编纂:《资阳县志》,巴蜀书社1993年版,第749页。

位,便才成为当时各党派争夺的主要猎物。也由于派别的对立,用挑动学生闹学潮的手段垮掉对方校长的事件也有几起。"①如此气氛下的乡村教师队伍只能只论派系,而不论能力了。

其次,校长聘任制会导致教员不能久任、小学教员不能安心服务的问题。

一方面,校长聘任制使校长权力过大,会导致教师聘用或解聘过于随意。"教育局长之更动一位小学校长,和主持学校行政的校长辞退一位教师,同样的不算一回事。他们为了巩固私人的地位,为了容纳私人的饭碗,当然不能顾虑到社会和儿童的损失! 于是在这种环境下的小学校长,小学教师,他会感到所预定的办学计划,怕得不能完成,于是怎能使他时时刻刻,在求教学效率之增进呢? 整个的教育,怎能会不失败呢?"②

另一方面,校长聘任制往往使教师受动荡政局的牵连而更迭频繁,不能久任,所以教育界呼吁应该在制度上保障教师的任期。"我国教师任期,向无保障,而乡村教师为尤甚,学校更换校长,旧教职员无论好坏,一概更换。因此任事时,无不抱着五日京兆的观念。无心教育,更无心作永久之计划了。深愿行政当局,速订任期保障的规程。如(1)新任教师应有一年至二年的试用期。(2)试用期过后,如无职务上及道德上之缺陷,当继续聘任,至老死或辞职或退老时为止。(3)辞退须在假期前相当之时间内通知,并具有充分理由。"③

20 世纪 30 年代,作为一份知识精英的同人刊物的《独立评论》也曾经关注小学教师问题,发表过一篇文章——《为中小学教员说几句话》,就指出由于教育界从上到下任用制度的不健全,造成教育行政长官更迭频繁,从而引起小学教育界任职环境动荡不安的问题。"一件事要作得好,先得有

---

①　谢绍民:《颍上朋党之争简介》,《慎城春秋》第 1 辑,安徽省颍上县文史委,1986 年,第 70—71 页。

②　卢泽云:《小学教师的保障问题》,《小学教师》1936 年第 18 期。

③　冯祖荫:《怎样改进我国乡村小学教师》,《中华教育界》1932 年第 20 卷第 3 期。

恒心,然后才会发生兴趣,利用经验。在现在局面之下,一位厅长到任,必更换多少局长;局长到任,再更换多少校长;校长到任,又更换多少教员。人人无恒心,事事不能作。要想教育办好,当然是不能。"①

1940年教育部召开各省市国民教育会议,商讨国民教育问题,这时已经注意到小学教员任期短、聘任制度不规范,教员不能安心服务的问题,"教员应以久任为原则,已能引起初等教育界的注意"。这次会议提出了如下几个建议,从中就可以看出校长聘任制的一些问题。如建议之一是"公立小学及民众学校或中心国民学校教员,今后得由主管教育行政机关,或由校长呈送主管教育行政机关会衔聘任之,初聘以一学年为原则,以后续聘,任期为三学年至五学年,惟代用教员之续聘,以一学年为期"。建议之二是"合格之中心国民学校及国民学校教员续聘任期,如有特殊情形,经主管教育行政机关核准不得在三年以下"。② 该建议一是在教员聘任上增加了教育行政机关对于校长聘任权的分割,显然是为监督和限制校长;二是增加了教员的任期,续聘从一年一聘增加为三年至五年一聘,显然是针对小学教师聘期过短问题。

2. 学董聘任制

《小学法》和《修正小学规程》是全国性的教育法规,对于小学教师的任用只做了指导性的规定。由于近代教育呈现沿海与内地分化、城乡分化的特点,所以上述规定对于文化比较发达的沿海地区和城市教育的作用比较大,对于新式教育还比较滞后的广大乡村来说,在小学教师聘任方面还具有很强的乡村传统特点,并未径直走上制度化的坦途。

对于教育比较发达的地区来说,乡村小学教师实行校长聘任制(县政府或教育行政部门予以确认并备案)可能推行得比较早和比较普遍。校长由教育主管部门任命,而小学教师的任用权是掌控在校长手中的,教育行政

---

① 希声:《为中小学教员说几句话》,《独立评论》第80期。
② 南京国民政府教育部教育年鉴编纂委员会编:《第二次中国教育年鉴》,总第224页。

部门只掌握校长所任命教师的资格。1930年,国联联盟考察团在考察了江苏、上海、浙江(其中江苏为主要的考察地)等地的教育后,在调查报告中写道,"依据中国现在之教育制度,不论最低级以至最高级学校之教职员,完全受学校指导者(校长)之支配。仅校长一人,由教育局委任,而领取公款以维持学校,付给教员之薪俸,教员及学校其他职员之任免,亦均由校长一人行之,校长所受之限制,仅关于其所任命之教员,须呈报其资格而已"。①

由于乡村学校的开办体制多种多样,其中只有少数乡村学校是受县教育财政支持的县立学校,所以所谓校长聘任制并不全然适用。大多数乡村学校是受乡村自筹经费支撑、享受少量县财政补助的所谓镇立、区立或村立学校,由于这类学校的办学主体不完全是政府,而是以乡村社会为主,所以,当地乡村的士绅领袖对于这些学校的办学具有很大的主导权,这类学校的校长和教师的聘用往往受当地乡村豪绅的干预比较多。

比如,山西小学教师除了校长聘任制外,在那些未设校长的乡村小学则由学董(在辛亥年前后,承办学校的人,称为学董,又称东家。到1931年左右,学董改名为管理员,又称管理)负责聘任教师。如民国初年,交城县"乡村小学教员由学董遴选,报县案,每年冬至节左右,由学董决定下半年度教师去留"。② 在山西,凡是有村立小学的村庄都会设学董一人至三人,学董的普遍程度会多于校长,学董比校长对小学教师的任职有影响。如平鲁县"除县城和井坪镇学校的教师由县行政长官任用外,一般乡村学校的教师仍实行聘用办法。每年冬至,由学董(专管本村学校的人)主持,吸收村民意见,然后下'官书'(即聘书)。学校教师由村聘请后,经县统一考核任教,并根据文化程度、教学经验等评定等级"。③ 山西还有的县主要实行委派教员制。如翟山县"每年委派教员时,是按等级委派,大村委派甲等教员,小

---

① 国联教育考察团:《中国教育之改进》,国立编译馆译,1932年,第51页。
② 交城县志编写委员会编:《交城县志》,山西古籍出版社1994年版,第634页。
③ 平鲁县志编纂委员会编:《平鲁县志》,山西人民出版社1992年版,第333页。

村委派丙等教员,中等村委派乙等教员"。① 但委派的情况不多且多无法实行,因为上级委派的外来的教员往往会受到当地村民、士绅的抵触和排挤。如1918—1919年,翟山县各村小学教员,虽说由县委派,但实行不通。县上委派的教员,村中虽然不同意,但是既不退委任状,也不请教员,因此教员被两耽搁。只是直到1927年后,如果一个村子在阳历年后一星期内不呈报自聘教员,县领导才"委派教员,委任状一旦送到村,村长或学董不得不接受"。② 到1934年后,一般情况下,山西初级小学校长或教员以该地方负责者就合格人员内按照等第自行择聘,但如果开学前半个月内未聘定合格教员或者校长、教员有不称职的事情,经主管教育行政机关命令该乡村另行选聘而不遵守的情况,需由主管教育行政机关委派。③

所以,在乡村教师的聘任方面,民国时期还是为乡村社会保留有一定的自主空间。其中的原因显然是因为政府在开办乡村学校方面面临资金、人才不足的困难,为调动乡村办学的积极性,只能将办学权下放给乡村社会。而乡村社会自主选择教师的标准则是比较有弹性的,更传统、更符合乡土社会的口味,但也增加了乡村教师任职的不规范性、不稳定性。

有人这样描述20世纪20年代末山西太谷县乡村教师聘任中的实际过程,向"村长"接洽是奔走的第一步。"每一学期开始,劝学所必要大事更调,弄得教员们东奔西跑,叫苦连天! 我们奔走的路线:第一步先要向村长接洽,卑辞厚币以求允诺;其次再哀求视学——劝学所所长——发给委任。两方面都能办理妥当,那么你就是识别字的流氓,或卖卜相爷的消费者,也都可坐镇一个小学,你若是奔走不力,那么你就是师范生也要被挤出场外。

① 中国人民政治协商会议山西省稷山县委员会文史资料组编:《稷山文史资料》第1辑,山西省稷山县政协文史资料研究委员会,1985年,第115页。
② 中国人民政治协商会议山西省稷山县委员会文史资料组编:《稷山文史资料》第1辑,山西省稷山县政协文史资料研究委员会,1985年,第118—119页。
③ 《山西省各县初级学校改进办法》,《山西教育公报》1933年第85期,转引自郑晓芳:《民国时期山西小学教师管理初探(1917—1937)》,硕士研究生论文,南京大学,2011年,第22页。

所以每逢一学期终了,各教员们便自恨爷娘何不给我生下四条腿和两个嘴!"①

到 20 世纪 30 年代末,有人研究广东地方乡村教师的选用问题时,仍然发现不遵守有关教师任职资格的法令,随意任用教师的现象。"谁都可以当教师,是一百年前的史迹。倘若我们不是公然承认落伍,断断不肯打破教师的资格。倘若我们不是甘心糟蹋儿童,必不会马虎任用教师。从前,一个乡村里,眼见了学究腐儒,无以为生,就召集学童成立了一间书馆。试问,小子辈要念书,究竟为他们本身需要来,抑为学究的衣食来?多么矛盾?多么不合理?谁想,今日任用学校教师,也有同样瞎做的。是不是落伍?会不会伤心?我诚心祈求;那有权任用教师的人们,铁一般的硬朗,佛一般的慈悲,(为爱护儿童)非合格教师不用。"②

总之,民国时期在乡村教师聘用方面基本上是双轨制的,一方面教育法规规定的校长聘任制,体现了国家对于乡村教师任用程序的控制和规范化倾向;另一方面,在事实上乡村社会仍然具有自主选择教师的权利空间。从推动乡村教育发展的角度看,双轨制的存在是符合时代需要的;从发展趋势来看,教师聘用更加制度化、规范化显然是潮流;但从实践来看,校长聘任制的任用方式也存在一些问题。

二、乡村教师的待遇

待遇是实现乡村教师角色功能的重要物质保障。随着国家赋予乡村教师越来越多的责任职能,其待遇和权利也势必应该得到国家制度的更多保障。南京国民政府在保障小学教师的福利待遇方面也加强了制度建设,并结合当时乡村教育的实际情况,创设了一些具有乡土性的解决办学经费的

---

① 革日水:《形形色色——山西太谷县的小学教员》,《生活》1929 年第 5 卷第 1—52 期,第 747 页。

② 黄希声:《小学教师的现状与其改进方案》,《广东省政府公报》1940 年元旦特刊,第 173 页。

办法。

1. 乡村教师薪资待遇的制度化

在民国时期乡村教师的福利待遇问题上,最关键的是关于乡村教师的薪资制度。传统私塾塾师的报酬是由私塾举办者根据经济状况和塾师的教学水平商定的,政府并未有统一的规定。近代学校教育兴起以后,基础教育也改变了过去由社会举办的方式,而成为政府的责任,政府开始注重教师待遇并以法令的形式予以规定。

这种待遇政策始于宣统元年(1909)学部公布的小学教员优待章程。宣统三年(1911)学部再次公布小学经费暂行规程,对小学教师的薪俸略有规定。民国建立以后,1917年北京政府教育部就颁布过《小学教员俸给规程》,规定国民学校和高等小学校的校长和教员的最低和最高薪俸标准。南京国民政府建立后于1927年召开了第一次全国教育会议,在会上通过了增加小学教员薪水和优待小学教员的决议,"决定订立优待原则,以作全国奉行的标准"。[①] 1928年7月,国民政府大学院依据第一次全国教育会议的决议,公布了《小学教师薪水制度之原则》。该法令包括三个方面:一是订立最低限度的薪水。(原则上)两倍衣食住(以舒适为度)三事的费用,为最低限度的薪水;二是订立根据学历的薪级表。(原则上)教师的学历有超过规定标准者,得估其所费多给薪水;反之不及规定标准者,得酌量减至最低限度的薪金;三是订立根据经验的加薪数。(原则上)教师经验年有增加,薪水亦随之而加,可以劝其久任。顾此项原则,不易决定。但也可比照学历原则,取其所加数的五分之三。[②] 这项法规一方面明确了教师的最低薪俸,在一定程度上保障了小学教师的生活质量。另一方面还重点强调了教师的学历和经验对加薪的重要性,这样的规定有助于鼓励教师进修学习,对于教

---

① 黄季陆:《抗战前教育政策与改革》,载秦孝仪:《革命文献》(第54辑),台北国民党中央委员会党史史料编纂委员会,1971年,第4页。

② 南京国民政府教育部编:《教育法令汇编》第1辑,上海商务印书馆1936年版,第293页。

师久任具有积极的作用,有利于稳定教师队伍。

1933 年,国民政府教育部公布的《小学规程》第二十一条与第八十四条明确规定,"小学经常费支配,教职员俸金约 70%"①;"小学教职员之俸给,应根据其学历及经验而为差别。但至少应以学校所在地个人生活费之两倍为标准"。② 如 1936 年教育部修正小学规程规定,"小学教职员之俸给应根据其学历及经验而为差别,但至少应以学校所在地个人生活费之两倍为标准","每年作十二月计算"。③

上述法令规程等虽一再重申保障小学教师的最低薪俸,但只规定了小学教师俸给的标准,实际执行起来,还需各省市县依照学校所在地个人生活费之确切数制定更详细的标准。比如,1936 年 7 月,江苏省教育厅制定的《小学校长、教员待遇办法》规定:小校长、教员资格分为五等。小学教员最低月俸:甲等为 20 元,乙等为 18 元,丙等为 16 元,丁等 14 元,戊等为 12 元。④

抗战爆发以来,由于政局动荡、经济崩溃,许多乡村小学难以为继,有的被迫停办,乡村教员的薪资待遇也更不稳定、生活更加困难,小学教师纷纷改业。为维持国民教育,保障战时乡村教师的地位,补充师资,提高小学教员待遇成为当时初等教育最迫切最严重的问题。1939 年春,第三次全国教育会议通过"改善小学教师待遇案",其主要决议在谋求小学教员薪给免于扣减、按时发放,并主张实行年功加薪办法,以奖励优良教师。1940 年 1 月蒋介石发表"告全国小学教员书",一面对小学教员责以重任,勉励教师;一

①　南京国民政府教育部中国教育年鉴编审委员会编:《第一次中国教育年鉴·乙编·教育法规》,第 28 页。

②　南京国民政府教育部中国教育年鉴编审委员会编:《第一次中国教育年鉴·乙编·教育法规》,第 31 页。

③　中国第二历史档案馆编:《中华民国史档案资料汇编》第 5 辑第 1 编教育(一),第 548 页。

④　转引自高海燕:《1927—1937 年间江苏小学教师研究》,硕士学位论文,南京师范大学教育科学学院,2008 年,第 32 页。

面对于社会重申师道尊严,提出增加小学教师俸给。有鉴于此,教育部订定了各种有关小学教员待遇的法规,陆续公布,主要包括以下法规:《小学教员待遇规程》《小学教员薪给支配及实施办法》《儿童家庭供给小学教员食宿办法》《地方津贴小学教员米谷暂行办法》《小学教员子女入学免费办法》《小学教员年功加薪办法》《教育部设置优良中心国民学校》《国民学校校长教员奖励金办法》《小学教员升任初级中学及同等学校教员暂行办法》《小学教员储金办法》《教员服务奖励规则》《各种小学教员待遇实施办法》等。

其主要内容涉及:1.对小学教员最低薪水的规定作了修改,小学教员之最低薪给至少应以当地个人衣食住所需生活费的两倍为标准,且应随生活程度的变化随时修订;2.实行薪俸晋级制度,小学教员依资历、职务、教授学生的多寡而晋级,并确实实行年功加俸制(以 2—5 年为一年功级,以国币 2—5 元为一年功级之加薪额);3.奖励优良教员和奖励在同校连续服务年久教员;4.实行供给食宿和津贴谷米制度;5.小学教员在婚假、丧假、产假期间仍领原俸,代课教员薪给由学校另行支给;6.小学教员子女免费入学;7.小学教员养老金及抚恤金;8.各县市教育行政机关应试地方情况建立小学教员储金(自由储金、强迫储金、退休储金或互助保险储金等);9.缓服或免服兵役和其他公共服役;10.小学教员成绩特别优良者,发给奖金或奖状,可升任简易师范或同等程度学校之教员,考入专科以上学校深造时,得享受补助或贷予半数以上之学习费用;11.发放生活补助费;12.创造进修、培训条件。① 1943 年下半年,教育部根据行政院的指示,又将《小学教员待遇规程》修改为《小学教员待遇及服务办法》,该办法实施后,原来颁布的相关法规均被废止。

有研究者对国民政府战时的小学教师待遇制度作出了积极评价:"战时的这一整套小学教师待遇的规定,是随着战时后方环境的变化而制作出

---

① 南京国民政府教育部教育年鉴编纂委员会编:《第二次中国教育年鉴》,第 225—227 页。

来的,'其规定既有原则性的规定,又有具体的操作方法,其适应性和可操作性是非常强的'这也是战时小学教育并没有因战争的破坏导致萎缩衰败,反而取得不断发展的部分原因所在。"①

战后,1947年1月教育部订颁《国民学校教职员任用待遇进修保障办法》,规定小学教员最低薪给标准,应以当地个人衣食住所需生活费之三倍为标准,并比照当地县市级公务员薪给标准支给。此外另订《提高小学教员待遇实施办法》,及一些关于小学教员之子女免费入学、给假、保障、奖励、退休金、抚恤金等方面的条例。

总之,从清末到南京国民政府都对小学教师的基本薪资待遇作出了越来越明确的规定,尤其是国民政府时期,政府在一定程度上回应和落实了社会的期待,在国家法令上努力保障小学教师角色应有的角色待遇。而且这些规定具备相当的合理性,比如突出了学历和教学经验与薪资待遇的正向关系;再比如单就法令而言,法令所规定的小学教师薪资待遇远高于当地的平均生活水平,应该足以维持小学教师的基本生活。但是小学教师,尤其是乡村教师薪资待遇的实际情况却很糟糕,由于各地教育经费支绌,中央所制定的法令在地方并没有被很好地落实,乡村小学教师所获得的收入要比法令规定的少得多。而且由于各地经济发展水平差异很大,各地实际执行的小学教师最低薪俸与中央制定的标准之间,以及各地方之间都存在很大差异。

2. 乡村教师薪资来源的特殊性

民国时期并没有专门针对乡村教师薪资的法令,关于乡村教师薪资待遇的制度是体现在中央有关小学教师的薪俸规定当中的,这些法令对于城市中心学校来说可能还起一些指导作用,但对于乡村教师来说,甚至连政策引导作用都有限。这是因为乡村教师的薪资来源具有不同于城市的特殊

---

① 杨学功:《战时四川省小学教师生存境况的考察》,硕士学位论文,南京师范大学,2007年,第24页。

性,由于乡村学校办学的经费多数是来自当地乡村的自筹资金,所以,乡村教师的薪资其实与《小学教员待遇规程》之类的法令关系不大,而与乡村社会的经济水平、文化风气等等关系密切。

而这种局面的出现又与民国时期的教育财政体制在城乡办学经费上实行双轨制有关,分级分区的教育财政体制实际上将乡村学校经费推给了乡村社会。

清末以来就实行分级分区的教育经费负责制,民国建立以后继承了这种制度。这一体制大体可概括为"国立学校出自国税,省立学校出自省税,县立学校出自县税"[1]。所谓分级的教育经费负责制即由中央、省、县三级分别负责办理高等教育、中等教育、初等教育,其中,初等教育由县及其以下的区、乡、村负责办理。所谓分区筹措教育经费的制度,是指县级教育财政主要负担教育行政机关和各类县立学校的经费开支,县以下的学区、乡镇村也要承担本地区内的兴学和筹资责任,学区及其以下单位所筹集的经费并不纳入县教育财政的经管范围,而是直接用于该区或该乡镇村的办学。

在这个教育财政体制中,国家财政、省级财政主要负责对国立、省立学校的拨款,基本与乡村教育没有多大关系,因为国立、省立学校以高等教育、中等教育,以及少量初等教育(如省立小学、师范学校附属小学)为主,这些学校多集中在省城或府城等都市里,属于都市教育;只有省给予县的教育经费补助款才有可能与乡村教育有关,而这种补助款不是经常性的,而且数额不大。所以,在分级教育经费负担体制中,只有县级财政支出的教育经费才与乡村教育有直接关系。县款支出的教育经费一般用于县立学校(其中包括设于乡村的数量很少的县立中学和县立小学)、社会教育和对区立、村立小学的补助款。可以看出,乡村学校在政府的分级负担教育经费的体制中所占比重不大,只在县级教育财政中占有一定比重。

事实上,乡村学校在县级教育财政中所占比重也很低,因为许多乡村学

---

[1] 卢绍稷:《乡村教育概论》,上海大东书局 1932 年版,第 161 页。

校的生存主要是依赖区、镇或村自筹的经费。民国时期乡村学校从经费来源划分，实际上只有受县款支持的"县立"学校和受乡村自筹经费支持的"区立"(包括镇立、乡立、村立和国民政府时期的保学等形式)学校两种形式的区别而已。而许多人指出，乡村自筹经费支撑的学校是占有比较大比重的。"乡村小学之经费来源，除了极少数的受县府补助以外，大多数还是仰赖于农村。"[1]

从整个国家的教育经费分布来看，乡村学校经费主要来自乡村社会自筹，而不是政府的教育财政拨款。有人这样描述 20 年代末 30 年代初全国乡村教育经费状况："我们有时可以在报上看到某省某县有几百万几十万的教育费，大家以为很可乐观，但是其中有几笔大款子应该除去的。第一是办在城市里的大学中学小学占去全额的最多数。第二是各小学的经费不是完全从国家赋税里拿出来的，大部分是私人的捐款，如闽粤诸省，私人的小学捐款，超过公款十几倍，有许多县，没有一所县立小学，偶尔来了一所，也是办在城里的，所以我们说得过分些，国家并没有拨出赋税来办乡村教育。无怪乎有人说'穷人出钱，富人享福'。全国的赋税，不论间接直接，大部分都是乡村人民负担的。"[2]

南京国民政府建立以后，国民政府对乡村教育经费的政策出现了两个趋势：一是逐渐将基础教育纳入到财政保障范围内，中央和省政府财政分担的乡村教育经费份额在增加，公共资源逐渐向基层流动；另一个趋势是国民政府实行县财政统筹，原属地方村庄的教育款产被划入县财政统一支配，但由于县财政预算中的教育费经常被挪用侵占，乡村学校经费反而不如之前有保障。而且教育部关于义务教育和国民教育的政策当中，也都重申以地方自筹经费作为办理基础教育的原则。正像有关研究所指出的那样："中国近代义务教育筹款单位出现向上级政府集中的趋势，但学区仍是筹措普

---

[1]　焦镇儒:《乡村小学经费困难的情形及救济的实例》,《基础教育月刊》1936 年第 5 期。

[2]　张宗麟:《乡村教育经验谈·自序》,世界书局 1935 年版,第 3 页。

及教育尤其是义务教育经费的基本单位。"①所以由乡村自筹经费负担乡村教育的局面并没有改观。

在这种教育经费体制下,乡村教师的薪资待遇能够得到国家教育财政的支持很少,只能依赖脆弱的乡村经济。所以有人说:"小学校的经费之大部分是来自私人款项或苛捐杂税——这般并不是正规的公款。我是说,不论小学教师的薪金是多少,他所拿的钱,甚少甚少是公款——也不能说全然没有。反之,教育的公款只是养大学与中学教师们,而见外了小学教师。"②

而受脆弱的乡村经济和乡村社会与新教育之间的文化冲突的限制,乡村自筹经费不仅少,而且不稳定。乡村教师薪资待遇的低微和不稳定都与这种经费制度有很大关系。

与县财政所属的教育经费相比,学区和村镇自筹的教育经费在收支上更是漫无标准,来源五花八门,始终没有确定统一的办法。详细划分起来,区教育经费的主要来源除了县教育财政的补助费之外,大体还包括乡村公有的教育基金性质的款产、当地所定的教育捐税或摊派,以及学生的交费等三部分。其中,除了学生的学费是比较固定的收入外,另两项来源各地差异很大,而且很不稳定。特别是地方教育捐税部分,往往"捐款名目繁多,重窗叠架,迹近苛细,往往不易征收",③比如,杨懋春曾讲到"天喜"到集镇上的小学上学时,学校要求每个学生交纳 20 个铜板作为教师们从家到学校的"走路费"。④ 由于经费不确定,这类区立学校的办理也很不稳定,往往开办不久就因经费无着而停办。

经费短缺首先受影响的就是乡村教师的薪金。虽然无论受县财政支持

① 商丽浩:《中国教育财政近代化研究》,博士学位论文,浙江大学,2000 年,第 111 页。

② 黄希声:《小学教师的现状与其改进方案》,《广东省政府公报》1940 年元旦特刊,第 168 页。

③ 张仲慎:《区教育经费问题应如何处理》,《浙江教育行政周刊》第 6 卷第 34、35 期,第 67 页。

④ 杨懋春:《山东台头:一个中国村庄》,张雄等译,江苏人民出版社 2001 年版,第 202 页。

的县立小学,还是自筹经费的区立小学,经费都很困难,但完全依赖乡村自筹经费的乡村小学无疑最困难。有人分析 1918—1924 年山西各地区小学教师的薪资待遇,发现"如果再细细区分各种国民小学(后改为初等小学)教师的待遇,我们会发现其中的差距。一般而言,省立小学会优于县立小学,县立小学又会优于区立小学和村立小学,而区立小学和村立小学的大部分会优于私立小学,当然有些私立小学的待遇也很好"。[①]

总之,民国时期在乡村教师的管理方面政府所进行的现代化制度建设是很有成绩的,从聘任到待遇等关键环节都有法可依,一定程度上改变了过去塾师管理上那种由民间社会自为、注重乡土实践的、较为随意的状态。但受限于民国时期政治和经济方面的大环境,国家对于乡村教师的管理和控制还是有限的,为民间社会保留有一定的参与空间。

教育教学工作在近代才逐渐成为一种专门的职业,教师作为一个相对独立的职业人群体才真正出现。乡村教师是随着近代教育的兴起而新出现的一个职业群体,其作为现代教师的社会角色特征是在外部社会的期待中建立起来的。而近代社会对乡村教师角色的期待最终需要通过国家法定制度建构才能成为事实,民国时期则是乡村教师社会角色成型的重要阶段,特别是南京国民政府时期的一系列有关小学教师的法律制度,一方面初步建立了乡村教师的义务和权利系统,另一方面,一系列专业规范、评价标准、任职要求、福利待遇的出台也进一步明确了乡村教师作为一个现代职业群体的行为模式和行为规范。至此,乡村教师职业从培养、任职、教学、管理、待遇等各个环节都有法可依,初步改变了传统塾师任职上的民间自为状态,乡村教师作为一个现代知识、规范的传递者,官方意识形态的宣传者的角色初步建构起来。

但是,在国家严格管理下,乡村教师变得越来越依赖国家而远离乡村,

---

① 郑晓芳:《民国时期山西小学教师管理初探(1917—1937)》,硕士学位论文,南京大学,2011 年,第 38 页。

其角色行为越来越规范化、制度化只是问题的一个方面;民国时期毕竟只是现代乡村教师角色建构的初级阶段,民国乡村教师身上的过渡转型特征很明显,特别是在实践操作层面,由于国民政府向乡村基层渗透政权的能力有限,所以造成在乡村教师管理上离制度化、规范化还有很大差距,所以民国时期乡村教师的行为还是有许多民间性、地方性特点的。

当时的乡村学校千奇百怪。俞子夷受江苏义务教育期成会委托研究江苏乡村小学,在考察了约百所乡村小学后,他谈道:"无论哪一县,总是受着部章省令统一的管理,有的也有本县单行的规定。但是实际学校的情形,却是相差很大。法规所管得到的,不过是表面,办法上却要靠办学的人。在统一的法规以下,学校的情形,有出于我们意外的,千态万状。所以我觉悟此刻中国的统一法规,实在等于没有。至多能统一了修业年限而已。"①也有人说:"现在有的地方,教育局只管了县教育,市乡教育厅凭他由市乡议会或学董乱弄。这种四分五裂的现象,实在是阻碍教育的进步的。"②

---

① 俞子夷:《附录一 参观乡村小学后之报告》,《中华教育界》第14卷第3期,第1页。
② 俞子夷:《附录一 参观乡村小学后之报告》,《中华教育界》第14卷第3期,第3页。

第四章　乡村社会选择下的乡村教师

　　在近代乡村教师的社会角色中,现代知识精英与国家权力基本明确了现代乡村教师的角色内涵及特征,但这还不能使乡村教师角色获得充足的合法性。因为乡村社会是乡村教师角色扮演的舞台,乡村教师在角色实践中必然要与自己的生存背景展开互动,其角色也必然要接受乡村社会的选择与修正,有时不得不与乡村传统文化习俗结盟,才能获得角色存在的合法性。

　　虽然国家、精英阶层和乡村社会都对乡村教师角色起到规范作用,而它们各自所发挥作用的方式是不太相同的,其中国家和精英阶层的作用往往是主动的,而乡村社会的作用往往是出于对国家政策和精英活动所带来的冲击的被动反应,但是,由于民国时期,国家权力下沉到基层社会的能力有限,现代新文化对于乡村社会的影响更是微弱,所以,来自乡村社会的这种被动反应对于塑造乡村教师的身份角色却可能造成非常大的影响。

　　一般来说,责任、义务与待遇、权利应该是相匹配的,既然国家和社会对于乡村教师在乡村中的责任和义务寄予很高的期待,同时自然应该意味着乡村教师的权利待遇有所提高,至少是在理论上或制度意义上有所提高。作为一个乡村公共知识分子的角色,意味着乡村教师必须有独立于乡村传统权势群体之外的独立地位和权势,才能保证他参与乡村社会事务的能力。于是,乡村教师扮演乡村文化或精神领袖的角色时,必然与乡村传统权势群体产生利益冲突,形成权势竞争。具体说来,乡村教师主要与塾师所代表的传统文化权势、与士绅所代表的传统乡村社会组织权势展开竞争。

所以,乡村社会对乡村教师的角色规范主要在两个层次上展开:首先,普通乡村民众所沿袭的教育文化传统,使他们对于乡村教师有一个固有的想象,而且自然而然地将乡村教师与旧式塾师做对比,他们的喜好迫使乡村教师不得不在日常行为中借鉴塾师的角色模式和经验。其次,以乡绅为代表的乡村社会的传统权威仍然控制着乡村社会的公共生活空间,乡绅权势必然对于乡村教师角色行为形成很强的约束力,双方之间既有矛盾,而又不得不合作,这种关系也极大地影响了乡村教师的角色扮演。

第一节　乡村教师与塾师之间的角色扞格与借鉴

从职业身份上看,乡村教师与塾师二者有重合的地方,塾师与教师都是一种职业角色,而且都是以从事教育为业的职业人,虽然他们各有其赖以生存的时代性,但某些核心功能上二者是有继承性或同一性的,即二者都是"师"。正是由于这个原因民国时期乡村塾师才能与教师长期并存。

虽然国民政府在推进新式乡村教育方面采取了诸多措施,但民国时期,乡村教师很难取得他的前辈——塾师那样的成功。乡村教师在其角色扮演过程中,始终处于与塾师的比较和竞争之下,他与旧式塾师的格格不入阻碍了他成功地融入乡村社会,获取文化权力。在挫折当中,乡村教师也不得不借鉴塾师的经验,调整自己的行为模式。乡村教师角色在实践中得到修正和完善。

一、乡村教师与塾师之间的角色扞格与竞争

新式乡村教师与旧式塾师虽然都是乡间基础教育的从业者,但他们是属于两个时代的"教师",他们各自所秉承的教育理念、教育内容、教育方式是有巨大差异的。

整个民国时期,乡村教师实际上始终处于与乡村塾师的文化权势竞争当中。在乡村,新式教师不如旧式塾师受欢迎是一个非常常见的现象。无

论政府对旧式私塾采取严厉的取缔政策,或是引导其改良,乡村私塾无论在数量还是规模上都是可以与乡村学校分庭抗礼的,新式学校也从没有在乡村社会站稳脚跟。就像廖泰初考察了汶上县私塾以后指出的那样,乡村私塾已经自成系统,"使我们充分觉到一个教育制度,隐藏在汶上县的乡间,我们知道'六三三',却不知道在乡间占有极大势力的无名学制"。① 整个民国时期,乡村中始终是私塾与学校二元并存的局面,②从民国时期乡村教育的总体格局上就能直观反映出乡村教师的落寞和乡村塾师的生命力。由此,张宗麟甚至认为近代三十年的乡村教育是失败的,"说到乡村教育,中国至少也办了三十年的学堂,为什么乡村人民还不相信学校? 为什么乡村教师在乡村里信用一天不如一天? 为什么乡村小学的毕业生不愿住在乡村,大都想跑到城市里去? 为什么没进过学校的农民对于种田方法比较许多农林学校的毕业生有把握? 从这些地方,我们可以看得出中国三十年来学校教育的失败,至少也可以说在乡村教育方面是完全失败"。③

这说明乡村教师角色的实践也是不太成功的,用民国时期的话来说就是"得不到民众的信仰"。乡村社会对于乡村教师的角色期待与官方设定的角色之间存在差距。具体来说,新式教师无论在角色功能、角色行为模式等各方面几乎都受到乡村民众的质疑,塾师则在这些方面对学校、教师的存在形成挑战。

1. 乡村教师的角色功能不能满足乡村社会需要

尽管民国时期在知识精英们看来"私塾在本质上讲,不配作儿童教育

---

① 廖泰初:《动变中的中国农村教育——山东省汶上县教育研究》,汶上县个人刊1936年版,第23页。

② 根据当时各类资料研究推测乡村私塾与教师的规模大体为:"1935年基础教育领域,私塾的总体规模一定超过新式小学,私塾与小学校数量之比至少在2:1以上,有些区乡甚至是十几比一的局面;塾生的总体规模也要超过小学生"。姜朝晖、朱汉国:《1930年代中期新旧教育二元并存格局初探》,《齐鲁学刊》2013年第3期,第61页。

③ 张宗麟:《乡村教育经验谈》,世界书局1935年版,第3页。

机关,仅可以说是个识字场所"①,但从乡村社会的立场和需求来看,乡村教师的角色功能远不如塾师,乡村教师几乎处处不如塾师适合乡民的文化口味。塾师在几百年的实践中所形成的教学经验和处理乡村社会事务方面的特长,使他比新式教师具有先天的优势,一时之间乡村教师还难以企及。乡民对于学校教师的不满主要集中于两点:一是学校教育的收益不能满足乡民实现个人身份地位上升的期望;二是学校教师不能承担乡村礼俗生活中心的功能。

(1)乡村教育目标的实利性

乡村民众的教育目标是很务实、很功利的,而这种务实表现为对教育两种层次上的需求。对于那些稍有财产、有教育传统的乡村家庭来说,读书——科举——做官是他们的最高目标,而这一目标的起点则是以经学为正宗的蒙学教育;而对于大多数生活在贫困线上的农民来说,科举根本是遥不可及的事情,他们的教育需求其实很低,祖祖辈辈周而复始的重复性耕作劳动以及封闭的乡村生活,也用不到什么高深的知识和开阔的眼界,基本的读写算能力就足够应付了,能多赚几个钱就是他们受教育的唯一目标。而无论哪一种层次上的教育需求,基本上都是依赖塾师来满足的,因为已有几百年历史的乡村私塾已经演进出非常完善的教育内容和方法,非常贴合乡村民众各个层次上的需求。相比之下的新式学校,在乡民看来则华而不实、贵而不惠。

到 20 世纪 30 年代,虽然已经是民国,但由于乡村现代化进程的缓慢,乡村社会仍然是封闭的、保守的,乡村民众看待新式教师的眼光,和他们对待教师的态度仍然是秉持着过去对待塾师的传统。所以,民国时期有这样一个奇怪现象,即乡村民众对乡村教师的态度往往有一个反转:起初,由于传统尊师重道的遗风仍然存在,乡村民众对新式教师抱有相当的尊重和习惯性的期待,特别是期待他们能够帮助他们的子弟实现鲤鱼跃龙门的理想;

---

① 单惟藩:《北平私塾的研究(二续)》,《新北辰》1936 年第 2 卷第 12 期,第 1263 页。

而随着新教育的展开,乡村民众对新式乡村教师的态度却逐渐趋于冷漠。因为他们心中念念不忘的是旧式四书五经的教育和科举功名的前程,他们对于乡村教师的角色期待也大致以塾师为模板。

翟芝轩这样记载学生家长对于新式教师先热后冷的态度转变,"家长方面——上学以后端上四条菜盏提上斤酒,到学校里去恭敬先生,说一些家长里短的话,学生身上总是要先生多多费心管教,这种意思很值得郑重的写出来。但是因为旧思想熏染已深,陶冶成性,总是愿意叫学生念念三字经,百家姓,日用杂字,四书五经的,预备着出了真朝廷,考中了什么秀才举人,可以做官发财。先生只好当面含糊应付出去,开课以后,要到城里书局里去买教科书,学生的家长听说,'哎!今年的先生又是不行,学生又不会得到书念'。到这时学生的父兄对于学校学生的信仰上,就顿然改变消逝了一大半去,以后一天一天的对于先生就渐渐恶化了,家长稍有工作即差遣学生去干,青草学生、捡柴学生就一天一天增多起来"。① 对于乡民这种态度背后所蕴含的心理,时人也揭示得很透彻:"洋学堂既没有科举时代的功名作用,自然容易被乡人轻视。"②

所以,表面上看乡村民众是对教学内容不接受,根子上则在于他们对于科举功名的怀念和对新式教育功能意义的不理解。这种现代教育理念在城市中虽然已经建立起威望,在乡村中一时之间却很难被乡村民众所理解和接受。

杨懋春描述民国时期山东乡村家庭的声誉主要来自五个途径——当官、由科举所获得的学术成就、财富、德行、与相邻的好关系。其中的学术成就一项所具有的社会评价意义是专指的科举功名,而不是指在现代教育体制中所取得的成绩。他举出这样一个例子:"虽然有一杨姓成员几年前大学毕业,但他的家庭至今仍未从他的学术成就中获得较高的声誉,因为村民

---

① 翟芝轩:《一般乡村小学的实际写真》,《基础教育月刊》1936 年第 1 卷第 12 期。
② 陈剑恒:《乡村教育访问记》,《基础教育月刊》1936 年第 1 卷第 6 期。

不能理解新教育体制的意义。"而另一位已经过世几年的老贡生的家庭,却仍然可以在村子里几代受人尊敬。① 杨懋春指出这位大学毕业生之所以让村民对他失望的原因,一是他进了教会大学,在村民看来,"教会学校不是走上仕途的'门户'";二是"这个年轻人非常不合常规,甚至在成为大学生后,暑假回家还到父亲的田里干活,穿得也像普通农民。这给亲属和村民留下了这样的印象:他不会成为学者、绅士或官员"。三是他不会与乡村士绅领袖们交往。四是大学毕业后,这位年轻人没有做官,而是做起了薪金不高的乡村重建运动,无法给家里寄很多钱。说到底,这位大学生之所以没能让他的家庭获得荣耀,关键原因在于他没能做官。而当时的乡村社会认为教育与收益之间唯一的连接途径只有科举功名和做官带来的实际利益,乡民教育认同的背后逻辑还是学而优则仕;而科举制的废除已经切断了教育与做官之间的直接联系,新教育在实现个人成功方面的功能就变得模糊不清,因而也就不那么有吸引力了。"民国建立以后,旧的科举制度废除了,学生人数大大增加,小学或中学毕业已很普遍,即使大学毕业也无法保证一定能获得政府职务。这些变化无疑使农村和城市的保守分子极度失望,这些人不再能明白昂贵的培养费和长年累月上学的意义。"②因而,要改变乡村学校和乡村教师的困局,必须对乡村民众宣传和解释现代教育的意义,"改变农民和学生的思想,使他们明白读书是在增长人的学识,并非为增长人的身份"。③

对于那些只有较低教育需求的普通乡村民众来说,新式教育就更显得不现实、不经济了。

张宗麟在 20 世纪 30 年代初分析"乡村人民对于学校的态度"时,指出

---

① 杨懋春:《一个中国村庄:山东台头》,张雄等译,江苏人民出版社 2012 年版,第 53 页。

② 杨懋春:《一个中国村庄:山东台头》,张雄等译,江苏人民出版社 2012 年版,第 137—138 页。

③ 陈剑恒:《乡村教育访问记》,《基础教育月刊》1936 年第 1 卷第 6 期,第 330 页。

"对于学校(他们)以为只是读书的场所,读书于他们的用处很少","他们看学校是享福的场所,有的竟说我们生来苦命,不必读书等话。在实际上呢?进了学校的儿童,不但不能帮着生利,在他们看起来以为学不到放牛等技能是一件大损失。国内大多数漠视学校的农民,都是为着经济关系"。① 显然,对教育成本和教育收益的考虑成为影响普通乡村民众对新教育和新式教师态度的主要因素。

对于贫苦乡民来说,多赚几个钱是他们读书的直接目的,如果不能取得预期的效益,那么读书对于生活在温饱线上的农民来说就是得不偿失的事情。"普通一个农家,七八岁的孩子,已经可以帮他的父母看鸡,看门,抱弟弟,再大一点,就可以放牛,爬柴,割草。小孩子在家中,是一个生产分子。如果送进小学读书,势不能不多雇短工,临时工作。这在他平时已有损失,不过这种损失,他满希望儿子在小学毕业后可以弥补,替他多赚几个钱,说不定还有'升官''发财'的希望。但是儿子的文凭到手以后,事实不能不使他失望,那么他如果再有第二个儿子的话,发誓也不再送进小学了!并且一村中左邻右舍,亲戚本家的小孩,也被剥夺入学的权利了!"②一位青年教师曾经在工作挫折中渐渐觉悟出了现代教育功能与乡民的文化教育意识之间的差距,"他们的父母送他来读书,并不抱什么大的希望,只要他们能认得几个字,会记账写信就好了"。而作者教"洋书"(即教科书),目的是"灌输一点新思想给孩子们,为未来的这农村造下一点幸福",这样的"高尚的理想"对于村民来说实在是太高远了。③

相比之下,私塾教育则能够满足乡民很质朴的"上进"的需要,而新式学校则是奢侈品。"上几年私塾就能写个字,记个账,知礼义,识诗书,文言文是助人上进的,将来就是不做官,也是候补绅士,书香子弟,表表人物。"而新式学校所学的三角化学之类的知识在乡村却并没有用武之地,乡村生

---

① 张宗麟:《乡村教育经验谈》,世界书局1935年版,第18页。
② 王衍康:《中国乡村教育前途之展望》,《中华教育界》第22卷第4期,第49页。
③ 娴生:《私塾先生》,《读书月刊》1935年第2卷第9期。

活所需要的技能,小学毕业生却不一定做得来,以至于"小学毕业了,一问三不知,写个字都扶不正,种田下地都懒起来"①。

总之,新式学校对于实现乡村子弟社会地位的上升或改善贫苦农民的生活都没有直接作用,虽然这是由于各种复杂的原因造成的,而不仅仅是乡村教师个人的问题,但乡村社会却难免将不满情绪集中到乡村教师身上。在乡村社会的压力下,乡村教师的角色行为难免会发生偏差。

(2)乡村教育功能的公共性

现代乡村教育在功能上不能满足乡村社会需要,还有一个重要表现就是乡村教师不像塾师那样适应和熟练地服务于乡村公共文化生活,更不能取代塾师成为乡村文化礼俗生活的中心。这主要是由乡村教师方面的原因造成的。因为乡村教师的教育背景和知识结构注定了乡村教师与乡村生活比较隔膜和疏远,他们在心理上不再像塾师那样贴近和了解乡村,在知识技能上也不足以应付乡村礼俗生活。

自古以来,乡村塾师的生存之道绝不仅仅依赖于教育教学方面的成功,更多的是来自服务于乡村文化生活的经验和技巧。因为传统塾师是以乡村生活为本位的,密切服务于乡村民众简单的社会生活。

严济宽这样记述自己的私塾先生:"先生是多才多艺的,他会打课,会看日子,会医病,还会做地仙;凡是乡下人不懂的事情,跑去问先生,包不会使他失望的。"②陶钝回忆自己的开蒙塾师——王师傅:"他本来会占六爻卦,还会批八字,自从到我家和学馆以后,凭这两手,不仅受到东家的尊重,还得到全村的出头露面人物的迷信。"③廖泰初曾经指出私塾的功能绝不只限于教育范围内,"私塾存在的真价值"在于它承担着乡村社会活动中心的功能。他说"在地方上,有以塾师塾址为中心而形成一个近乎参议院雏形

---

① 廖泰初:《动变中的中国农村教育——山东省汶上县教育研究》,汶上县个人刊 1936 年版,第 36 页。
② 严济宽:《我的私塾生活》,《学校生活》1935 年第 103 期。
③ 陶钝:《一个知识分子的自述》,山东人民出版社 1987 年版,第 8 页。

的说法,并不是过甚其词,一个私塾或许不是直接干预地方行政,间接活动的力量却是值得惊异的。"他具体分析了私塾所承担的主要社会活动如下:第一,乡村塾师承担着乡村一切对外交涉的事务。因为比起一般乡村老百姓来说,只有塾师见多识广,既懂得官场规则,又懂得乡村社会情形,会说话,会写官样文章,所以一切"对付上官"的事务,无论个人的、还是公共的,塾师自然都责无旁贷的承担起来。塾师的第二项工作就是"包揽诉讼",廖泰初指出汶上民众好讼,所以乡村塾师多是"写状子的能手",而且塾师们之间为此还有竞争,"谁的状子写得好谁吃香,谁占着重要位置"。塾师的第三项工作就是适应乡村礼俗社会生活的那些文化工作,比如替人写家信,立契约,合婚,看日子,给孩子起名字等等,"想乡间除了塾师外,别无合适的人物了"。廖泰初提出这样一个合理的问题,既然塾师这样全方位地服务着乡村民众,一个能干的乡村塾师的话在村民那里"差不多就是金科玉律",所以谁家有钱会不把孩子送到私塾,谁家会把不懂这些乡村重要事务的洋学教员放在眼里呢?①

事实上,在民国乡村教育领域,教师不如塾师受尊重的一个重要原因,就是因为受教于城市的新式乡村教师,不像塾师那样通达乡村社会的人情世故,在应付日常礼俗事务的技能和训练方面捉襟见肘,在实用性上不及塾师。民国时期,很多观察者、研究者都指出这是一个事实。

"乡村小学教师因功课而办学失败者可以说还比较少,十之八九是失败于缺乏适应乡村环境的品德。我说这话,并不是说乡村小学教师的品德怎样不端,怎样恶劣,而是说乡村与城市的环境不同,现在一般乡村小学教师又多毕业于城市的学校,受城市环境的熏染所养成的习惯与态度,往往有许多地方不适应乡村环境。因为这种原因,教师与农民间往往不容易互相接近,互相接近既感困难,要想获得农民的信仰自然更不容易,如失掉了农

① 廖泰初:《动变中的中国农村教育——山东省汶上县教育研究》,汶上县个人刊1936年版,第39—40页。

民的信仰,便是失掉农民的力量,甚至引起农民的反感,以致校务进行上发生种种的障碍。"①"我常听到有人说,办理乡村小学的最大困难是不能得到村民的信仰,反倒惹起村民对于教师的卑视,其中的原因固然不仅一个两个,但是对于村民心理不能了解,已经足够引起村民意外的反对来了。"②所以,在心理上了解和理解乡村民众是乡村教师得到认可的第一步。

当然,乡村教师对于乡村礼俗事务的疏远并不仅仅是因为自身技能的不足,还由于他们所受的现代教育已经使他们对于很多乡村落后风俗在观念和心理上比较排斥了。一位乡村小学教师曾经记述自己在乡村初做教员时,曾经不断遇到村民来请他合婚、择日、写柬帖等事务,他都屡次拒绝。他不仅拒绝,而且他还当面指出合婚、择日之类做法的迷信荒谬之处,而村民则抱怨:"我们现在立了学校,和不立学校不是一样的做难吗?这先生他会什么呢?既不会择日又不会合婚写帖,不但不会,并且说这没有什么用处,他简直和传耶稣的一样,这先生是来教书呢,还是来传耶稣呢?"③所以,处于文化冲突夹缝中的乡村教师势必是两难的,但无论如何,参与乡村社会生活,尽快融入乡村是乡村教师的现实生存之道。

所以,民国时期在如何改进乡村教师的办学水平问题上,有一个很重要的关注点就是呼吁乡村教师借鉴塾师的经验,努力与村民打成一片。"塾师先生在乡间很有地位。排难解纷,都要请先生到堂处理;婚丧喜庆,也要请先生亲临指导。写龙凤帖、祭文、春联、家书、契约,也是促成塾师先生成为社会中心的条件。做保学教师,如不懂应用文,虽为学成归国的教育专家,精通一切理论,信仰当然也建立不起来了。"④

2.乡村教师的角色行为模式不适合乡村

由于教师与塾师在角色功能、目标上就是不同的,所以乡村教师的角色

---

① 刘凤翔:《乡村小学教师怎样去接近农民》,《基础教育月刊》1936年第1卷第3期。

② 张绳五:《乡村教育的实地经验谈》,《基础教育月刊》1935年第1卷第1期。

③ 郭增美:《一位由乡民反对而又得着乡民信仰的小学教师》,《基础教育月刊》1936年第1卷第9期。

④ 梅焕涞:《闲话私塾》,《江西地方教育》1941年第215—216期合刊。

规范也与塾师大大地不同。概括来讲,旧式塾师是偏静的,新式教师是偏动的;旧式塾师是公共性的,新式教师是更专业化的。而从乡村社会自身的选择来看,或是出于理性思考,或是出于习惯,他们一般还是认为塾师优于教师。

(1)动与静

所谓"动""静"只是对于新旧教师的角色模式、角色规范的概括性描述,"动"是指一个以儿童为本位的新式教师是自由的、活泼的、有创造力的;"静"是指一个以教师本位的塾师是拘谨的、呆板的、僵化的。这与当时人们对于新旧教师特征的评判是基本一致的。

"时代的转变,把小学教师划了一条深刻的鸿沟,很自然地分为两个壁垒。以往的教师是以教材为中心,教师为教材所支配,儿童亦为教材所驱使。教师的尊严,摆得十足,成了三家村的圣人,三间屋里的朝廷,严刑峻法,纪律森然,把个个儿童压得半死半活,好像'活死人'一样。吐痰是圆的,走步是方的,背屈腰弓,耳聋眼花,代表了中国的典型人物,暗淡凄凉,笼罩着地狱人间!

时代的警钟响了,教育制度'改弦更张',教师的本身也随着递变了,新教师是以儿童为本位,以儿童为中心,教材是为儿童,并不是儿童为教材。教师是儿童的小朋友,是儿童的指导者、辅导者,本不是一个工头,儿童的自己的事情,让他们自己去做去,如无违反公众生活团体利益之处,尽可不问,在自由的大气里,儿童的创造力得以伸展,想象力得以发展,学校变成了家庭,教师变成了父母,一团和气,把凄凉景象,驱除到了九霄云外!"①

从新教育的立场来看,私塾几乎一无是处,几乎根本不配称为"教育"。"比之她(私塾)是一个人间的地狱,小孩子的牢笼,实不为过。"②私塾教育方法的缺陷很明显,"私塾教法的陈旧,人人皆知,儿童整日枯坐塾中,死读

---

① 王培祚:《新旧教师的分野》,《基础教育月刊》1936年第10期。
② 黄志成:《私塾在普及教育运动中之地位》,《中华教育界》第22卷第7期。

书本,一概朗读背诵,既无其他方法指导儿童,足以促其进步,又无休闲活动机会,足以恢复儿童的疲劳,以致儿童在塾中,形同木偶,往往入塾数年,尚不能写明白一封白话信者,皆因为教法的不得其当的缘故"。① 他们对于私塾和塾师是充满了鄙视的。"今之所谓教育家,其视私塾教师也,辄曰彼学究也,冬烘先生也,三家村啖冷猪头者也。以为若辈蠢陋野悍,迂谬猥贱,不可向迩。"②总之,从发展新教育的角度来看,塾师几乎从里到外都需要改造,或者干脆淘汰。

但是,在乡村民众眼里,塾师的严厉、僵化的做派却有着无与伦比的合理性。

"坐性好"的塾师才符合他们心中"师"的规范。"头戴瓜皮帽,身穿大布衫,唇边八字胡,眼架'老花镜',六根清净,道貌岸然的先生。他唯一的特长,即是'坐性好'。一天到晚,谆谆教诲,以达成家长的希望。决不会不顾及学生家长的物议,而赶圩当集,随便旷课。更不致眼见三五学生,教来无味,即宣布放学。"③"管得严"也是符合乡民择师的标准,"是以蒙学里老师优劣的标准,以其管教的严宽为依归,管得严,学生怕,不敢逃学,是唯一无上的好先生,最好的塾师应该是一个阎王爷,别的条件一概不论,由这里制造出来的小人物是'品性高','少年老成','知礼义'。"④这是自古以来形成的民间社会对于蒙学保育功能的习惯认知。

以此标准来衡量,整天领着孩子们蹦蹦跳跳的新式教师显然是不合格的。所以,民国时期的乡村小学教学当中有这样一个共同点,就是音乐、体育、美术、自然之类的科目,或者郊游之类的活动普遍遭到乡村民众的忽视和反对,致使这类科目或活动要么停止,要么偷偷摸摸地开展。家长的意见

---

① 吴鼎:《推广国民教育与私塾改良》,《教育通讯周刊》1940 年第 3 卷第 5 期。
② 陈志端:《调查本县私塾后之报告》,《金山县教育月刊》1924 年第 2 卷第 4 号。
③ 梅焕涑:《闲话私塾》,《江西地方教育》1941 年第 215—216 期合刊。
④ 廖泰初:《动变中的中国农村教育——山东省汶上县教育研究》,汶上县个人刊 1936 年版,第 20 页。

是"低年级的小孩子,可以做做游戏,活动活动,三年级以上的儿童,可以把体育、音乐、美术等改为国语、珠算等有用的科目"。① 所谓发展学生活泼的天性、培养健康体格、理解乡村生产生活常识等现代教育理念,基本不能为乡村社会所理解和接受。因为在乡民看来,这类课程不仅奢侈无用,甚至还会把孩子教坏。

农民的希望是,通过教育把孩子训练得更加循规蹈矩、更加社会化,能够贴近他们期待中的上等人的模样。在乡村习俗观念里,孩子入私塾读书,就被俗称为"买买凳子坐,压压脾气,还省得在家里做怪"。② 所以,乡民对于那些音乐、体育之类课程很反感,认为"今之学校,所谓歌操者,不过狂叫狂跳而已。足以使人厌,不足以陶冶性情锻炼体魄也。所谓工图者,不过乱堆乱涂而已,最有使人憎,不足以练习技能提高欣赏也。故学校之有技能科,其功效等于零"。

在乡民看来,在培养学生如何做人方面,学校是不及私塾的,"今之私塾,虽不以训育相标榜。然其儿童衣服整洁,礼仪彬洽。以视乡村学校之顽劣粗俗者,相去远矣"。③ "洋学的课程和地方是格格不入的,什么唱歌游戏旅行,老百姓看来都是胡闹,乱玩乱跑哪里是读书的……此外课本上的容易看'物语',猫猫狗狗都会说话,老百姓们是最反对不过的。"乡村民众相信私塾教育才能培养出社会需要的技能和德性,至少不会把孩子教坏。"上几年私塾就能写个字,记个账,知礼义,识诗书,文言文是助人上进的,将来就是不做官,也是候补绅士,书香子弟,表表人物。"④

在这种氛围下,乡村学校的教学竟常常被奚落和耻笑,"我十来岁读初小时,就常常听到私塾先生的责骂之声,说什么:'什么新学,屁! 如果只念

---

① 《乡村教育观感记》,江苏省立大港乡村教育实验区:《乡村教育》1936 年第 1 卷第 4 期。

② 严济宽:《我的私塾生活》,《学校生活》1935 年第 103 期。

③ 陈志端:《调查本县私塾后之报告》,《金山县教育月刊》1924 年第 2 卷第 4 期。

④ 廖泰初:《动变中的中国农村教育——山东省汶上县教育研究》,汶上县个人刊 1936 年版,第 36 页。

些连庄户人也认得的人、口、手、足之类,还算什么读书人? 简直不成体统。'念私塾的一些大孩子也经常欺辱我们。每当我们搞队形走步练习时,他们就跟着起哄'雷震'(立正)、'小猴们转'(向后转)、'狗刨走'(起步走)"。① 乡村教师如果有什么革新创造的话,也自然会落得同样的命运。"连字都不认识的学生家长,深留着孔夫子圣人的旧观念,把学校已经看作不祥的东西,他们只希望教师们多关学生在课堂念书,便算行。如果要求来点新花样的话,他们是要令学生休学的。"②

(2)专业性与公共性

所谓专业性和公共性是对乡村教师和旧式塾师角色规范的另一概括性描述。这里的"公共性"指塾师对于乡村社会的高度认同和适应、参与乡村社会事务的深度,及为公众服务的精神;与之相比,乡村教师的公共性发挥不够,而"专业性"突出,即其过于关注自身职业范围以内的问题,追求客观、强调技术、规范,缺乏与生存背景的互动,在乡村人际关系冷漠。

首先,乡村教师在公共性上的差距,首先表现为乡村教师往往只关注学校、课题范围内的事,关注自身专业能力的提高,关注于上级教育行政部门的各种考核督查;除了教书的义务之外对于乡村子弟的责任意识反不如塾师,对于乡村公共社会事务欠缺参与度和参与的能力。而这些日常事务几乎被塾师当作分内工作,是他们责无旁贷的义务,其中所蕴含的人情世故因素对于乡村教师的生存来说也是极其重要。

许多对于乡村教育有所研究的人都曾指出交际应酬对于乡村教师的重要性,"乡村的小学教员只会教功课是不成的,不然连一个'土秀才'的名目也不配;乡村中的小学教员,除了应教的功课之外,对于应酬方面的小玩意儿,当具完备,才能讨人家的欢喜。例如写'龙凤帖''嫁娶帖''买卖田契'等等,哪一位不会,哪一个没用,乡老们都以为这是居家处世的大事,人生应

---

① 倪昌有:《一朵永不凋零的花葩——记洗马林初等女子学堂》,《万全文史资料》第 1 辑(上册),中国人民政治协商会议万全县委员会文史资料征集委员会,第 108 页。

② 十君:《我的教师生活》,《教师之友》1935 年第 1 卷第 8 期。

用的真实学问,如果对于这类的杂受根本没有研究,或者写得不漂亮,一定有许多人要认为你是满腹的臭粪,毫无一点真正的学问。还有一层,小学教员于交际方面,当善于应酬,不然,东家和不相旁干的人到了校里,若是照应不周,稍有失礼,便容易落个不懂人情世故的罪名"。①

虽然国家和城市精英都希望乡村教师能够成为乡村现代化的发动机,但事实上,乡村教师在参与乡村事务和引领乡村社会方面还不如塾师那么如鱼得水。

这其中首先一个原因可能与塾师大多数都是本地人,在当地有社会根基有关,他们在主观愿望和客观条件上都与乡村社会分不开。廖泰初指出"塾师多就是本村本庄人,和塾东的关系密切,许就是他们的亲戚爱好,有因看见朋友失业才替他设法办个私塾教教也说不定的;在这种情形下,关系自是更复杂,去对付地方的力量也更丰富,遇事办事,遇问题解决问题。"②"塾师当地人居多,学生父兄都知道底蕴,而且时为附近人家书写契据庚帖,和一般人容易接近,又带些感情用事,因为是就地的关系,有时还有一种势力,使一般人不得不信仰他。"③而在乡村教师这一方,由于乡村学校的教师选择和任命主要由县教育行政部门主管,特别是那些由县财政支持的所谓"县立"学校,其教师都是由县教育机关统一分配的,虽然在很多所谓"镇立""村立"小学中,其教师基本由乡村自主选择,但也要征得县教育主管机关的认可,所以很多乡村教师并不在本乡本土任职,他们在当地乡村属于外来人,本来就面临被当地社会排斥的问题,所以他们融入当地社会生活的程度就差一些。相应地,这些乡村教师在承担社会责任方面,可能也表现差一些。其实,即使是本地人,因为乡村教师普遍比较年轻,社会经验不足,一时之间也难以建立威信。廖泰初曾这样分析乡村教员何以在乡村民众中的形

---

① 《河北霸县乡村小学教师生活的写照》,《众志月刊》第 1 卷第 3 期。

② 廖泰初:《动变中的中国农村教育——山东省汶上县教育研究》,汶上县个人刊 1936年版,第 31 页。

③ 黄志成:《私塾在普及教育运动中之地位》,《中华教育界》1935 年第 22 卷第 7 期。

象不佳，"小学教员大部分是高等小学毕业和师范讲习所毕业的，年纪轻，经验少，在乡间没有地位没有声望，老头子们看着他生，看着他长，他们眼中，还不过是个毛小子，谁拿他当老师看，连写个账都不会，一切应用的知识多半拿不出来，又谁敢把孩子送到他们那里学乖"。①

其次，乡村教师的公共性不如塾师，可能还与乡村教师的法定角色有关。民国时期，乡村学校教育被纳入了国家义务教育体系，乡村教师的教学和职业行为都受政府教育制度的严格限定，并受到上级教育行政机关的严格管理、督察和考核。所以乡村教师的角色行为是非常规范的，缺乏变通的空间。乡村教师只能仿照城市学校教师的模式，生搬硬套，自然与乡村社会生活隔阂很多。而传统私塾教育一直属于民间社会自主的事业，较少受到政府的干涉，几百年来塾师办学一切以乡村需要为依归，具有更显著的服务乡村的特点，因而受到乡民的喜爱。

乡村教师照搬来的所谓规范的办学行为，在乡村社会中却显得僵化、生硬。一位初次进入乡村小学担任级任教员的中学毕业生，这样记录了自己在初期所遭遇的几次尴尬。如开学之日，学生家长并不知道开学，因而他建议校长要书面通知家长，立刻遭到校长（他们二人为同学）的嘲笑："你真是城里的少爷，动不动就是文绉绉的左一书面，右一书面，你可知道这里学生的家长，西动（原文如此）大的字也识不满半担呢？"校长的办法更让他大开眼界，"他的办法很巧妙，清早坐在镇上小茶馆里，乡人一个个来吃茶，也就一个个分别通知。

'阿龙，明天我们学校里开学，叫你家小毛到学堂吧！'

'火根，你也应该叫你的弟弟水根上学了！'

'阿金土，托你带一个口信给你村上的马水福，关照他的儿子来上学吧！'

———————————

① 廖泰初：《动变中的中国农村教育——山东省汶上县教育研究》，汶上县个人刊 1936 年版，第 36 页。

'大宝,学校开门了,你的儿子今年也八岁了,可以读书了。'

我在旁边听得发呆了——钦佩他的交际功夫好。"①

诸如此类的例子比比皆是,乡村私塾在授课内容、授课形式、修业年限、节假日安排、学费多少等等方面,都体现出非常贴合乡村农业生活节奏的灵活性,因而受到乡民欢迎。"私塾学费无一定——穷照穷出,富照富出,家长无不胜担负的痛苦";"私塾里面无例假——不论什么纪念日或星期日,照常上课,向不放假,家长对于此点最为高兴";"私塾课程不固定——家长主张教什么,塾师就教什么"。② "塾生是无定期毕业的,亦无所谓升级降级,根本就没有所谓级,随来随读,岁数大了,就换个别的私塾。"③私塾"对于学科,取个别训练,没有班级之分,学生聪明的多读些,天资欠颖的少读些,没有留级降班这套玩意儿"。④ 而新式乡村教师在这些方面则没有自主的权力,只能听任乡民抱怨,或者在压力之下,进行一些偷偷摸摸的变通,结果形成民国乡村办学特有的"潜规则"、怪现象。比如,因为许多农村家长对于新式学校每周末都固定地放假这件事不接受。为避免他们的非议,许多乡村小学周末也不放假,但教师又不甘心放弃这个休息机会,于是"便形成了一种明不放假暗放假的情形。星期天教师尽管不上课,儿童可以在教室里呆坐一天"。⑤

再有,民国时期乡村教师角色有一个潜在的变化就是更加职业化、世俗化,现代学制明确规定了教师的职责义务,以及相应的待遇和权利,乡村教师更像一个凭借自己的技艺挣钱拿薪水的职业人。但是这种角色行为在乡村民众眼里却似乎道德上有亏,因为传统观念中,读书人不应该是这么赤裸裸地谋"利"的俗人,而应该是一个具有道德表率作用的君子或圣人。所以

---

① 江上风:《教师生活一页》,《江苏教育》第 4 卷第 5 期。

② 高馨圃:《什么事改良私塾的有效办法》,《小学教师》1936 年第 3 卷第 9 期。

③ 廖泰初:《动变中的中国农村教育——山东省汶上县教育研究》,汶上县个人刊 1936 年版,第 32 页。

④ 黄志成:《私塾在普及教育运动中之地位》,《中华教育界》1935 年第 22 卷第 7 期。

⑤ 左绍儒:《乡村小学实际问题十四谈》,《基础教育月刊》1936 年第 1 卷第 12 期。

有人批评："以言道德，学校教员有惭色矣。今之学校，大都教者为薪水而教，读者为文凭而读。交易而退，各得其所。昔者徐明遵之授徒，利去束脩。孙叔通之讲学，教以面谀。识者莫不腹诽之唾骂之，今竟见之于竞言新教育之学校教员。"①

另外，教育除了具有培养人才的功能外，还负有传递文化的功能，而乡村教师角色所承载的现代文化色彩，势必与乡村保守的文化氛围形成冲突。客观地讲，有时候新与旧的冲突也不一定就是理性的，因为乡民的守旧心理和教育转型的剧烈容易使他们陷入盲目。比如，下面这首守旧派编的歌谣，我们从中也就感受到守旧派对新事物的不习惯而已，而没有感受到什么道理。"中华民国大改良，私塾改成大学堂。中华民国几天天，五色旗旗没边边。年历年对月不对（指农历和阴历），家家搂着和尚睡（一入学堂，老师先给学生剃辫子）。"②

总之，多种原因造成乡村民众排斥新式教师，其中的根本原因在于乡村教师在角色功能和行为规范上脱离乡村实际，再加上新旧文化冲突造成的不理性因素起作用，因而造成乡村教师的生存遭受到塾师的强烈竞争和挑战。

二、乡村教师与塾师之间的角色渗透

虽然在政府的扶持之下，乡村学校和教师强行楔入了乡村，但在乡村社会的选择和塾师的竞争压力之下，乡村教师要生存，必然要借鉴塾师的生存之道，不得不对官方设定的角色进行一定的调整，从而使乡村教师的角色特征变得不那么鲜明。所以，塾师与教师水火不容的表象后面，还有二者相互融合的一面。

当然，民国时期在政权的推动下，塾师经过培训和改良向新式教师的学

---

① 陈志端：《调查本县私塾后之报告》，《金山县教育月刊》1924年第2卷第4期。

② 倪昌有：《一朵永不凋零的花葩——记洗马林初等女子学堂》，《万全文史资料》第1辑（上册），第108—109页。

习和转化是主流。但在乡村教育实践中,乡村教师沿袭或借鉴塾师的教学经验和生活经验却是一个客观潜在的倾向。在塾师与教师双方的角色相互渗透中,乡村教师的真实样貌往往是一个半新半旧的"两面人",他们身上类似旧式塾师的特征很多,体现出民国乡村教师对塾师角色的借鉴或者是妥协。

具体分析起来,乡村教师与塾师的类似,其背后的动机颇为复杂。有的是被动无意识地沿袭,有的则是乡村教师有意识地主动借鉴。前一种被动沿袭可以说是民国时期乡村教职从旧式塾师向现代教师角色过渡转型中的自然现象,而且这种沿袭当中,乡村教师保留塾师传统中的负能量比较多。后一种借鉴中,乡村教师比较能够自觉和主动选择,体现出主动适应乡村和调整自身角色的创造性,所以具有更多的积极意义。但是这种主动借鉴的结果也是良莠不齐,既有乡村教师出于对自身不足的自觉而进行的有益修正,也有单纯出于生存考虑而主动迎合乡村的情况。无论是正面的学习,还是负向的迎合,都是乡村社会对乡村教师角色的型构。

1. 自觉主动地借鉴

民国时期,乡村教师要向塾师借鉴办学经验几乎是教育界一个共识。持这种见解的人,一般对于新式学校教育和乡村教师的优势与不足有着清醒的认识,他们追求的是新式学校教育如何既保持自己的现代内涵,同时又能适应乡村社会。所以这类探索对于发展乡村教育和完善乡村教师角色提出了许多有意义的观点和方法。

乡村教师如何与乡村民众打交道,尽快取得乡民的信任曾经是民国乡村教育研究中讨论的热点。在一篇名为《乡小教师取得民众信仰的我见》的文章之中,对于"怎样对待诚恳的一般愚昧乡民"问题,作者提出乡村小学教师首先要了解乡村民众的思想特点:乡民虽然愚昧守旧,但是他们朴实肯干,"只要是他们信仰着的人,无论把什么事情去托付他,他绝对不会有丝毫的欺诈与不尽责"。至于如何才能取得乡民的信任呢? 作者提出的具体方法就是塾师们惯常的老办法——在日常礼俗事务方面尽心服务于乡民。"只要你对于平素一切杂务(如写信件、文契、帖套、算账……)应酬上能尽心,说话能留神,他对你就不致发生不好"。①

更多的乡村教师则是从实践中认识到:乡村小学教员"非有应付农民的灵活手腕,是不能够永久在乡村服务的"。② 而他们"应付农民的手腕"实际上无非就是重复过去乡村塾师的生存技巧,甚至包括从事迷信活动。

有三年乡村教师经历的张绳五自述"扶乩伐树"的故事就很典型。张绳五任教的乡村小学设施简陋,急需添置一些必要的器具设备,但乡村经济困难,这类要求一般是很难得到乡民配合的。适逢当地大旱,乡民到龙王庙祈雨无果,"就有人提议扶乩,请龙王明示"。因为乩字乩语难解,所以乡民不得不请张绳五帮忙,"我就慨然应允,连扶了两夜,替龙王当了一个流利的翻译,其实无非是任嘴一说的像'历年亢旱数今年,十万人心锅底烟,我是龙王会下雨,今天不下等明天'一类的话"。但这场在张绳五自己看来很无意义的迷信活动,所取得的效果却是出奇地好,作者不仅借此缓和了与乡民的关系,而且解决了给学校添置设备的问题。"这么一来,我在大家现在的眼中不是以往眼中的小学教师了,敬茶的,点烟的,口口声声的老夫子,恭维了个不亦乐乎。渐渐谈到学校,也都赞成,并且倾心的应允着帮忙,于是乎我就提出来说要从庙的后边伐几株柏树,给学生打几件游戏器具,得着了痛痛快快的同意之后,我就带领学生拿着木作用具到庙后边来捡成用的伐了十株柏树。三株做秋千,四株架篮球板,二株架铁,一株做旗柱,学校的游戏器就粗具一般了。"③类似故事在其他乡村教师身上也不断出现,说明对待乡民落后的文化习俗,乡村教师多是以务实和迁就的态度来对待的。

这类例子也比比皆是,《基础教育月刊》的"乡村小学同仁信箱"栏目记载了这样"一位由乡民反对而又得着乡民信仰的小学教师",这位青年教师

---

① 国魂:《乡小教师取得民众信仰的我见》,《基础教育月刊》1936年第1卷第7期,第407—408页。
② 杨连璧:《作小学教师的实地经验谈》,《基础教育月刊》1936年第1卷第7期。
③ 张绳五:《乡村教育实地经验谈》,《基础教育月刊》1936年第1卷第1期。

最初也是由于他不会而且不屑于应付写柬帖、合婚、择日等乡村日常礼俗事务而受到乡民排斥,乡民抱怨:"我们校长立了学校,和不立小学不是一样的做难吗? 这先生他会甚么呢? 既不会择日又不会合婚写帖,不但不会,并且说这没有什么用处,他简直和传耶稣的一样,这先生是来教书呢,还是来传耶稣呢?"经历一些挫折以后,这位教师下定决心钻研这些乡村日常应酬的小常识,主动参与乡民的社会生活,帮助乡民处理日常礼俗方面的应酬,结果竟然发生了奇效,乡民不仅不再排斥他,而且开始信任他,愿意听取他的一些带有改革意味的建议,比如放足、新法除虫等等。①

　　其实从许多地方文史资料中对于民国时期乡村教师的回忆来看,乡村教师的成功除了来自教学成效之外,很大一部分因素还在于这些乡村教师对于乡村民众社会文化生活的融入和妥协,能主动承担起过去塾师的社会职能。《浦北县文史资料》中记载了一位在张黄镇上八团学堂(后来改为张黄东镇中心学校)连续任校长三十一年的教师李海东(1944 年病逝),从后人对他的褒扬中,可以看出他的成功不仅在于教学这一面。"李校长执教期间,治学严谨,自学不倦,每天写日记,数十年如一日。他为人解纷息讼深得地方人士爱戴,皆尊称其为'李老师'(当时的教师是称其某某先生)。其寿终祭奠之日,张黄父老及文教系统送葬者逾千人。"②

　　表面上看,乡村教师迁就乡村落后的文化风俗,是乡村教师由新转旧的妥协,辜负了自己所受的现代教育,放弃了自己的改造乡村的社会责任,但是这类乡村教师是在对自身的角色义务有深刻领悟、又对自己的角色实践背景有清醒认知的前提下,主动借鉴塾师的经验,它对于乡村教师角色走向成熟是有益的尝试。

　　有人介绍了这样一位先是遭到乡民反对,后来又得到乡民信仰的小学

---

　　① 郭增美:《一位由乡民反对而又得着乡民信仰的小学教师》,《基础教育月刊》1936 年第 1 卷第 9 期。

　　② 李济新、罗锦杰:《上八团学堂三十一年的老校长李海东》,浦北县政协文史资料研究委员会编:《浦北县文史资料》第 3 辑,1990 年版,第 57 页。

教师,这位教师的经历很典型地说明了乡村教师角色怎样实现了从理想到现实的有机结合。这位毕业于新式学校的青年教师初到乡村小学任职时,遇到乡民"日用应酬"方面的请求时,总是拒绝,不仅拒绝,而且还对其中的迷信愚昧加以批驳。比如,有人请他"看婚书",他会规劝人家:"只要你女儿情愿,何必看婚书呢?就算看婚书看得合了,娶了以后,夫妻两个性情不合,整天生气,也是不能过活,所以我说婚姻之事,征求你女儿的同意是最要紧的。"遇到有人请他"择日"的,他也照样劝导人家。可以说他在兢兢业业地扮演国家和现代社会赋予他的角色,承担着一个新式知识分子的义务,但结果却是引起乡民的讨厌和排斥,乡民视他如同"传耶稣的"。痛定思痛,这位教师开始改变策略,再次回到学校后,他主动要学生们告诉他们的家长"有人写帖择日合婚的,请他到我们学校里来写吧!"此后他与乡民的感情才日益亲密起来,再以后,这位教师宣传放足、调解纠纷等工作则比较容易展开了。①

民国时期乡村教师对于塾师经验的借鉴还有这样一种情况,在抗战时期的沦陷区,为避免乡村儿童因战事而失学,或为避免儿童受奴化教育,有些新式教师主动办起私塾,借助私塾的办学形式进行半新半旧、半土半洋的启蒙教育。比如河南嵩县黄庄楼子沟村的王廷杰先生,自民初就一直任教于嵩县各乡学校,"1944年日军占据嵩县,他一感本地人才太少,二恐青年误入歧途,不顾年高体弱和家境贫寒,毅然在本村王家祠堂设教,分不同层次传授知识。儿童学习基础文化,大龄青年学珠算、记账、土地丈量等实用知识"。②

总之,出自乡村教师主动选择和自我调整需要的角色借鉴,不仅有助于减轻办学阻力,而且也不会造成乡村教师角色的转移或角色模糊,反而有利

---

① 郭增美:《一位由乡民反对而又得着乡民信仰的小学教师》,《基础教育月刊》1936年第1卷第9期。

② 王宗黄、王世铭:《王廷杰生平》,中国人民政治协商会议嵩县委员会文史资料研究委员会:《嵩县文史资料》第5辑,1990年版,第217页。

于乡村教师角色的构建和完善。

2. 消极被动地沿袭

民国时期乡村学校中常见的现象是,打着乡村教师的旗号,实际扮演的却是塾师的角色。这种现象背后的动机或许主要是出于生计压力下的被动选择。

民国时期,许多观察者对乡村办学质量低劣的批评都集中于一点,就是乡村教师的行为模式与旧式塾师很相似。

有人描述了乡村建设运动中邹平一个普通乡村教师的工作状态,让人看到一个半新半旧的乡村教师的真实情状。"那些小同学真可怜,他们太受罪了,一天到晚坐在板凳上,到厕所里去还得要拿着一个木牌,木牌只有一个,有的同学到厕所里不回来,想便溺的同学有时急得哭,功课呢? 已把课本当样子,实际上不念了,换上孟子论语尺牍等,我就没听见他们唱过一次歌! 最奇怪的早晨升旗晚上降旗却不叫同学参加,先生起床很早,他自己拿过旗来挂上,晚上放学了,学生走后,他再解下来搁到屋子里,也没有旗杆,挂在一棵树上,看去好像是一个理发处的幌子,真是无奇不有"。作者对此现象不由得感叹,"费解的,不是在私塾内,而是在新式的学校中"。①

这其中是有历史原因的,因为中国近代最早的乡村教师其实就是来自原先的塾师。在晚清和民国早期,政府为发展新式乡村教育,鼓励私塾改良为学校,而且对塾师改良和乡村教师的资格并无很严格的限定,所以很多所谓乡村教师本身就是原来的塾师改头换面而来的,其办学方式基本是旧式塾师的做派。教育先进一点的地方,或许塾师还会经过一定的新式教学教法的培训;落后封闭一点的乡村,私塾里添置一块黑板,摆上一两本新式教科书,就号称开办了学校,塾师就号称教师了。所以,民国时期很多人批评所谓塾师改良只是"刷油"的工作,改良私塾根本也承担不起普及教育的责任。在他们看来,"私塾在本质上讲,不配作儿童教育机关,仅可以说是个

---

① 韩昭:《邹平存立学校的现状及其改进》,《基础教育月刊》1936 年第 1 卷第 10 期。

识字场所",而现代教育绝不仅是文字知识的传授,所以所谓塾师训练的方法也只是"刷油"般的表面功夫,"一个私塾的主体为塾师,大多数的塾师都是头脑顽固,冬烘子曰之流,只凭短期的讲习会等,硬将习气很深的塾师摇身一变,变成时代的教师,这谈何容易?"①

南京国民政府成立后,虽然在塾师改良和教师任职资格方面加强了管理,严格了乡村教师的任职门槛,但由于乡村师资始终缺乏,所以不合格师资充斥乡村学校,塾师改头换面充当教师、乡村教师在实际办学中奉行塾师的老一套等等情况,在偏僻的乡村仍然很常见。

20 世纪 30 年代,有人在视察江西乡村教育状况之后,发现不仅擅设私塾的情况很多,而且许多名义上的学校也是挂羊头卖狗肉,"这一次,参加集中视察泰和吉安两县普遍教育的设施情形,在那崇山峻岭,穷乡僻壤,发现着许多平时不易看到的病症,最使人惊心触目的,即是蒙馆的健在。明目张胆,不遵法令规定,擅设私塾的固有,即少数学校,除了教室之外,还有自习室。在教室里,当然上战时小学课本,在那带着神秘性质的自习室,则点读不合儿童心理的杂书,养成了'双重学生'"。② 像这样,教学上换汤不换药,挂羊头卖狗肉是 30 年代乡村教育中的客观存在,所以有偏激一点的人说:"现在学校教师是私塾中毒物的化身。"③其实,这其中也有部分原因在于国民政府的义务教育政策推进太速,国民政府为推进短期义务教育,在乡村鼓励开办短期小学或简易小学,而这类新设小学基本都是由原来的私塾改良而来的,塾师经过短短几个月的培训即成为教师,其实际办学质量就只能因陋就简。

国民政府名义上颁布了《修正小学规程》等教育法规,来限定塾师与教师的身份,但是,在新教育不发达的边远乡村,塾师与教师的角色、身份界限仍然不是那么清晰的,有些人仍然可以在塾师与教师之间自由转换身份。

---

① 单惟藩:《北平私塾的研究(二续)》,《新北辰》1936 年第 2 卷第 12 期。
② 梅焕涑:《闲话私塾》,《江西地方教育》第 215、216 期合刊。
③ 弥妒:《从乡村教育想到》,《人言周刊》1934 年第 1 卷第 26—50 期下册。

在 20 世纪 30 年代国民政府强制推行短期义务教育的时候,在乡村开办短期小学时,有教师就遇到这样的现实问题:"就是所招的学生学力不同一的问题,有的上过私塾五六年和三四年,还有上过学校一二年三四年的不等。"短期小学是以推行一年期的扫盲教育为目标的,所以如果招收这种学生,就不合短期义务教育制度;如果不招生他们就会影响新式教育在乡村中的声誉。最后,这位教师想出了解决办法,就是"选择在我校附近的塾师一人,熟练于学校教法的,来帮助教授较高程度的学生",把这些塾师变成"助理教师"的身份,主要负责类似普通小学的高年级教学工作,另一方面还得以裁撤了数处私塾,发展了小学教育。① 一般来说,以原来是塾师,经过政府组织的塾师培训、资格认定之后成为新式教师的情况最多。也有同时身兼二任的情况,严济宽就记载自己的塾师,同时还"在小学里兼课,他兼的什么课,我们不知道,只看到他天天下午,总要出去一趟,他出去的时候,把桌子上一口小小的八音钟,拿在手上带去"。②

甚至还有这种情况,受过新式教育的教师主动开办私塾,转为塾师。廖泰初在汶上县就发现这种怪现象:"曾按受过新教育的人,甚有曾当过小学校长的人,也有回去当起私塾老师的。"他认为"曾和私塾血战沙场的人物,洋学的校长和教员们,终竟投到对方的旗帜下尽忠了,生活的鞭打许是其中最重要的原因"。③ 也就是说由于私塾在乡村更有势力,迫于生计这些新式教师才会改行做起塾师。

其实,对于普通乡村教师来说,他们或许没有足够的精力和学识能力来深入辨析塾师角色的优劣,从而在清醒理智的基础上对塾师经验予以借鉴;他们也缺乏足够的社会背景来支撑实践自己的办学思想。他们中的大多数

---

① 牛栲庆:《各地小学教师同仁短篇邮稿四件·办短期义务教育的三点感想》,《基础教育月刊》1936 年第 1 卷第 4 期。
② 严济宽:《我的私塾生活》,《学校生活》1935 年第 103 期。
③ 廖泰初:《动变中的中国农村教育——山东省汶上县教育研究》,汶上县个人刊 1936 年版,第 29 页。

人恐怕都是迫于生存压力而被动地调整自己的角色行为,或者说,他们只是在生存本能支配下被动地对塾师角色做出沿袭和妥协。

有人这样描述乡村教师的实际处境:乡村教师如果不够圆滑变通,在乡村社会中是很难生存的,"当一个乡村小学教师顶难;如果不会装腔作势,不够一个'两面人'的资格,无论是对事对人,总不容易应酬周到"。所谓的"两面人",就是指乡村教师站在新旧文化、城乡文化冲突的第一线,他们对于新旧两种文化势力都不能采取简单的态度,以教学来说,如果迎合乡村守旧势力,对于新式教学没有研究,"恐怕就要受到少数维新派的批评";如果完全采用新式教学法,"守旧派又会骂"。① 所以,教师必须在两种势力和风气当中左右逢源,才是生存之道。

这种看似只问功利、不问是非的态度,无疑会伤害新式乡村教育,将新式学校教育的规则修改得不伦不类,甚至面目全非。比如,由于乡民不习惯新式学校周日放假,所以许多乡村小学就沿袭旧式私塾的习惯让学生周日照常到校上课,但教师又往往感到不便,因为他们要借这天处理一些个人私事。两难之下,乡村学校"便形成一种明不放假暗放假的情形"。"在星期天教师尽管不上课,儿童可以在教室里呆坐一天。有时教师因为有事外出,儿童便要闹得头破血流,哭声震天。"②再比如,在有些乡村学校,为了迁就民众的认知习惯,片面模仿私塾重诵读和背诵教学方法,在学校的自习时间,无论是国语还是社会、自然等课程,都会让学生高声诵读或背诵,而不给时间让学生去理解思考。因为"乡民对于学校的批评,完全看儿童的行动老实(死板)与否,及校中早晚嚷嚷的背诵与否;只要是出来的学生有死板板的老人气,校内按时念书背书,那即是好的学校,好的老师"。③ 乡村教育

---

① 《河北霸县乡村小学教师生活的写照》,《众志月刊》第1卷第3期。
② 左绍儒:《乡村小学实际问题十四谈》,《基础教育月刊》1936年第1卷第12期。
③ 王炳亮:《在乡村小学我所感到的三个难题》,《基础教育月刊》1936年第1卷第11期。

以"乡间一般无知者的心思而转移",①这成为民国乡村教育中的一个很无奈又非常荒谬的状况,可以说是扭曲的乡村教育。这种名义上的学校事实上与旧式私塾差不多;对于乡村教师来说,出于功利心而迁就乡民的落后文化习惯,是向塾师角色的负向靠拢。

但是,乡村教师由于自身现代教育素质低下而片面效仿塾师,将学校办成私塾,只是问题的一个方面。应当看到,当时乡村教师对塾师传统的本能借鉴,有些做法在当时看虽不合理,但从长远结果看,却不一定完全不利于乡村教育。

1949年以后,有人这样回忆和评价民国时期当地"半土半洋"的乡村教育,"当时的农村,封建、迷信,贯穿到各个角落,这些乡师毕业生(指二三十年代河北省万全县乡村师范的毕业生),一方面教当时的教材,一方面为了应酬群众之所急"(原文如此)如:婚丧嫁娶合婚择日,起□盖屋看时辰,甚至一些事情的顺逆,也都要请洋教员解答。如果你不懂,威信是要大大降低的,所以有时不得不看一些《玉厘记》之类的迷信书,尽管体面也宣传了些迷信,毕竟他们是洋学堂毕业的学生,他们在教室里主要教的还是一些文化科学的知识。学生有了上下课,搞些音、体、美,学生也比较活跃。时间长了,科举不举了,四书没用了,群众对洋学堂也有了好感。私塾先生说些洋学堂的坏话,也不起作用了。这些乡师毕业生,遍布在广大农村,对洋学的建立、巩固、发展,起了积极的促进作用,他们对我县教育事业的发展,做出了具有积极意义的贡献。②

总之,无论出于主动自觉地借鉴,还是消极被动地沿袭,半新半旧的"两面人"形象才是民国时期乡村教师的最常见的形象,也是乡村教育过渡转型期的常态。其中的落后性是显而易见的,但只要把握住教育现代化改革的大原则,一个兼具塾师之长的现代乡村教师角色对于乡村教育的发展

---

①　韩学文:《一个需要觉悟的乡村小学教员》,《基础教育月刊》1936年第1卷第8期。

②　高瑞:《万全乡村师范》,《万全文史资料》第1辑(上册),中国人民政治协商会议万全县委员会文史资料征集委员会,第113—114页。

是有益的。

第二节 乡村教师与乡绅的权力竞争

民国时期,乡村社会的控制权实际上掌握在被称为"绅"的地方领袖手里,乡村教育必须依赖他们的支持才能开展,新式乡村教师也必须取得他们的支持才能在乡村立足。但是乡绅在观念上多数属于传统和保守势力,他们与代表新文化的乡村教师既存在观念差异,又在事实上存在对乡村公共生活空间的权势争夺。乡村教师在与乡绅的竞争中并没有占据多少优势,在乡村教师建构自身乡村文化精英的身份历程中,乡绅势力所起的作用有其很消极的一面。

一、乡绅在近代乡村教育中的重要地位

近代以来,由于现代国家下沉权力到乡村的能力有限,所以与前近代社会一样,乡村社会的公共生活空间是掌握在传统乡绅手里的,包括近代乡村教育在内的几乎所有乡村公共事业的开展都离不开乡绅的参与和支持。

这里所谓的"乡绅",在民国时期的不同地区有多种称谓,乡村教育专家张宗麟于20世纪30年代初曾总结中国南北方"豪绅的成因与方式",指出中国各地的豪绅有村长、官商、家长、土著等等区别。"在山东河南江苏的江北以及安徽的皖北一带,所谓村长的势力很大,这些村长在当地最有钱,加以有相当的官府军队的势力,有许多还有土匪的势力,所谓势力就是可以保自身的身家财产,又可以剥削没有势力的民众。江南皖南浙西和浙东的沿海一部分,福建的闽北大多数退隐的官吏军官、富商等在乡村中占有很大的势力。他们对于民众与北方的村长有些不同,前者有些近于武的、蛮干的,后者近于文的、做成圈子,请君入瓮的。福建的闽南,广东的东江、北江一带的家长,可算是小皇帝。这一带的人民,家族观念最深,他们都是聚族而居,家长就是这一族这一姓的最有势力者。他不必是辈分最长,年岁最

老的,只要有力有势就可以打倒别种势力,自己尊为家长。因此在同一村里有强姓弱姓,同一姓里有强房弱房,同一房里有强角弱角等分别。强者真是尊如当地皇帝,弱者妻子儿女以及田里的庄稼都是朝不保夕,正如征服的俘虏。广西的内地有熟猺熟獞与客民,这里就分出许多强弱来了。客民初到内地,当然不能立足,但是客民倘若团结起来,便可以赶走土著。于是客民的头儿便渐渐成为当地的最有势力者。"①总之,这些士绅的共同特点一个是"富",另一个最重要的特征就是,在乡村这个特定范围的熟人圈子里他们是最有势力、最有权威、最有号召力的地方领袖。

杨懋春把山东台头村的乡村领袖具体分为官方和非官方的两类。"官方领导是由村民选举或由当地政府或县政府任命的,他们履行特定职责,应根据固定的规则而不是自己的主张行事。在旧体制下,村庄有四个官方领导:社长(地区领袖)、庄长(村庄的首领)、乡约(即收税员)和地方(村里的警察)。"②进入民国以后,官方领导改为区长、乡长之类的名称。村庄里还有许多不担任正式公职,但习惯上在公共事务和社区生活中有更大影响力的非官方领导,包括族长、乡村能人、甚至部分乡村教师在内,杨懋春统称他们为"村庄的绅士"。"村庄中有许多人尽管不担任公职,但是从某种意义上说是领导。他们在公共事务和社区生活中的影响可能比官方领导大得多,虽然不太公开。他们实际上是受人尊敬的非官方领导,其中最主要的是村中的长者、给全村提供特别服务的人和学校教师,可以说,这些人构成了村庄的绅士。"③

1. 乡绅与乡村教育

自古以来,中国乡村社会中的实际领导权就在这些乡绅手里,资助地方

---

① 张宗麟:《中国乡村教育的危机》,《中华教育界》第21卷第2期。
② 杨懋春:《一个中国村庄:山东台头》,张雄等译,江苏人民出版社2012年版,第169页。
③ 杨懋春:《一个中国村庄:山东台头》,张雄等译,江苏人民出版社2012年版,第177页。

教育是乡绅们主办的主要地方公益事业之一,他们通过造福桑梓赢得名望,进而巩固家族在当地的权势。

对家族利益的考量也是近代乡绅参与办学的主要动机。陶钝在自己的回忆录中指出自己之所以从一个受旧式私塾教育的乡村子弟,最终走出乡村勇敢接受新式教育,其最初的动机是"入学堂遮门挡户"。按照陶钝自述,他的家族是当地的"小地主",曾祖父是"不第秀才",[①]曾经做过塾师,与那些祖上有仕宦、眼界比较开阔、家庭经济更加富裕的乡绅家庭相比,他的家庭对教育的期望并不高,所以直到清末民初附近村庄已经出现新式小学的时候,陶钝一直还是在家塾里受传统教育。但民国初年地方社会秩序的混乱,使他的家庭深感"树大招风",担心家里兴旺的油坊生意招来祸事。事实上,他家也确实接连遭受无妄之灾,一次是受邻居种鸦片连累,被县政府罚了款;另一次是被所谓的"革命军"勒索钱财。两次祸事给了他的家庭一个教训:"讲到油坊营业和家产虽然超过官庄前街的隋家,但比起王家来还差得远呢。隋家和王家安居乐业,没有遭到什么横事,就因为他们也讲维新,办学校,参加同盟会或共和党,常坐着二马车到县城里走走,子弟们先在相州中学,现在已经到省里去上学了。……我父亲把世道变了生意难做的事,分别同这两位诸城北乡的绅士讲了,得到的却是一致的答案:这个世道光有钱没有人没有势不行,应该办个小学校,培养几个懂维新的人才好。"陶钝家因此才在自己宅基地上盖了房子兴办新式学校,并且答应送陶钝入县立高小继续读书,以后又继续供他读中学、读大学。[②] 所以遮挡门户、维护家族的权势和利益是乡绅们投资新式教育的现实动机。

近代以来,由于政权向基层社会渗透的能力有限,乡村社会基本保持着前现代社会的半自治状态,乡村豪绅仍然是乡村社会的实际领袖,影响力巨大。所以,近代乡村各项公共事业的开展都必须借助乡绅的力量才能完成,

---

① 陶钝:《一个知识分子的自述》,山东人民出版社 1987 年版,第 1 页。
② 陶钝:《一个知识分子的自述》,山东人民出版社 1987 年版,第 59—60 页。

整个民国时期乡村中仍然是这样的权势格局。"中国的政府向来对于散漫的乡村没有统制过,虽然在名义上是属于某政府。甚至最接近农民的县政府,也是如此。真正统制着乡村的,是县政府的'班役''政务警',和乡村里面的'地方''甲总''地保'携手后的剥削大集团。……无疑的二年前(时为1935年)的邹平乡村社会,也是'政务警''甲总'联合统治下的一个剥削地。"①

乡村所有公共事务的开展都离不开乡绅的支持,在办学方面同样如此,所谓"学董"一类人对于乡村私塾和后来的新式学校的开办都起着关键作用。严济宽形象地描述了民初乡村学董的作用,"在偏僻的乡下,二十多年前是没有所谓小学的,你要读书,就得进私塾。私塾是这样组织的,由一个与先生有关系的人发起,在正月初,替先生发纸笔,收了纸笔的,就是答应了送子弟去读书。这个发起人,大概是有点地位的,在发纸笔的时候,如果人家告艰苦,说没有钱读书,他也得劝一劝,使人家不得不卖他一点面子。假使发起人有空余的房屋,作为先生设馆之所,那就要称之为学东了"。②

民初,几乎所有关心或从事乡村教育工作的人都认为与乡绅联合是唯一务实的、能够短期内取得实效的办法。比如在乡村教育热潮中,对于知识分子"怎样到民间去?"这个首要问题,有研究者说:"关于这个问题,作者曾经请教了几位有乡村教育经验的朋友。有几位毫不怀疑的说:'联络地方领袖。'"③"国内有许多干乡村教育的人想尽办法与豪绅联络,作为与民众接近的线索,希望收到速效。"④

在当时,城乡文化分化、对立严重,一般乡村民众相对来说更趋封闭和保守,任何外来新事物在乡村的推行都会遭到来自普通乡民的抵触;国家政

---

①　李蔫:《专论·邹平二年来的乡村青年训练之我见》,《乡村建设半月刊》第5卷第10期。

②　严济宽:《我的私塾生活》,《学校生活》1935年第103期。

③　喻任声:《从摸索中所得的教训》,《中华教育界》1934年第22卷第4期。

④　张宗麟:《中国乡村教育的危机》,《中华教育界》1933年第21卷第2期。

权又无力触动乡村社会的半自治状态。在这种情况下,乡绅可以说是唯一能够组织和调动乡民的力量,他们在发动乡村运动方面具有的优势显而易见。"乡村是荒僻的地方,除了当地农民及亲友外,对于外来人很生疏,彼此亦极隔膜。任你有何很好的办法,对于他们有重要关系的事体,多不加考虑,听而不闻,疑信参半。常有我们舌敝唇烂,他们毫无所动的情形,经他们当地有信仰的人一说,即毫不费事。"①

余家菊的家族就在清末民初的乡村兴学过程中扮演过这样一个发起者和组织者的角色。首先,他的家族是典型的传统乡绅,"我生于农村,长于农村,幼年受教育于农村,及长又曾兴办教育于农村。目之所见,身之所经,颇多足以记述者。吾家本号小康,先世喜读书,而兼营农商,虽有博得举人拔贡进士之科名者,从未投身仕宦。既略有资产,又薄有科名,故为乡里望族之一"。② 从小余家菊是在自家的"专馆"学习的,清末入新式学堂。民国初年由于政治动荡,"乡村教育殊为退步,学校既无可观,而私塾教师亦甚难得优良之选",在这种情况下,为避免自家子侄们荒废学业,余家菊于民国八年推荐自己一位友人任塾师,教育自家子侄。这个乡村学校是兼具新旧的,"课程校规,参酌于私塾与学校之间。学生约十人,教法仍取个别教授。盖于将就习俗之中力依教育原理以求改进之一个试验乡村学校也"。这个半新不旧的乡村学校由于得到一位"勤恳任职之教师",所以办得很有成绩,"颇为家长乡里所称道,翌年,远近来求附学者颇多"。在这种情况下,又得力于余氏家族的支持,这所乡村学校得以扩大为聘用两名教师、一名校役和七十名学生的正式小学。"家兄某愿多出资金,乃决议改为正式小学,命名为自进小学校。……全校学生约七十人,分两教室。大部分走读,少数住校。课程多依部章,教材趋向革新。凡当时之新运动,莫不迅速措诸实行。如白话文之采用,国音字母之教授,皆居本县各校之先。用国

---

① 张建勋:《一个乡村小学教师办理乡村青年团的回忆》,《乡村运动周刊》1937年第20期。

② 余家菊:《乡村教育通论》,上海中华书局1934年版,第135页。

音字母,作寻常信件,高级生多优为之。训练方针,以勤劳、自立、进取为主。……开办一年后,声誉鹊起,省教育厅传谕嘉奖。第二年来学者益多,学生名额增加,遂增聘教师一人。"一直到民国十五年,因饥荒和共产党的活动,学校停办。①

2. 乡绅与乡村教师

乡绅在当地既然有如此大的社会能量,乡村教师自然少不了要与他们打交道,乡村教师的成败几乎掌握在乡绅们手里。

一位乡村教育视导员在给乡村教师们提供建议的时候,就指出:如果遇到对教育不负责任的乡镇长,乡村教师可以找"能够办事的村民"出来协助办学,这类人物无疑就是典型的乡村士绅,在这里乡绅的能量甚至是超过基层行政长官的。"如果乡镇长真的是个不会办事,办不通事的人,你要设法叫能够办事的村民出来,负责一同办学。好在谁能办事,是容易看得出来,找得出来的。不然,你要不会用此变通的办法,乡镇长如不办事,学校对外的一切活动,岂能就陷于停顿。好在乡村里的惯例,往往推选一个年高德劭的人出来顶名,在下会有个人去办理实事。能办事的人出来当学校的管理员,是再好不过的一个办法。"②

有些乡绅们虽然对教师办学并无正式的权限,但他们的态度事实上却能主宰乡村教师的命运,让你保不住饭碗。有人描述乡村办学存在"维新派"和守旧派两种人,作为守旧派的"老绅士"对于新式教学不认可,会骂新式教员学问根底太浅,新式教学只会领着学生们玩等等,这种行为"表面上看来,虽然不是什么大不了的事;但是处在农村社会里,却不能毫不顾及,否则,无中生有的谣言四起,议论纷纷,那你的饭碗就算摔了"。③

而且,事实上,乡村豪绅确实也是民国乡村教育的实际运作者和管理者。乡村学校的实权一般也都是由乡村豪绅们掌握的。学校校长、学董或

---

① 余家菊:《乡村教育通论》,上海中华书局1934年版,第142—143页。
② 徐伯璞:《第十三区短期小学视导感谢》,《基础教育月刊》1936年第1卷第2期。
③ 《河北霸县乡村小学教师生活的写照》,《众志月刊》第1卷第3期。

管理员几乎都由当地的头面人物担任或经他们首肯,学校教师的聘任、学校经费的筹集和分配、教学设施的筹措、教员薪水的发放、学校招生好坏等等关键事务都要他们经手。如果他们对乡村教师采取不合作的态度,乡村教育几乎就难以发展。乡村教师也只有与这些"办公事"的乡绅打成一片,自己才能在乡村立足,学校事务也才能顺利开展。乡村教师们都知道如果把这些地方士绅伺候好了,"保管你的位置稳如泰山",如果得罪了他们,"你的名片上得剥下上面的尊衔来"。①

有人总结乡村办学的经验,指出普通乡民对于发展乡村教育来说并不是不可逾越的障碍,只要乡村教师方法得当,实际上是可以争取他们的支持的。因为"漠视学校的农民对于教师虽然没有利益,但是也没有什么不方便。况且他们存心诚厚,于学校无好无恶,只要没有土豪们去煽动利用,只要教师们肯降低身份与他们稍稍联络,也可以把漠视的观念,变为爱护的行为"。② 也就是说,乡村民众虽是乡村社会中的绝大多数,但他们是一种被动的随从力量,主动性和社会能量并不大,真正对于乡村教师的生存产生直接影响的,往往是乡村社会中的"能人"——乡绅和乡村教师的直接竞争者——塾师。特别是乡绅群体对于乡村教师的生存构成了很大影响,无论是反对学校,还是主动办学,抑或利用学校,都是这些乡村领袖们的勾当,一般民众没有这个力量。

出于传统的造福桑梓的责任感,或者是出于对于新知识、新思想的真实兴趣,一些乡绅对于新事业在本地的发展真心实意地出了很多力,一些乡村教师的成功得益于乡绅的支持。

一个青年乡村教师这样回顾自己在乡村办理青年训练团的经历,他在办理青年团之前,因为乡民思想落后顽固,曾经愁得"汗流浃背",他经过一番思考踌躇之后,想出来的唯一"适应的办法",就是先与乡村士绅联络,先

---

① 老伦:《山西乡村小学教师生活速写》,《实报》1936年第2期。
② 张宗麟:《乡村教育经验谈》,世界书局1935年版,第18页。

取得他们的支持。"首先须要抓住本地领袖的信仰,因为彼等明了当地情形,熟悉农民性情,如能善为领导,于事业之成就关系甚切,尤其是掌握经济大权的乡老,在社会上地位高,声望大,他对我们发出一句不满的话,就是我们事业的致命伤。"在作者的积极联络疏通下,那位"曾做过乡长的本学学董"对于作者组织本地八乡的青年办理训练团的想法,非常支持,而且在他亲自出面活动下,青年团很快招收了许多团员,青年团正式办了起来。乡绅的权势、能力及作用由此可见一斑。① 甚至民国时期许多乡村教师本身就是当地的乡绅,出身于当地的大家族。

　　总之,近代乡村教育的开展离不开乡绅,乡村教育初期的成功也部分得益于乡绅的支持。但是,从乡村教师的角色建构来看,现代意义上的乡村教师与立足于传统乡村社会的乡绅之间在理念和利益上是有冲突的,二者之间的关系其实很紧张。

二、乡绅对乡村教师社会角色的影响

　　乡绅是中国传统农业文化的代表,他们的权力是传统宗法社会结构的凝结,到民国时期,他们仍然是乡村社会的实际控制者。而乡村教师在国家制度和城市精英的角色设定当中则应该成为引领乡村政治、经济、文化、风俗改良的发动机,他们在观念上,或是在实际利益上都会对乡绅构成潜在或公开的挑战。虽然民国时期一直有一种观点,认为发展乡村教育应该借助乡绅的势力,乡村教师应该与乡绅联合,而且事实上乡村教师也必须与乡绅合作。但来自乡村教育第一线的报告却揭示出问题的另一面——乡村教师与乡绅之间矛盾很深,冲突很大,可以说,乡绅是民国乡村教师的角色实践中遇到的最大障碍,在乡绅控制的乡村权力结构中,乡村教师只是一个卑微和边缘化的角色,根本不能发挥乡村改良"发动机"的作用。

---

　　①　张建勋:《一个乡村小学教师办理乡村青年团的回忆》,《乡村运动周刊》1937年第20期。

1. 近代乡绅群体的落伍

乡村教师与乡绅的关系,是在近代乡绅群体"土劣化"的背景下展开的。虽然新式乡村教育的发展离不开乡绅的支持,而且近代乡绅也确实为新式乡村教育的开展做出过一定贡献,但总体来看,近代乡绅群体是一个趋于落后保守的阶层,有人评价近代士绅群体是中国现代化转型的"天然仇敌"。① 总体来看,他们对于新教育的态度是有保留的,其所起的积极作用是有限度的。

近代乡村士绅整体素质的下降,甚至有土劣化的倾向,这是一个公认的现象,这情况的出现可能与近代城市化大背景下乡村精英的离乡有一定关系,"在乡村里面凡是有能力有本领的人多半走向都市去了,在乡村间称得为领袖的,大都是能力薄弱的人,或者是人格品德有欠缺的,所以常常不能获得乡民的信任,以如此的领袖怎样能辅助乡村教育的推动呢?"②

杨懋春则从国家与乡村之间的关系及乡村政治现代化的角度,客观分析了乡村传统领袖的日趋保守化的由来。"从前,如果付了土地税,且不发生必须提交法庭的罪案,村庄与政府之间几乎没有什么关系。在中国乡村,村庄与政府间的共同活动大多是消极的或防患性的,且由传统程序所支配,不到万不得已,是不会实施新措施的。领导人的责任是保证现有秩序不受妨碍,任何威胁现存秩序的新建议都不能实施。最近这种状况有所改变。政府要求村庄采纳新措施,消除过时的东西,几乎每天都有命令和建议到达村庄。该地区已被重新组织,村公职人员具有了新的权威。旧式庄长适应不了新要求,由受过训练的人取代,这对原有的从属于非官方领导(指士绅)的惯例产生了冲击,非官方领导对这一变化极度不满,因为他们失去了社会地位的原有保障。不安全感是他们反对新政府的关键因素,他们必然

① 许纪霖、陈达凯:《中国现代化史》第1卷,上海三联书店1995年版,第20页。
② 晋林泉:《回乡随笔——一个暑假回乡学生的忠实杂感录》,《乡村运动周刊》1937年第20期。

成为'保守'派。"①按照杨懋春的说法,乡村中分为官方领导和非官方领导两类乡村领袖,在传统乡村中被称为非官方领导的士绅具有高于乡长之类官方领导的权威和影响力。但是在国家权力下沉到乡村的大环境下,由士绅主导的旧的乡村秩序被触动,受到威胁的士绅变得更加自私和狭隘,他们会为了自己的私利而对抗外来的改革。

对于民国时期普通乡绅的素质,当时只要对于乡村稍有了解的人都会得出这样结论:乡绅们观念落后、自私自利、对办学敷衍塞责。

王尽美曾经这样评价山东的乡村小学,"握乡村教育大权的不在富有经验的教育者,而在富有资财武断乡曲的绅士。所施的教育,不是要去提高平民的知识,是要造出些鱼肉乡民的小绅士"。② 韩学文这样描述 20 世纪 30 年代他家乡的士绅对于新式教育的态度:"他们(乡长)还在信仰圣人,崇拜偶像;他们不满意现在的教育,因为学校不允许念四书五经,就不肯把儿子送进学堂里去;因为不明白现行的小学课本,反说念了会把儿子念坏的,再说厉害点,他们根本就不把学校看做一种有意义的设施,既认为没有意义,当然他们就没有兴头去做,所以教育的前途就不堪设想了;同时学校成立了,还需要一批款子,这笔款是要全村人民来负担的,他们出了钱来办他们不乐意而且认为于自己无利的事,当然他们是不高兴;但是为了命令的强迫,实事上又不能不成立,而成立了不用说就是马马虎虎,敷衍塞责了事。"③

虽然在观念上对于现代教育并不认同或并不了解,但并不妨碍有些乡绅积极插手办学,其背后的动机无非是借办学来揽权、牟利。"乡村中的富户或是安分守己的人,常是对于公家的事务推诿不办,抱着'不惹闲气'的

---

①　杨懋春:《一个中国村庄:山东台头》,张雄等译,江苏人民出版社 2012 年版,第 181—182 页。

②　王瑞俊:《乡村教育大半如此》,《泺源新刊》第 7 号,1920 年 10 月 22 日出版,转引自中共诸城县委、山东大学历史系合编:《王尽美传》,山东人民出版社 1981 年版,第 85 页。

③　韩学文:《一个需要觉悟的乡村小学教员》,《基础教育月刊》1936 年第 1 卷第 8 期。

主张,所以一些穷极的无耻汉,乘机把个什么长什么员的头衔顶戴在自己的头上,满心里以为管管公家事,最低限度也弄些酒菜吃吃,省下回家啃窝窝;何况这又是所谓权利呢! 全村的老少人等及学校的教师,那一个敢不听咱管呢? 于是乎作威作福,小学教师就是受着他们任意的蹂躏了。"①

有人直言许多乡村学校管理者本身就是乡村土劣。"乡村学校的管理员(亦有称为校长者),除去了很少的一部分,多数都是乡间的土劣,不用说他们没有教育的知识,连封书信都很少看得下来的。这样人来办教育,岂不是一个大大的笑话!"②

陶钝曾经在自述里面描述他的家乡山东诸城徐家河岔村的一家靠赌博起家的"新发户"——马家。"马家兄弟是两个穷光棍进村的,在村子西南角央求了一间破屋住着,卖糖葫芦、炒花生维持生活。他们卖东西是弄赌博。……这样下去,徐姓两户地主变成富农,庄姓两户富农变成中农;马家两个穷光棍,娶了媳妇,生了儿女,置的土地和我家差不多少了,但不雇人自己种,雇短工的时候也很少,四头牲口耕地,男女一齐下田收庄稼,过日子一丝不漏,对公益事,一毛不拔,这是我们村的新发户。"就是这样一个靠不光彩手段发家、对乡村公益并不热心、名声也不好的家庭,在民国以后却越来越有权势,"马家老兄弟共生了五个男的。只有三儿子读了几年书,参加了辛亥革命,是我们村剪发最早的一个,也提着文明棍和周围村维新人物来来往往。全村的富裕户被他们用高利贷算去了土地,穷户得不到他家一点好处,所以人人恨他们;看到马三那个样子,还怕他们。"③大概正是由于自己暴发户的身份不被乡民认可,所以,民国以后马家办起了村里第一所新式小学。显然办学的公益色彩有助于改善马家在乡村的声望,而新式小学的"现代性"又有助于马家与外界的沟通,进而提升自家的社会地位。

20世纪二三十年代,中国知识界曾兴起过乡村教育、乡村建设运动,一

---

① 张绳五:《乡村教育实地经验谈》,《基础教育月刊》1936年第1卷第1期。
② 孙钰:《乡村教育之困难及其救济方法》,《村治月刊》1929年第1卷第8期。
③ 陶钝:《一个知识分子的自述》,山东人民出版社1987年版,第45—46页。

时之间城市知识精英们中间流行着"下乡去""改造乡村""复兴农村"的潮流。在这股潮流中,城市知识精英们多认为要下乡去必须走与乡绅联合的道路。后来不断有人对这场运动进行反思,也客观评价了乡绅群体在其中的消极作用。

张宗麟在考察了七省的乡村教育之后,得出的一个结论是"利用豪绅,以求目前事业的成功,那是最不应该的事"。他指出,乡村豪绅立于官府与乡民之间的位置,对于乡村民众来说是一种借助官威盘剥民众的消极势力。"豪绅处于官厅与民众的中间,一手拉住官厅,一手压住民众。对于官厅惟命是从,使官吏不必下乡而能得到民众的汗血。"而豪绅自己往往借办理乡村公共事务之机假公济私,盘剥百姓、从中渔利,连乡村教育事业也不能幸免,所以,张宗麟说"豪绅的毒害民众,可说是民众的附骨疽,也就是乡村运动中最显著的敌人"。他认为开展乡村教育等新事业,走依赖豪绅的路子只能使运动变味。"国内有许多干乡村教育的人想尽方法与豪绅们联络,作为与民众接近的线索,希望收到速效。结果呢,他们也变为豪绅。或变为豪绅的爪牙,有时候更如虎添翼如瞎眼蛇睁开了眼睛。"[1]

马宝华指出乡村教育运动过后,中国乡村的实际状况一如既往,甚至有些地方比以前更不景气,其中原因很多,"但其中最大者,当为乡村之土豪劣绅,把持教育,阻挠教育和专对于真正从事乡教者为敌的缘故"。作者分析了中国南北方土豪劣绅为害一方的情况,指出"中国土劣的情况,南方与北方有些不同,在河南山东江苏的江北及安徽的皖北一带,所谓乡长的势力很大,这些乡长,在当地最有钱,加以交结军队,勾串土匪,他们一手拉住官厅,一手压迫民众;福建的闽北,大多是退伍的军官和富农;闽南和广东的东江一带的家长,可算是'无冕之王'"。作者认为热心教育的士绅不是没有,但属"凤毛麟角",而阻碍教育的则如"过江之鲫"。作者分析土劣反对学校的原因,主要是由于观念的分歧和对私利的维护,比如:乡绅迷信科举,反对

---

① 张宗麟:《中国乡村教育的危机》,《中华教育界》1933 年第 21 卷第 2 期。

新式教育;迷信偶像,反对校舍占用庙宇;进学校无助于升官发财,因而对学校教育失望;或者害怕村民受到教育后,有了知识和组织会威胁到他们在乡村的势力等等。所以土劣对于学校的阻力很大:他们要么会用捣毁校具、诋毁教师、造谣生事等方式反对学校;要么漠视学校,对学校不闻不问;狡猾一些的乡绅利用学校,视学校为渔利的招牌,或者认为可以借助办学交结官府,威吓百姓,这类人对于办学并不认真,只是敷衍了事。①

有些人则从现实挫折中领悟到这个道理:现代教育的办学者如果与土劣化的乡绅走得越近,普通乡村民众可能离你越远。比如有人在走联络"地方领袖"办学的路子之后,却发现结果不妙,"岂知愈联络地方领袖,真正的民众离你愈远,终至于绝对不睬你了!"苦恼探索之后,还是一位农民委婉地告诉了作者原因:"还是不要用县衙门的老爷惯用的法儿吧!"作者听出了这位农民朋友的话外音,悟出了真相——"这位农民知道地方领袖的势力,惟恐一得罪他们,今后怕难过安稳的日子,所以才如此的说;不然他告诉你'这些地方领袖都是土豪劣绅,是我们的敌人!'"②

总之,作为乡村权势阶层,乡绅是现代乡村教育发展过程中绕不过去的一种势力,而事实证明,乡绅阶层对于现代乡村教育事业的发展起着越来越明显的消极作用,那么乡绅与乡村教师的关系如何呢? 在乡村教师的角色实践中,乡绅起了什么作用呢?

2. 乡绅势力挤压下乡村教师角色的卑微和扭曲

新式乡村教师即使作为一个单纯的教书匠角色,他也是外部世界强行搜入乡村社会、在乡村传播新文化的楔子,对乡村传统文化格局构成冲击。更何况在乡村学校和乡村教师身上凝结着国家和现代社会改造乡村社会的愿望,乡村学校已经表现出"村落里的国家"的影子,势必对乡村旧有的权力格局构成挑战。所以,乡村教师角色的出现,对于传统的乡村秩序来说无

---

① 马宝华:《乡村教师应怎样化阻力为助力》,《河南教育月刊》1935 年第 5 卷第 6 期。
② 喻任声:《从摸索中所得的教训》,《中华教育界》1934 年第 22 卷第 4 期。

论如何都是一种触动。而乡绅是乡村传统势力和秩序的总代表,所以乡绅对于乡村教师这一现代角色来说,总体表现为约束和抑制的态度。乡村教师要成为乡村社会改造的中心或领袖,也难免会与乡绅发生矛盾。在乡村教师与乡绅的角逐互动中,由于乡绅势力强大,以及政府给予乡村教师的制度、政策支持不够等原因,乡村教师总体呈现压抑状态。乡村教师角色也因之而发生扭曲,乡村教师行为失范,呈现为卑微、功利的特征。

在清末民初乡村教育的起步阶段,乡村士绅是有贡献的,甚至许多乡村教师自身就是地方士绅的身份。但这一时期乡绅对于新教育的热情,与他们对于科举仕途的向往有直接关系,而随着科举制的废除,新教育与个人成功之间的关系又未显现,都妨碍着乡绅们领悟新教育的真正意义。而乡村士绅身上那些植根于封建小农社会的保守性和他们对于乡村的强固控制,都实际上妨碍着乡村新事业的发展。

在现实中乡村教师是不得不与乡绅经常打交道的,还得接受乡绅的领导。总体上看,乡村教师与乡绅的关系并不和谐,无论是乡村教师对士绅的观感,还是士绅对乡村教师的态度都不太好。在二者既要合作又互相排斥的关系中处于下风的一方是乡村教师,乡村教师既在文化观念上受到乡绅代表的乡村社会的排斥,又在现实工作和生活上受到乡绅的制约、甚至刁难。

首先,乡绅的对新式教育代表的文化观念很排斥,他们的不理解和不认可,对乡村教师的工作构成一种心理压力,不知不觉中扭曲了乡村教师的行为,使他们更贴近塾师。

有人这样描述乡村领袖的"愚顽","现在一般乡村领袖,就是认识字的人,脑子也是印着过去的铁板板的面孔,厚沉沉的戒尺,所谓师严道尊的印象,'子曰学而'就是教育,他哪里知道什么办教育"。[1] 一位到邻村任职的乡村教师,这样记述他第一天与村里两位学董的遭遇,"那位秀才先生,对

---

[1] 韩昭:《邹平存立学校的现状及其改进》,《基础教育月刊》1936 年第 1 卷第 10 期。

我谈话,都带着几分考试式的,甚么'洪范五福''期福,功福'这类话料来问我,我仅以没入私塾为对,上学校的不识字,不时的在他的谈话间眉目间现出来,便将我冷落一边,谈他们的话了"。① 这位教师的尴尬和局促可想而知,而且可以想见,乡村教师仅凭借自身的新知识、新技能是难以在乡村立足的。

乡村教师们的教学过程也会受到乡绅的干涉。如果施行一些新式教学方法,或者只是"小学里添上一两点钟的音乐和体操","守旧派""老绅士"就会议论纷纷,"这种种困难,表面上看来,虽然不是什么大不了的事,但是处在农村社会里,却不能毫不顾及,否则,无中生有的谣言四起,议论纷纷,那你的饭碗就算摔了"。② 在乡村教师来说,有这层不得已的苦衷,他们就不可能按照自己在师范学校时所受的专业训练,遵照教育法律法规,按照现代教育规律行事。如果遇到有人指责他教学方法落后守旧,不合教育规律时,他只能无可奈何地回应说"你说得很对,不过一那样做,村里就会有说闲话"。这种状况就造成了畸形现象——乡村教育"反以乡间一般无知者的心思而转移",乡村教师角色也走形了。③

所以,乡绅的排挤造成的不仅是乡村教师个体的行为失范,某种程度上甚至可以说,民国时期乡村教师整体素质的低下也是乡绅群体的落后性造成的。

韩昭在研究20世纪30年代邹平乡村小学现状时,发现有些乡村教师名为教师,实际上行的却是塾师那一套,作者认为"真是无奇不有",而乡绅领袖们的反映却出奇地好,"可是村庄上办学的人,非常信仰他,第一因为他教儒书,第二先生每天不离屋子,很'靠靠',第三先生不吃烟不喝酒不喝茶给村里省钱"。④ 韩学文记述他家乡的乡绅在选择乡村教师的标准上更

---

① 冯汉臣:《一个乡村小学教师的经过》,《基础教育月刊》1936年第1卷第10期。
② 《河北霸县乡村小学教师生活的写照》,《众志月刊》第1卷第3期。
③ 韩学文:《一个需要觉悟的乡村小学教员》,《基础教育月刊》1936年第1卷第8期。
④ 韩昭:《邹平存立学校的现状及其改进》,《基础教育月刊》1936年第1卷第10期。

荒谬,所谓学识他们是根本不懂的,"他们的办事,是以'看钱'为原则的,所以学堂里教员的聘请,也是本着这个原则,反正不论你教员的好坏,也不管你能否担得起教育儿童的责任,只要你要的薪金最低,便有担任教员的希望,说到儿童方面,他们当然不关心儿童需要和要求的是怎样的先生,也没有顾及乡间的环境需要怎样的教员,他们只知道省钱,所以请来的不是子曰、孟子曰……念过四书五经的爱静不爱动的有教没有育的老先生,就是一个没经验没学识的爱打又爱吹的好动感情的轻浮的少先生,由这样看来,儿童命运也就可想而知了。"①

其次,由于乡绅们掌握了乡村学校的办学大权,教师的聘任由他们控制,所以取悦乡绅、甚至行贿成为乡村教师的生存秘籍,是乡村教师立足乡村的第一要务。

在民国乡村教师聘任制度不规范的情况下,乡村教师获得聘任的第一个重要关节就是获得乡绅的接纳。有人描述乡村教师求职的"奔走的路线"是这样的:"第一步先要向村长接洽,卑辞厚币以求允诺;其次再哀求视学——劝学所所长——发给委任。……奔到了教员位置的人,最要紧的工作,就是在村长前献殷勤乞哀怜,以求自己的地位稳固。所以教员们对于村长的供养,简直比生身父母都要虔心好几倍。如论村长头疼背痛,必须亲自拿上礼物去探望;一旦不幸村长有婚丧大事,做教员的除了费上三四日的工夫去帮忙外,还得送很丰厚的礼物。所以教员们一听见村长出丧或娶亲,便暗暗为自己的钱包担忧。"②

再次,乡绅所掌握的办学方面的权势,尤其以他们掌握着乡村学校的经济大权最为关键,由于乡村教师的薪俸和办学费都由乡绅们从乡间筹措和发放,这就造成乡村教师在经济方面对乡绅的依赖,这种经济上的依赖,可以说注定了乡绅对教师的强势,造成了乡村教师地位的卑微。

---

① 韩学文:《一个需要觉悟的乡村小学教员》,《基础教育月刊》1936 年第 1 卷第 8 期。
② 革日水:《形形色色——山西太谷县的小学教员》,《生活》1929 年第 5 卷第 1—52 期,第 747 页。

乡村教师自身所感受到的最切肤之痛也往往与乡绅在办学经费上的刁难有关。"今日办事者对教员态度,不是说得过分:真如他们的奴隶(同仁有用'工友''管家'等名词来加在自己身上的)。有事请他们来商磋吧,恐怕多数退后,极少的列席者,也只是说一些'没有办法'。例如想造个省钱的黑板,建议的油印机,本花钱不多,他们也只是说些'办不到',政府下令叫一律制国旗一面,他们也只是不管。"①

把持公款,从中渔利往往是土豪劣绅插手办学的主要目的,而他们一旦存了这份私心,乡村办学势必在他们的干扰下变了味,而乡村教师普遍感到对付这种土劣比起对付普通乡民困难得多。"利用学校发财,巩固地盘,勾结官绅等现象,在乡村里是很多的。只要主持者有利用的存心,那么对于学校的一切,可以敷衍的就尽量敷衍,至于聘请校长教员,那么当然只有亲疏的标准,没有学识的标准,对于儿童当然只要绝对服从,不许有些许自由;对于社会绝对抱隔绝的主张,免得把学校的内部给别人揭穿。利用学校者对于教育的罪恶,比反对学校者来得大,因为他可以使教育长时期的不进步,可以戴上假面具欺骗社会,横行乡里。做教师的对付这种人也最困难。"②

乡村办学经费本来就十分拮据,如果土劣再从中渔利,乡村教师自身的经济利益就受到很大的损害,所以,乡村教师与乡绅之间是有直接的经济利益冲突的。有人指出乡村土劣借管理学校的机会从中渔利有以下几种做法:"1.扣先生的薪水使用。2.扣杂费自用。3.吃先生,先生不给吃便宣传先生坏。4.向先生摆架子,先生不受便宣传先生坏,甚至教先生干不到一年。"③显然,无论哪种做法都等于直接剥削乡村教师,从而加剧乡村教师的生存困境。

最后,由于乡村教师在任命、教学、报酬等所有方面都受到乡绅的控制

---

① 刘俊田:《不可忽视的几个小学教师的问题》,《基础教育月刊》1936 年第 1 卷第 12 期。

② 张宗麟:《乡村教育经验谈》,世界书局 1935 年版,第 17—18 页。

③ 韩昭:《邹平存立学校的现状及其改进》,《基础教育月刊》1936 年第 1 卷第 10 期。

和干涉,在一些极端的情况下,甚至会出现土劣欺诈乡村教师的现象。

比如,有乡村教师就反映,由于一般乡村教师是在外乡任职,在当地无根基,年纪又轻,社会经验不足,在遇到当地乡绅土劣为难时,他们有时用请酒、送礼等方式主动与土劣乡绅拉近、缓和关系,久而久之,这些土劣竟然借机习惯性地敲诈乡村教师,向教员"打秋风"竟成为一种乡村"流弊"。"再说到一种流弊,教员为增进密切情感俾教育活动起见,特意制办点酒肴,以待遇管理人员,不料,从此就走入歧途,而管理的身份又因此高大起来,以为先生是向他乞求面子的,专权的,意志更加一番牢固。每逢阴天下雨稍有闲暇的时候,便到学校里猜梅花拳,差遣学生打酒买肴遥街去跑,'夜以继日,不醉无归',学校成为茶坊酒肆,学生已经成了茶坊酒肆的小买办,这时候的先生你想担任什么职务,岂不成了茶坊酒肆的招待了吗? 乡下人对于学校的信仰也就此消失完了。"①

很多乡村教师反映,通达人情,会与乡绅打交道,是超过教学能力的第一迫切需要的生存技能。

"新教师们最感痛苦的,除了待遇之'清'和生活之'苦'以外,就要算人事方面的应付了。"所谓人事方面的应付,"除了同事之间外,校外联络也要顾到"。有位视导员曾记述这样一件实例,"某次我到一个乡村小学去视导,那学校新换了校长,旧校长是一位办学老手,和地方联络得很好,新校长呢,是上海某女校高中师范科的第一名毕业生,新做教员,功课很好,教学法,办事能力,全够标准。只是在学校里高傲惯了,不通世故。在到任的第二天,镇上的一些流氓来讨赏钱,她满肚子的原理原则,教材教法,却从不曾知道应付流氓的事,便连讽带嘲的抢白一番,流氓愤愤而去了。当天晚上,学校的黑板全部被窃,校长才知道流氓们的手段。连忙托人加倍奉承,到了晚上,黑板又物归原处了。但流氓们还余恨未消。该校的校舍与镇上的警察分驻所毗连,分驻所的巡官也是一个青年,于是流氓们题材来了,平空造

---

①　翟芝轩:《一般乡村小学的实际写真》,《基础教育月刊》1936 年第 1 卷第 12 期。

出许多谣言,说校长和巡官怎样怎样。把一个目空一切的校长,说的欲辩无从,不敢出校门一步。但也奈何他们不得! 这就见得处世之困难,应付之不易,新教师们,要异常审慎的。"①

在乡绅与教师之间关系如此不正常的情况下,这种所谓的人情交往事实上等同于乡村教师向乡绅的行贿。"在乡村小学里的教师,最需要交际术,而且是以交际费的多寡来作位置与声望的保障与转移的,只要手腕灵活,多花几块钱多打几角酒给管理员吃吃,应付得他的心好似经过了熨斗那么舒服,这几项校款还有痛快支用的希望;反之,任凭你教学怎样的高妙,而这几项校款就不用打算如期拿来,并且还要节外生枝,故意为难。"②

理解了乡村教师与乡绅之间的这种关系,就不难理解何以乡村教师将"土劣"列为发展乡村教育的最大障碍,甚至咒骂:"土劣是乡村事业的障碍物,致命伤,他是'成事不足败事有余'的上等魔鬼。"

在这种不平等关系制约下的乡村教师,其现实角色无疑是卑微的,如同是乡绅的附庸,居于乡村社会权力结构中的边缘,远不是国家和知识精英期待中的那种能够贯彻独立理念、居于乡村公共生活中心位置的乡村精英。连乡村教师自己也意识到自身角色的扭曲,"乡村小学本是改造农村的核心,岂想竟成了他(乡绅)的饮酒宴乐的地方。教员本是造福于农村的,岂知竟成了他们的'工友''茶房'"。③

3. 乡村教师与地方士绅的"联络"

在乡村教师与乡绅关系中,除了矛盾的一面,事实上,无论乡村教师愿意还是不愿意都不得不与乡绅合作,这是由乡绅在民国乡村社会中的稳固地位所决定的,所以民国时期在乡村教育发展路径问题上,"与乡绅联络"

---

① 敬远:《与新教师谈甘苦——告将毕业的师范生》,《教育建设》1941 年第 1 卷第 6 期。

② 张绳五:《乡村教育实地经验谈》,《基础教育月刊》1935 年第 1 卷第 1 期。

③ 刘俊田:《不可忽视的几个小学教师的问题》,《基础教育月刊》1936 年第 1 卷第 12 期。

一直是持续存在的观点,也是乡村教育中常见的做法。这是民国乡村教师角色中比较晦暗难解的一面。

（1）乡村教师与乡绅身份重合

乡村教师与乡绅合作的一个最极端的表现,是乡村教师与乡绅身份重合,有许多乡村教师自身就是乡绅的身份。这是有历史原因的,近代兴学早期,许多乡村学校是由原先的私塾改造而来的,原先的塾师直接转为教师。而塾师是有社会根基的,可能本来就属于当地的乡绅。比如廖泰初曾经指出汶上县的情况,"塾东塾师邀东们全是一个鼻孔出气的,我们说过,这些人又是地方上有钱有势的,豪绅,地主,失业的,乡学究,建筑起社会层次,把持一切,洋学要在乡间站得稳,凑足学生,真不是件容易的事"。① 后来,许多乡绅家庭的子弟在受过一定的新式教育之后,也回乡做了乡村教师,由于他强大的家族背景,这类乡村教师自然也是乡绅,与那些远赴外乡任教的青年教师身份不一样,他们融合了乡绅角色的行为模式也与普通乡村教师不一样。

教师与士绅的角色混融,对于乡村教师角色自身的影响很难一概而论。

杨懋春曾提到山东台头村的"非官方领导"群体当中就包括乡村教师,而这些所谓"非官方领导"就是指乡绅。"村庄中有许多人尽管不担任公职,但是从某种意义上说是领导。他们在公共事务和社区生活中的影响可能比官方领导大得多,虽然不太公开。他们实际上是受人尊敬的非官方领导,其中最主要的是村中的长者、给全村提供特别服务的人和学校教师,可以说,这些人构成了村庄的绅士。"②但是能够成为这种当然的绅士的乡村教师,多数是出身于当地的大族,而非外来的教师;他们的绅士身份主要是来自他的家庭或家族在当地世袭的声望和势力,而非单纯地来自他自身的

---

① 廖泰初:《动变中的中国农村教育——山东省汶上县教育研究》,汶上县个人刊 1936 年版,第 34 页。

② 杨懋春:《一个中国村庄:山东台头》,张雄等译,江苏人民出版社 2012 年版,第 177 页。

学术声望。

　　杨懋春指出台头村的乡村教师一直以来是多重身份集于一身的。"村学校教师传统上一直同时具有几种身份:学校教师、潘族族长、乡绅和当地学者,现在的教师也不例外。尽管他很年轻,不是他们族的族长,但他仍是重要的非官方领导。基督教学校的教师一直是外人,他的领导资格一般得不到广泛的承认。"①因为台头村最早的一家村塾是由台头村的大族——潘族设立的,后来改为新式学校,再后来获得政府资助,成为官办学校。虽然学生也招收外姓、甚至外村的孩子,但学校教师一直是出自潘族,甚至已故的老潘老师就是潘姓的族长。"已故的潘先生,富裕家庭的家长,是村乡绅之一。"②由潘族把持学校成为一个无须讨论的前提。当时在任的年轻教师虽然不是族长,但也是潘族子弟。与之形成对比的是台头村的另外一所基督教学校,它由村里的杨陈两姓的基督教徒设立,但"基督教学校的教师一直是外人,他的领导资格一般得不到广泛的承认"。③尽管其中一位基督教学校的教师,被村民认为具有真正的绅士的品质,但他也只是对村庄的文化观念和活动产生很大影响而已,算不上村庄的非官方领导。可以想见,年轻的潘老师之所以能够得到乡民认可,可能主要原因在于其强大的潘姓宗族做后盾。

　　除了家族背景之外,乡村教师得到认可还需要其他必备的品行方面的修养,而这种必备的修养多是指在适应乡村社会的品行和应付乡村人情世故的技巧,与他作为教师必备的知识技能之间关系不大。

　　杨懋春指出,年轻的潘教师之所以能够获得村民的尊敬和钦佩,在于他努力奋斗的态度和凭借自己的努力所获得的财富方面的成功,而不是完全

---

　　①　杨懋春:《一个中国村庄:山东台头》,张雄等译,江苏人民出版社 2012 年版,第183 页。

　　②　杨懋春:《一个中国村庄:山东台头》,张雄等译,江苏人民出版社 2012 年版,第178 页。

　　③　杨懋春:《一个中国村庄:山东台头》,张雄等译,江苏人民出版社 2012 年版,第183 页。

出自对于这位年轻人在知识和学术素养方面的认可。"村学校教师在离家去机器厂当工人时也很穷,他与兄弟学到手艺后,回村办了一家小型铸造厂。因为生意好,兄弟们与他们的家庭都获得了一定的社会地位。后来大哥去县城接受在新式学校当教师的正规培训,回到台头村后,村民和政府都要他当村学校的教师。尽管他的教育程度远远不够,但因为他有学位,没有人能拒绝给他这个位子。除此之外,他与所有正派的重要的村民关系都很好,村民们也喜欢他,所以他是村里重要的非官方领导之一。"

这一点在已故的村学校教师——老潘先生身上也有所反映。这位潘老先生原先只是老式学校里的塾师,为适应新式教育制度,在自己五十多岁的时候,主动到县立的师范学校进修。有些村民很认可和佩服他的这种行为,但这些人认可他的原因并不在于对老潘先生与时俱进的精神佩服,而是认可努力奋斗的人生态度及节俭的生活态度。他们说:"他真了不起。只要看看他的精神和他过的节俭生活。我认为我们都要向他学习。"①

所以教师与士绅角色的混融,对于乡村教师的角色建构来说并不一定是成功的路径。这一点也可以有其他佐证,有人这样记录自己在乡村学校的同事:学校校长和同事都是本地人,而且按作者的看法他们是乡村绅士,这些同事对于教书是不肯努力的,作者如果有什么建议的话,往往被认为是"多事",因为"他们的教书是为着消闲,不是和我一样的为着生活啊"。②

（2）乡绅与乡村教师的有效合作

民国时期还有很多乡村教师与乡绅关系融洽,双方合作办学成功的例子。

有乡村教师就提到这样一个例子,一位被称为"胡老伯"的老绅士,其在乡间的地位很高,对于乡间事务很有权威。"他老人家是附近六七个村上种田户伙里唯一的秀才先生,是一方舆论的总纽,全部的乡民,都听他指

---

① 杨懋春:《一个中国村庄:山东台头》,张雄等译,江苏人民出版社 2012 年版,第178 页。

② 十君:《我的教师生活》,《教师之友》1935 年第 1 卷第 8 期。

挥。"但是这位老先生却并非土劣,"他的头脑还清楚,所以从不曾存心去干过一桩坏事"。这位老先生与新式教师之间肯定是有理念差异的,但一个偶然事件却导致老先生对新式教师的态度大变。有一次胡老伯在清晨偶遇早起自动晨修的乡村教师们,他为此大为感动,不仅"他十二分高兴的着实赞我们勤勉";而且四处宣传,他对乡民的说辞是这样的:"我们不要管他们新不新,好不好,只看他们如此的勤奋,教出来的孩子,自然不会差了。"凭借他的宣传,教师们晨修这件事竟意外地起到了宣传学校的效果,"孩子的家属,竟会为此而格外信仰起来"。所幸当地的乡村小学校长也非常精明能干,借机拉近了与胡老伯的关系,为学校打开了局面。"我们的汪校长,本领还要高人一等。他,因知这老人家有如此脾气,所以事无巨细,终得去同他谈谈,征求他的意见。好像学校的一切,甚至汪先生的一切,都肯受他支配的样子。其实,在汪先生每去同他谈的时候,事前早已有了确定的计划,他终用方法,说到胡老伯,在最后仍旧自会赞成他的主张。所以每桩事,结果终还照了汪先生自己的目标去做,而胡老伯却以为学校里都受他的支配,于是也以全力来拥护学校。地方的人,也因胡老伯的拥护而拥护。"①

这个例子说明,民国时期乡村社会确实存在这样一些思想观念虽然保守,但正直开明、可以合作的士绅,事实证明,与乡绅的合作确实也是乡村学校能够在短时间内取得成效的有效方法。但对于乡村教师角色的建构来说,与乡绅合作必须是有原则、讲技巧的,这样才能保证乡村教师角色的内涵不变。所以,与乡绅合作更多的是具有工具意义,而不是价值意义。

(3)乡村教师与乡绅同流合污

在多数情况下,所谓乡村教师与乡绅的"联络"行为,由于存在很强的功利性,乡村教师往往会变得功利和世俗,甚至成为劣绅的附庸或帮凶。很难想象这样的乡村教师能够成为现代社会所期望的改良乡村社会的"发动机"。

---

① 毕洪涛:《一个乡村小学教师的十四封信》,《地方教育》1930年第13期。

比如,当时曾有人对乡村教师如何对付乡绅问题提出了如下建议,他把乡绅群体分为两类,一类是"曾受旧式教育,并有相当成就(如文中秀才)者,这一类人物,在乡间所占的势力最大",这类人即是传统意义上最为正统的士绅;第二类人是指"稍识之无,粗辨亥豕自为斯文一派者",这类人有时就是被称为土豪劣绅的那部分人。对于如何与第一类人打交道,作者建议除了注意穿戴,避免在第一印象上就引起恶感之外,作者还特别建议乡村教师要注意谈话的策略、技巧,"切记'谈话的时候要随方就圆,不可与他争论,尤其是要避免新名词",等到关系熟了,碍于熟人的面子,他们就不再为难教师,甚至还会给教师帮忙了。总之,对于这些传统乡绅要予以足够的尊重,并要曲意奉承。对于在知识、资望方面稍差的第二类人,作者同样主张要曲意奉承,尤其要注意避免与他们产生利益冲突,"在他向你请教的时候,切不露出丝毫吝色与骄色,须要悉心指教,而且另外还要告诉他种种方法。还有,要是村中有了婚丧事件,事主请你时,你要婉辞解脱,请教他去请某先生(即斯文一派者)实在某先生不在家,或不得闲时,你方可允许。不然恐怕某先生对你要起反感(这句话说来似乎可笑,其实不如此就要得罪人)这种人对你有了感情,也有不少的帮助。"①

乡村教师对乡绅如此曲意奉承,连作者自己也觉察到了其中的"可笑"。真的如此做起来,恐怕最多只能收获乡村教师个人的成功,至于是否有助于建立乡村教师在乡民中的威信,那就很成问题了。一个最可能的结局就是,这种功利性做法本身不仅没有使乡村教师同化乡绅,反而使乡村教师沦为乡绅的附庸或帮凶,甚至与乡绅同流合污,乡民反而因此丧失了对乡村教师的信仰和尊敬。所以,作为策略,联络乡绅也是失效的。这种情况不是没有发生过,而是在民国乡村教育领域真实存在的现象。

张宗麟在评价20世纪二三十年代的所谓"乡村运动人才"时,指出有这样一类人,"本为大学师范等毕业生,在都市不易找到职业,于是转回家

---

① 国魂:《乡小教师取得乡民信仰的我见》,《基础教育月刊》1936年第1卷第7期。

乡,才一面树立学校或实验区等名称,一面扬言整理本乡公产作事业的基金。这时候便开始与旧日豪绅争斗,争斗结果,不一定得胜,幸而得胜,所有公产也不过由甲转乙,于乡运无关。这批人有的英俊有为,本身能与当地豪绅争斗;有的受豪绅的利用,巩固豪绅的地位,尤其是豪绅的子侄们,在都市毕业后,回乡管家的人,大都干此勾当。在大学毕业生失业恐慌时代,回向农村去的声浪必定跟着起来。但是以暴易暴的农村剥削者,于乡运前途有害无益的"。① 也就是说,有些乡村教师把与乡绅联合变成了与土豪相勾结,直至自己也变为盘剥百姓的土豪。在这种人身上,乡村教育、乡村运动都只是幌子,权势利益才是他们谋求的重点。在从乡村改造者转变为豪绅的情况里,有乡绅出身背景的人更容易发生这种转变。

在另外一篇文章中,张宗麟这样描述一些乡村教师的堕落过程:"最后我必须提出一种人,就是因干乡村运动而成为乡村中土豪的,这也是这几年来很常见的。这种人最初到乡间去,当然得不到地位,他就极力拉拢旧的土豪劣绅,一旦有机可乘,便取旧的土豪的地位而代之。夺取的方式,可以联络反对旧土豪者,可以借用外力……结果呢,他就可以大发财。例如组织信用合作社,必须经过他的手,他便从中再来得一大笔款子。更可以因地点关系,声言创办某某事,如和尚开缘簿,逢人写捐。这样,过不了几年,一个乡村小学教师,可以面团团做富家翁,在一村中可以称南面王。"②

所以,张宗麟在总结几十年的乡村教育经验时,就指出:想依靠乡绅开展乡村运动是一种"书生之见"式的幻想,"他们以为不入虎穴焉得虎子,更以为豪绅也是民众,也应该去教育他们,或者可以感化"。但这种想法过于幼稚,"几千年来衣钵传授,已经成为有系统的势力,决不是一个书生可以擒住的。至于感化之说,更是玄虚"。③

总之,对于乡村教师角色建构来说,与乡绅合作面临很多风险,如无坚

---

① 张宗麟:《乡村运动与乡村教育的人才问题》,《中华教育界》1934 年第 22 卷第 4 期。
② 张宗麟:《中国乡村教育的危机》,《中华教育界》1933 年第 21 卷第 2 期。
③ 张宗麟:《中国乡村教育的危机》,《中华教育界》1933 年第 21 卷第 2 期。

定的信念、灵活的手腕,就很可能被乡绅同化,从而有损于乡村教师角色的内涵。或许只有改变民国乡村社会的现实权力结构,特别是打破乡绅对乡村社会的把持,才是营造乡村教师公共言说空间的可行之路,而这就不是单纯的教育问题了,而是整个社会改造的问题,是需要政治、经济、文化多管齐下的综合社会工程。

从文化上来说,乡村社会对于乡村教师的角色期待无非是旧道德的模范、四书五经的传授者,与旧式塾师无异;从社会职能上来说,无非是期望教师能代替塾师,成为主宰乡村秩序的乡绅的合作者。这无疑与国家制度和现代社会赋予乡村教师的角色存在巨大差距。而新式教师迫于生存的压力,不得不在工作中借鉴旧式塾师的生存技能,并对乡绅的权势予以妥协。其结果,一方面可能会增强乡村教师扎根乡村的经验和能力,使乡村教师摆脱身上的城市气,获得宝贵的乡土性;另一方面,也可能会使乡村教师角色偏离预设。

与塾师之间的文化权力竞争和借鉴,客观上使乡村教师变成了半新半旧的"两面人"。其结果一方面使乡村教师参与社会公共事务的能力有所增加,但另一方面也使他保有很多落后性,很难承担起引领乡村文化和精神生活改良的重任。在与乡村世俗权力——乡绅的关系中,双方存在根本矛盾,但又有合作的现实需要。除了有少数乡村教师在与乡绅的合作中把握住原则,实现了自身的角色功能外,大多数乡村教师都在乡绅的排挤下发生了角色偏差。乡村教师要么沦为一个受压制的角色,地位卑微;要么与土豪劣绅同流合污,发生角色转移。

总体看来,比起旧式塾师群体,乡村教师更像乡村社会中的边缘人,实际居于文化生活和权力结构的边缘位置。当代所谓"乡村教师公共性旁落"[1],其实在民国时期就已经显现萌芽。外部社会所期待的万能的、能够重建乡村社会和文化秩序、能够重塑乡村文化公共生活和公共精神的乡村教师,只存在于国家和社会主流媒体的想象中。

---

[1]　张儒辉:《外在规约:乡村教师公共性旁落的根源》,《大学教育科学》2008 年第 5 期。

第五章　乡村教师的生活实况

在民国乡村教师角色的问题上,外部世界赋予了他"应然"的确认后,更有待于乡村教师在实践中转化为"实然"。而每个社会角色的实践过程都并非是对外部角色期望的简单复制,受主、客观条件的限制,乡村教师在实践角色设定时必然会遭遇困难和矛盾,乡村教师角色扮演的进程甚至会受到阻碍,这时乡村教师不得不随机应变地调整自己的行为,也可能会创造出一些角色的原先设定中没有的行为规范。这种乡村教师的主体性行为有些对于乡村教师角色是建设性的,也有些是非建设性的。这就是研究乡村教师生活实况,特别是研究乡村教师角色困境的重要意义。

第一节　乡村教师文化中心角色不成功

乡村教师首先是"师"这样一个职业角色,教书育人、传道授业解惑是其天职,是其作为教师的最核心质素,也是乡村教师能够承担全民导师角色的基础。具体来说,20世纪二三十年代的乡村教师承担着对乡村儿童及成人施行义务教育和国民教育的功能和责任,其行为严格遵守着国民政府颁布的《小学法》《修正小学规程》等教育法律法规的约束和规范,专业化、技术化的知识人是乡村教师基本的角色内涵。民国时期,乡村教师在扮演这种知识人角色时,有成功的一面,也有很不成功的一面,其中所面临的最大问题是乡村教师专业素质不理想,导致乡村教师作为乡村文化精神领袖的角色是不成功的。

具体来看,乡村教师的专业素质不足可以从民国时期乡村教师的任职资格和实际教学质量两方面表现出来。

一、合格师资不足

受各种主客观条件的限制,民国时期乡村教师队伍的整体学历层次很低,这就从任职资格上降低了乡村教师队伍的总体素质。

1. 乡村教师学历层次低

民国乡村教师队伍缺乏必要的正规专业训练,学识浅陋,教学经验不足。这一点可以从民国乡村教师的教育背景和学历层次上看出来。

民国时期,教育报刊上关于乡村教师不合格的记载很多,下面撷取的主要是 20 世纪 30 年代的相关统计资料:

"乡村小学教师之不良,中外皆然,而我国尤甚。盖现时我国所有乡村小学教师,绝少受过相当之训练。其教育方法,与兴趣,多不适合。以糊口为目的,绝少抱改进乡村教育之热忱。纵然有少数良好教师,亦往往因待遇菲薄,不能安于其位,辄思他迁。据调查结果,我国乡村小学教师,以师范讲习所毕业者,占 25%。其次为师范学校毕业者,占 21.9%。又次为中小学毕业者,各占 19%。其余则为前清生贡及塾师,各 6%。最少为职业学校毕业者,仅占 3.1%。合计受师范训练者,不过 47%。由此可知乡村小学教师之缺乏也矣。"[1]

据张钟元 1934 年对华东几省(以浙江、江苏为主)乡村教师(填表教师大部分为乡村或内地各处小学教师)的调查,这些乡村教师"服务前毕业的学校"情况如下。[2]

---

[1]　冯祖荫:《怎样改进我国乡村小学教师》,《中华教育界》1932 年第 20 卷第 3 期。
[2]　张钟元:《小学教师生活调查》,载李文海主编:《民国时期社会调查丛编》,福建教育出版社 2004 年版,第 166 页。

毕业学校或出身	人数	百分比
小学校	50	8.77%
初级中学	98	17.19%
高级中学普通科	150	29.32%
大学或专科学校	26	4.56%
未受学校教育者	40	7.02%
以上未受师范教育者	364	63.86%
短期师范训练科	102	17.90%
旧制师范或高中师范科	104	18.24%
以上曾受师范教育者	206	36.14%

据上表可以看出,即使在乡村教育最为发达的江浙一带,受过师范教育的乡村教师也只占36.14%。在一些落后的内地,乡村教师的学历出身情况则更堪忧虑。据1939年调查,四川省遂宁、安岳、中江、三台、渔南、蓬溪、乐至、射洪、盐亭等县"小学教师多数系高小毕业生"。[①]

1932年安徽省小学教师的学历情况是这样的,省立小学教师中,师大或大学教育系毕业的占4.6%,师范学校毕业的占73.5%,专科学校毕业的占7.4%,短期师范学校毕业的占2.6%,其他占11.9%;而到贴近乡村的各县小学,小学教师们的学历出身就不太理想了,各县小学教师中,师大或大学教育系毕业的占0.9%,师范学校毕业的占21.7%,短期师范学校毕业的占12.9%,专科学校毕业的占5.5%,其他占59%。[②]

20世纪20年代末,山西乡村教育发展尚比较好的时候,山西太谷县的小学教师的学历情况是这样的:"我们县里的小学教员,一半是高小毕业生,一半是老秀才和落魄商人。师范毕业生,全县仅三十几人,大多钻营奔

---

① 《二十八年四川教育年报》,《四川省教育厅教育丛刊》第9辑,转引自曾崇碧:《20世纪30年代四川小学教师状况研究》,硕士学位论文,四川大学,2003年,第22页。

② 安徽省地为志编纂委员会编:《安徽省志·教育志》,方志出版社1997年版,第134—135页。

竞去做区长和收税员,留在县里的不过八九个人。"①

20 世纪 30 年代末,广东省"六万多"小学教师的学历资格是这样的,"其资格很混杂:有师范毕业生,有小学毕业生,有未毕业者,有未经学校训练者,有老师宿儒,有学究,有乡绅,不一而足"。②

乡村教师的知识水平和专业素质是保障乡村教师发挥其文化导师功能的必要基础。20 世纪 30 年代中期以后,在抗战语境下,乡村教师被幻化为全民导师的角色,但是,尽管国民政府采取了多种措施力图提高国民教师的质量,抗战时期乡村国民教师的专业素质低下的情况并没有多少缓解。以 1941 年为例,施行国民教育的部分省市小学教师合格率情况如下。③

省份	四川	云南	贵州	广东	广西	湖南	河南	重庆
合格率	20%	60%弱	65%强	50%弱	38.84%	40%	30%—50%	50%弱

这只是政府方面对包括城市小学教师在内的统计数字,乡村小学教师不合格的情况比统计显示的还要严重。以广西省乡村教育为例,"据二十七年度上学期的统计,全省村街基础学校教师数为 53938 人,高小毕业者为 25381 人,占村街校教师人数 47.03%;高中师范科及旧制师范学校毕业者,仅 131 人,不及村街校教师人数的 1%"。也就是说,只有这不到 1% 的乡村教师是符合《修正小学规程》规定的合格小学教师,充斥小学教师队伍的多是一些待用教师,甚至是连待用标准都不够的高小毕业生。由于当时小学毕业即充任小学教师的情况很普遍,以至于当时的社会舆论发出这样的悲

---

① 革日水:《形形色色——山西太谷县的小学教员》,《生活》1929 年第 5 卷第 1—52 期,第 747 页。

② 黄希声:《小学教师的现状与其改进方案》,《广东省政府公报》1940 年元旦特刊。

③ 转引自杨学功:《战时四川省小学教师生存境况的考察》,硕士学位论文.南京师范大学,2007 年,第 21 页。

叹:"使全国小学教育,完全放在小学毕业生手上。"①

至 20 世纪 40 年代,四川省初等教育界的师资水平仍然很不理想。四川省历年国民学校教员数量及合格与不合格数字值比较:②

年度	教师人数						合计数
	幼稚园国民学校或初小		中小校或小学		短期小学		
	合格	不合格	合格	不合格	合格	不合格	
民国三十年	6431	36445	17569	14966	—	84	75495
民国三十一年	8655	49046	22405	19086	—	—	99192
民国三十二年	10236	58006	28515	24591	—	—	121048
民国三十三年	9906	56135	28868	24591	—	—	119500
民国三十四年	13738	54957	40023	21500	—	—	130268

至 20 世纪 40 年代中期,根据教育部统计处统计浙江、安徽、江西、湖南、四川、河南、陕西、甘肃、福建、广东、广西、云南、贵州、重庆等十四省市得出的"各省市国民学校及小学教员资格统计(民国三十三年八月至三十四年十二月截止)"表,可以看出小学毕业者占被统计教员总数的 20.89%,初级中学或初级职业学校毕业者占总数的 30.88%,二者合计超过 50%。③ 也就是说,到 40 年代中期,小学教师队伍中超过半数师资是低学历的小学或初中毕业生。

20 世纪 40 年代各地渐次推行教师资格检定,从各地的教师资格检定中,也充分暴露了民国乡村教师专业素质的真实状态。比如浙江省第一次

---

① 潘景佳:《提高国民基础学校教师的待遇问题》,《广西教育通讯》1941 年第 2 卷第 5—6 期。

② 《各省市实施国民教员概况》,南京国民政府教育部教育年鉴编纂委员会编:《第二次中国教育年鉴》,总第 245 页。

③ 南京国民政府教育部教育年鉴编纂委员会编:《第二次中国教育年鉴》,总第 1469 页。

小学教师试验检定中,参加检定的小学教师,以算术和地理科的成绩最差,地理科成绩之差,被人惊呼已经达到"几乎使人惊骇"的地步,"参加地理科试验的共计一千二百五十六人。但分数的集中情形,不在分数高的一方面,而倾向分数低的一方面;他的中数是在四十八分强的地方。四十八分的成绩离及格的分数还很远!"①

2. 乡村教师学历层次低的原因

造成乡村教师学历层次低的原因很多,当然首先是与民国时期乡村教育的大环境有关,在合格乡村教师总体不足的前提下,乡村学校恶劣的硬件条件、乡村教学工作的困难、乡村教师待遇之微薄自然很难吸引足够的人才,但是具体来说,民国时期有关乡村教师的制度存在不足或难以发挥应有作用是造成乡村教师学历层次低的直接原因。

本来,教师资格检定制度是对于乡村教师的任职有严格筛选的意义,对于改变乡村教师任职资格参差不齐的状况有积极作用。但是,合格乡村师资如此短缺,一定程度上说明教师检定制度没能起到应有的作用。

首先,在有些地方,关于小学教师的任职资格规定是形同虚设,并没有起到应有的督促、淘汰作用。

比如,关于20世纪30年代四川乡村教师状况的研究证明所谓教师资格检定并没有普遍推行,合格教师仍然缺乏。尽管四川省教育厅对检定资格、检定科目等规定颇为详尽,并且令"现任小学教员检定不及格或不受检定者得由本厅令其所在学校校长停止其职务",各县推行检定制度阻力却很大,不合格小学教师大多不愿参加检定。未经师范训练和检定合格者仍然出任小学教员的现象在四川各县极为普遍。可见,检定制度对筹措小学师资所起作用是有限的。据作者考证,30年代四川小学教师队伍中合格率很低,而且乡村教师素质更低。"一般而言,省立、市立小学师资普遍较好,例如1931年,省立南城小学30名教职员中,师范毕业22人,大学及专门学

---

① 许绍棠:《从小学教师的地理成绩说起》,《浙江青年》1936年第2卷第11期。

校毕业 6 人,中学毕业 2 人。1933 年,成都市立第一小学教职员 28 名,师范毕业 17 人,专科以上毕业 8 人,中学毕业 3 人。地方乡村市镇小学师资较差,合格小学教师极少。教育相对发达的县份,小学教师中合格者比例可达 30%左右,比如新都县,师范毕业者占 32%。而大部分落后的县,一般为 10%—20%或者更低。"①

1929 年,山东省政府教育厅对 20 世纪 20 年代进行的几次教师资格检定进行过较系统的分析:综查检定教员,自民国九年举办以来,检定人数,固属不少,而实地考察各县情形其未受检定充任教员者,仍所在皆有,地方教育,获益无多,究其原因,不外下列四点,"(一)各县遵办不力。各县承办检定教员,办理完善者,实居少数,虽经迭次严饬仍多视同具文,敷衍从事,且对于此项检定及格教员,不惟不优予位置,往往投散置闲而未受检定者反得滥竽充数,以致人人多存观望规避之心,惟恐一经试验,倘不及格,将现有职务撤销。(二)考试揭晓迟慢。查历届检定,试验完竣,由各区将试卷送齐后,延人评阅,核算分数,再行公布,至各县得到许可状时,已届半年之久,自不能为全县教员去留之标准且期间不无变迁,往往有尚未领到许可状,而已经撤换者。(三)试区县份太多。本省举办检定,虽已将全省扩充为二十区,其试验场所仍有与所属各县相距二百余里者,小学教员薪金既属廉薄,又多系寒俊,除应缴之费用外,其赴试费用几占全年薪水四分之一,故多裹足不前。(四)试期夏季不宜。历届检定试验,向利用暑期在各校休课期间,教员赴试,正值青纱帐起,萑苻不靖之时,故各县教育(员),多虑道途不便,不肯应试。"②总之,历次教师资格检定效果不理想的原因,都在于教师检定制度在办理态度上敷衍或在办理程序方法上不合理。

其次,教师检定制度本身就对于乡村教师的任职资格存在一定的制度

---

① 曾崇碧:《20 世纪 30 年代四川小学教师状况研究》,硕士学位论文,四川大学,2003 年,第 18—19 页。

② 《筹办检定小学教员事项纪要》,《山东省政府教育厅第一次工作报告》,1930 年,第 181—183 页。

上的妥协,从而也为乡村教师任职程序在实际操作层面留下变通的空间。

1936 年 7 月教育部颁布的《修正小学规程》规定了小学教师的任职资格,《修正小学规程》第六十二条规定,凡是具有下列资格之一者,得为小学级任教员或专科教员:一、师范学校毕业者;二、旧制师范学校本科或高级中学师范科或特别师范科毕业者;三、高等师范学校或专科师范学校毕业者;四、师范大学或大学教育学院教育科系毕业者。但以中国当时的师资状况来说,这个标准是很高的。鉴于能够满足规程要求的合格师资很缺乏,《修正小学规程》又规定了检定制度予以变通。对于那些不能满足条件的小学教师进行检定,通过检定的也可以充当小学教师,但是,乡村小学能够通过检定的合格教员仍然不足,所以《修正小学规程》又规定可以任用那些够检定条件但还没有通过检定的教员做代用教员。[①] 其实制度的一再变通,标准的一再降低,正是现实中乡村教师整体素质不理想的反映。但即使是这个最低标准在有些边远乡村也是难以满足的,合乎代用教师标准的教师也极难得,"边地合法资历人才极少,即求合于代用代理性质者,亦不易得"。所以充斥乡村教师队伍的有很多高小毕业生。[②]

另外,因为近代教育快速发展过程中,在急功近利的办学思想指导下,许多师范学校的办学水平也不高。所以,即使是正规师范毕业的学生,其专业素质也很可忧虑。

新教育草创阶段,教师主要来源于一些开明士绅和改良过的塾师,这些人当中能够远赴日本学习师范的已经是当年教育理论水平最高的人了,而当时日本专门为留学的中国人开办的速成师范就很有问题。"这个速成师范学校,只要一年便可以毕业,给了你一张文凭,回国便可以当教师,皇然以受过师范教育自命了。这个速成师范,正是但求速成,不管你所学程度如

---

① 《小学规程》,宋恩荣、章咸选编:《中华民国教育法规选编》,第 278—279 页。

② 《二十五年度上学期各县教育状况视察报告》,《四川教育》第 1 卷第 4 期,1937 年,第 37 页,转引自曾崇碧:《20 世纪 30 年代四川小学教师状况研究》,硕士学位论文,四川大学,2003 年,第 21 页。

何,一概与你毕业,可谓一榜尽赐及第。还有些人到日本去的,对于日文、日语却是茫然,日本人更加迁就,雇佣了翻译人员,老师一面讲解,翻译人员就在旁边解说,真是教育界一种怪现象。"①

　　民国时期的乡村教师培养虽然有些起色,但许多师范传习所、或后来的所谓乡村师范多是短期培训,以期短期内弥补境内乡村教师的缺口,所以教育水平有限,它们所培养出的乡村教师业务素质参差不齐。杨懋春谈到山东台头村学校新老两代潘先生的资格时,也能看到专业水平不足的现象。老潘先生是从旧式村塾塾师转变而来,在他五十多岁时为适应新式教育体制,到师范学校进修了几个月后,"老儒生成了半现代的教师,旧式家族学校也变成了半现代的村学校"。显然老先生适应新式教学的能力是不足的,所以,他不得不经常去集镇的新式小学向那里受过较好教育的年轻人请教;他也向同村的中学生请教,"这位年轻人教给老先生数学,而这位老先生毫不犹豫地把所学的东西编进讲义中"。② 有人这样评价 20 世纪 30 年代四川的乡村师范和其培养出的乡村教师,简易乡村师范毕业的小学教师也大多是不合格的,因为这些"乡师程度仅差及初中,办理亦不能名符其实。所以全川的乡村教师,几乎都是不能做乡村工作的人"。③

　　当时对于乡村教师的培训还有一种流行的方式,就是利用假期,开设一些所谓的"暑期讲习会"之类的短期培训班,虽然有些训练班可以使乡村教师得到补益,但也有很多这类培训流于形式,乡村教师从中获益不多。时人对小学师资培训颇有微词,指出三大弊端:一是时间太短,得益不多,一般而言,训练时间为两三星期,至多也不过五六星期而已;二是只重讲授,没有其他的新方式;三是偏重"理论的讨究",根本不考虑乡村小学的具体实情。④

---

① 包笑天:《钏影楼日记》,山西古籍出版社 1999 年版,第 319 页。
② 杨懋春:《一个中国村庄:山东台头》,张雄等译,江苏人民出版社 2012 年版,第178 页。
③ 介然:《四川小学教育之现状》,《成都快报》1935 年 10 月 29 日第 5 版。
④ 《小学教师假期讲习会》,《教育半月刊》1936 年第 1 卷第 3 期。

总之,无论从乡村教师的培养、再到乡村教师任职资格的筛选,制度上都还有很多的改进空间。

二、实际教学水平低

乡村教师在学历层次、任职资格方面的不合格还只是乡村师资水平低的显性表象;从客观事实说,乡村教师的实际教学水平也是很低的,乡村教师作为一个职业教书匠的形象很多时候是不称职的。

1. 乡村教师的实际教学水平

有人这样评价 20 世纪 30 年代末广东省乡村小学教师队伍的整体情况——"师资良莠不齐,满人意者比较少。"作者举了如下"几个坏的例子"来说明问题。

"太平乡私立起初小学校长伍君患口吃病,读音不清楚,对校务敷衍。乡人不愿意送子弟入学,开学之初,尚有学童七十余人,不满两个月,已减为二十余人。

河洞乡私立西约小学校长廖君,教员朱先生董先生,一辈子是不负责任。校里品物凌乱杂沓,操场鞠为茂草,像久无人迹也者。学生每朝六时到校自修,教员则延至七时半或过迟才到校,那时刻的学生的管束,委托到工役的身上,俨然老管家之代管主人的子弟。甚至美术劳作等教室里,诿由校工口讲指画,居然'流氓皇帝'矣。校长批改学生的课卷,笑话百出,别字满纸。

屯步乡私立西社初级小学校长李君,高竖学校的招牌,实干私塾的把戏,以四子书与声律启蒙作教本。

兴礼乡私立汤一小学校倪君的特长,是把持校款,此校可算经费充足,百不得一的幸运,然倪君为妙用校款计,推延到九月底才召集生徒上课。初得学生百人左右,一月后已减为五六十,再而五六年级不成班矣。而且校长不到校,教员不敷分配,事物不料理,混乱颓唐的景象,拒人千里之外。

联升乡短期小学校长邓君兼任两黎分校教员,久不到校,把一切托其弟措办。每对人说:'在校两年,精神颇感寂寞,无心继续负责'这样来解嘲,这样来自曝其坏行。

以上不过坏的小学教师的例子罢。其诸如此类的层出不穷。"①

此等人物充斥乡村学校,乡村学校的教学水平可想而知。具体来说,民国时期乡村教师教学水平之低表现在如下几方面。

首先,民国时期的乡村教师普遍知识储备不足。

1936年,四川省实行小学教师检定时,时人这样记载受检定者水平之低:"受试验检定之小学教员,其程度大都太低——竟有解'五四运动'为'五官四肢之运动';'四川境内长江各支流汇合在黄河;'有线电''无线电'为'经线''纬线';'类化'为'人类生产进化'"。"然吾人于此推知大多数敢于参加试验检定之小学教员必对其自身力具有充分之自信。至毫无把握应参加而不敢参加或竟无资格参加甚或已报名而终不敢参加之小学教员,则正不知其多至若干;目前四川各小学之不合格教员大多数尚未经检定,其程度之低,恐更有甚于此者!"②记者刘仲痴在视察四川国民教育后,曾客观描述了当时乡村教师令人担忧的职业水准:"本年八月,荣昌保国民师资训练班考试题中,问四川有哪几条河,正确的答案很少,有个答为有黄河、热河、运河……一问荣昌有那些特产,与抗战有何关系? 一个答为有五谷,对抗战有害!"③

徐伯璞在视导山东潍县全体短期小学教师时发现:"有几位填表或问答时词不达意,并且还发现一些错字,讹字。这一点足以证明同仁们在学问上欠缺修养的功夫。"④在回答视导员的时候尚出现这种低级错误,足见当时乡村师资的知识水平之低下。

---

① 黄希声:《小学教师的现状与其改进方案》,《广东省政府公报》1940年元旦特刊。
② 程岳:《今之初等教育制度及师资问压之研讨》,《四川教育》1937年第1卷第4期。
③ 转引自杨学功:《战时四川省小学教师生存境况的考察》,硕士学位论文,南京师范大学,2007年,第19页。
④ 徐伯璞:《第十三区短期小学视导感谢》,《基础教育月刊》1936年第1卷第2期。

其次，民国时期乡村教师的教学技能也很浅陋、落后，这是当时乡村教师教学水平低的又一表现。

比如，乡村教师所使用的教学方法还很陈旧，有人批评乡村教师教学专用注入式，对于儿童的个性和自动性都不注意，"与旧式塾师之教学方法无大差异。至于设计法、道尔顿制等，则更不知若何设施了"。① 而有些乡村教师在应用新式教学方法时，往往生搬硬套，不能根据课题环境灵活运用。据记载就有这样的教师——"在一个简陋的小学校里，先生认真坚持着教授书，一项一项的念着上面所载各假语句，开头当然是引起动机，当时明明是下细雨，这位先生问道：'外面是什么声音？'学生说：'老师！是下雨！'先生摇头认为不对。学生只好胡猜乱说，最后一位说'是刮大风'，先生说'对，对，对！'原来那本子上在问话下括号内是写着'刮大风'，这是固执于教授书的一个极端的例子"。教学方法是为教学目标服务的，如果教师僵化地运用新式教育方法，不能结合课堂及学生实际状况灵活地、创造性地运用教学方法的话，"也许会使'道尔顿'变成了'窦尔敦'，甚或只闹得成了'逃而遁'！"②

在对待儿童的态度方面，旧式塾师的做法在乡村教师身上也很普遍。比如，体罚的普遍存在。张兆林"参观几所全国负盛名的乡村小学"之后，就发现这样一个让人失望的现象："我看到这些学校对于校舍不但清洁，实在华丽，处处模仿城市中极有钱的样子。但是对于儿童不但每个教室里可以在无意中看到儿童立壁角，并且也常常得到夏楚之声。也能冷眼看得到教师给儿童吃'栗子块'，扭摘手臂。"作者不禁提出学校究竟是校舍重要还是儿童重要。③

当然，有些落后方法的保留并非完全出自教师自愿或无知，而是迫于乡村落后的文化环境的压力。有一个乡村师范生在考查了自己家乡的教育现

① 　冯祖荫：《怎样改进我国乡村小学教师》，《中华教育界》第 20 卷第 3 期。
② 　吴培申：《小学实际问题漫谈（再续）》，《基础教育月刊》1936 年第 1 卷第 4 期。
③ 　张兆林：《乡村小学教师应该怎样对待儿童》，《中华教育界》第 18 卷第 11 期。

状以后,劝村里那位私塾先生调整一下教育方法,照顾一下儿童活泼好动的心理,不要整天把学生关在屋里死记硬背,"先生虽也称视这是对的,但是自己没有照这样做的勇气,他答复我说'你说得很对,不过一那样做,村里就会有说闲话'。"乡村教育以"乡间一般无知者的心思而转移"。①

再次,乡村教师教学观念落后是民国时期乡村教师教学水平低的一个深层次体现。所以民国时期有人批评,乡村教师对于新式教育的认识很浅陋,流于形式,甚至被认为是乡村教育的"门外汉"。"他们一点不肯努力,认为办学校就是有什么国语,算术,体操……功课,到时候上班。因此,学校永远办不像学校,他自己办一辈子教育,却终身是教育的门外汉。"②

传统教育观念是偏重文化知识的培养,轻视体育活动和身体锻炼,虽然新式学校普遍开始体育课,但民国教育界依然"重文轻武",这一点在乡村教师的教学和个人生活中都表现得更严重,对于乡村教育发展和教师个人境界都发生不良影响。"中国人有根深蒂固的传统思想——重文轻武,和缺乏家庭教育与充分的营养,弄得体格非常衰弱……一般师范生尤其表现出文绉绉的绅士风度,好像完全不知道身体健康的好处似的。在学生时期尚且如此,何况当了小学生的老师,还要摆着老师的架子,(在农村尤甚)不能像从前一样毫无拘束的蹦蹦跳跳!在设备上当然也不如从前完备,伴侣也没有以前多,自然更鼓不起兴趣来了。还有许多人已没有积极的锻炼身体,反在消极方面摧残它,因为他们在物质上得不到满足,精神上又不得解放,便只有往死的一条路上走,去打牌,喝酒,或作其他有害的消遣,'人非木石',又怎能不日益衰萎呢?"③

"乡村小学教而不育"是当时被人诟病的一个缺点,它凸显了民国乡村教育的一个倾向——只重视书本知识和课堂教学,忽视对儿童的综合素质

---

① 韩学文:《一个需要觉悟的乡村小学教员》,《基础教育月刊》1936年第1卷第8期。
② 迪忱:《对于乡村小学教师的希望》,《民众周刊》1933年第5卷第10期。
③ 黄季子:《几个值得注意的问题及其解决方法》,《基础教育月刊》1936年第1卷第6期。

培养。"现在一般乡村小学,对于训育问题,每多漠视,只知教儿童能读书识字,便算尽了教育的责任。至于儿童生活能力的培养,做人初步的训练,皆视为无足轻重。所谓训育的方法,只打戒尺,挨巴掌,只要把儿童管得老老实实,成了些少年老成的小大人,便算达到了训育的最终目的,教育部虽有废除体罚的明令,而置若罔闻;虽有公民科的规定,也直视同具文。"①

最后,需要注意的是,民国乡村教师的专业素质不能一概而论,也有许多乡村教师教学得法,能够深得学生喜爱,甚至是一些旧式塾师出身的乡村教师。李霁野就说"我也很敬爱我的第一个塾师"。这位塾师在民国以后就改做新式小学的国文教师,李霁野也从私塾转去小学读书,对这位教师的教学,李霁野一直很怀念,"(他)为我们讲《孟子》,他把书逐句译成白话,有声有色,引人入胜。'王曰叟'——他高声说'国王说,你这个老头子呀!'现在他的声音容貌还历历如在眼前。"②

但是从总体评价,乡村教师在知识、技能等各方面都没能达到社会所期望的水准,"能力较差者"成为乡村教师的现实职业形象。"能力较优者,则另图别业,能力较差者,虽一时未能改行,也不过持'做一日和尚撞一日钟'的态度敷衍了事。"③

2. 乡村教师教学水平低的原因

民国时期乡村教师教学水平低有主观和客观两方面原因。

首先,从主观上来说,民国时期由于乡村教育大环境的问题造成乡村教师的工作热情不高,敬业态度不够,是造成乡村教学水平低下的一个原因。

"就我所知,而本县所有的,小学教师失职的劣点:一是不守信,频烦(原文如此)的离校而回家去,或寻朋聚友,或游街逛野,或好看戏寻热闹;

---

① 左绍儒:《乡村小学实际问题十四谈》,《基础教育月刊》1936 年第 1 卷第 12 期。

② 《李霁野自述》,《世纪学人自述》第 2 卷,北京十月文艺出版社 2000 年版,第 334—335 页。

③ 潘景佳:《提高国民基础学校教师的待遇》,《广西教育通讯》1941 年第 2 卷第 5—6 期。

二是太敷衍,有的功课教不完,有的先耽误后急赶,一教好几课,有的只教大学生,小学生任便读去,看得太轻,有的教学生课文,含糊不清楚,引起学生的不满,失了信仰;三是兼营他业,每有小学校学期里,兼办其他事业,如乡村教员,或租地雇人耕田,或自己兼务农业者有之;如临到年假的时候,与学生写对联卖年纸有之;如看过本草,医方书的,便随时给人治病者有之;如在学校内,做卖粉条等营业者有之,或与人合贩葡萄,移谋出卖者有之;四是行为不端,小学教师虽为人之师表,但其中良莠不齐,有的嗜好鸦片烟,丹料等,精神萎靡,有的喜好服装时髦,酒食征逐,弄得拖欠账目,更有赌博的,结识妇女的,暗度蜜月的,骗人钱财的,还有依势作恶的,勾结党派的,妄为捣乱的",①种种缺点都指向了乡村教师不够敬业等主观态度问题。

也有这样的情况:由于把主要精力放在巴结乡绅或应付乡村社会人情事务上,有些乡村教师就对自己的本职工作——乡村小学的教学敷衍搪塞。"做教员的除了上述的工作(在村长前献殷勤乞哀怜)外,其次就是写报丧喜帖和造饭——若有余暇,大半都是吸汗烟,喝红茶,看小五义,彭公案等书。至于教授功课那件事,在我们做教员的看来,可以说是小而又小的事了,只要早上能够在白天里不出去闲逛,社会上就认为你是好教员,所以我们惟一的课余消遣,就是睡觉,抽烟,看小说;至于打球跑跳等运动,村长们既悬为厉禁,同行中的老腐又大都鄙视不为。"②

其次,从客观条件来说,影响乡村教师教学水平的因素就更多了。

比如民国时期乡村教育界任职制度不规范,造成乡村教师队伍从来源上就良莠不齐,学历层次低,这就是影响乡村教师队伍素质的一个重要原因。

再如,乡村教师的实际教学水平低与民国乡村学校教学的特殊性及复杂性有关,从某种角度上可以说这是新教育起步阶段不可避免的现象。对

---

① 乔俊良:《怎样改进小学教师的生活二》,《教与学月刊》1936 年第 1 卷第 9 期。

② 革日水:《形形色色——山西太谷县的小学教员》,《生活》1929 年第 5 卷第 1—52 期。

于乡村教师的专业素质低问题，当时就有人为乡村教师们辩护，他们比较注意乡村教育的特殊性，也能设身处地地考虑到乡村教师的客观困难。有人指出："乡村教师并非是万能博士，从国文英文教起到音乐体育止，怎能教得好呢？为教师者不惟薪金无几，想要在教书中自修，于学问上进益些，也是不可能的事。"①也有乡村教师据自己的"经验"反映自己两难的处境，身处新旧文化冲突的第一线，他们无论怎么做都会遭到批评和质疑。他说：一些新式教育法如设计教学法、道尔顿制等，"如果没有一点研究，恐怕就要受到少数维新派的批评，说你不照启发式去行新教学法，说你完全用注入式的教授……"；"如果完全实行新的教学法，守旧派又会骂，你洋学先生根底太浅，不会四书古文，竟念臭白话"。②

　　乡村小学教学中有一个突出的特殊性，同时也是乡村教师教学面临的一个特殊困难，即乡村教师必须是全才或通才。对于乡村教师来说，知识储备方面必须是广博的，这是现代基础教育的特点。尤其是对于那些初级小学居多、教师人数少的乡村小学的教师来说，因为要独自承担多门课程的教学工作，虽然对于各科目的知识水准要求不需要太精深，但教师的知识面必须是广博的，能力必须是复合的，音乐、美术、体育都需要具备一些必要的常识和教学技能，这样才能符合乡村教学的需要。就像当时有人评价的那样——"在小学的低年级教师应当是万能的，不分科的"，"我以为小学教师，国、算、自、社固应知道；音、美、体、劳也应明白。在小学的程度范围内，他不应有所专，而应当常识万全"。当然，作者也指出，当时中国小学教育界、特别是简陋的乡村教育界在小学教师业务水平是专还是博的问题上，其实是有疑问的，有人就主张"不能让生旦净丑统由一人担当"。但作者的观点显然是认为小学教师应该做"万能"的教学多面手，他说，小学教师的求职履历上往往注明自己擅长教授国语、算术之类课程，"没有一个写着擅长

① 弥妒：《从乡村教育想到》，《人言周刊》1934年第1卷第26—50期下册。
② 《河北霸县乡村小学教师生活的写照》，《众志月刊》第1卷第3期。

音乐、体育、劳作或美术的"，这种情况正暴露了当时中国的师范教育是有"偏枯"的，"什么专门国语，什么不会体育，这不过是暴露今日师范教育偏枯罢了"。①

无论乡村学校需要全才还是专才，实际上对于那些只有小学或初中文化程度的乡村教师来说，乡村学校教学都同样困难，能否教得好，恐怕都要依赖乡村教师的敬业程度和他们自己在实践中的自我学习能力。

金克木在安徽寿县模范小学毕业后，曾经于20年代末30年代初在寿县三十铺小学和安徽凤台县齐王庙小学任小学教员，他回忆自己这段教学生涯时，认为自己的知识和能力都是从工作和生活实践中学习和体悟来的，他称之为"读人"。他说："听话也可以说是一种读书。也许这可以叫做'读人'。……我说的'读人'只是听人说话。我回想这样的事最早可能是在我教小学的时候。那时我不过十几岁，老实说只是小学毕业，在乡下一座古庙里教一些农村孩子。从一年级到四年级都在大殿上课，只有这一间大教室。一个教师一堂课教四个年级，这叫做'复式教学法'。我上的小学不一样，是一班有一个教室，我小学老师教我的方式这里用不上。校长见我比最大的学生大不了多少，不大放心，给我讲了一下怎么教。可是开始上课时他恰恰有事走开了，没有来得及示范。我被逼出了下策，拜小学生为老师，边教边学。学生一喊：'老师！先教我们，让他们做作业。'我就明白了校长告诉的教学法。幸而又来了两位也不过二十岁出头的教师做我学习的模范。他们成了我的老师。他们都到过外地，向我讲了不少见闻。有一位常在放学后按风琴唱郑板桥的《道情》，自己还照编了一首：'老教师，古庙中，自摇铃，自上课……'这一个学期我从我教的小学生和那两位青年同事身上学到了很多东西，可是工资除吃饭外只得到三块银洋拿回家。家里很不满意，不让我再去教了。我觉得很可惜。现在想起来才明白，我那时是开始把人

---

① 陈剑恒：《小学教师应当是万能的吗》，《小学问题》1937年第4卷第30期。

当做书(也就是老师)来读了。"①

总之,无论从乡村教师队伍的学历层次还是从乡村教师的实际教学水平上来看,民国时期乡村教师队伍的整体专业素质都不理想。当时的许多研究都反映出这是一个客观事实,在1930年,有人这样总结乡村教师的总体素质情况:"盖现时我国所有乡村小学教师,绝少受相当之训练。其教育方法,与兴趣,多不适合。以糊口为目的,绝少抱改进乡村教育之热忱。纵然有少数良好教师,亦往往因待遇菲薄,不能安于其位,辄思他迁。"在作者看来,乡村教师从生理到心理,从教师职业素质到为人师表的个人道德修养,从基本的专业素质到服务社会的综合能力都存在问题。②

叶圣陶曾经以自己"亲即的见闻"评价当时小学教师队伍的现状"就是小学教师的不好和不胜任",尤其是对乡村小学教师的状态,他更为担忧。"除了相信教育,以教育为一种趣味的少数教师以外,一般教师的情形是怎样?我不必特地摹写,只请有心人自己去找几个教师,或是亲戚,或是朋友,看看他们的思想、行为和对于他们的职务是怎样?如其没有相识的,在茶馆里、酒肆里、公园里、赌场里、彩票店里,你可以遇见他们,也可以满足你考察的欲望。若在乡村间,则研究三元地理的先生改充教师了,富翁的儿子因避游荡之名而任教师了,鼓吹的乐工因识几个字而兼任教师了。我永远不肯相信,教师的职务只在教几个一点一画的字;我更不肯相信,思想行为和职务观念对于任教师这件事没有关系。但是现实的情形,偏是我所不肯相信的!"③

第二节　乡村教师社会功能薄弱

乡村社会是乡村教师角色扮演的舞台,民国时期,无论社会还是政府都

---

① 《金克木自述》,《世纪学人自述》第4卷,北京十月文艺出版社2000年版,第289—290页。
② 冯祖荫:《怎样改进我国乡村小学教师》,《中华教育界》第20卷第3期。
③ 叶圣陶:《教育评坛·教师问题》,《教育杂志》1922年第14卷第7号。

期待乡村教师能够在教学之外承担更多的社会工作；而在社会分化程度不高、又是一个熟人圈子的乡村小社会，客观上也造成乡村教师参与和融入乡村社会生活的程度更高，所以，在某种程度上，乡村教师参与的社会活动更多于城市中的学校教师，其所扮演的社会角色也较专业化程度稍高的城市教师来说更为丰富。但是，乡村教师所发挥的社会作用，却并不是社会和政府所期待的那样——乡村教师成为改良乡村社会、推动乡村现代化改革的动力源。一方面，国民政府对于乡村教师身份角色的体制建构是不成功的，另一方面，在乡村社会内部乡村教师也处于边缘化位置，难以成为乡村领袖。

一、体制内角色功能的失效

自从新式乡村教师出现以来，期望乡村教师超越一个单纯的教书匠角色，承担更多的社会责任的呼声就没有断过。从国家政治体制上来说，抗战爆发后新县制和国民教育的推行终于使这种呼声变成了实实在在的制度。国民教育使乡村小学教师的责任从原来的主要针对学龄儿童办理义务教育，扩展为兼办民众教育，成为"全民导师"；新县制规定乡村教师可以成为政府的基层干部。但是，从"全民导师"和"基层干部"这两个角色的短暂实践来看，新角色是不成功的。

1. "全民导师"角色的不成功

乡村教师要承担全民导师的责任，首先面临的困难就是自身能力素质的欠缺。当然，这种状况并不完全是由乡村教师自身所造成的，进修机会的稀少、乡村社会信息交流的不畅等客观原因，都阻碍着乡村教师知识文化素养的持续发展。"居乡数年，完全不能接受新的学术，智识只有日渐退步，便成为时代的落伍者"[①]是乡村教师最常态的境遇。有人在 20 世纪 30 年代中期在五天里曾走访四川南充县四处"场镇"，"却没有看到一张报纸，偶

---

① 苏艺风：《一个改善乡村小学教师生活的建议》，《四川教育》1937 年第 1 卷第 2 期。

尔与教师谈及时事,不要说世界各国的情况十分隔膜,就是国内与本省的新闻,亦多不十分明悉,仅靠人云亦云的传闻,播送一点消息。因此,谣言众多,有时令人半信半疑,对政府施政进度亦大有阻碍。小学教师既无从得悉各种新闻,一般学生更不知道国内外的大事。所谓训练民众,组织民众,也就很难见诸实行了。"①小学教师自身对于国民教育、国民素质等问题都不知其所以然,要他们成为乡村精神文化建设的领袖只能是空话。

抗战时期,作为全民导师,意味着乡村教师必须承担对于乡村民众的教化义务。但从抗战时期乡村教师的履职情况来看,乡村教师在民众教育中的位置仍然是虚的,其主要精力和责任还是放在传统的儿童教育和学校教学方面。

当时在一般社会习见中,乡村教师也还只是一个职业教书匠,所谓国民教员还是小学教员,只不过换了一个名称而已。"你不看见一般的国民学校和中心国民学校只有儿童教育部,并没有民众教育部;不是国民教育其名,小学教育其实吗?"所以,当时一些教育家呼吁要加强宣传,给国民教员"正名"②。学校与乡村民众的生活也隔绝得很,比如,"乡村小学门口,常常挂着两块画了国旗的牌示:'学校重地,闲人免入'。这就是小学和民众隔绝的表示"。③

不仅社会习见如此,甚至大多数乡村教师也对自己新的国民教师身份不明就里。蒋成堃在参与"川西某一过去号称示范县"的暑期讲习会时,通过与听讲的中心学校校长、教导主任、保国民学校校长交流,发现这些乡村教师对于自身在抗战中的特殊地位与责任并不清楚,甚至对于相关法律规定也不清楚,多数人只把自己等同于过去义务教育时期的小学教师而已。"问及他们关于最近政府颁布的'国民学校法',有多数似均不甚了了;有的

---

① 苏艺风:《一个改善乡村小学教师生活的建议》,《四川教育》1937年第1卷第2期。

② 陈运嘉:《国民教员? 小学教员? 必也正名乎!》,《教育通讯月刊》1948年第5卷第12期。

③ 迪忱:《对于乡村小学教师的希望》,《民众周刊》1933年第5卷第10期。

根本就未注意,还有的甚至连'法'与'规程'的区别,这种极肤浅的常识,也都是茫然不知！大家办理现在的中心国民学校,还是如在办理过去的两级小学或完全小学;办理现在的保国民学校,还是如在过去的初级小学或单级小学;只是外面的换换招牌,所谓民教部的成人班与妇女班,既大多数皆彻底未曾举办;所谓一乡一保的社会文化中心工作,更多数不肯去讨麻烦。这种'换汤不换药'的办法,在曾经号称'示范'的县份尚且如此,一般的恐未必会有好多不同?"而且作者认为这种现象是具有一定普遍性,"我们就各地实际考察的结果,若干从事国民教育的国民教师中,求其真能认清自己任务性质及自己工作使命的,虽不是没有,但一般的百分比总不算顶多"。①连乡村教师自身对自己的新角色都不知其所以然,所谓全民导师的期待只能落空了。

2. 基层干部角色的失效

三位一体制使乡村教师获得了一个基层干部的角色,从理论上来说这是提高乡村教师政治地位的一个最直接的制度杠杆。但是,从实践效果来看,三位一体制遭遇到现实挫折及理论上的质疑,提升乡村教师政治身份的初衷没能实现。

首先,三位一体制在实施过程中发生变质,乡村教师的实际地位往往不升反降。原因在于国民政府基层政治不完善,三位一体制贯彻到基层以后被歪曲执行,成为不具备教师资格的人把持教育职位的一种借口了;许多不具备教师资格的乡镇长借机出任国民学校校长,结果不是以教统政,反而是因政害教,导致乡村教师地位更低的结局。以广西省为例,"本省自实行三位一体制度后,校长是由乡镇村街长兼任;乡镇村街长的任用,是以曾受民团干部或地方建设干部训练者为标准,因此,往往有高小毕业而受几个月干部训练者为校长,曾受三年至六年师范训练者为教师,而校长的待遇,多较

---

① 蒋成堃:《"国民教师"应充分认识"国民教育"》,《国民教师通讯》1944 年 9 月第26 期。

教师为优,这样一来,可使一般未受师范训练的青年,不敢问津师范,即现已进入师范学校肄业者,也认为自己已走错了路"。①

其次,三位一体制自身存在理论缺陷,从而也影响了其预期效能的发挥。其最受质疑的一点就是教师一身多任既脱离中国实际,也不符合专业化的潮流,最终影响教育和行政效率。

国民学校的校长需要具备必要的专业知识技能,而从中国基层社会的人才储备现状来看,当时的乡镇长普遍文化素质偏低,具备兼任校长资格的人很少。由于"此等门外汉的校长对于校务必多隔膜",②如果机械地推行三位一体制,势必会降低乡村教师队伍的整体质量。当时推行新县制的十几省中,基层社会的人才储备情况普遍是不利于施行"三长制"的。以四川庆符县为例,全县 22 乡镇共有 23 所中心学校(其中包括一所分校),其中"乡镇长合于中心学校校长资格者共四人,资历稍差令其兼代者共六人,中心学校校长兼任副乡镇长共十二人"。③ 所以,1941 年教育部召开的"各省市国民教育工作检讨会议"上,对国民教育实施一年以来的工作进行反思,会上一致认为国民教育工作需要改进"校长兼任问题",即乡镇长的文化素质偏低,不够担任校长资格的问题。会议指出:"实际上一般乡镇保长之资格,由师范学校或初级中学毕业者,已极少数,类多仅进过短期训练,甚至仅粗识文字。如以之兼任校长,自必难以胜任。"正因为有这种情况,所以会议建议厉行校长专任制。④

再从现代社会分工专业化的趋势来看,国民学校校长、教员的本职工作本来就很繁重,并有很强的专业性质,而需要他们兼任的如查户口、征兵等军政工作也很繁难和专业化,一身多任、功能混融的"一人三长制",其实施

① 潘景佳:《提高国民基础小学教师的待遇》,《广西教育通讯》1941 年第 2 卷第 5—6 期。
② 许镜涵:《论三位一体制》,《教育与服务月刊》1941 年第 47 期。
③ 戴益:《庆符县国民教育实施概况》,《政教旬刊》1940 年第 28 期。
④ 《专载·三十年全国国民教育总检讨及国民教育会议重要决议》,《国民教育指导月刊》(广东)1942 年第 1 卷第 6 期。

结果恐怕会"政教两误"。这一点也是有事实依据的,广西省本是推行三位一体制比较早的省份,其前教育厅厅长邱昌渭和广西国民基础教育制度的创造者雷宝南先生都曾经承认,三位一体制的实施虽然在地方事业上有所成就,但在教育方面则是失败的,国民学校办理不善,使民众失去对学校的信仰。① 当然从军政方面看,校长兼任行政职务也是勉为其难,因为术业有专攻,一个师范学校毕业的中心学校校长,未必就能精通地方民政、警务、经济、文化等事务。三位一体制的实施是需要全才的,如不是这种全才而兼任政教两界,其结果"势必顾此失彼,政教两误"。②

有人在考察参观某镇中心学校和国民学校实行三位一体制的实施情况后,"作者看到三种现象是急应改革的",具体是如下三点:"第一种现象是有的中心学校国民学校教师,过分热心于社会事业,或奉行政府有限期的命令,对校内应做的工作,反而荒废,因为教师不在校里,所以放学半天或一天的事情常常可以见到。第二种现象是有的教师只注意校内的工作,忽略了对社会应做的事项,把各种社会事业推到由当地人士所担任的副乡镇长或副保长身上去。自己担当了名义,实权却操诸别人,流弊是非常大的。第三种现象是有的教师对于处事的能力欠缺些,所以学校工作和社会事业,双方并顾,却双方弄得不好。"③这三种情况其实正反映了教育与其他社会工作都是需要专业人员,并付出专门精力的,乡村教师的一身多任也许有符合那个特殊时代的特殊需要的一面,但这种制度也有它不符合教育内在规律和损害教育质量的一面。

由于三位一体制人为设计的痕迹太重,过于理想化,不仅起不到以教统政的预期作用,反而出现因教害政的结局。所以 1924 年春,国民党五届九

---

① 李相勖:《国民教育制度中的三位一体制问题》,《教育通讯周刊》1941 年第 4 卷第 10 期。

② 许镜涵:《论三位一体制》,《教育与服务月刊》1941 年第 47 期。

③ 滕仰支:《如何解决中心学校及国民学校教师兼办地方行政之困难》,《国民教育指导月刊》(福建)1941 年第 1 卷第 2 期。

中全会决议:"中心国民学校及国民学校校长,改为专任为原则。"①事实上否定了"三位一体",所以乡村教师角色向政教合一方向的转型是不成功的。

总之,在抗战这一特殊历史环境下,国民政府赋予了乡村教师"国民导师"和"基层干部"这两个体制内的角色,期望他们凭借政权的力量发挥出超越单纯教育意义之外的政治或文化功能。但由于各种主客观条件不利,上述体制内的角色设置都是失效的。

二、乡村社会改良中的边缘角色

除了由政府正式授予的体制内权力外,民国社会更期望乡村教师作为文化精英能够沿袭传统塾师的权威,在更广阔的乡村社会空间里掌握话语权,能够引领乡村政治、经济、社会、文化风俗等等各方面的现代化改良。而乡村教师这一角色能否承担起改造乡村、建设乡村的责任,成为民国乡村教育界一个很有争议的问题。从内、外两方面的条件来看,受外在乡绅权势的挤压和自身内在素质的限制,乡村教师在民国乡村社会改良事业中的功能并不理想。

1. 乡绅权势的挤压

乡村教师若要承担改良乡村社会的责任,势必要成为乡村社会的领袖,这就必然要与乡村社会的传统领袖——乡绅发生矛盾。在上一章中已经论述到,由于乡绅势力的强大,乡村教师角色变得卑微化和边缘化,这成为妨碍乡村教师发挥社会改良功能的一个重要外在原因,也是乡村教师社会功能弱化的一个重要表现。但是,即使乡村教师能够与乡绅关系融洽,或者乡村教师取得如同乡绅一样的社会地位,他们在引领乡村社会现代化改良方面却不一定成功。

---

① 《中国国民党五届九中全会行政院教育工作报告》,载杜元载主编:《革命文献》(第58辑),台北国民党中央委员会党史料编纂委员会1972年版,第206页。

上一章中也曾经论述到,在乡绅控制下的乡村,乡村教师也有变得更加世俗化、功利化的一面。过于功利化的乡村教师并不一定是被排斥在乡村社会生活之外的,反而是这些人过于热衷社会活动了。但他们参与社会生活的目标并不在于改造乡村,而是在于拉拢乡绅、利用乡绅谋取个人私利,其结果自然与外在的社会期待也相去甚远。所以当时有人说:"在他们的乡间,能注意问题而悲愤的小学教师可以说是凤毛麟角,能一课一课好好教书的先生已经算好的了。大部分的人都在和土豪劣绅拉拢,上茶馆打麻将是他们的常事。他们连学生的功课都顾不了,哪里还有心情去注意国家大事,或是探讨什么问题呢。"①

在民国时期乡村教师与乡村士绅的关系还有一个侧面,就是教师与乡绅身份合二为一,即教师同时也是士绅。这种情况下乡村教师无疑是有权势、有地位的,但这时他们能否将手中的权势应用到改良乡村社会上,那就不一定了。

从乡村社会的传统认知习惯上说,作为稀有文化人的乡村教师理所应当地可以成为乡村权势阶层中的一员。事实上,在民国乡村权力结构中,乡村学校和乡村教师这一位置其实一直是乡村权势竞争的领地。这种情况可以从杨懋春对山东台头村的描述中反映出来。

杨懋春指出:台头村的两个学校——村学校与基督教学校,其实已经将各自属于这两个学校的家族分成了两个组织。"两所学校之间的冲突也构成了村庄的历史。"②两个学校之间的较量,也是属于不同学校的两组家族之间的矛盾和冲突的反映,学校事实上也成为家族竞争的阵地。"村学校实际上属于潘族,教师是潘族的,所以潘族人觉得有义务支持他,送孩子去他的学校。而杨族和陈族把他们的孩子送到基督教学校,因而激化了家族

---

① 俞异君:《空悲愤有用么?——向乡村小学教师进一言》,《民众周刊》1933年第5卷第28期。

② 杨懋春:《一个中国村庄:山东台头》,张雄等译,江苏人民出版社2012年版,第157页。

间的竞争。"①台头村最早设立的学校是由村中的大族潘姓设立的,"教师总是潘族的成员",②学生主要是潘姓,他姓的孩子也可以去上学;后来这些学校被县政府承认为公立学校,由公共资金资助。其他家族因为感到自己的孩子在潘姓学校里没有得到平等的对待,因而由村中信教的陈姓、杨姓开办了一所教会学校,教师和学生都是信教的陈杨两姓,由陈杨两族组成理事会管理。后来,为了学校的发展曾经有人建议将两所学校合并,但是最终由于两组家族之间根深蒂固的不信任,村学校教师和其他潘族首领"认为这是杨族或基督教学校的理事会设下的圈套,目的是同化村学校从而颠覆潘族的地位"。③ 所以最终合并的设想不了了之了。两所学校的历史纠缠着乡村宗族之间的冲突。

按照杨懋春的论述,乡村教师是乡村中的非官方领导中的一员,他们对于乡村社会发挥着比正式的公职人员(如庄长)更大的影响力,官方领导反而如同是他们的"工作人员甚至是传令官"。④ 具体来说,乡村教师的影响主要还是在于文化习俗方面,"关于文学、仪式、孩子的学校教育、政府颁布的新法律或法规、国内与国际的新闻等方面的问题,村民经常与一两个学校教师讨论,村民认为教师能回答任何有关的问题"。⑤ 在婚丧嫁娶等乡村社会生活中,乡村教师仍然是必不可少的人物。比如,在乡村婚礼过程中,乡村教师是与其他乡村绅士们同等地位,为最尊贵的客人陪坐的。"陪新娘

---

① 杨懋春:《一个中国村庄:山东台头》,张雄等译,江苏人民出版社 2012 年版,第234 页。

② 杨懋春:《一个中国村庄:山东台头》,张雄等译,江苏人民出版社 2012 年版,第134 页。

③ 杨懋春:《一个中国村庄:山东台头》,张雄等译,江苏人民出版社 2012 年版,第158 页。

④ 杨懋春:《一个中国村庄:山东台头》,张雄等译,江苏人民出版社 2012 年版,第180 页。

⑤ 杨懋春:《一个中国村庄:山东台头》,张雄等译,江苏人民出版社 2012 年版,第183 页。

来的两人是最尊贵的客人,由族中长者、村庄领导或学校教师陪坐。"①

显然,在杨懋春的叙述中,台头村学校教师的地位是比较高的,其角色功能更类似过去的塾师,他们与乡土社会关系融洽,在他们身上看不到乡村教师与乡绅之间明显的冲突排斥。这其中最主要的一个原因可能与台头村学校教师本身就出自当地潘姓大族有关,他的教师身份背后有潘姓家族的支持,其社会地位自然不一般,但这时他的角色特征是偏旧的,是对乡村宗族、宗法秩序妥协的。如果台头村的学校教师换成一个外来的青年人担任,可以想见,其在当地的社会影响力绝不如潘姓老师影响力大,尤其是这位乡村教师如果还有些独立自主的办学理念的话,很有可能会与把持当地学校的乡绅大族产生冲突,恐怕这时他也会在心里暗暗地将当地的乡绅咒骂为"上等魔鬼"。

所以,虽然有乡村教师个体在乡村社会地位很高,但不能代表整个乡村教师群体在乡村社会活动中是成功的。

2. 乡村教师自身素质的局限

从乡村教师自身内在的状况来看,民国时期也一直有人质疑:乡村教师能够承担乡村建设的责任吗?客观事实是,一般乡村教师在改良乡村社会方面基本上很少有作为,乡村教师的工作现状基本是局限于乡村小学的教学工作方面,甚至乡村小学的办学也是因陋就简。

有人回顾清末民初三十年来的乡村教育发展情况,认为其功效至多只在学校教学方面,至于改良乡村社会的功效恐怕是没有的。"至于乡村教育,立定计划,实施社会教育,以期移风易俗,增进民智,恐怕是没有的。至于乡村小学校哩,大概是一年几百吊大钱,有声无气的,一个先生,一二十个学童,早来晚散,敷衍了事,便算尽职;小学教育,已经说不上,还能讲到什么适合于农民生活的需要么?好一点的,也只能对于功课认真些,叫儿童多识些字,多念些书,能作短文,能做算学,有钱人家的子弟,在这个小学毕业,还

---

① 杨懋春:《一个中国村庄:山东台头》,张雄等译,江苏人民出版社 2012 年版,第 110 页。

能考进城里完全小学高级班或中学，那么，已经算是再好没有的了。可是，你若问他：'你这学校，设在乡间，对于乡村文化，有没有促进的功能呢？对于农民生活，有没有改良的效能呢？'恐怕他还是瞠目不知所对吧！"①

在 20 世纪二三十年代的乡村教育热潮中，有人这样评价乡村教师的现状：

"（一）体格衰弱。我国乡村小学教师，因物质上与精神上的供给不良，大都面黄肌瘦，形容枯槁，菜色饥形，精神萎靡。对于教育工作者，自不能胜任愉快，惟有敷衍塞责而已。

（二）缺乏良好德行。我国乡村教师，对于道德修养，不甚注意。不诚实，不正直，意志薄弱，思想简陋，好逸畏动，无进修心等等，大概是他们的通性。以此种教师，来办乡村教育。乡村儿童与社会民众，如何能得良好之感化呢？

（三）缺乏学业的准备。我国乡村教师，概未受完全的师范教育。对于一切基本知识，均未有相当的研究。服务时，又妄自尊大，毫不虚心自习，以求进步。惟有滥竽充数，敷衍行事。欲求教育效果之增进，真是梦想了。

（四）缺乏教育者应有之精神。教育者应有改进教育的热忱；教育专业的兴趣，及爱好儿童的精神。我国乡村教师，大概以糊口为目的。毫无教育兴趣，更无心研求，谋教育之改进。惟有抱着做一天和尚撞一天钟的观念而已。

（五）缺乏社会领袖的才能。乡村小学教师，不仅是学校的灵魂；尤当为社会的领导。我国乡村小学教师，既没有办事的精神干才；尤少社会活动的能力。既不能联络社会，更不能指导社会。且自身行动不检，常失社会民众的信仰。如何能感化社会改进社会呢？

（六）缺乏精神生活之修养。我国乡村小学教师，缺乏满足精神生活之

---

①　中华职业教育社印行：《农村教育丛辑第三辑·村治与农村教育》，1928 年版，第 8—9 页。

知能。因此课暇无事,不能有适当消闲之娱乐,常走入歧途,且只求物质生活之满足。唯利是图,见利思迁,易为环境所诱惑。一有机缘,即改业他去。

(七)不惯乡村生活。乡村生活,富自然之美。而我国乡村教师,对于乡村生活高尚之义,没有充分之了解。每以为乡村生活枯燥乏味。而生厌恶;常视乡村学校为暂时之逆旅,而思他迁。对于乡村事业,简直置之不理,置若罔闻了。

(八)教学方法不良。教学法为助长儿童活动之经济的适当的过程。教法优良,效果易见。我国乡村小学教师,教法腐劣,埋没儿童个性与自动;一味用注入的方法,令儿童读习死书,与旧式私塾之教学无大差异。至于设计法、道尔顿制等,则更不知若何设施了。"①这个评价反映出,乡村教师在专业方面的缺陷还只是很小的一部分,最主要的问题还在于乡村教师在承担社会责任方面的能力不足和精神意志脆弱。

也有人指出,中国乡村教育中的痼疾之一,首先就在于由于乡村教师的认识不到位,所以造成"学校与农村实际生活的隔离"。"本来乡村学校,是乡村文化的中枢,乡村人民领导的场所,政府之命令,赖乡村教员而宣传,民众之需求,赖乡村教员而启发。至若乡村人民迷信之恶习,旧式家庭之腐败,农业生产之改良,副产手工业之提倡,新式机器之利用,举凡一切利于农村之事,无不利赖乡村教员之破除与指导。但是现在的乡村教员,因受观念生活的遗毒,仍持异言异服之态度,以博得乡村民众之敬畏,提高自己之身份。自然民众因自卑的情性,不敢与教员接近,而教员亦从'不在其位,不谋其政'的观念,休管其他闲事,亦不过教授读写算以及其他规定的学科,就算了事。于是为教员者,对于乡村的实况,蓉然罔知,而乡村人民亦认学校为特殊机关,遂不敢问津。结果学校自学校,乡村自乡村。"②总之,真正有理想、有能力来改进和引领乡村社会的乡村教师,其实是很少的。

---

① 冯祖荫:《怎样改进我国乡村小学教师》,《中华教育界》1932 年第 20 卷 3 期,第 30 页。

② 杨永颐:《中国乡村教育之痼疾及改进之方针》,《夜光》1931 年第 1 期。

受乡村教师工作态度敷衍、知识技能不足、思想认识不到位等内在原因的影响，乡村教师难以履行引领乡村社会改良的责任。当然，乡村教师不能履责，除了主观原因之外，也还有客观环境的原因。

比如，乡村教师教学工作繁重，再兼任各项社会工作，乡村教师能否有足够的精力干得过来是一个现实问题。"乡村小学的教员至多一人至二人，而乡村事业则包括自卫、合作、经济、农业、工程、卫生、法律、教育等，这些多方面的事业一二人的才干能否应付？才干方面姑且勿论，知识与技能方面一二人能否兼具？再问乡小教员是怎样训练的？现有的师范学校，决不能训练这样的人才，那是限于部定功课，自不必说，假使施以特别训练，训练方法应该是怎样的，不可不研究。……既说乡村小学为发动机关，小学教员时间能否分配得过来，又是一个大问题。小学教员本来每天要照料儿童的功课，随时应付行政机关的公事，常常参加农家的婚丧大事，比较活动的乡小教员在乡间简直忙得和党国要人差不多。如今还要添加成人训练工作，及其他乡建活动事业，精力时间，两生问题了，不可不研究的。"①

而且，所谓改造乡村社会的任务，绝不仅仅是时间够不够，体力够不够的问题，这种综合性工作需要的是复合型人才，就像有人说的那样，这样的乡村教师得是一个"万能的人物"才行，而这种"万能"的角色设定无疑已经脱离现实了。无怪乎有乡村教师慨叹："我从事乡村小学教师已是三年了，在这三年之中，尝到了乡村小学生活真正的味道；也感觉到这种称为国家基础的乡村教育如谋改进，必须怎样的努力！做教师的又必须是一种怎样的万能的人物！"②

总之，在举国一致的高期待下，乡村教师也并没有成为改造乡村社会的"灵魂"，作为一个具有现代化导向的新的社会角色，其现代化功能的辐射面主要还是局限在学校和儿童范围内，受主客观条件限制和内外因素的影

---

① 　周葆儒:《从乡村建设说到乡村小学》,《基础教育月刊》1936 年第 1 卷第 6 期。
② 　张绳五:《乡村教育的实地经验谈》,《基础教育月刊》1935 年第 1 卷第 1 期。

响,乡村教师超出学校教育之外的更大的社会功能还很薄弱。

第三节　乡村教师的经济地位过低

社会地位是某种社会角色在某一体系中的位置,它多表现为具有一定稳定性的静态性质;而社会角色是与一系列行为模式相关的,具有动态性质。经济地位是社会地位中最主要的指标,也往往决定着某种社会群体的社会地位。而经济待遇过低始终是影响民国时期乡村教师整体社会地位、妨碍他们履行职责的一个最重要的现实因素。

一、乡村教师的薪资待遇

薪资是乡村教师最主要的收入来源,薪资待遇是乡村教师最重要的物质保障。而薪资待遇过低,是当时乡村教育领域最突出的问题之一,也是影响民国乡村教师经济地位的决定性因素。

首先,乡村教师们的实际薪资水平远远达不到法定薪资规定,国民政府关于保障小学教师待遇的一系列法令规定大多数得不到落实。以各地执行教育部规定的小学教师最低薪资额标准(至少应以学校所在地个人生活费之两倍为标准)为例,各地都有很多变通措施,其变通结果基本都是牺牲了小学教师的利益。

按国民政府大学院规定,四川小学教师最低薪俸到底应为多少呢? 教育专家认为:"每人每月最低限度须付衣履费三元,伙食费五元,房租钱八元,合计十六元,照法令二倍之,应为三十元。"[1]有人认为"川省各地生活,标准不一,每月七元半,系照贫瘠边区,生活最低县计算",[2]按这一估算二倍之应为十五元。1935 年省政府规定的最低薪正好为十五元,这虽不一定

---

[1]　一愚:《教师节! 教师劫——记念教师节》,《四川教育评论》1937 年第 2 期。
[2]　逸名:《四川小学教育之检讨》,《四川教育评论》1937 年第 2 期。

是以贫瘠地区最低生活保障计算,至少对多数县而言,只能是最低生活保障线。那么乡村教师们的薪俸能否达到《小学规程》所规定的"应以学校所在地个人生活费之两倍为标准"呢,以 1935—1937 年四川部分县份小学教职员月薪为例:①

四川部分县份小学教员的月薪数(1935—1937) （单位:元）

	阆中	郫县	珙县	新津	彭县	屏山	南充	垫江	温江	荣昌
最高	16	19	20	30	15	15	16	24	26	18
最低	2	3	4	4	5	5	6	6	8	10
	内江	青神	蓬溪	资中	大足	崇庆	天全	梓潼	绵竹	永川
最高	20	18	30	40	28	18	18	25	23	18
最低	10	8	8	10	12	10	10	12	12	14

其中,这些所谓小学教师的最高薪资多是那些位于县城的重点小学教师的薪资,而最低薪资才是属于乡村教师的。以上县份无一县乡村教师的最低月俸达到教育部规定的最低标准。

20 世纪 30 年代末广东省根据教育部规定,参照各地方的生活程度,给各县小学教师制定了具体的薪资标准,时人对这些规定的评价是"如是一个最低的标准,虽然不能说尽是恰当,但至少不至太低,而使教师不能维持饱暖的生活。但是,事实上,准则固不能够适宜地应用,最低标准也未曾实行。实在,各地方的教师每年所得的报酬,只是三百元的广东毫券,其达到四百五十元的,确实是凤毛麟角,人间上少见的东西,其终年辛劳,只得一百二十元的可怜的数目者,所在所有"。②

根据浙江省教育厅 1939 年对各县立小学教员待遇比较统计,"平均最

① 资料来源:据《四川教育》第 1 卷各期地方教育调查报告整理而来,转引自曾崇碧:《20 世纪 30 年代四川小学教师状况研究》,硕士学位论文,四川大学,2003 年,第 40 页。
② 黄希声:《小学教师的现状与其改进方案》,《广东省政府公报》1940 年元旦特刊。

高者只三十四元二角,最低者月仅六元"。① 据张钟元在 20 世纪 30 年代对江、浙、鲁、闽、冀、豫、粤、皖八省小学教师生活状况的调查,"每一教师合家庭用费和自身所需每年共计 280.3 元,而年入只有 195 元,一年之内亏空的数目竟达 85 元",许多教师在靠借贷生活。②

定县举行第四区乡村小学教师训练时,乡村教师提出最多的问题包括"(1)薪金太低;(2)支薪时间不定;(3)包薪(即学校中一切用费统由教师薪金中开支)盛行,报酬低减更甚。又(1)应酬太多;(2)生活不定;设备不全"。③

民国时期,乡村教师薪资报酬不足以养家糊口是一个公认的普遍现象。张英夫描述河北霸县乡村教师的情况,"这里高级小学的教员,最低限度每周要担任三十六点钟的功课,甚至要超过四十点钟以上,而所得到的报酬最高者仅为二十元,其余十五六元者不等;至于当一个初小教员的,全年所得薪水,最高者仅一百二十元,合起来,每月才十块钱,并且还有每月仅得七八元者,这样微薄的报酬,实在不如一个商店的学徒,不如一个雇工,虽然乡村中的生活程度比较低微,可是每月净吃棒子面,也得用四五块,再穿衣裳和零用,也得二三元,平均算起来,每月只攒二三元,也不过仅能维持一个人的生活而已,然而当小学教员的,谁家没有父母?谁家没有妻子?他们的家庭里又有几个是不依仗着这点代价来糊口?那么杯水车薪,何济于事?"④

20 世纪 30 年代人民描述四川南充县乡村小学教师的薪资情况如下:"乡村里的小学教师,每周授课时间多至三十小时,而小学教师全年收入,仅百元左右,初小教师仅五十元左右,过去因政费支绌,并曾七折支领,且发生欠薪。作教师而不如一机关内公差所得之收入,加以生活程度与日增高,

---

① 《教师待遇之集体讨论》,《浙江教育》1940 年第 3 卷第 1 期。

② 张钟元:《小学教师生活调查》,载李文海主编:《民国时期社会调查丛编·文教事业卷》,福建教育出版社 2004 年版,第 164 页。

③ 周葆儒:《从乡村建设说到乡村小学》,《基础教育月刊》1936 年第 1 卷第 6 期。

④ 《河北霸县乡村小学教师生活的写照》,《众志月刊》第 1 卷第 3 期。

父母妻子之赡养,必须设法供给,以教书所得,维持一己之温饱尚感不足,自不得不另营副业,用维现状,于是在乡镇上作小本经营者有之,农忙时因回家从事农作,请假数日或十余日者亦累见不鲜。"①

当然,在经济比较发达、教育也比较发达的地区,乡村教师的薪资水平也相对较好一些。同样在 20 世纪 30 年代中期,苏州善人桥镇的县立初级小学一二年级的级任教员月薪大洋二十八元,专科教员月薪二十二元,这位级任教员对薪水还是满意的,"那时的廿八元大洋钱,好买上好白米四石,教我如何不喜?"②"太湖附近的一个小镇上的一所初级小学",代课老师的月薪是二十二元,但按八折计算。③ 但总体看来,30 年代普通乡村教师的月薪基本就在十元左右。

抗战爆发以后,战争导致严重的通货膨胀,教师待遇提高的速度完全跟不上物价飞涨的速度,造成乡村教师的生活直线下降。"小学教师的生活,本来是最清苦的,这在生活程度最低时的战前也是如此……现在这一两年前,生活程度闪电式的飞涨,有时一两天,就会涨上几倍,但是我们当小教的报酬,哪里能够同现在的生活程度争一日之长呢!生活程度涨到二三十倍的时候,我们的薪水还只有加上二成四成,于是眼看着小教同仁为了生活的压迫,纷纷逃避,有的投笔归农了,有的去做小商人了,也有的逃到机关里当公务员了……"④

事实上,民国时期多数乡村教师都是不脱离农业劳动的,不只依赖微薄的薪资谋生,这可能是为什么在如此微薄的待遇下,乡村教师还能够不绝如缕传承下去的原因。

杨懋春提到山东台头村的情况时,这样描述:"除基督教堂的传教士和基督学校的教师外,该村没有一个手艺人是完全靠手艺谋生的。所以泥瓦

---

① 苏艺风:《一个改善乡村小学教师生活的建议》,《四川教育》1937 年第 1 卷第 2 期。
② 江上风:《教师生活一页》,《江苏教育》1942 年第 4 卷第 5 期。
③ 壬寺:《我的教员生活》,《江苏教育》1942 年第 4 卷第 5 期。
④ 鲁汉:《教师生活一叶·痛苦的会议》,《江苏教育》1942 年第 4 卷第 5 期。

匠、木匠、织布匠、小铸造厂工人、村学校教师、庄稼看守人和几个村官员,在播种、收获季节或者偶尔不从事专业工作时,都与他们的家人一起在田间劳动,所有手艺人的工资中只有部分是现钱,其余包括吃饭、偶尔还包括住宿。"①田间劳动是乡村教师必不可少的生活补助来源。当然,其前提是这些乡村教师都是不离乡的,就在自己的村庄教书,这样才能不脱离农业生产,以此来补助生活。

所以,乡村教师中最苦的是那些外来的教师,不能以耕田或其他经营补助生活,只能主要依赖教师收入为生。一位外来的乡村教师这样描述自己与当地人同事之间的不同生活状态,"这个学校在一个距离县城八九里的乡村,校长和一个同事,都和我同学,教学是和我一样的,可是他们并没有我这样的恐惧,因为他们是本地人,他们的教书是为着消闲,不是和我一样的为着生活啊。校长虽说每天来校,但是他少年绅士的态度,不是找着扯扯牌经,便是谈谈事谱。同事的呢? 除了照常守着学生混过一天的课外,娇养惯了的身子,不到放学,他早很快的回去了。校址是在一个破庙内,除了两间黑漆漆的教室,一间恰可容身的卧房连几本教案外,我是再也找不到其他的设备了。为着职业上的关系,我不得不对教学用功,每对一个事情的思考,一个问题的疑难,只能靠自己翻翻参考书,把脑子想得一阵阵的痛。"②从这位作者的同事身上可以看出,一些不离乡的乡村教师基本还是能够维持正常水平的经济生活的。

二、比于"苦力工人"③的经济地位

通俗地讲,经济地位是指某个群体或阶层在收入体系中的位置,它是在

---

① 杨懋春:《一个中国村庄:山东台头》,张雄等译,江苏人民出版社 2012 年版,第30 页。
② 十君:《我的教师生活》,《教师之友》1935 年第 1 卷第 8 期。
③ 潘景佳:《提高国民基础现象教师的待遇》,《广西教育通讯》1941 年第 2 卷第 5—6 期。

与其他群体或阶层的比较中显现的。民国时期有很多研究将乡村教师的收入与其他阶层做比较，比较之下，乡村教师经常被与苦力工人等底层劳动者列在一起。

　　首先，在整个民国教育界中，小学教师最为清苦，而乡村教师又无疑是最最清苦的一个阶层。

　　"在教育专业中，小学教师的数量比较最多，而生活方面，则以小学教师的生活为最苦，这是一件很明显的事实。固然小学教师中也有生活情形比较好一点的，如在都市中规模较大待遇较高的小学校，但终究是少数；大多数的小学教师们都生活在艰难困苦的状态中。"①"一个人实在是难乎其为教师的。第一：'十个教师九个穷'，'穷'字永远和教师发生着联系，尤其是在目前物价飞涨中挣扎着的教师，尤其是小学里的教师。'穷'就会'愁'，'愁'则精神生活又苦，灵的与肉的双重压迫，还不够受吗？"②

　　乡村教师待遇之低，与近代中国教育发展历程中始终存在的精英化倾向有关系，有人说"在这二十四年中，口口声声的说教育改革，但是改革了谁？乡村小学与都市的学校以时间作一个比较的话，至少是差了两个世纪。都市学校算是 20 世纪的话，乡村小学最多是在 18 世纪。但是翻转来看，中国教育的成绩（努力的成绩），一般人都承认小学教育最有进步，中等学校次之，大学又次之"。乡村教师的待遇与同时期的大学教师、中学教师相比都不正常地低，与乡村教师所取得的成就相比就更不匹配了。有人在 1935年对比了当时大学、中学、小学的学校经费、教员待遇、担任工作、学生岁占费等方面的数字，其中大中小学的教员待遇情况是这样的："大学教授月薪：300—600 元；中学教员月薪：60—200 元；小学教师月薪：5—20 元"，所以作者的评价是："从上面的比较，我们可以看大学中学与小学教育之相差之大。而全国几十万小学教师即于此种劳苦艰难中生活。""我们以为劳苦

---

①　束荣松：《小学教师生活烦闷之原因及其解决方法》，《小学教师》1936 年第 18 期。
②　朱伯孚：《教师生活杂谈》，《江苏教育》1942 年第 4 卷第 5 期。

功高而受了最劣待遇的乡村小学教师,实在值得我们同情。"①

其次,与其他社会阶层经济收入的比较,更能直观说明乡村教师的经济窘境。

来自 20 世纪 30 年代全国各地方的研究资料显示,乡村教师在收入上都是清贫的阶层。山东省教育厅主办的《基础教育》月刊上有篇文章谈到:普通乡村教师"年薪三四十元的就有,还不胜一个牧羊喂牛替掌柜的打扫猪圈的小伙计的代价"。② 有人记载自己家乡的乡村教师们时常报怨:"唉!我们这种生活简直拉黄包车也不如!"在谈到他们想什么其他职业时,"有的说,要去开店做生意! 有的说,要到衙门寻个差使;有的说,要去当兵"。不做教师,宁可去当兵,从事"那掠夺的生活",这种情况让作者感觉非常成问题。③ 从经济地位衡量,乡村教师被与伙计、黄包车夫、差役、当兵的等底层苦力视为一类人,这是民国时期常见的舆论。来自《湖南教育》的一段资料甚至谈到,在乡村教师的经济困窘中,"稍具知识的教员必带一种'谋事去'的口禅,又何能在乞丐似的生活中过活呢?"④本来为四民之首的读书人竟然自比乞丐,可以说经济的困窘已经使他们连一个读书人最低限度的体面都无法维持了。

抗战开始后,有人调查了后方几省(如江西、广西)一般劳动者的具体收入,如木匠泥水工、船夫渡夫、理发匠、汽车夫等,发现"做教师的收入,还比不上苦力工人的收入"。⑤ "一个邮差的生活费会比小学教师的薪给多到几倍"。⑥ 乡村教师无疑是更加穷困潦倒的一群:"穷乡僻壤小学教员的'相当资格',是够人想象的。教员奉给低到每月数元,因此有'宁抬滑竿不

---

① 张光涛:《乡村小学教师的训练》,《存诚月刊》第 1 卷第 6 期。

② 翟芝轩:《一般乡村小学的实际写真》,《基础教育月刊》第 1 卷第 12 期。

③ 姚絧章:《小学教师想谋差使——想当兵》,《生活》1926 年第 2 卷第 18 期。

④ 《教育论丛·一个乡村小学教员的自述》,《湖南教育》1929 年第 3 期。

⑤ 潘景佳:《提高国民基础现象教师的待遇》,《广西教育通讯》1941 年第 2 卷第 5—6 期。

⑥ 舒石林:《小学教师待遇问题》,《国民教育月刊·江西地方教育》1941 年 12 月号。

教书'之谣。"①有的激愤的乡村教师竟然发出这样的抱怨:"真的,根据上述(乡村教师遭受的待遇低和教育腐败的压迫),想大家都能明白小学教师在三百六十行中,无论如何,总挨在末一行了;街头的乞者,帮佣的老太婆,都能胜过好几倍!"②

乡村小学教师的经济生活甚至不如过去的塾师。"到了现在,大多数小学教师比塾师的生活更不如,据所知南路各地公私立小学,最高薪水极其量每月国币三四十元,少至七八元不等,乡间小学教员美其名曰'尽义务',不计较钱,除了少数富有家庭,每年收租养家之外,大多数吃两餐粥不得半饱,休想像从前的塾师豆豉做菜吃白饭了,以前私塾收'脩金',一半是钱,一半是米,碰到年节,学生家长送点礼物来辅助,目前小学教员更没有这种福气了!"③

所以,无论是从横向还是纵向的对比看,乡村教师的经济地位都不高,难以与习惯上认为的读书人的身份相匹配。更严重问题的是,这种经济地位给他们带来的受盘剥的屈辱。

因为乡村学校经济制度不规范,基层教育管理方面的腐败,造成乡村教师在经济上经常受教育主管人员或部门的盘剥。比如,由于多数乡村学校的经费掌握在乡绅手里,最常出现的问题是乡村学校扣薪欠薪现象严重,乡村教师的薪水发放不仅不定时,有的乡村甚至连教师的薪水多少都没有定额。"至于我的薪水,到现在两个多月,才发我九块钱,钱数虽不多,要的次数却不少,若果问他一定数目,他却无正确答复。"④其他上级主管,只要有权,也往往借机渔利,无权无势的乡村教师总是处于这条利益链的最低端。"凭良心来讲,过去主持地方教育行政的人,多数以政治的手腕,来主持教

① 杨允元:《急待确立的我国教师任用制》,《教与学月刊》1940年第5卷第9期。
② 王鲁白:《教育通信·一位小学教师之悲愤的喊声》,《教育杂志》1929年第21卷第4号。
③ 利众:《教师们的两大痛苦》,《青年导报》1940年第1卷第4、5期合刊。
④ 姚斐然:《我的小学教师生活写实》,《基础教育月刊》1936年第1卷第7期。

育行政,维持他私人的地位。他怎能想得到根据合理的调查和研究,来定教育之实施计划! 他怎肯站在公理与正义的立场上,为儿童和小学教师谋福利! 非但如此,甚至再向小学教师的本身上来剥削,(如每月捺拨薪金,而取利润),如此这类的主管教育机关的领袖,其所属的校长,自然也照样用其微渺之政治手腕于教员。结果最吃亏的,只有那没有下属的教员!"①

对于"非都市的小学教师"遭遇到的来自教育管理者的重重剥削,有人于"汗牛充栋"的事例中举出了这样几例:"(1)办丙等校得县款九十元;八九七十二,校中实得七十二;不消说得,这八扣是教育委员冠冕堂皇的应得数。(2)至少每学期应摊派得一百九十二元的县区税款,但至暑期只有领得十块钱;几次向教育委员府上去追请的船钱,却恰够十块钱的开销。(3)教育局已扣除的什么周刊和什么辅导丛书费;但一月,二月,学期终,却不见当局发下一册。……(7)校长领的是全年,而发教薪却把十月当一年。""小学教师应得的报酬,本已受社会的虐待;现在,教育局的剥蚀,教育委员的剥蚀,校长的剥蚀;他们都是明目张胆地在做着啊! 小学教师的虫豸似的命运啊!"②

总之,从一般社会观感来说,乡村教师的经济地位过低了,特别是与国家和社会赋予他们的"导师""灵魂"之类的名号不相称。乡村教师没有从自己的待遇收入当中收获应有的成就感和荣誉感,进而势必会影响乡村教师扮演承担国家民族大任的角色。所以从国家发展乡村教育的大战略角度来评判,显然乡村教师的经济待遇是有问题的。但是,如果单纯从普通乡村经济生活的角度来看,将乡村教师与他身边的乡村民众的生活水平对比来看,乡村教师的经济地位则有另外一面。

在乡村民众看来,乡村教师至少不是乡村社会中的穷人。杨懋春提到台头村的教师的生活水平时,提到这样一个说法:"一些穷村民谈起基督教

① 卢泽云:《小学教师的保障问题》,《小学教师》1936 年第 18 期,第 840 页。
② 王鲁白:《教育通信·一位小学教师之悲愤的喊声》,《教育杂志》1929 年第 21 卷第 4 号。

牧师、学校教师或集镇上的商人时,就会说:'他是一年四季吃小麦粉的人,他的脸怎么会不光滑呢!'"①

陈瘦竹生于江苏无锡东南乡南陈巷农家,父亲早亡,全靠母亲耕种五亩田地维持生活,因为他们兄弟两个年纪太小不能做农活,才送去上学,这样的家庭条件本来在小学毕业后不会升学,而是回家做农活的,是他做乡村教师的舅舅说服了他的母亲,他才得以继续升学。陈瘦竹回忆舅舅是这样劝说母亲的——"舅舅是江阴县顾山镇上初等小学教师,说服我们的母亲让我们以后可以考入不收学膳费的师范学校,将来出来教书,总比在乡下种田要好得多。"②也就是说,在陈的舅舅看来,做乡村教师的经济收入总是好过种地的农民的。而且,这种观念在当时是一种比较普遍的社会评价。

比如,河北省万全县于1922年至1935年开办十三年的"万全乡村师范",其毕业生大部分都在当地从事基层教育工作,对于他们的处境和待遇,在当地人看来是比上不足比下有余的,做教员仍然是乡村子弟摆脱"劳力"身份的一个比较体面的出路。"这些毕业的学生,尽管被一些上层人士看不起,甚至在民国十八年糟年成之际,骂他们是'红面师范'(因常吃高粱面),但当时,在农村广大人民群众的眼里,他们还是受到尊重的。这些初小教员毕业后试用期一年,每月工资八至十元,一年后定薪,甲等十六元,一等十五元,生活比一般人强得多。当时一块大洋可买到上等□□壹百斤,一个强壮的劳力,给地主辛勤干一年,最高的才能挣到四十块大洋。新生入学,家长最少一包点心,五月初学生还要给老师送粽子,冬至学校要开锅,师生共进佳餐。和群众关系搞得好,□米年糕是要常吃的。不论大小学校,哪怕是一个人,村里都要雇'夫役'烧水、做饭。他们干鞋净袜,风吹不着、雨淋不着,长袍大褂、文质彬彬,在群众眼里是最体面的工作了。本县老百姓常流传这样一句话:'有地种大树,有儿当教员'。所以一般中下等人家的

---

① 杨懋春:《一个中国村庄:山东台头》,张雄等译,江苏人民出版社2012年版,第36页。

② 《陈瘦竹自述》,《世纪学人自述》第3卷,北京十月文艺出版社2000年版,第375页。

子弟,教了书以后,由于他们没有别的出路可找,所以只有好好工作,唯恐上司督学看不中落聘。"①

总之,民国时期乡村教师的经济待遇过低,这种收入所带来的成就感恐怕是不足以保障乡村教师成为乡村民众的导师,成为挽救国家民族的栋梁的。但是作为一个普通职业人,乡村教师仍然不失为乡村青年摆脱农家子命运的一个有吸引力的出路。

第四节　乡村教师社会地位上的悖论

所谓社会地位是指"人们在社会关系网中所处的位置。通常是根据财富、声望、受教育或权力的高低和多寡作出的社会排列"。② 社会地位是角色中相对稳定的因素。每个人在社会中都占据一个特殊的位置,这个位置是相对固定的,就教师群体而言,其社会地位是相对稳定的,社会对教师的基本看法也是不变的。但是,民国时期乡村教师的社会地位问题上却存在一个悖论,即乡村教师的理论地位与其实际社会地位之间存在相当大的差距。

一方面,社会在一般性或抽象地谈到乡村教师的角色地位时,一般都评价比较高;另一方面,在具体评价乡村教师的现实状况和实际地位时,又普遍贬低他们。乡村教师的实际社会地位低下,与其理论地位之高大形成极大反差。这是民国时期乡村教师角色困境的表现之一,甚至在整个 20 世纪,乡村教师的社会角色都受到这个问题的困扰。

一、乡村教师的理论地位

在社会舆论或政府的宣传及政令当中,关注的往往是比较抽象的有关

---

① 高瑞:《万全乡村师范》,《万全文史资料》第 1 辑(上册),中国人民政治协商会议万全县委员会文史资料征集委员会,第 113 页。

② 《中国大百科全书·社会学》,中国大百科全书出版社 1991 年版,第 279 页。

乡村教师阶层的责任、义务、功能等问题,与其责任的重大相适应,这时乡村教师的抽象理论地位也非常重要;当然对于一个合格乡村教师的必备素质要求也相当地高,这些就构成了民国乡村教师虚高的理论形象。

怎样才配称为一个合格的乡村教师或者乡村教师应该具备什么样的条件素质呢?诸如此类的问题是民国时期教育刊物和政府公文中很常见的题目。这类言论的核心思想多是从国家、民族、社会等大德目出发来评判乡村教师的责任、义务、使命。一般社会认识的内在逻辑是这样的:从挽救国家民族的需要,推进到改良乡村社会和启蒙乡村民众的急迫性,由此又推进到对乡村智能——乡村教师的重视,"由此看来,乡村教育是非常重要的,但是兴办乡村教育,是少不了教师的;所以乡村教师问题,又是乡村教育的中心问题"。① 由此看来,乡村教师绝不仅仅是一个对儿童承担责任的教书匠,而是承担着非常重大的社会和历史使命的角色。有人认为,具体说来乡村教师的责任义务可以分解为三大块:"教育方面的使命",即他对于乡村儿童学业方面的责任;"指导乡村方面的使命"和"乡村社会改造方面的使命",即他在改良乡村公共事业和改良乡村风俗文化方面的责任;"国家方面的使命",即乡村教师服务抗战大局的责任。② 其实,多数舆论将乡村教师的责任主要分解为教育和社会两方面的内容:"乡村小学教师应负:(1)教育家之使命;热心教育,努力教育,以助长乡村儿童的生活效能。(2)社会改进家之使命;除教育儿童外,对于社会上的事业,负指导改进的责任,以谋社会之延续与进展。乡村儿童之幸福,能否增加;乡村社会之生活,能否改进,全视乡村小学教师的优劣为转移。"③

既然乡村教师所承担的社会责任义务如此重大,在一般社会期待中,一个合格的乡村教师所应具备的能力素质也必然是相当高的。

首先,单纯从教育现代化转型的角度来说,由于新旧教育思想基础不

① 董显贵:《怎样才配做一个乡村学校教师》,《青岛教育》1934 年第 2 卷第 5 期。
② 董显贵:《怎样才配做一个乡村学校教师》,《青岛教育》1934 年第 2 卷第 5 期。
③ 冯祖荫:《怎样改进我国乡村小学教师》,《中华教育界》1932 年第 20 卷第 3 期。

同,新教育是以儿童为本位的,所以,新式乡村教师必须具备一些更适应时代、更适应儿童特点的素质和技能。王培祚指出,"新旧教师的分野,是从儿童身上划分的;旧教师把儿童看成个死的静的'小大人',新教师认为儿童是活的动的小动物,教师对于儿童的看法不同,所以对于儿童的态度亦异"。具体来说,他认为新式教师应该在如下三方面做一些转变:"第一小学教师要变成个小孩子,那就是说要有小孩子的气象。"即要求小学教师与儿童"同起同坐,同游同戏",体察儿童的心理,变成他们的同伴,"教师自己不先变成儿童,没有儿童的气象,怎样去认识儿童? 怎样去了解儿童? 又怎样去体贴自己的小使者呢?""第二小学教师要变成个老妈妈,那就是说要有老妈妈的心肠。"也就是说,小学教师应该像慈爱的老妈妈一样地爱护脆弱儿童,保护他们的成长。"第三小学教师要变成个猴子,那就是说要像猴子一样的敏捷活泼……谁都知道儿童是活泼的天真的好发生问题的,至于儿童这种天性,是否发展得当? 是否不受外界的压抑? 纯以教师本身是否健全为依归!""第四小学教师要变成个骆驼,那就是说要像骆驼一样的能忍耐能吃气。"儿童的活泼顽皮、乡民的保守落后,甚至乡村教师的待遇低微、生活清苦,这些都需要小学教师发挥骆驼式的吃苦耐劳精神。[1]

其次,在诸多素质要求中,对于乡村教师的奉献精神方面的要求尤其突出,或许这也正是乡村教师现实从业环境艰苦的一个反映。就像有人说的那样,乡村教师"至少要具有下列的六种精神":"牺牲的精神""持久的精神""科学的精神""合作的精神""愉快活泼的精神""专业的精神"。[2]

抗战时期,国民教育和国民教师被赋予抗战建国的责任,对于基层教师的素质能力和精神信念的要求就更加全面,也可以说是更加极端。"一个做国民学校教师的人,至少也应该具备以下的几种条件:(一)要像一个教育家抱着远大的教育理想。因为国民学校教师的待遇薄弱,生活清苦,没有

---

① 王培祚《新旧教师的分野》,《基础教育月刊》1936 年第 1 卷第 10 期。
② 董显贵:《怎样才配做一个乡村学校教师》,《青岛教育》1934 年第 2 卷第 5 期。

教育理想的人,很难胜任愉快。所以一个做国民学校教师的人,要抱着远大的教育理想,愿意以教育为终身事业,永久做一个常求进步的教师。不见异思迁,不因循自贻,随时肯为自己的工作努力。(二)要像一个高尚的哲学家有健全的人格修养……(三)要像一个体育家具有强健的身体……(四)要像一个政治家有远大的政治眼光……(五)要像一个科学家有清澈的头脑……(六)要像一个艺术家具有创作,欣赏及表演的能力……(七)要像一个宗教家有坚决的信心。一个宗教徒对于他所信奉的宗教,意志非常的坚决,经过任何的困苦艰难,他绝不改变他的信仰。一个做教师的,对于工作的看法,就需要有这种坚决的信仰,因为要有坚决的信仰,才能发出伟大的力量。(八)要像一个探险家有百折不回的精神。当探险家出外探险的时候,从不顾及前面的困难,总是以达目的为快。做一个国民学校的教师,就需要这种勇往直前百折不回的精神,在教育事业上努力,随时求进步,不因困难而灰心。(九)要像一个革命家抱着强烈的热忱。凡是一桩事情要做得有声有色,就要靠做事情的人,对于这件事,抱有强烈的热忱,才能成功。对于教育事业尤其是这样,所以一个做国民学校教师的,应该对于他工作抱着绝大的热忱。(十)要像一个外交家有处理困难的手腕…… (十一)要像一个演说家有说话的口才……(十二)要像一个慈善家具有同情的心肠……(十三)要像一个军事家有敏捷的行动……(十四)要像一个慈母有希望慈爱公平的态度……"[①]

如此一个在道德、智慧和能力上都超强的人物,几乎可以说像圣人一样。或许正是因为意识到乡村教师的责任义务与其实际生存状况之间有差距,所以在对乡村教师的期望中都几乎毫无例外地突出强调信念和奉献精神的重要,而且,几乎要求乡村教师的信念和奉献精神达到近似"宗教徒"般的狂热和执着的程度。

一篇发表于《中央日报》教育周刊第五十期上的文章《小学教师的政治

---

① 姚春云:《国民学校教师应具备的条件》,《政教旬刊》1940 年第 24 期。

責任》,为江苏省政府试办政教合一试验区做宣传,其文肯定了小学教师在新时代负有"以教治政""以教辅政"和"以教为政"的政治责任,在谈到小学教师"怎样才能负担这三个责任呢?"作者是这样解释的:"我觉得先决的问题,我们要变更成见,痛下决心。目前小学校教师待遇的菲薄,几不如上级政府的勤务,职务的繁忙,远甚于贩夫走卒的辛劳!自思自叹,谁不难受,烦闷,而悲哀!尽忠本职,已经是苦眉皱眼,还要负担政治的责任,更是事业艰巨,精神痛苦!这是人情之常,不必否认,也无须否认!不过,同志们:'覆巢之下,焉有完卵?''民族兴亡,匹夫有责!'这复兴民族的大计,救苦救难的责任,我们不担当,给谁去担当?有谁肯担当?更有谁能担当!我们的社会,我们的上层,开玩笑似的恭维我们清高,慨念我们繁忙,承认我们重要,但是今后我们应当弄假成真,担当起政治的责任,真的清高,繁忙而又重要起来!我们深信:贡献是人格的最低标准;牺牲是事业的必具精神。我们要以这样的信念,变更成见,痛下决心!

有了这样的精神和信念,第二步我们要做'养气''充实'的功夫,只有这样,才能养望;要有人望,才能负责!"[1]

从上文可以看出,在谈到乡村教师面临的具体的现实困难的时候,作者拿不出实质性的办法,所谓"变更成见,痛下决心"和"养气""充实"等等,还是将问题的解决寄托在小学教师的理想、信念和意志上,期望小学教师们能够以精神的力量来战胜物质困难。

总之,关于乡村教师的崇高地位的论述多是关于其社会责任义务方面的,而在评价乡村教师的实际生活状态,以及与之相关的待遇、教学环境、进修机会等等工作条件方面的内容时,政府和社会却常常陷入空洞的说教,对实际问题无能为力,因此而造成乡村教师的社会地位具有两面性。

二、乡村教师的实际地位

社会对于某一阶层社会地位的判定除了与这一阶层的职责、使命和功

---

① 居秉溶:《小学教师的政治责任》,《公教学校》1935 年第 1 卷第 12 期。

能有关之外,更与这一群体的工作环境、物质待遇、工作成绩、生活水平、社会声望等现实内容有关,而且社会地位往往是由上述因素体现出来的。在民国乡村教师的政治地位、经济生活、业务水准都处于低水平的情况下,乡村教师这个群体的现实形象也并不高大,与乡村教师神圣而崇高的理论地位形成鲜明对比。

1. 乡村教师实际社会地位之低

从民国社会的现实观感看来,乡村教师是被社会"小"视的群体,很难从他们身上看到作为全民导师的威望或作为基层干部的活力和能量。这种现实形象与社会抽象地讨论乡村教师角色地位时的评价形成强烈反差。

有人在新中国即将成立之际的 1949 年对比新旧两种社会的小学教员时,曾指出,在旧社会(当然指民国时期)小学教员的地位是低下的。"对小学教员的重要性不够了解的人,往往视为'下贱'职业;或称为'三间房小朝廷'(表示没出息)这种错误认识,甚至在今天身为教员的同志中发现。"① 民国时期,人们对乡村教师的即时观感也是如此,"如果你要见到什么人,一说起小教的生活来,谁都会对你摇摇头叹一口气说'老兄别再提了'。这就表示出,中国的小学教师,是在人们中不值得提的一群"。② "社会上一般人都以为:小学教员整天同些小孩子厮混,样子十分寒酸,丝毫没有出息!"③

在抗战初期,小学教师的社会作用和社会责任被抬高到了顶峰,达到承担着整个国家和民族前途的高度;但另一方面,面对小学教师的生存现状时,舆论评价则又极端消极。这种矛盾或反差,当时的人就已经注意到了,"小学教师,可算是社会上各种职业中最无名声的工作者。而他的任务的

① 李尤坤:《漫谈新旧小学教员》,《东北教育》1949 年第 2 期。
② 鲁汉:《痛苦的回忆》,《江苏教育》1942 年第 4 卷第 5 期。
③ 玉君:《怎样改进小学教师的生活四》,《教与学月刊》1936 年第 1 卷第 10 期。

重要——可说是深远——又不在任何门类之下。不过，人们太冷落他了。"①

20世纪30年代，作为一份知识精英同人刊物的《独立评论》也曾经关注小学教师问题，发表过一篇文章——《为中小学教员说几句话》，一份知识精英类的刊物却能在小学教师问题上持论公平。文章关注到了小学教师的社会地位问题。作者首先将传统塾师与现代小学教师的地位做了对比，指出在行政权力和拜金的社会风气之下，小学教师的地位甚至比旧式塾师的社会地位还有所降低。而且，作者指出这是一个深层社会问题，会有不良的社会后果，即小学教员的地位直接关乎小学教师的职业成就感和责任感，进而影响小学教职的整体社会声誉和生存前景。

"这里面一个重要问题，那就是当教员的在社会上的地位，因而引起他对于职业的尊重心与自好的负责心。旧日家庭的先生，束脩虽薄，而礼貌甚隆，论贫富则先生为穷酸，讲地位则先生为上客。先生有事主人就商，饮食礼节，不敢稍缺。以精神上之尊崇，补物质之不足。当先生的也因而能自知爱好，尊重所业。身虽贫穷，志节可尊。我们不是尊敬先生，实是尊敬学问，尊敬国家的前途。

近年来风气一转，师道尽弃，真所谓千年养之而不足，一旦坏之而有余了。厅长局长之流，官职越小，威风越大！我想大家都能想象出来，一位教育局长见了一位小学教员，他那份十足的神气！大家也能想象出，一位每月领二三十元薪水的小学教员（乡间有月薪十几元的），家里养着一群孩子，早晨挟着一本书，在冷风中缩肩曲背的走进教室，学生们哈哈一笑，'先生，你那袍子后面，怎么有那么多的窟窿！'若再加上欠薪，菜铺子同米店的老板会在街上拦住侮辱他，会到他门上谩骂他。他除了低头忍辱，还有什么法子？记得上次为要求欠薪，北平的小

---

① 黄希声：《小学教师的现状与其改进方案》，《广东省政府公报》1940年元旦特刊，第167页。

学教员代表会说过,'肚子不能积欠——妻子不能打折',这真是痛心的经验之谈。

　　在这种情形之下,我们希望他们能自尊自好,能敬重他们的职业,那当然是强人以所难。我们似乎忘记了他们是小孩子们的先生,是将来作社会主人翁的师表,是将来,国家生命所寄托!"[①]

自古及今,教师的理论形象总是清高、崇高的,但有人论及民国时期教师的形象和地位时,有人这样定位——"不配谈神圣二字"。他说:"教师根本就没有保障,说是神圣不可侵犯,那实在是瞎恭维。平心而论,第一,许多教师本身根本就不是'道之所存'的人,自从教师的藩篱被胡混的人冲破以后,学术和品格修养万万够不上的,都挂起羊头滥竽进来,于是所谓'老师'也者,威信就一落千丈,不受社会重视,饭碗连带也失了一重保障,这实也无怪其然。第二,我国古代尊师敬学的风气极端浓厚,自清末民初学校大兴,欧美个人自由主义风靡全国,因致一般青年学生恒以不守纪律反对服从为能事,数十年来,尤以五四运动兴起以后,侮辱教师酿成风潮的现象,盖无处无之,学生眼光中的先生只是一种摇尾乞怜者罢了。第三,校长位置的得失,在中国是随着政潮的起伏而定去留的。'一朝天子一朝臣',很少以品学作为进退教师的标准的。校长不懂教育的很多,走的是政治路线,袋袋里有的是人,一上台就得另组一个班子,平时拿校长当官做,一喜一怒,可以决定你的生死,教师也拿校长当官看,尽量逢迎,名为聘任,实等雇员。本来在这种情形之下,要大发呆气,谈什么尊严威信,只有白白等死罢了。有人说:中国教师要擅长'三拍'才能备员全身。所谓'三拍',就是指的一拍校长,二拍学生,三拍督学。这实在是经验之谈。"[②]作者将近代教师走下神坛归纳为三方面的表现:现实中教师队伍素质参差不一;学生不再遵循"尊师重道"的传统;聘任制下,教师流行逢迎拍马。也就是说,民国时期教师形象

　①　希声:《为中小学教员说几句话》,《独立评论》1933年第80期。
　②　朱伯孚:《教师生活杂谈》,《江苏教育》1942年第4卷第5期。

271

不佳,主要表现为教师群体自身的庸俗化问题;另一方面也是近代教育观念转型、青年学生的主体意识提升的结果。

其实,在近代社会世俗化的潮流下,拜金主义流行,与传统士大夫时代教师所具有的准官吏的身份地位相比,民国时期整个教师阶层的社会形象也在去魅化。附着在其身上的半官僚的身份丧失了,乡村教师越来越像一个凭借自身的知识技能吃饭的职业人,其社会地位较前自然也有所下降。"世人都有不屑教书的观念,也许现今万能的黄金已经剥蚀了昔日'为人师表'的尊严的缘故,谁也不愿意使大劲地干这种既清且苦的生涯了;大学教授,中学教员尚且不免遭白眼、受冷落,更何况区区的小学教师哩!"①

乡村教师社会地位低下无疑会对于乡村教育的发展产生不利影响。比如,对于20世纪30年代乡村教师的整体状态,有人做过这样的客观描述:"作者做过小学教师,曾观察小学教育界的人员可以简单地分为二类:一类是苟安的,正如他们的谦词叫做'糊口';一类是比较振作的,便是准备升学或另图高就。至于以小学教育为终身职业引为乐事的,只好说'我未之见也'。此中当有许多原因,而社会的'小'视小学教员,造成学校教员的'卑逊情感',不能不说是重要原因之一。"②也就是说,由于社会的"小视"引起小学教师们的自卑自轻,使他们更加不安心工作。所以,在社会的"小视"与乡村教师的苟且敷衍之间是有因果关系的。

2. 乡村教师实际社会地位低下的原因

乡村教师社会地位低下的原因很多,其中最重要的恐怕还是经济因素的影响。有时候经济地位直接决定着社会地位。"听见人家说过这样的话,当小学校的教员最不好,因为待遇最薄,工作最多,责任最重,生活最苦。"③工作劳苦和待遇低下,这就是民国社会对于小学教职的总体观感和评价。

---

① 江秋萍:《小学教师的生活片断》,《求是月刊》第 1 卷第 2 号。
② 杨允元:《急待确立的我国教师任用制》,《教与学月刊》1940 年第 5 卷第 9 期。
③ 琳:《我的小学教员生活》,《妇女共鸣》1937 年第 6 卷第 4 期。

　　陶钝这样评价他的家乡山东诸城在民国初年新式乡村教师的社会地位："对这里(指县城的单级师范学校)出身的小学教员,社会上有这样的传言:'大学教授是马,活轻,草料好;中学教员是骡子,草料好,活很重;小学教员是驴子,活重草料坏。'诸城东关有个宰驴场,靠近师范学校。驴宰了以后,肉卖掉,骨头煮在大锅里,连日不断。这汤很肥,劳动人民买一斤大饼,浇上两个铜子的汤,吃得很满意,所以叫汤锅。于是有人把小学教员的苦楚又比作老驴,单级师范别号叫'汤锅上'。"正因为小学教员地位低,被人瞧不起,所以连作者自己和他的四叔都不肯在自家要开办的小学里做小学教员。①

　　叶圣陶曾经批评过师范生不愿充任小学教师、致使小学教师队伍素质低下的现象,但是,曾经做过小学教师的他,也客观地指出借教师职业糊口乃是一个正当的要求,经济待遇低下是造成小学教师职业不受欢迎的重要原因。"师范生不愿任教师的原由,当然也有多端。我想物质的原由或者也是重要的一项。我不信一辈人唱的高调,以为教育是神圣的事业,不是为糊口计的。事业尽管神圣,只要我们能尽职,正不妨借此糊口,而且惟有这样地糊口才是正当。所以看教师事业为一个饭碗,若不再消极的意思加上去,决不能算是卑鄙可耻。现在这个饭碗却难说了,除了城市,而言占大多数的乡间,则教师月薪在十元以下六元以上的,已算优越。这只有由三元地理先生等等去兼任了。更有所谓学务委员,对于教师们有非常的权力,对于金钱有特异的爱好。他们要从中侵蚀,他们要保持权力,亦惟有乐用三元地理先生等等,而优秀的师范生决不愿意受这等薄待。"②

　　20世纪30年代,《独立评论》上发表的《为中小学教员说几句话》,其中指出这样一个不公平的现象,即小学教师的责任与待遇不成正比:"平心而论,越是小学,对于国家负的责任越大,而教员的待遇也越苦。"文章作者

---

① 陶钝:《一个知识分子的自述》,山东人民出版社1987年版,第60页。
② 叶圣陶:《教育评坛·教师问题》,《教育杂志》1922年第14卷第7号。

指出在教育经费上，政府过于忽视中小学。"大学的经费，近年来渐渐能够解决了，自然保障还讲不到；何以更基本的中小学经费，反倒发生欠薪，保障更无从讲起！是不是就只因为办大学的人，容易与当局接头；越到小学，对当局越是堂高帘远，越被忽视？"那么如何解决小学教师社会地位低的问题呢？作者指出解决这个问题其实并不难，责任都在政府身上，只不过需要政府当局"做几件分内的事就够了。"这几件"分内事"包括：一是"保障教书职业"，即杜绝随着教育厅长、局长更迭而使教员队伍更迭频繁的情况，使教师们能够安于其位，有献身教职的恒心；二是"保障教育经费"，即指定专款保障小学教育经费，保障小学教师待遇；三是"宜速实行按年进薪及养老恤金等"，对小学教师进行物质和精神等多方面的鼓励。作者认为，如果政府做到以上几点，即使不能从根本上养成尊师重道的风气，至少也可以养成教师们"敬重职业的心理"，使他们自尊自爱。①

物质待遇对于保障某一群体的社会地位往往可以起到决定性的作用。无论当时将乡村教师的理论地位捧得多高，社会对于乡村教师角色的评判总是理性和务实的。在拜金主义日益盛行的民国社会，对乡村教师的社会评价也难免以经济地位为基准了。

许多乡村教师因拜金主义流行带来的压力而感到卑微。一位小学教师就这样说："现在的世界，一切都以经济为前提的，只要你的经济充裕，地位就可升高，反之，就要低落，小学教员的待遇，既这样的微薄，他在社会上的地位，自然不会高到怎样。教育局长，对于任何一个教员只要他有错误，无论他是有心和无心，总要加以很严厉的训斥或甚而撤职，小学教员同局长谈话的时候，总要小心翼翼，而局长则官气十足。督学教委，到乡村小学来视察时的一副神气，是何等的凌人？社会人士的对待教员，又是何等的轻视？在随便谈话之中，总能'不过一个小学教员''小□葡头'等的轻屑的语

---

① 希声：《为中小学教员说几句话》，《独立评论》1933年第80期。

句。"①也有人说："自从抗战以来,生活程度增高,拜金主义者渐渐抬头,往往以金钱和权位,来衡量人品的高下,小学教员非'位尊而多金',自然被人漠视了。"②在政教关系上也不例外,社会上常见的军政两界贱视教育界的现象都与经济地位有关。"如某军界人员,到达某处,询及中心小学校长待遇,仅等于准尉,于是便以准尉视中心校长,以三等兵对待小学教员。"③"尊师重道,本为过去我国人之良好习尚,乃近年来一般教师因生活清苦,常为社会所鄙视,上焉者则取'敬鬼神而远之'的态度,下焉者则视同贱隶,如某县长竟以责打教员掌心为常事,某区长竟将教育工作者凶殴致死,此盖非一朝一夕之事。"④可见,经济地位低下,使乡村教师很难在社会上成为一个受尊重的角色。

当然,小学教师地位低下也有其他方面的原因,比如在文化心理方面,民国社会仍然是一个官本位的社会,学而优则仕的传统观念还很盛行,这也影响了社会对小学教师地位的评价。有人指出,虽然小学教师的工作很重要、很高尚,"然而,小学教师,在这千变万化的宇宙中,在这民主政治的时刻里,还有给人看不起的现象。受着数千年积习的浸淫,现在景物的诱惑,人们的眼睛似乎总是瞧着政治那一个舞台。做官不单是可以'光宗耀祖'为闾阎光宠,而且可以颐指气使,器宇逼人,甚焉者,左右逢迎,上下交征,出卖人格以求肉体的安逸。……若然,其道不行,不得已而思其次,以学为归者,则以大学教授作鹄的,最少唯中等学校而已。推其意,以为小学教师,位卑而名不显达于当世,不足为也。"⑤

---

① 子愚:《小学教师》,《新生》1934年第1卷第5期。

② 张荫椿:《从实例上说明改善本省国民教育师资待遇的必要及其方法》,《国民教育指导月刊》(福建)1941年第1卷第6期。

③ 张荫椿:《对于提高中心及国民学校教员待遇的一些意见》,《福建教育通讯》1940年第5卷第5期。

④ 郑振辉:《恭读"总裁告全国小学教师"的感想》,《福建教育通讯》1940年第5卷第5期。

⑤ 黄希声:《小学教师的现状与其改进方案》,《广东省政府公报》1940年元旦特刊,第167页。

除了外在的客观原因之外,还有乡村教师自身方面的原因。某些乡村教师自己的所作所为造成社会对乡村教师的观感不佳。

有人指出,有些教师对于教育的意义和教师自身的价值认识不足,所以才会在某些社会不良风气的裹挟下,丧失对教育的信仰和尊重,变得自暴自弃。"教师本身也有昧于一般无见识的风气,不能够洞悉其业务的真诠,而流于自暴自弃者。打从地位说,社会虽没有给他应有的尊敬,那是社会的错误,何尝是教师地位的本身缺乏价值。打从金钱的报酬说,他的薪俸自是比诸大多职业,确实不如,但他总不是三教九流里最下的。况且,个人的工作的重要性,并不是可以金钱测度的,若然,一个闻名的电影明星是重要过任何人物了。……打从工作的性质说,他是全国人民的儿童时期的导师,在义务教育实施的化方,谁不经过他的领导,谁不受过他的指挥,谁不受过他的教训?我们——国家的公民——都可以不受大学教授的考验,不受中学教员的教训,但是(在施行强迫教育的近代文明国家里)无人不要受小学教师的孕育。他的重任,断断不能够轻视。"所以作者奉劝小学教师们也应该端正认识,不要局限于时下的不良风气,要有超越暂时困难的勇气,"(小学教师)又安可以单计算那社会的表面上的尊敬和金钱的报酬,而错过了工作的重要性和它的伟大?我希望,小学教师不要以自己地位的微末,而甘于放弃,更不要错解自己工作的轻便,而流为敷衍"。[①]

总之,在内外多重因素的共同作用下,民国乡村教师的实际社会地位与舆论宣传中的高定位相去甚远。

三、理论与现实的反差——对乡村教师社会地位的反思

在官方和民间舆论的高调期待中,乡村教师责任重大,地位崇高神圣,但乡村教师的现实角色却是低矮、寒酸的。他们只是身处教育体系最低端

---

① 黄希声:《小学教师的现状与其改进方案》,《广东省政府公报》1940年元旦特刊,第168页。

的从业者,过着普通职业人世俗的困苦的物质生活,是货真价实的社会底层人物,与社会与官方期待中的崇高、神圣的权威、精英角色相去甚远,这种理论地位与现实地位不匹配的现象在当时就为人所关注,被视为是一个不合理、不公平的现象。

"小学教师,可算是社会上各种职业中最无名声的工作者。而他的任务的重要——可说是深远——又不在任何门类之下。不过,人们太冷落他了。"[1]"小学教师的任务,是负担着孕育国民性的重责,他的工作良窳,就是国族兴替的枢机。至于他自身与环境的情况和补苴与推进的商榷。尤其值得微末的留意。第一,流行的观感,很觉得可怕,一般人不把他放在眼里,他自己又不警惕,国家也有几分对他不起。第二,现在的状态,是千痍百疮,人数已是不够了,而在职的又是莠多良寡,而且,是衣食不足,虽有善者,也无可如何。……"[2]"教师的贫乏,教师的逃亡,使今日教育,入于麻痹的状态。如果教育的作用只在点缀门面,粉饰太平,倒也罢了,事实上大家都又在嚷着教育的重要。"[3]

民国时期乡村教师社会角色上呈出的一个突出问题是社会对其责任义务的要求之高与其实际社会地位之低之间非常矛盾。

当时已经有人注意到了社会对于乡村教师的角色要求已经达到"万能"的极端程度,虽然这种要求的出现有其时代性,但确确实实也是脱离实际,不可能做到的。所以作者发出疑问:"一个小学教师应当是万能的吗?"他说:"一个小学教师是否是万能,这是另一问题;但事实上,环境所要求的却是万能的教师。我们看:一个乡村小学全校只有一位教师。国语、算术、社会、自然、音乐、体育、劳作、美术,无论什么功课都是他教。在事务方面,

①　黄希声:《小学教师的现状与其改进方案》,《广东省政府公报》1940 年元旦特刊,第167 页。

②　黄希声:《小学教师的现状与其改进方案》,《广东省政府公报》1940 年元旦特刊,第174 页。

③　端:《教师进修与教师生活》,《教育建设》1942 年第 4 卷第 1—2 期。

他兼办着校长、文书、庶务、会计，以至工友的工作。此外，乡村小学教师又被称为改造社会的领袖，因此乡村卫生、农事改良、户口调查、土地丈量、自卫训练，又都有他的一份责任。在如此的要求下，小学教师除非是超人，大有穷于应付之感。就功课而言，仅上课及批改作业两项，也就够这老师受的：……从小学教师应当的立场上来看，社会所要求他的工作诚然责无旁贷。但从实际上着眼，现在我们所希望于小学教师的或未免难人之所不能。我由以上的事实所引起的感想，是万能的，小学教师为不可能的，不但我们不应当把学校以外的工作加在小学教师身上，即单以功课而论，似乎也不能让生旦净丑统由一人担当。"①

既然乡村教师不可能做到"万能"，那为什么教育界还唱这种高调呢？有人指出这与整个教育界流行空疏、虚荣、形式主义的风气，从而掩盖了真实问题有关。他说，既然小学教师对于国家民族非常重要，那么就应该重视小学教师的切身问题，解除他们的精神痛苦，使之安心工作。但是要真正发现小学教师面临的问题，却很费工夫，因为当时的教育界流行虚伪矫饰的表面功夫，要发现真问题却不容易。"要解决小学教员的问题，需要先抓住他的问题在哪里，是什么。若在一位省督学或县督学的督察记录上去看，恐怕是没有一位有问题的。不但是没有问题，他还说如何的顺利，如何的得到农民的信仰。由此可见小学教员的问题，只从某人访问记或视察记录簿上去寻求，一定的就有些不可靠了。我有一同事他的问题是非常严重，他屡次向我说要辞掉不干，可是当一位督学去视察时问他有无问题，他却坚决的说：'顺利得很。'又一位同事在村民恨不得他立即离开他们的村学时，他还在某杂志上发表一篇'得到农民信仰的经验谈'。像这些矛盾不可想象的事，皆可象征出我国小学教育有点危机。"②

自古以来中国社会就习惯于单纯从道德伦理角度评价教师职业，比如

①　陈剑恒：《小学教师应当是万能的吗》，《小学问题》1937年第4卷第30期。
②　刘俊田：《不可忽视的几个小学教师的问题》，《基础教育月刊》1936年第12卷。

认为作为知识分子的教师应该是清高的,对于这种习惯性认知,民国时期有人对此也做出了理性剖析,揭示了其中脱离现实的非理性因素。

《教育半月刊》发表一篇短评《教师的职业清高吗?》,其中反思和澄清了"教师是清高的职业"这一传统认知,也指出了这样一些现实:教师职业清高的观念在当下的社会条件下遭遇到一定的现实挑战,清高、神圣的名号变得虚幻不实;同时,教师清高这一观念也有其不符合历史潮流的一面,作者奉劝社会、政府乃至教师自己对于教师的社会角色重新予以理性定位,不要用道德绑架教师,从而否定教师合理的物质要求。

"中国一向认为做教师是清高的,政府及社会人士,是这样的承认,教师自己也常常以清高自许。因为政府及社会人士认为教师是清高的,所以便希望教师都做'谋道不谋食'的君子,无论教师的待遇是如何的坏,生活是如何的苦,总希望教师本着孔子'安贫乐道'的精神,无限制的忍受。因为教师自己也承认自己的职业是清高的,也都本着'食无求饱,居无求安'的精神,咬紧牙关,忍受一切的痛苦,因为不如此,便要失去清高的地位。假使有人提议要争取改善待遇,或者有人提议以罢教来作为争取改善待遇的行动,那多数的教师们,便觉得'饿死事小,失节事大',如果为争待遇而罢教,便有失教师的尊严,清高的荣誉也就保不住了。可是事实毕竟是事实,学校里的贪污案子也层出不穷了,似乎教师的'清'已成了问题。大学教授对于技工人员的待遇,每称羡不置,因此教师的'高'也动摇了。究竟教师的职业是清高的吗? 需要我们做教师的来重行估计一下。

先问'清'是什么意思。清可以解作'清贫','清白','清修',我想,政府及社会人士以'清'来称教师,决不是因为教师都是'清贫的'和'清苦的',而是称许教师的'清白'和'清修'。教师自己以'清'自许的,也是为此。从这里便发现了问题,难道教师以外,所有做官的,带兵的,经商的都不该'清白'吗? 都不该请'清修'吗? 为什么只要责望教师'清白'呢? 责望教师要有'清修'呢? 教师果然未染上贪污的习气与风尚,诚然是值得称许的,但是其他为公服务的人员,如果不贪污,仍然是应当称许的,因为我们整个的民众,每天都盼望的,就是想得到不贪污的'清官'。如果完全以'清'来称许教师,实在有些不公平。做教师的尽管也有贪污,他始终还赚得一个'清'的荣誉:如果不做教师而做官,带兵,虽不贪污,也说不上'清',好像多少总有一点贪污嫌疑。这样的看法,其实有些清浊不分了。还有认为教师是清的,不管你暗地里是否生财有道,为保持你的'清',你是活活的饿死,也不许你开口要薪水,这种做法,对教师也未免太毒狠了。可惜我们做教师的,都上了名节的当而不自知啊!

再问'高'是什么意思。我想普通对于'高'可有四种解释,第一是'高贵'的意思。中国一向有两句话说:'万般皆下品,惟有读书高。'教师是读书而有成就的人,当然说得上'高'了。可是我们知道士为四民之首的时代已经过去了,所有的正当职业,是一律平等的。教师也是职业,而那些有什么'高贵'可言呢?中国一向是以升官为贵的,就这一点而论,教师也就不高了。比如在政府机关做三年书记,以他的年资便可升办事员,但是做了若干年的小学教师,还不能取得从政的资格,——问教师究竟有什么可'高贵'的地方?第二是'崇高'的意思。因为教师对国家社会的贡献很大,所以政府及社会人士对教师特别表示尊敬,以示教师的'崇高伟大'。每年的教师节,政府都要举行一个尊师运动仍可表示这一点意思。可是事实上一个大学教授的收入,抵不上一个技工,一个小学教师的收入不够自己一个人的吃饭,并且要拖欠不发,政府及社会人士如此薄待教师,而仍说教师是崇高伟大的,未免太挖苦教师了。还有政府机关视教师为僚属,可以呼来喝去,可以随便召集训话,在这种情形之下。究竟教师崇高不崇高?第三是'高超'的意思。就是说教师是洁身自好,能超然物外,不为外物引诱,这好像是教师唯一可贵的地方。事实上'为教育而教育'的观念已有了问题,教育不能脱离政治社会而独立。教师如果有淑世教人的宏愿,他绝对不能逃避现实,而仍望想他那'桃源'的世界,因此我们知道,教师如果——正是'高超'的话,他已完全忘记了教育的为用,这种教师还有什么可贵呢? 第四是'高明'的意思。这与称赞医师的意思一样,就是说教师的得艺高明,可以发聋振聩,领导群伦。事实上教师究竟高明不高明,是有个别差异的,如果说每一个教师都高明,那我们做教师的,真要受之有愧了。事实上,其他各种职业,有高明技艺的还是很多,就是做官的,也有不少是手段高明,为什么偏以'高'来称教师呢?

　　根据以上的讨论,可知教师的职业,并没有什么清高的地方,但是我们绝不因为教师不清高,我们便放弃教师而不做。本文的目的,是要指出教师的性质,希望政府及社会人士对于教师的一切,重做合理的考虑,不要以空头荣誉来欺骗教师,更不要以'神'来看教师,神可以有求必应,而且可以独享荣誉,不食人间烟火,教师是不能的,也希望教师自己了解这一点,我们的工作,我们要绝对负责,我们的生活,也要求得合理的解决。不要再以'清高'来欺骗自己,同时我说教师不清高,只是说教师并没有什么特别清高的地方,并不是要我们教师,都学贪官污吏,用不正当收入去满足自己的需要,而贻害社会及人民,千万不要误会了!"①

总之,民国时期乡村教师的社会地位是一个充满悖论的命题,一方面乡村教师的责任义务很重,抽象理论地位很高;另一方面,由于对他们的待遇保障不力或乡村教师自身素质低等主客观原因,造成他们的实际社会地位很低,社会观感不佳。这种理论与现实的反差,集中体现了民国乡村教师角色中的困境和问题。

一个社会群体的角色建构,不是仅凭舆论宣传和政府文件就可以实现的,乡村教师综合社会地位的提升、全新角色的建立是一个综合工程,它包

_____

① 刘百川:《教师的职业清高吗?》,《教育半月刊》1946 年第 1 卷第 2 期附刊。

含许多现实内容。从民国时期乡村教师的实际生存状况来看,无论在政治身份、经济地位,社会声望,还是作为其本职的教育专业方面,乡村教师都是底层人物、边缘角色,与官方和社会的期待相距甚远。

第六章　乡村教师的角色认同危机

乡村教师社会角色的本质是社会性的,但乡村教师角色还是社会性与个性的统一,因为制度规定和社会期待只是外部世界对乡村教师的角色设定,体现的是社会的利益需求。作为角色主体的乡村教师能够在多大程度上自觉地认同并践行外在的角色设定,直接关系到这一社会角色能否建构成功。乡村教师也是有主体利益诉求的人,也过着与其他职业人群一样的世俗生活,除了为国家和社会价值观代言之外,他们也有个体的生命价值需求。所以,乡村教师在实际的角色扮演过程中所获得的自我角色领悟及认知,对于全面理解乡村教师的社会角色起着重要作用。

但是,民国时期乡村教师的自我角色认同却并不清晰和稳定,造成他们在角色扮演过程中充满困惑和矛盾。

第一节　乡村教师的角色认同危机

民国时期乡村教师的自我角色认同存在两方面的危机,一是乡村教师通过主体认同呈现出来的实际角色与社会期待中的理想角色之间存在差距,乡村教师客观呈现出来的角色行为是偏离乡村教师应有的行为规范的。二是乡村教师自身对于角色内涵的领悟也很多元化,难与社会期待的角色保持内在统一。

一、乡村教师的角色行为失范

所谓实际角色,是指社会角色的客观表现,是个体在角色扮演中的实际形态,是个体根据自己所领悟或认定的行为模式,指导角色实践时所有具体行为的总和。民国乡村教师个体在角色扮演的整个过程中,由于各种主客观条件的影响与制约,往往遭遇许多挫折和困难,所以,事实所表明的乡村教师的实际角色与社会所期待的或乡村教师自我建构的理想角色之间往往存在很大差距。

这种角色距离的存在对于角色的行为和职业道德的影响有利有弊。从有利的一面来看,角色距离给角色扮演带来了动力,在意识到角色距离的存在时,角色会主动将压力转化为动力,为缩短距离作出努力。从其弊端来看,角色距离增添了角色扮演的难度,并容易造成角色冲突,甚至使角色扮演的进程受到阻碍。其中,职业道德失范或职业行为失范就属于角色距离引发的不良影响之一。

1. 乡村教师状态低迷

民国时期,乡村教师的角色行为失范或职业道德失范最普遍的表现就是乡村教师履职的整体状态低迷、心态失衡、工作敷衍。

乡村教师工作状态低迷,这已经成为一种普遍的社会观感和印象。一份教育刊物为调动乡村小学教师参与探讨乡村教育实际问题的积极性,搞了题目为"我们学校的各方面"的大征文,"我们以为叙述本校的各方面,是多么容易写的文章?一定稿件拥挤,'美不胜收'了。可是结果,我们只收到四篇应征稿件。我们大大的失望!在这一点上,我虽然不能说乡村小学不努力,可是说乡村小学沉闷不活跃是可以的"。① 这种所谓的"沉闷不活跃"的状态,其实就是乡村教师对自身职业冷漠麻木的直观写照。

苦闷和烦躁是乡村教师们比较普遍的心态。这一点同样可以从教育刊物上反映出来。山东省教育厅主编的《基础教育月刊》为改变乡村教师死气沉沉的局面,特意设立"乡村小学同仁信箱"栏目,鼓励乡村小学教师将自己的亲身体验说出来,以便从与社会的交流中改变原先冷漠麻木的状态。

---

① 迪忱:《对于乡村小学教师的希望》,《民众周刊》1933年第5卷第10期。

其编者曾经就乡村教师的来稿发布通告,提醒乡村小学教师在投稿时应当注意的几个问题,其中除了一些写作技术之类的问题外,最引人深思的一点就是来稿反映出乡村教师们的心态问题,编者说:"关于文章的取材有两种应避免的态度——一种是牢骚,一种是诅咒。本来中国的现状有许多是不能令人满意的,可是光发牢骚,一味诅咒,事实上是无什么补益! 譬如关于敌国压迫我们的问题,我们必须认清事实,采取有效的做法与准备;不然只是消极牢骚,结果徒增长人家的机会;一味像泼妇似的骂街,也何其无聊! 对于小问题的态度也是如此;发表文章目的要在寻求问题,讨论问题,解决问题;不然只是叹气谩骂,结果于事实毫无益处!"①这并不是偶然现象,《民众周刊》1934 年在组织乡村教师征文活动时,编者也对投稿的乡村教师提出了几点希望,其中第一条就是奉劝乡村教师:"悲观牢骚,解决不了什么问题"。② 牢骚、诅咒甚至骂街,显然,乡村小学教师的整体心态有些失衡。

　　搞清楚乡村教师心态失衡背后的原因,对于乡村教师的发展来说更有意义。

　　《小学教师》第 3 卷第 18 期曾经举行过有关小学教师生活问题的讨论,其中有人曾经系统分析过乡村教师精神状态低迷的原因,作者分析小学教师们所遭受的痛苦的原因来自"物质生活方面""精神生活方面""学校生活方面"和"社会生活方面"。具体来说,物质生活方面包括"待遇低薄""负担甚重""欠薪扣薪""环境不良";精神生活方面包括乡村教师的"中心观念之缺乏""进修机会之缺乏""运动机会之缺乏""娱乐机会之缺乏";学校生活方面包括"视察者之批评问题""校长之合作问题""学生之反应问题";社会生活方面包括"社会之轻视教师""社会之责难教师"等等。③ 有人概括分析,影响乡村教师精神状态的因素无非主客观两方面原因,主观思

---

①　陈剑恒:《寄给投稿的乡村小学同仁》,《基础教育月刊》1936 年第 1 卷第 9 期。

②　《对于乡村教师的希望》,《民众周刊》,1934 年第 6 卷第 36 期。

③　束荣松:《小学教师生活烦闷之原因及其解决方法》,《小学教师》1936 年第 3 卷第 18 期。

想意志不坚定,再加上不良客观环境的交互作用,乡村教育界难免死气沉沉。"从事于小学教师的同仁们,感觉苦闷的,恐怕不是一二人吧!因为整个不景气的中国,种种造成物质的或精神的环境压迫,自信心稍为薄弱的,遇到环境的压迫,马上会变得满腔是消沉,冷淡,丧气,抑郁等情绪,除在铃声课本中讨定例的生活外,却感觉不到有一点生气,只是死气沉沉的消磨日月罢了,(我也是这样)。"①

虽然造成乡村教师状态低迷的原因很复杂,但综合民国时期各方面的意见来看,待遇过低、物质生活困苦是影响乡村教师精神状态和角色行为的最直接原因。

有人说:"谈到小学教师的生活,的确是一个切要的问题,学校的内容,是否充实,教管的方法,是否改进,犹在其次,我以为第一步要叫小学教师能安心任事。谈到这一点,首先应当叫他们的生活问题,得到相当的解决才行。我们要明白,一个仰事俯畜日患不足的人,决不会把他的全副精神,放在事业上去的,所以要改进我国的小学教育,首先应当稳定教育经费,安定小学教师的生活"。② "学校教员的不能安心服务,最大原因,是当这米珠薪桂时,所得戋戋之数的薪金,不能仰事俯畜。所以都殷切地盼望:政府里,地方上,在可能范围内,尽力充实小教经费。庶几小教生活安定,才能潜心于本位事业。"③

有人曾以"河北霸县乡村小学教师生活的写照"为题目概括乡村小学教师的生活状况为两点:"工作劳苦到极点"和"生活低微到极点"。霸县乡村教师每周最低担任三十六钟点功课的劳动强度下,最低报酬"也不过仅能维持一个人的生活而已",在呈现了乡村教师的生活现状之后,作者指出这样一个现实:"要想每一个教员,安心的切实负责教,的确十分困难,并且事实也绝不可能"。在这样的情况下,乡村教师对待工作的态度也只能是

---

① 甄怀宸:《小学教师感觉苦闷的来源与解决的途径》,《基础教育月刊》第1卷第7期。
② 刘哲庵:《解决小学教师生活的一个小意见》,《小学教师》1936年第18期。
③ 徐鸿宾:《怎样补救小教生活问题》,《小学教师》1936年第18期。

这样消极敷衍："乡村小学教师这一种职业,在当事者看来,真是茫茫前途,毫无开展的希望,只有苟延残喘地在悲惨、机械而且无趣的生活中敷衍罢了。"①

有人设身处地地描述了经济压迫对于乡村教师所造成的精神压力,指出乡村教师的经济地位与其角色身份之间的落差给乡村教师造成了额外的精神困扰。他认为,乡村教师的经济收入虽然与底层劳动者相类似,但这种经济地位所造成的精神痛苦,却有可能远远高于苦力工人,因为作为教师,"在中国的习俗下"还必须保持传统读书人的体面。"现今,小学教师所得的物质报酬,尤其是乡区小学,和黄包车夫比拟,和旅馆、茶园、酒馆的茶房比拟,乃至和行政机关的门房比拟,都不如远甚! 所获的报酬不如人们,而事实上必需的生活费,却在在高出人们几倍"。因为黄包车夫可以穿"五个铜子一双的草鞋",而小学教师却不能这样;黄包车夫等人"蓝布的围裙可以使春秋冬三个季过去",夏天甚至是一条短裤即可,但小学教师却不得不穿"长衫""棉袍";更何况,作为知识分子的小学教师们"又须费钱去购买参考的材料"。②

物质待遇过低对乡村教师角色的影响是全面性的,因为待遇过低,自然留不住人才,造成乡村教师队伍总体素质的下降。"'种瓜得瓜,种豆得豆'微薄的薪金驱逐了优秀的人才。"这是 20 世纪 30 年代末有人对广东小学教师现状的描述。③ 优良的小学老师相继改业,青年学生也不愿意投考师范,以至于抗战时期小学教育界出现所谓"溜人潮""师荒"问题。④ 在这种情况下,"国民教育师资的候补人,只有逃避兵役和星相卜筮贩夫走卒之流,

---

① 英夫:《河北霸县乡村小学教师生活的写照》,《众志月刊》1934 年第 1 卷第 3 期。

② 王鲁白:《教育通信·一位小学教师之悲愤的喊声》,《教育杂志》1929 年第 21 卷第 4 号。

③ 黄希声:《小学教师的现状与其改进方案》,《广东省政府公报》1940 年元旦特刊,第 169 页。

④ 彭声明:《我也来谈谈小学教师问题》,《国民教育指导月刊·江西地方教育》1941 年 12 月号。

人品的复什无以复加"。① 乡村教师的整体素质低落至此,乡村教师个体的行为规范自然也难以保障了。

其实,作为知识分子的乡村教师并不是只知物质享受而毫无精神追求的,但受客观条件的限制,乡村教师的许多自我提高的基本需求得不到满足,这也是造成乡村教师逐渐走向消极敷衍的一个原因。有人指出,乡村教师缺乏进修机会已经成为"小学教师精神上的致命打击"。"小学教师工作的忙碌为进修上一大阻碍,待遇微薄为扰乱进修一大妖魔,乡村小学,更因交通阻塞,和外界新知隔绝,差不多能致教师思想的死命。因此往往一个师范生,踏出学校大门,跑到乡下来,除捧着教学法教书外,几乎就和其他的书本绝缘。这样一来,个人思想自然日趋堕落。教学效率的不增进,儿童教育信念的淡薄,专业兴趣的减低,生活麻木,行动颓废,对于国家,社会,经济等实际情形不能理解。于是思想行为漫无主宰,终至腐化堕落,无以自救。这实在也是小学教师精神上的致命打击。"②

2. 乡村教师角色行为扭曲

在苦闷的心态和死气沉沉的环境中,工作热情不高似乎还是可以理解的,但是事实上,民国时期许多乡村教师在环境的压力下其角色行为是扭曲、失范的,与制度规定和社会期待的行为规范相差很大。

首先,作为一个合格的乡村教师,对教育的兴趣和热忱及对儿童的爱心是最起码的条件,但事实上,报刊上经常看到有人抱怨乡村教师对于乡村教育事业无理想、无热忱,工作态度苟且、不负责任。"我国乡村教师,大概以糊口为目的。毫无教育兴趣,更无心研求,谋教育之改进。惟有抱着做一天和尚撞一天钟的观念而已。"③"小学教师精神生活中,往往缺乏一种中心观念,根本上由于无正确之人生观,无适当之教育理想,所以随波逐流,与俗浮

---

① 张荫椿:《从实例上说明改善本省国民教育师资待遇的必要及其方法》,《国民教育指导月刊》(福建)1941 年第 1 卷第 6 期。
② 一青:《怎样改进小学教师的生活三》,《教与学月刊》1936 年第 1 卷第 10 期。
③ 冯祖荫:《怎样改进我国乡村小学教师》,《中华教育界》1932 年第 20 卷第 3 期。

沉,对于事业不肯努力,甚至消极颓废,悲观自放。"①随时准备离开是一些乡村教师的普遍心态,有些乡村教师公开承认自己之所以从事这一行是迫不得已,一旦能找到别的职业,他们会毫不犹豫地离开的。"在我环境以内的物质与精神,简直到了零度","现在我可以不修饰的说,假如别处有较好的事情,我可以忍心马上离开这个学校,这是社会问题,绝不是我一个人的问题"。②

江苏省的一个小学教师这样叙述他亲眼所见的乡村教师的工作状态,"在上课之前,好像已成竹在胸,毫不预备;到了上课的时候,甲教师在上课,其他教师可以随便在旁边说笑,学生注意力的分散和秩序的纷乱,都可以不管。假使教师有了一些事情,轮到他的课,可以不上,在他的心目中,学生的学业比私事要次要些。"③

在这种情况下,乡村教职是没有社会威望的,社会上某些无业人员只是将它作为苟且一时的场所或是当成中转站。"小学教师在现状变为不得已的苟安一时的职业了! 否则,谁愿投入这网罟,在能够有人帮助的,无论入商入工也所不计。事实已造成这普遍的现象! 于是除被迫的当小学教师者外,其余都张望这小学教师之门而战栗! 所以三元地理的研究者,在乡村区小学教师中很容易找到,因为他是兼任的,生活比较懂得几条教育原理的要舒服;纨绔冶游的子弟,也挂了小学教师的衔头,避免荡子的雅号。真正为小学教师而小学教师者,却万分困难! 总之,小学教师不是美满的处所,不是可以久处的;小学教师的位置在他们心目中被视为只堪供'游牧'的场所。"④

其次,如果仅仅将乡村学校视为自己谋生的职业,而没有应有的事业心

① 束荣松:《小学教师生活烦闷之原因及其解决方法》,《小学教师》1936 年第 3 卷第 18 期。
② 姚斐然:《我的小学教师生活写实》,《基础教育月刊》1936 年第 1 卷第 7 期。
③ 子愚:《小学教师》,《新生》1934 年第 1 卷第 5 期。
④ 王鲁白:《教育通信·一位小学教师之悲愤的喊声》,《教育杂志》1929 年第 21 卷第 4 号。

的话,乡村教师的行为就会走向歧途,不仅仅是苟且敷衍,而是流于庸俗、功利,一切都围绕着钱转。

在乡村教育运动热潮中,有些所谓乡村教育发达地区的著名乡村小学就出现过这样的现象,即学校专注于迎来送往的接待和宣传活动,校务工作流于表面形式,连乡村教师也无心业务,而是成为"势力和尚"。"乡村小学教师长做势力和尚,以校舍为寺院,以课室布置为金刚的装金,以儿童为买来的沙弥徒弟,以阔绰的游客为施主檀越。"①

更多的情况是,乡村教师忙于与主宰他们生计的地方乡绅拉关系、搞应酬,根本无心教务。一位教育专家俞异君曾经对乡村青年教师牢骚满腹、愤世嫉俗的状态表示失望,但他的朋友却认为他对这些乡村教师"太苛责","他们说,在他们的乡间,能注意问题而悲愤的小学教师可以说是凤毛麟角,能一课一课好好教书的先生已经算是好的了。大部分的人都在和士绅拉拢,上茶馆打麻将是他们的常事。他们连学生的功课都顾不了,哪里还有心情去注意国家大事,或是探讨什么问题呢。所以他们说我太苛责,能够悲愤的乡村小学教师实在很难得,不应对他们失望"。②

权利与义务应该是对等匹配的,在有些乡村教师看来,待遇微薄、不能糊口成为他们对工作不负责的正当借口。"谁非感情动物,能忍受得起如此重大的精神压迫;谁非社会中人,能摆得脱如彼严酷的经济枷锁!交困在精神物质双层压迫下的小学教师,便自然被恶劣环境所推动,日趋于不负责的途径了。"③在有些乡村,薪资不能到位,乡村教师便可名正言顺地苟且敷衍,甚至随意停课离校。"榆社县办理教育,诸多敷衍,以致各校教员学生,漫然无规,教员借口薪金太廉,仰瞻不足,任意离校。……经查城关、桃阳、和平、崇篆、鱼头、岩良等校,或则教员离校,或则学生无多。据城关、鱼头、

---

① 《乡村小学教师应该怎样对待儿童》,《中华教育界》1930年第18卷第11期。

② 俞异君:《空悲愤有用么? ——向乡村小学教师进一言》,《民众周刊》1933年第5卷第28期。

③ 法模:《就责任二字与小学教师诸君商榷》,《小学教育》1932年第253期。

岩良三校留校学童声称,有云教员回家者,有云教员到邻村赶会者。"①

有些地方,待遇低微甚至成为乡村教师们对抗教师资格检定的借口。据记载,20 世纪 30 年代四川某些地方小学教师群起反对检定,除了因为自己水平低,担心不能通过检定而丢了饭碗这个原因之外,还有一个重要原因就是因为小学教师待遇低、地位低,因而对检定制度不接受。1932 年,南充县小学教师组织小学教育研究会反对检定,并派人质问省督学。他们提出了两点理由:第一,小学教师"素为社会所轻视,大家朝秦暮楚,春北秋西,在教育界早已失去保障了。试问此次检定之后,教厅能否给我们以相当的保障,而使我们安心地教书,并以为终身职业"。第二,"我县小学教师薪资微薄已极,每年所得,不特不足以仰事俯蓄,即个人生活亦难维持,试问此次检定之后,教厅能否出力设法,增加薪资,使我们得以维持生活。这便是我们怀疑的意见,也是我们反对的理由。倘督学不给我们答复,我们是绝对不受检定的"。②

再次,在沉闷腐败的乡村学校里,有时候连乡村教师的个人生活状态也十分颓废。

有人这样描述他家乡的一个"中年"小学教师的生活状态,作者客气地称他为"爱静不爱动的有教没育的老先生"。"我们再谈谈先生的生活吧,他的服饰,虽说不上十分,但在乡间也不能找出第二个那样的人,他的吃饭也比一般人好得多,他真懒得很,连吃的饭都不肯自己来做,每天早晨日已高升,农人们已到田间作了不少的工,学生们到齐了,才肯爬下床来,起来后被窝不收拾,便壶也不送,地不扫,桌子不擦,窗子也不开,甚至洗脸水也使学生给他预备,洗完了还需替他泼了,及至一切整理好吃□饭,差不多太阳又到了午天,午饭又该吃了,如此一天天的过去,学生们是吃多么大的亏

---

① 《山西省政府训令(教贰字第 207 号)》,《山西教育公报》1936 年第 219 期。
② 《南充小学教师宣言反对检定》,《川报》1932 年 7 月 6 日第 9 版,转引自曾崇碧:《20 世纪 30 年代四川小学教师状况研究》,硕士学位论文,四川大学,2003 年,第 25 页。

啊!"①甚至有乡村教师因无适当和正当的娱乐,"以致教师烦闷之余以赌博为消遣或沾染不良之嗜好"。②

许多人批评乡村教师个人生活的不合理,颓废而缺乏活力。"现代一般小学教师的私生活怎样呢?当然不是全部的,但有大部分的生活是不合理的。这种不合理的原因,一面由于生活的清苦,一面则为缺少认识和教育的信仰;因为清苦所以从不正当的娱乐中求快乐,因为缺少认识和信仰所以没有计划确定生活的合理化,因此生活的兴趣日渐减少,社会的信仰日渐低落,教育的效果固然无从表现,而教师的价值完全失去,这是如何的可惜!"所以作者提倡小学教师应该注意私生活的修养,具体来说,小学教师应该在以下几方面进一步改良:生活要规律化,生活要经济化(指乡村教师应该提高工作效率,以获取适当的修养和娱乐),要合理分配时间,提倡音乐、运动、旅行等健康正当的娱乐,整理乡村小学的环境,振作精神,培养耐心和勤勉的习惯等等。③

最后,不仅乡村教师个人行为失范,有些乡村学校内部的整体风气也是腐败的。

有人这样记录自己在几个乡村学校所遭遇到的校内环境和风气。第一个乡村学校校长和同事都是本地人,而且按作者的看法他们是乡村绅士,因为"他们的教书是为着消闲,不是和我一样的为着生活啊",所以这些同事对于教书是不肯努力的,作者如果有什么建议的话,往往被认为是"多事"。第二个学校的同事"都是很穷的",按作者的臆断穷的人应该在工作上是努力的,但结果是让作者更失望了,"因为校长和同事都跟我争吵过好几次,为的甚么呢?同事持着他读了几句书,教过几年书,他的一举一动,全凭着个人的主观,武断地做,从来不说甚么研究讨论的字眼,好比他的是'天经

---

① 韩学文:《一个需要觉悟的乡村小学教员》,《基础教育月刊》1936年第8期。
② 束荣松:《小学教师生活烦闷之原因及其解决方法》,《小学教师》1936年第3卷第18期。
③ 张达善:《小学教师私生活的修养》,《小学教师》1936年第3卷第18期。

地义''登峰造极'了似的。校长先生呢? 不大到校,在上头领到一些经费,全被他拿作家计和个人消耗了,学校里每个星期总有一二天断炊的"。作者从业的第三个学校,"规模很大,同事十一位,都有很好的履历,校长五十多岁,日本留学生的老前辈",然而这个学校的风气也没给作者留下好印象,"校长懦弱又兼顽固,同事派别分歧,多自大,少研究性,我夹在中间,虽不'同流合污',也是'孤掌难鸣'。为着生活,我只好学着'阿木林'的度着下去了"。①

乡村学校的腐败氛围会造成"劣币逐良币"的效应,优良教师纷纷离开,乡村学校的不良气氛也就只能恶性循环下去了。一位刚到"小市镇"当教员的十七岁的女孩子,这样描述她所处学校环境:学校里的教员"什九都是青年",只有校长年纪大一些,校长执掌学校的主要精力主要放在应付人情世故方面,"校长是一个最懂得人情世故的人,譬如他对于地方上的领袖们,像区长、乡长、署长、中队长,这一类的人物,他知道他们所爱的是金钱,所喜欢的是吃、喝、嫖、赌,那么他也就利用他们这各种不同的嗜好,整日地和他们周旋着。校中的一切他却不闻不问,只知道二期学费。"学校风气不正,再加上教师待遇菲薄造成的经济压力,青年教师们都是不安于位的,按作者的说法,有志青年都只不过将乡村教师当作一个人生的暂时阶梯。"所以教员中如有出路的,有血气的人,决不会久留在那里;挨过了半年,便非走不可的了。可是,我们这一群都是不会去跟校长先生纠纷的,也不会指责他的私生活,更不会计较他给我们薪水的多少。那因为我们都是青年,我们都有我们各人自己的前程,这里只不过是躲风雨的走廊而已。"其结果也正像她说的那样,半年后,虽然正是小学即将开学的时候,"在那个学校里,凡是年青的教员可以说没有一个不走"。②

工作苟且敷衍、无责任心,生活颓废、腐败,将乡村教育事业变为一切以

---

① 十君:《我的教师生活》,《教师之友》1935 年第 1 卷第 8 期。
② 小凤:《我的小学教员生活》,《文艺青年》1946 年第 3 期。

钱为中心的功利活动,这样的乡村教师的行为已经变味了。

二、乡村教师角色认同的迷失

社会角色是外在的期待和要求,是社会大众利益的产物,但社会角色必须依赖"人"这个主体来实施,人作为一个复杂的生命存在,是有个体生命价值和主观能动性的,只有角色扮演者通过自己的领悟和认知,把外在的期待内化为个体自我的角色认同,这样的角色建构过程才是更有效的。所以说角色的建构应该是社会性与个性的结合,角色的自我认同很重要。

以此反观民国乡村教师角色问题,可以看到,与乡村教师的角色行为失范相比,乡村教师还面临更深一层的角色认同上的迷失,他们在对乡村教师角色内涵的领悟和认知方面也发生混乱、出现偏差。对于民国时期的许多乡村教师来说,乡村教师的角色内涵不是清晰稳定的,而是徘徊在自卑与自负、世俗与神圣之间,有些乡村教师甚至走向激进化,这是民国乡村教师自我角色认同上的特点。

1. 乡村教师自我角色认同度低

在乡村教师角色的核心质素中,角色使命、责任、功能是其中最主要的内容。而对于大多数普通乡村教师来说,对"为什么教书"这个问题的领悟是极其现实和世俗的,与国家、民族、社会等大命题离得很远。

首先,吃饭主义是多数乡村教师从教的现实动机。

对于当时乡村教师的从教动机,从乡村教师到旁观者都曾经做过这样的客观描述:"作者做过小学教师,曾观察小学教育界的人员可以简单的分为二类:一类是苟安的,正如他们的谦词叫做'糊口';一类是比较振作的,便是准备升学或另图高就。至于以小学教育为终身职业引为乐事的,只好说'我未之见也'。"[①]"现在一般乡村教师,他们不把办学当做事业,事业都没有研究的兴趣;他们只把学校当做解决生活的饭碗,所以什么事都敷衍过

---

① 杨允元:《急待确立的我国教师任用制》,《教与学月刊》1940 年第 5 卷第 9 期。

去。办学校只是敷衍,哪里会有真正的成绩! 办教育不努力研究,哪里会有进步!""我国乡村小学教师,本来就很多并没有学过教育的,为了没有别的出路,跑到学校里来吃饭。"①"不论是内地或是大都市的小学教师,能对于自己的职业,毫不厌倦,愿意以教育儿童为终身事业的,毕竟是占最少数! 大多数的都因为种种方面感受困难,抱一种暂时糊口的思想;能找到较好的位置,当然改业;找不到较好的位置,不得不勉强的混着。"②

有人尖锐地指出,做教师,特别是做穷乡僻壤的乡村教师,其实是当时社会上一些学识技能不足的底层文人在穷途末路时的出路。"稍具知识的教员必带一种'谋事去'的口禅,又何能乞丐似的过活呢? 然而乡村教员生活这样狼狈,为什么还有许多人要托人代荐呢? 我可以确定的说,那是私塾的余孽,那是不能插足社会中的游民,才寻这下等生活啊。"③

上述言论表明,社会所期待的、真正有事业心的小学教师几乎没有,糊口谋生才是大多数乡村教师从业的主要动机,因此,就不难理解何以乡村教育界充斥着一些苟且、敷衍、行为失范的教师了。

"大凡一个落魄的文人,到日暮途穷时,便只有到教室里去,把自己从前学到的皮毛,再教给学生。这种做法,大概都甚勉强,即如会弹琴,便教学生莫明其妙的唱歌,在学校里读过几本选集,便朝学生大吹牛皮,说精通'英国文学'。诸如此类,教师的可怜,它莫甚于此了。"作者自己就在穷途末路之时,为了不饿死,被迫做过三十七天小学教师,对于自己这短暂的乡村小学教师生涯,作者自己的评价是"颇为发噱",三十七天中,历史、地理、音乐、自然、常识、体育等等都可以教,"无奈,三十七天中,我只能胡扯八道……一天天过去,我自己也想想好笑了,学生究竟学到了什么。如果要从我肚子里学到'齐家治国平天下'的大道理,那是办不到的,而且我倘若有此道路,便不再会穷到教书,早就'学而优则仕',去推行什么'社会政策'

① 迪忱:《对于乡村小学教师的希望》,《民众周刊》1933年第5卷第10期。
② 玉君:《怎样改进小学教师的生活四》,《教与学月刊》1936年第1卷第10期。
③ 蜀庐笔记:《一个乡村小学教员的自述》,《湖南教育》1928年第3期。

了"。作者对于自己如此荒诞的教书生涯也是充满了愧疚的,所以发誓"宁可饿死",也再不教书。而且也奉劝其他教员"不要先为糊口,便把教人失业的东西乱讲,即使教幼稚园也需对得起自己良心,对得起莘莘学子,对得起教育事业□前途。如果不这样,教育水准只会降低,不会上升的"。①

像作者这样有良心、又有能力转投他业的人毕竟是少数,多数乡村教师在生活的压力下,是用冷漠忽视来回应自己的使命责任的。"现在大多数的乡村小学教师,是同化或屈服在恶劣的社会环境下,过着苟安的生活,他们对于政府的鼓励和期许,如同耳旁风似的冷淡处之。"②

既然谋生糊口是乡村教师从业的主要动机,而乡村教职劳苦清贫的现状必然造成乡村教师对自身职业的评价也不高。

不可否认,待遇过低、生活清苦是影响乡村教师自我认同的最主要因素。《小学教师》杂志曾经进行过小学教师生活问题的讨论,其中罗子欣指出乡村教师生活虽然有其快乐的地方,但是他对小学教师生涯的总体评价却是"苦",苦的症结在于两点:待遇菲薄和工作繁重。③ 经济压迫下的自卑是乡村教师切肤的感受,乡村教职是被乡村教师自己都贬低和不认可的工作。有些激愤的乡村教师断言:乡村教师过的是"非人"的生活,是生活压迫的"匍匐者",难以担负社会所赋予的"使命","现今关系国家命脉的乡区小学教师,过的简直是非人的生活;因为种种的剥蚀和命运的恶劣,致不能自己负起应负的使命,而只是寒蝉似的匍匐者!"④

除了"苦",乡村教师任职环境方面还存在诸多不如人意的地方,比如用人制度不规范,私人裙带关系盛行等等,这都足以引起乡村教师对职业的失望和排斥。

---

① 一帆:《短的生活 苦的回忆》,《江苏教育》1942 年第 4 卷第 5 期。
② 任福山:《小学教师的精神陶练》,《基础教育月刊》1936 年第 1 卷第 11 期。
③ 罗子欣:《小学教师生活的检讨》,《小学教师》1936 年第 3 卷第 18 期。
④ 王鲁白:《教育通信·一位小学教师之悲愤的喊声》,《教育杂志》1929 年第 21 卷第 4 号。

有人这样评价教育界的任职环境，"教书的生活是漂浮的，没有保障，因为位置的获得，不在教书的有无成绩，而是在有没有好背景，你的亲朋是校长，教育科里有熟人，那么便不愁没有书教，不然便纵有好的本事，也凭命去撞了，常常校长更换，其他的教员也就要发生动摇，所以在每学期的末尾，教书朋友的通信中，谈起下学期的事，总有这么一句'听天由命'，这说明了位置的没有保障，而生活的不安，也可以想见。

每年的寒暑假期，当其他的人正度着安适的休闲生活的时候，一部分的小学教师却为了寻觅下期的事情，整日在街头奔跑，接受许多人的冷嘲白眼，向人家要一个位置，那种哀怜谦恭，有时是比向布施者叫化还甚，所以有人说教书匠是上等乞丐，这种比拟实在也不算过甚，然而教书并不是讨饭啊！"①

乡村教师缺乏自我认同，可以从它作为一个职业对师范生的吸引力上更直观地反映出来，乡村教职成为连师范生也看不起的工作。

20 世纪 20 年代，叶圣陶曾经指出虽然小学教师队伍急需合格的师范生去补充，但是师范生对小学教师这个职业的认同感却不高。"他们虽然在师范学校里，却很鄙夷小学教师的事业。越是优秀的，鄙夷的强度也加甚。若不是真个无路可走，毕业后决不肯自愿投入小学教师的网里。……师范生不愿任教师的原因，当然也有多端。我想物质的原由或者也是重要的一项。"②

下面是 20 世纪 30 年代一个师范学生对自己职业前景的担忧，"从前我在曲阜师范求学的时候，常听同学们愁闷地说：小学教员的生活，真是再痛苦没有，再无聊不过！尤其在那穷寒的乡村小学里，设备简陋，待遇低微。一个人兼着校长教员工友三重职务，终天忙得七死八活，跟那些龌龊的木头似的孩子们在一起，心中话无可告诉者，已够苦恼的了；再加上一般乡愚们

---

① 吉明：《小学教师生活谈》，《群众》1940 年第 4 卷第 13 期。
② 叶圣陶：《教育评坛·教师问题》，《教育杂志》1922 年第 14 卷第 7 号。

的百般纠缠,什么地亩文约咧、信咧、启咧、挽联咧、喜帖咧等等琐碎的事,都来麻烦你,真是多么痛苦啊!"①这是师范生们的共识,从中可以看出,他们对乡村教职的评价很务实、很现实,与理想、责任等等空洞名目关系不大,而是与从业环境、待遇、工作的难易程度等等直接相关。

当时对乡村教师这一职业的社会评价很低。福建省教育厅于 1939 年举行中等学校统一招生时,预先对投考生的入学意愿进行调查,结果发现,考生愿意入商业职业学校、农业职业学校、工业职业学校和普通中学的都超过相应学校原定的招生名额,只有师范学校的投考生"尚不足应招的一半数目",笔者分析:"青年学生为什么不喜欢进入师范学校呢? 理由很简单:师范生毕业之后,就要充小学教师,而小学教师的物质待遇以及精神待遇都很菲薄,以薪俸论,即不如其他职业界远甚。"②

在 1942 年中国教育建设协会举办的一次教育界座谈会上,有人指出当时教师物质生活的状况已经衰落到极点,连带着乡村教师这个职业也要走向绝路了。"今日师资问题的严重,可以分三方面来讲,第一是师资没有来源,第二是已有的师资纷纷离职,第三是不离职师资不肯努力。这三种现象,自然俱和教师生活问题有关系的。教师的职业已经成为绝路,一般人'宁可早死,不作先生',来源自然是没有了。原来在教育圈内的,自然也要脱离了。"③

直到 20 世纪 40 年代中期,一个有过 17 年从教经历的老教师,在谈及青年人的职业选择时,还在指出这样一种现象——劝青年人做工程师、银行职员等都不需要费口舌,与之形成相比的是"唯独,'做教师',因为在表面上是一个没有魔力的职业;在目前更是一个最清苦的职业,所以却需要一番

---

① 卢进之:《初次的小学教员生活》,《基础教育月刊》1936 年第 1 卷第 7 期。
② 徐君梅:《如何提高本省小学教师待遇》,《国民教育指导月刊》(福建)1941 年第 1 卷第 6 期。
③ 端:《教师进修与教师生活》,《教育建设》1942 年第 4 卷第 1—2 期。

解说:现在劝人做教师,犹如劝人出家修道是难于动人的"。①

总之,由于乡村教职不能给乡村教师们带来应有的成就感、荣誉感,甚至连养家糊口都困难,在这种情况下,许多乡村教师对自己的使命责任表现得麻木不仁,甚至根本没有责任意识;乡村教师对他们来说也是一份过于贫寒低微的职业。这种角色感受与外部社会赋予他们的崇高神圣的角色显然发生背离。

2. 乡村教师的自我统整

虽然有许多乡村教师对自己这份职业持否定性评价,但不能否认,作为知识分子,还是有许多乡村教师在艰难困苦当中努力地自我拯救,他们力图在自我反思、自我警醒当中把握乡村教师角色中贴近教育价值、体现人生意义的一面。所以,民国乡村教师的自我角色认同中除了自卑,还有自负的一面,这对于他们形成相对完整意义上的职业观念和职业意识是有帮助的。

事实上,有许多青年教师是怀抱梦想投身乡村教职的,只不过严峻恶劣的现实环境往往给这些初出茅庐的青年当头一棒,精神脆弱、能力不足的青年教师可能就会在无能为力和茫然无助当中,逐渐走向屈服消沉。一位乡村教师这样记录自己入职前后的心态变化,这是一个典型的幻灭的过程:"从事教育是最神圣的、清高的工作,有人这样告诉我,我也这样想,所以在择业的时候,就选定了教育。可是几年来的教书生活,却把自己一向所建筑起来的理想击得粉碎,满腔的热情,也好像遇到了北极的冰慢慢的开始冷凝。……想象是美丽的,而事实却不是那样,谁会想到神圣的教书生活,有时是连讨饭也不如,教书饭的难吃,不是过来人,确难知其味"。② 所以,青年乡村教师的自我认同度低,往往是现实生活打击的结果。

但是,也有一些信念坚定、意志坚强的青年,在幻灭之后仍能完成自我救赎,成为生活的主宰者。一位青年教师是这样描述自己在半年的职业过

---

① 陈剑恒:《教师是一个可贵的职业吗?》,《升学与就业》1944 年第 1 卷第 1 期。
② 吉明:《小学教师生活谈》,《群众》1940 年第 4 卷第 13 期。

程里经历的思想起伏的：

在入职前，他对小学教育工作是持有很崇高的信仰和期待的，在其入职仅仅两三周之后，其对乡村教职的评价就在现实打击下发生质变。"因为深切地感觉到儿童教育的重要，和在现时代找实施教学的机会的困难，我是怎样的兴奋着自己去使用这机会。在新生活还没有开始以前，我已经做过了不少的美梦——在一个生气勃然的小世界里，我怎样领导着一班天真的小灵魂工作、游戏……我憧憬着将来的生活，该是多么的慰乐啊！并且，这慰乐的得到，又是怎样的光荣呢?!"在入职二三周之后，学校客观条件之恶劣、教学的困难、学校日常管理事务的繁重等等所造成的"精神痛苦"和"身体疲劳"就使作者病倒了，在病中，作者对自己先前的理想彻底否定，"当时，我恨透了我自己的业务；我绝对地否认了小学生的可爱，并且发现了一切理论上关于小学教师神圣的欺骗。我甚至立誓说不当再做小教。我切实地体味到常为一般人所说的'小学教师不是人做的'的话"。病愈后，虽然作者被动地坚持在岗位上，但其精神状态是矛盾的、忧郁的，就如他描述的那样，"这种矛盾时时在挖苦我的心灵"，"终于，把我本来好动的倾向抹煞了，我变得很静，很文雅；换一句话说：我变得很死气，很阴沉"。而且这也不是作者个人的个别心态，而是他和他的同学们共同的体会，"病中，几次的读到朋友们的来信，他们每个人都说被工作逼迫得走投无路，甚至想停止工作"。

在第二次病倒之后，作者在思想上发生了又一次的转变，他终于从思想的困境中获得了某种程度的解脱，不再受困于现实的困难。

这次思想转变的契机是源自作者对自己献身教育的初心的回归，"偶然的翻阅毕业时苦心整理的老师和同学的临别赠言册，这上面有这样的几句：'青年，多是不满于现实的生活的。你是青年，将来也许免不掉要走上这条路，不过，请你留意，你得切实地去改造它，别颓丧地自误！'这里，每个字，刺痛着我的视神经；这里，每一句话，击动了我的心灵，我突然地醒悟了。我觉得我不应当厌弃业务，因为它是我以前深感兴趣而博得我的信仰的一种,我不能那样浮躁地抛弃它。现实的生活,我的确不满,不过,我可以渐渐地把它改良起来。现在,我得安心地努力干下去,正如我所认识的人一样的工作着。我不能那样的自误下去,这于社会个人都有绝大的利害的,我的梦醒了。这次的病后,真的,我觉得精神比以前愉快了,同时因为精神的兴奋,就增进了工作的兴趣,我开始和我的小学生接近起来。这时,我发现他们并不讨厌得像我以前所感到的。他们也具有书上所载有的可爱的天真,并且,潜伏在他们的意识里也有可贵的好奇心。不过这些是没有被他们所接触到的人发现过的。"①

这位乡村教师的感悟是难能可贵的,他代表着当时的乡村教师并没有一味地怨天尤人、自暴自弃,他们在自觉地、主动地寻求摆脱困境的出路和对策,而且他们是从自己身上找原因、找出路。这种自我反省、自我拯救的愿望和能力是民国乡村教师角色中最理性、最具积极意义的部分。因为在客观大环境无力改变的情况下,依靠自身的信念和意志、自力更生改变现状是唯一清醒和务实的自救之路。一个乡村教师如果不想在消沉中自我毁灭的话,就只能依靠自己。

诸如此类的言论比比皆是,如"我们应当任劳任怨,不要以为我们的待遇太薄。买不着力气的!同仁没有此想则已,如有此想,那我们前途可就完了,我们眼前的生活马上就会感觉乏味的。我们要知道人生的真意义真趣味,就在个人的事业中藏着哩!你若把它看成'买不着,活不着'的话,那是自找苦闷,自投死地了"。②"小学教师本身应注意的,我们无论做什么事,总不能光望别人对你好,也不能专待环境改良才来努力。主要的还要先有'自觉'和'自力更生'的意识,先从自身去努力奋斗,去冲破、克服一切困难重围。'人之所以异于禽兽者',就在人能利用环境,克服环境和改造环境

---

① 裵:《一个小学教师的自述》,《教师之友》1935 年第 1 卷第 8 期。
② 刘佩璋:《读了〈寄给感觉苦闷的小学教师们〉以后》,《基础教育月刊》1936 年第 1 卷第 7 期。

而动物则不能。"①"本来一个人的生活有许多方面是常受物质的影响的,因为物质贫乏而致意志消沉的小学教师不知有多少;但是处在今日的中国,自己的环境只有自己来创造,希望着环境处处来替我们设想,这是不可能的事!况且物质所给人的只是人生的一部分,人之所以为人除形体以外还有比生命更重要的精神生活。为了信念意志而牺牲生命的自古迄今不知有多少的先例。"②

进而,有人从更深层次上指出,理想和信念以及奉献精神是作为知识分子的乡村教师应有的基本素质。

有人就指出乡村教师之所以不能融入乡村,是因为他们受传统身份意识的影响,不能主动放下读书人的架子,在自己与乡村民众之间划出了一道鸿沟。"有的教师尚存一种士为四民之首的旧观念,以为教师是清高的,是应当受农民供养的,把自己看做一个特殊阶级的人。"③小学教员之所以苦闷无聊,"那恐怕是由于你们的心理还没解放,太把自己看重了,觉得自己是了不起的人物,一般人是应当予以崇敬的"。④

姚绚章曾谈到,其家乡的小学教师自评为不如"拉黄包车"的,宁可抛弃教育生活而去当兵,在分析其中的原因时,他就指出有些乡村教师思想素质不高,在人生观方面容易为外界所左右。他说:"第一层,他们不知道他们负的什么责任,要知道小学教师诚然是清苦,然而是一件最高尚最廉洁的生活啊!第二层,他们没有准确的人生观,所以他们时时想出其位,而易为外界所诱惑。"他指出教育工作的回报不仅在物质上,还在于精神上。"为其报酬非形而下,而为形而上者也。""'教育如美术。'美术者,所得有限,而精神愉快,无以复加。"这种精神收获来自"树人百年,英才辈出"的成就感,

---

① 黄季子:《几个值得注意的问题及其解决方法》,《基础教育月刊》1936 年第 1 卷第 6 期。

② 陈剑恒:《寄给想解决自己苦闷的小学教师们》,《基础教育月刊》1936 年第 1 卷第 5 期。

③ 刘凤翔:《乡村小学教师怎样去接近农民》,《基础教育月刊》1936 年第 1 卷第 3 期。

④ 卢进之:《初次的小学教员生活》,《基础教育月刊》1936 年第 1 卷第 7 期。

"这种精神上特殊的愉快,是否'拉黄包车'的人所有?"作者的话虽然有空洞说教之嫌,但确实也反映出民国时期一个客观现实,即时代需要一个有理想、有奉献精神的乡村教师队伍。[1]

在20世纪上半期教育救国思潮的影响下,也有许多乡村教师认为为了国家民族的生存,牺牲一些个人利益是值得的。他们说,面对微薄的待遇、艰苦的工作,"我们应当这样想:我们是在为民族求生存为国家求生存。我们的事业是伟大的,劳苦是应该的。我们用上力气来干,这也是对我们自己民族国家应尽的责任,那有什么'买不着'、'活不着'。先贤说:'士不可以不弘毅,任重而道远。'我们祖先的教训是如此的教导我们,难道我们就不肯虚心去承受么?"[2]

总之,唤起乡村教师的责任意识和献身精神是当时解决乡村教师角色困境的一个共同思路。从积极方面看,它反映出巨大的现实困难也没有完全压垮乡村教师的精神追求,即使在艰难困苦的条件下,这个群体也仍然保持着知识分子惯有的超越功利的自我期许,保持着知识分子的自觉意识,并没有把自己等同于普通衣食众生。也正是在这种信念和意志的支撑下,尽管从事乡村教育是个苦差事,还是有许多有志青年自觉地献身于这个事业。这种思想意识和精神品质对于民国时期的乡村教师形成相对完整意义上的职业观念和职业意识是有推动作用的。

许杰先生于20世纪20年代初刚从师范学校毕业的时候,曾引用他同学的"言志诗"来激励自己——"教育吾之职,淡饭吾当吃"。他对自己以小学教育作为终身职业的选择有着清醒认识,"在那个时候,我也知道,从事小学教育,生活是艰苦的,但我却认为这是自己应尽的职责"。为什么会有这种觉悟呢?因为作为一个出生于1901年——《辛丑条约》签订之年的中国青年,他已经不自觉地把自己的命运与国家民族的解放事业结合在一起

---

① 姚絅章:《小学教师想谋差使——想当兵》,《生活》1926年第2卷第18期。
② 刘佩璋:《读了〈寄给感觉苦闷的小学教师们〉以后》,《基础教育月刊》1936年第1卷第7期。

了,在教育救国信念的引导下,许杰坚信献身于小学教育事业是值得的。①正是因为有许多像许杰那样的乡村教师们默默付出,才奠定了中国现代乡村教育事业的基础。

但是,从另一方面看,理想与信念的支持几乎是乡村教师应对困境、完成自我救赎的唯一武器,这又是一个相当脆弱的命题。因为支撑他们事业的那些理想和信念,在面临现实问题时,总是有些迂阔和不切要。

在定县乡村小学教师训练中,面对乡村小学教师提出的薪金太低、设备不全等现实困难,有些人的回答是:"要求实现增薪,只有努力富强国家,复兴农村。国家富强,农村繁荣以后,乡小教师的待遇自可提高。在现时的国势之下,是不应当只顾个人甘苦的,应当专心致志于救亡大业!"②显然这样空洞的说教完全无视乡村教师的个体生命需求,是无助于问题解决的。

一位身处"沪大下院"、署名"仲雅"的人士在面对一位想离开乡村教职到上海谋生的朋友时,这样劝导他:"我要问你,你除了爱他们(指这位朋友的亲属,这些亲属们都要求这位朋友离开乡村)之外,你还当爱真理,爱社会否? ……又爱你者说,你只做个乡村小学教师是件小事,那我要请问怎样才算得是大事? 当英人瓦特看见蒸气上升,掀动壶盖的事,不亦是极平常的小事? 可是,他因此而发明蒸气,成了十八世纪机器的中心,火车轮船的大原动力。这事究属是大呢或是小? 何况教育的本身决不是一件小事呢——事无大小,只要你肯努力去干,效力决不是渺小的。"在面对朋友抱怨乡村教职的清苦贫寒时,作者"仲雅"的劝导同样是听起来头头是道,"诚然,在政府自顾不暇的时候,政治没有上轨道的时候,当然没有能力扶助乡村小学教师。不过,人生乐趣的标准,不能专拿金钱收入之多寡而定。……何况金钱所能得到的只是物质上的,而物质上的常有引人到失望的海里去的诱惑。所以我们应当希求精神上的幸福,不应依恋物质上的幸福。精神上的幸福,

---

① 《许杰自述》,《世纪学人自述》第 2 卷,北京十月文艺出版社 2000 年版,第 42—43 页。

② 周葆儒:《从乡村建设说到乡村小学》,《基础教育月刊》1936 年第 1 卷第 6 期。

我以为在如今的都市里是几乎绝迹了,惟有到乡下去寻找——新乐园里去寻找。"①

作者通篇都是大道理,意思很高尚,他将这位乡村教师及其家人的个体需求都归类为"无意识的虚荣";将乡村教师的个人利益视为与社会利益矛盾的"歧路"。对于乡村教师面临的现实问题,却提不出任何有价值的解决办法。这种思维方式在当时那个国家民族危亡的时代是很多见的,对于身处困境中的乡村教师来说,这位"仲雅"先生冠冕堂皇的说辞完全忽略了当事人本体的感受,几乎无异于要求乡村教师自觉自愿地充当时代的殉道者。这是一种对乡村教师单方面的道德要求,几乎形成对乡村教师的道德绑架。

而事实上,身处困境中的乡村教师对于某些无视他们个体需求的高调也是非常排斥的,空洞的说教能否发挥效力也很成问题。"吃饱了饭的人们,或者歌颂小学教师是神圣的事业,不是物质可以交换。这在小学教师自己,也能体味;但是,小学教师都不能抱释迦似的彻底的人生观;如人们得仰事父母,而小学教师限于经济能力,有时只觉着家中多两位吃闲饭的老人;人们能求得妻室的安慰,而小学教师限于经济能力,只有在杂志上剪下些漫画来把玩! 小学教师是人,是血肉的凡人,待遇自然要照公平的代价的;否则,小学教师无论被人称为'大圣人'或'净土大师'也没有功效的;无论怎样理想是敌不过铁样的事实的啊!"②

可能对于多数乡村教师来说,经常是徘徊在自负与自卑、清高与世俗之间的矛盾状态,感觉"彷徨渺茫"。"我是一个小学教员,我常常这样想:'小学教员的前途究竟在哪里?'在勇气百倍的时候,我觉着我真是了不得的人,中国文化建设民族复兴的大任都担在我的肩上;可是现环境的重围有时会压迫得你上天无路入地无门,不由得你不消沉,不由得你不苦闷! 想作如

---

① 仲雅:《寄给渡生——一个乡村小学教师》,《沪潮季刊》1931 年第 4 卷第 1 期。
② 王鲁白:《教育通信·一位小学教师之悲愤的喊声》,《教育杂志》1929 年第 21 卷第 4 号。

此感想的,不仅是我一人;各地的小学同仁或者都曾经或正在这样的境遇中。"①

总之,乡村教师还是保有知识分子的自觉的,他们也在努力追求内在认同与外在期待的统一,但面对乡村教师的发展困境,如果忽略乡村教师个体的生命价值,只是寄托于理想与信念的支撑,就难免陷入虚幻和空洞。民国乡村教育事业的低迷状态,也证明如果不采取切实措施解决乡村教师们的实际困难,让他们能安于其位,仅仅高谈阔论理想、责任和意志是不可能增加乡村教职的吸引力,改变乡村教育现状的,乡村教育也只能在因陋就简的低水平中进行。

3. 乡村教师的激进化

乡村教师角色上种种不正常、不公正的现象,如责任义务与权利待遇之间的反差、理论地位与现实地位的反差、自负与自卑的矛盾心理等等,不仅仅会造成乡村教师工作状态低迷和行为失范,有的乡村教师会激进化、极端化,产生对整个社会的不满,从而使其自我角色认知产生更大的偏差,甚至导致角色转移。

对现实处境的不满可能会导致乡村教师的心理失衡。下面是一位小学教师对自身责任义务与权利待遇之间差距的不满:"'小学教师为国家的基础,社会进化的原动力;他的势力可以左右社会;他的使命是神圣的,非金钱等物质可以交换!'这是国家和社会所同认为小学教师的真价值;小学教师既负有这个使命,而所受待遇方面又是这样,使他们时时困顿于不自然的生活中,这岂得谓平! 而又岂能长此迁延下去!"而且,他认为整个社会对乡村教师困苦现状是漠视的,这种现状是不公的,其言论中的激烈情绪显而易见。"我也曾几次凭了不可遏抑的感情,写了关于小学教师的受剥削的症结,但是,没有一次得着发表。书报的编辑者以为动不如静的安宁,而甘心于袖手旁观,连隔岸观火的同情态度也没有! 或者,竟可以说,剥蚀小学教

---

① 陈剑恒:《寄给感觉苦闷的小学教师们》,《基础教育月刊》1936年第1卷第5期。

师者的势力浩大,连书报的编辑者也代为掩饰。但是,长此掩饰,是得计吗?"①

在整体环境不良和生存压力下,一些有理想、有抱负的青年多陷于愤世嫉俗的空虚当中。俞异君曾在乡村中接触到几位青年教师,他用"空悲愤"来描述他们的精神状态。"我们是由乡间小学之被漠视,不发达,谈到乡村中应兴应革的事项,又由之谈到国家的大事,中国的前途等等。他们说了不少的话,可是接触到事实,探究到问题的核心的话却不多。而且,他们大都是悲观论者,认为中国的一切都是漆黑一团,没有办法,最后,面上是充满了悲愤之色,算是结束了他们的谈话。"②

其实,抱怨、悲愤还算是乡村教师对自身生存困境的正常反应,最极端的反应是,有些乡村教师为此走上了社会反叛者的道路,其教师角色彻底发生了转移,成为了革命家。

对中国现代化历史的研究证明,新式知识分子是中国现代化转型最有力的鼓吹者和发动者。③ 而乡村教师作为知识分子的浪漫天性和乡村教师群体的现实处境,导致民国乡村教师阶层比其他知识分子群体具有更强的反叛性或革命性。乡村教师虽然普遍知识文化水平不高,但他们还是具有知识分子的见识广泛、思想开阔、容易接受乌托邦的先天特点,而且他们普遍比较年轻,思想和行动上更加活跃。最重要的,乡村教师的底层社会地位和窘迫的生活处境,容易刺激他们走上与现实秩序相对抗的道路。

余家菊曾回忆,在主持由他们余氏家族创办的"自进小学"过程中最困难的事情不是经费短缺问题,而是由青年教师思想活跃而导致的教师队伍不稳的问题。乡村教师中的精英或是离开乡村,投身革命;或是将乡村学校

① 王鲁白:《教育通信·一位小学教师之悲愤的喊声》,《教育杂志》1929 年第 21 卷第 4 号。

② 俞异君:《空悲愤有用么?——向乡村小学教师进一言》,《民众周刊》1933 年第 5 卷第 28 期。

③ 许纪霖、陈达凯:《中国现代化史》第 1 卷,上海三联书店 1995 年版,第 20 页。

变成革命的策源地,这是导致"自进小学"最终停办的主要原因。"校势日益发展,而教师间的龃龉日多。新近少年,操切用事,缺忍耐力,多不能久于其任。聘请教师,调剂教师,转成最苦之事。前此以为问题在经费,殊不知问题竟不在经费而在人才。至十二三年,赤化思潮席卷全国,英俊有为之士,相率投身革命,甚且成为共产党伟人。对于龃龉事业,类皆鄙夷视之。对于学校机关,权且用为宣传根据地而已。于是自进学校遂为吾县共产党策源地之一。声誉精神,远不如昔。十四年,大饥,学生相率辍学,学校宣告暂时停办。十五年而后,沦为赤化区域,族人逃走一空,更无从恢复。"①

民国历史上借由乡村教师身份做掩护从事革命活动的例子也很多。

颖上县一位乡村教师——丁泮香的生平就很典型。"他三岁丧父,孤子寡母相依为命。其母辛勤耕耘,节衣缩食,供泮香求学。先在乡村小学读书,后考入阜阳省立第六中学。(就在六中读二年级时,丁泮香加入了共产党,"从那时起就从事了革命工作"。)毕业后的第二年通过亲友的介绍到颖上县南花园学校教书。他看到当时社会黑暗情况,联系本身的遭遇,决心要为劳苦大众解难,做一番有益于人民的事业,便毅然辞职返乡,主动和芦德茂等,和我共八人在吴体元的家里组织青年互助会,内容是:谁有困难酌情互助,每月在吴体元家开一次会。我们八人还分别向一班忠实正义的同志联络互助,逐步扩大范围发展会员,每人拿会费五角作饮食招待开支。当时有人说丁泮香学不升,书不教,每天早出晚归,究竟是干些什么?"随后,丁泮香经人推荐又到"唐家庙学校当校长","泮香为了用校长做护身,以便更好地开展工作,毅然应聘"。他用乡村教师的身份作掩护开展革命工作,在麦收前夕组织群众大会,宣传"劳苦大众要团结起来,和劣绅土豪作斗争",结果被国民党县长带人"围剿",不得已丁泮香向亲人们坦诚了自己的共产党身份,离开家乡,到了红军的队伍里,后在战斗中牺牲。②

---

① 余家菊:《乡村教育通论》,上海中华书局1934年版,第143页。
② 常其相:《丁泮香同志的生平》,载《慎城春秋》第1辑,第67—68页。

丁留宝曾经对 1923—1931 年安徽省农村共产党组织的创立过程进行系统梳理,指出中国共产主义运动从城市转入乡村,建立农村革命根据地的过程中,"乡村教师起到了不可忽视的先锋、桥梁作用"。据研究这一时期乡村教师在乡村党组织中占有很大比重。"为了弄清中共在农村成长的过程,笔者对安徽 1923 年第一个农村党组织创建至 1931 年中共安徽省委解散这一段时间内的党组织状况进行了统计。在 66 个县(市)中,中共创立了 381 个党组织,其中有 103 个党组织根据资料能够判断其创建情况,而这其中由乡村教师建立的占了相当大的比例,为总数的 57%……其次,从这些党组织负责人的身份来看,可以发现相同的情况。在这 381 个党组织负责人当中我们可以确定其身份职业的共有 178 人,其中绝大部分也是从事乡村教学工作的教师。……可以看出,教师在这些身份确切的早期党组织负责人中占了 67%,即占到了 2/3 强。如果这个结果反映了中共早期乡村建党的一般状况的话,那么,我们可以说,乡村教师在中共向农村发展的过程中起到了举足轻重的作用。作为以上统计的一个佐证,笔者找到了 1929 年安徽省中共干部统计表……共统计了 87 个党组织的负责人,其中教师 42 人。表中有 6 人没有记录其职业,另有 9 人只表明是知识分子,而无法判断他们的具体职业,若这两者不计算在内,教师则占到总数的 58.3%,这与上述的统计结果可以说相差无几。"①在这些乡村教师身份的革命者当中,有些人是像丁泮香一样先成为革命者,后来为了开展乡村革命工作才成为乡村教师,以之作为身份掩护的;也有些人本来是乡村教师,后来参加了革命队伍,成为共产党员。不管哪种情况,至少可以看出,乡村教师这一职业角色,天然地容易成为普通社会角色向革命者转化的中介。

　　为什么乡村教师会容易成为乡村革命的策动者、参与者呢? 其中既有外因,也有内因。外因是与中共早期革命斗争形势的转变有关系的,中共早

---

　　①　丁留宝、罗国辉:《乡村教师:中共革命的播火者——以安徽农村党组织建设为例(1923—1931)》,《许昌学院学报》2008 年第 6 期。

期党员多为青年知识分子,在共产主义运动被迫转入农村后,这些青年知识分子要在农村立足,做乡村教师无疑是一个最适宜的合法身份。当然,由于乡村教师作为乡村稀有文化人的智能优势,使其在中共改造乡村社会的运动中比无知无识的农民更容易理解和接受革命理论,而且乡村教师具有更接近乡村民众的地位优势,这些都使乡村教师受到中共重视。但这些都是外因,促使乡村教师主动成为社会反叛者的内在动力,还是源于这一阶层在现实秩序中的尴尬的社会地位和艰难的生存处境使他们天然地亲近革命,而中共对此也有清醒的判断。"中共认识到乡村教师无论从经济生活、政治倾向、阶级立场抑或是从社会地位等方面来看,这些处在基层农村的知识分子都具有较强的革命倾向与热情。"首先,经济上的贫困是造成乡村教师对现实秩序不满的重要原因;其次,在政治立场上,乡村教师的阶级属性被定位为"左派"群众,而绝非资产阶级阵营,先天地适宜领导乡村革命。"中国的小学教员,在客观上至少也应该是国民党左派的群众,阶级认识更清楚的进步分子,应当毫不畏惧地站在共产党和共产主义青年团的红旗下;他们应当是社会各阶级建立联合战线的'连锁';他们应当是农民运动的最适宜的人才;他们应当是乡村文化运动中心的力量;他们应当是散布革命在各地建筑革命势力的先锋。"①

民国时期的乡村教师本来是有国家法定身份规定的社会角色,甚至是一个体制内的角色,但现实中他们在确认自己的社会角色时却时常发生游移和偏离,甚至最终走向现实秩序的反叛者角色,这种角色转移是巨大的,也是不正常的。

总之,民国时期的乡村教师在自我角色认同上还未能达成稳定、清晰、一致的认识,完整意义上的职业观念、职业信仰也还没有建立起来,他们面临着角色困惑和迷失,有时自负,有时自卑又世俗,有时甚至激进化,成为现

---

① 武石:《怎样做小学教师》,《中国青年》1926 年第 138 期,转引自丁留宝、罗国辉:《乡村教师:中共革命的播火者——以安徽农村党组织建设为例(1923—1931)》,第 105 页。

实秩序的反叛者。虽然国家和社会对乡村教师的角色期待神圣而崇高,但乡村教师在角色实践中并未能将这些外在规定性有效地内化为乡村教师的自主选择,个人利益和实际生存处境对他们的自我角色认同影响很大,因而,现实中许多乡村教师的自我角色定位是卑微、世俗或是游移的。而没有来自乡村教师主体的角色认同,外部世界所期待的乡村教师角色就不可能真正建构起来。

第二节　乡村教师生活实录

民国时期,乡村教师的现状和发展问题可谓是当时乡村教育领域的热点之一。但多数研究都是以旁观者的身份、从社会和时代需求的角度来看待乡村教师,这时乡村教师呈现出的角色特征往往是整体性、概况性、平面化的,而且在角色形象上容易陷入两个极端:要么是突出责任义务的神圣崇高,要么是出于现实观察的批评贬低。旁观者的眼光缺乏的正是对乡村教师作为个体生命应有的生活细节和心灵感受的关照。与此相比,民国时期某些刊物收录的类似乡村教师自述、生活实录之类的文章,文字质朴、坦白、无所掩饰,既直观白描了乡村教师的真实生活状况和心理感受,又间接含蓄地呈现了乡村教师的自我角色认同危机。信息量对于理解乡村教师的社会角色问题的复杂性来说,其研究价值一点也不亚于旁观者的概况性陈述。

以下几篇生活实录,或许可以稍稍呈现民国乡村教师的群像。

实录一:形形色色——山西太谷县的小学教员

我是太谷县的一个小学教员,所以对于我们的生活非常熟悉,现在我就爽直地把它写出来罢。

我们县里的小学教员,一半是高小毕业生,一半是老秀才和落魄商人。师范毕业生,全县仅三十九人,大多钻营奔竞去做区长和收税员,留在县里的不过八九个人。

全县小学共二百二十几处，教员三百人，分甲乙丙丁四等。甲等月薪十六元，其余每降一等少两元，所以充丁等教员的人每月除了四元多的饭费外，仅有不满六元的余款，但是妻子的供给和自己的衣服等费都要靠它支持。还有更深的苦痛：就是每一学期开始，劝学所必要大事更调，弄得教员们东奔西跑，叫苦连天！我们奔走的路线：第一步先要向村长接洽，卑辞厚币以求允诺；其次再哀求视学——劝学所所长——发给委任。两方面都能办理妥当，那么你就是识别字的流氓，或卖卜相爷的消费者，也都可坐镇一个小学。你若是奔走不力，那么你就是师范生也要被挤出场外。所以每逢一学期终了，各教员们便自恨爷娘何不给我生下四条腿和两个嘴！

奔到了教员位置的人，最要紧的工作，就是在村长前献殷勤乞哀怜，以求自己的地位稳固。所以教员们对于村长的供养，简直比生身父母多要虔心好几倍。如论村长头疼背痛，必须亲自拿上礼物去探望，一旦不幸村长有婚丧大事，做教员的除了费上三四日的工夫去帮忙外，还得送很丰厚的礼物。所以教员们一听见村长出丧或娶亲，便暗暗为自己的钱包担忧。

做教员的除了上述的工作外，其次就是写报丧喜帖和造饭——除大村镇有厨役外，其余都是自做自吃——若有余暇，大半都是吸旱烟，喝红茶，看小五义，彭公案等书。至于教授功课那件事，在我们做教员的看来，可以说是小而又小的事了，只是早上能够在被窝里给学生背了书，白天里不出去闲逛，社会上就认为你是好教员，所以我们惟一的课余消遣，就是睡觉，抽烟，看小说；至于打球跑跳等运动，村长们既悬为厉禁，同行中的老腐又大都鄙视不为。

最近又发生了一件新闻：就是教员们因为晋票低落，要求贴费，举出代表向地方当局交涉，不意竟被绅士们大骂了一顿，说是你们真不知死活，现在公款还无法筹措，哪里有余钱给你们贴费？若再要胡闹，那么我们就只好闭校门了。代表们受了这一顿教训退下来,直到如今都没有说话!①

实录二:河北霸县乡村小学教师生活的写照

一、乡村小学教师所得到的报酬

无论就哪种职业的人,如果得不到充足的金钱的报酬,终日奄息于饥寒交迫之下,那么他的说话绝对没有安定的可能,何况劳苦竟日的小学教师呢?本县小学校经费的来源,是由于县款定额的补助,非常困难……所以教员的薪金非常低廉,这里高级小学的教员,最低限度每周要担任三十六点钟的功课,甚至要超过四十点钟以上,而所得到的报酬最高者仅为二十元,其余十五六元者不等;至于当一个初小教员的,全年所得薪水,最高者仅仅一百二十元,合起来,每月才十几块钱,并且还有每月仅得七八元者,这样微薄的报酬,实在不如一个商店的学徒,不如一个雇工,虽然乡村中的生活程度比较低微,可是每月净吃棒子面,也得用四五块,再穿衣裳和零用,也得二三元,平均算起来,每月只剩二三元,也不过仅能维持一个人的生活而已,然而当小学教员的,谁没有父母?谁家没有妻子?他们的家庭里又有几个是不依仗着这点代价来糊口?那么杯水车薪,何济于事!并且最近县政当局又下了一纸要命的通令,自本年四月份起全县各级小学教员薪金,俱按八扣发放,如此一来,当一个初小教员,辛辛苦苦地干一个月,所得到的报酬,也不过仅仅六元四角而已,维持自己的生活,已经不及,更那能误家庭的负担呢?所以要想每一个教员,安心的切实负责任教,的确十分困难,并且事实也绝不可能,乡村小学教师这一种职业,在当事者看来,真是茫茫前途,毫无开展的希望,只有苟延残喘的在悲惨,机械而且无趣的生活中敷衍罢了。

---

① 革日水:《形形色色——山西太谷县的小学教员》,《生活》1929 年第 5 卷第 1—52 期。

二、乡村小学教师在社会上的地位

在农村社会里，仍然存在着残余的封建势力，因之当一个乡村小学教师顶难；如果不会装腔作势，不够一个"两面人"的资格，无论是对事对人，总不容易应酬周到。譬如对于教学方面，本着个人在这里以往的经验，就感觉到不少的困难：什么设计教学法啦；什么道儿敦啦；虽然一般普通的人，没有这种常识，可见如果没有一点研究，恐怕就要受到少数维新派的批评，说你不照启发式去行新教学法，说你完全用注入式的教授，使儿童处于被动地位，以致板呆领受，机械记忆，那么教员如果完全实行新的教学法，守旧派又会骂，你洋学先生根底太浅，不会四书古文，竟念臭白话。如果学校里多添上一两点钟的音乐和体操，老绅士准说："又唱啦！又玩啦！除去唱玩没别的事。"这种种困难，表面上看来，虽然不是什么大不了的事；但是处在农村社会里，却不能毫不顾及，否则，无中生有的谣言四起，议论纷纷，那你的饭碗就算摔了。

乡村的小学教员只会教功课是不成的，不然连一个"土秀才"的名目也不配；乡村中的小学教员，除了应教的功课之外，对于应酬方面的小玩意儿，当具完备，才能讨人家的欢喜。例如写"龙凤帖""嫁娶帖""买卖田契"等等，哪一位不会，哪一个没用，乡老们都以为这是居家处世的大事，人生应用的真实学问，如果对于这类的杂学根本没有研究，或者写得不漂亮，一定有许多人要认为你是满腹的臭粪，毫无一点真正的学问，还有一层，小学教员于交际方面。当善于应酬，不然，东家和不相旁干的人到了校里，若是照应不周，稍有失礼，便容易落个不懂人情世故的罪名。

至于小学教员的言语行动，那更不能随着自己的自由去做一切的动作，要和处女般的谨慎，沉重，若言谈之间稍有狎僻，或偶有到校外散散步，一定会得到"浮浪鬼"的诽谤，会戴上"没有先生资格"的帽子，由此看来小学教员直是罪人，简直就与囚犯无异。

三、乡村小学教师的日常生活

本县教育经费，因为支绌的原故，所以大部分的小学，设备上十分简陋,虽然有几个比较富足些的村镇里的小学,仰赖着上款的补救,组织上略显完善。但是教员工作的劳苦,也是难以言状。每一个教员,每星期所任钟点,至少也是在三十钟点以上,并且每天照例还有一些课外作业,并须要一一的仔细评阅,所以自朝至暮,上堂下课,忙碌非常,整日里精神上的疲倦,身体上的困乏,真不亚于耕种的农夫,此外大多数的僻陋的村庄里,虽然设立了学校,但是组织上的简陋,真是达于极点,教员自身方面的劳苦,那更不堪言状:一天按着七八小时的功课去上班,校中仅仅一两个教员的很多很多,如果就是一人,那么一切的一切,都是这一个人包办,上完第一堂的功课,刚刚休息几分钟,紧接着又上第二堂。一天到晚,耗费许多心血,累得口干舌涩,找不到一点空间的工夫。还有批发学生的文章卷子书法……种种的事情,只好晚上去做,在这种不堪的学校里,差不多都没有校役,教员下课之后,还要亲自去执行浆洗及炊爨的事,自己做饭,自己吃,本不是怎样劳苦的事,不过下课之后,正在劳顿不堪之际,心疲力倦之时,再受那热气的熏蒸,或者还可以勉强忍受,若在炎热的夏天及滴水成冰的冬季,其中之苦况实在难言,此外因为乡间交通僻塞,一般小学教员的思想落后,正当娱乐的缺乏,更足以造成了不景气的现状。

总之,乡村小学教师的工作劳苦到极点,生活低微到极点,简直的是奴隶生活,牛马生活,如果要打算改革乡村教育,不能够彻底的革除这种种困难,无论是怎样呼喊,如何计划,事实上仍是无济于事的。

一九三四,六,六

张英夫寄自霸县①

实录三:川北小学教师座谈会

晓:我第一次担任教职的学校,是个初级小学,那里共有同事三人,

---

① 《河北霸县乡村小学教师生活的写照》,《众志月刊》1934年第1卷第3期。

每天上课七小时,薪水五个月计算,每月只有八元一角钱,除了伙食以外,所余存的实在是最少数了,因为经济条件这样的恶劣,我们的伙食只好自己办理,买菜烧饭,把课余的时间全部占去,什么娱乐,读书自修呀,都是我们份外的事,因此精神方面,非常的痛苦。后来改任民众小学教师,校中学生八九十人,由我一人担负教职,包办一切功课,事实上一个人教管八九十个学生,已相当费力了,但是学生又常常旷课,逃学,这些还得教师亲自上门去催促,因此给予学校的进行上不少的困难,同时稍有些不慎就会引起保甲长的不满意,为了使学校顺利的进行,必须花去大部分的时间和保甲长接洽联络,不然他们便会给你来捣乱呢。学校是在这样困难的环境中支持着,而说到待遇呢?上边薪水不发下来,没有办法还得自己拿出钱来吃饭,到学期结束时还是拿不到现金,只是些粮税单作抵押,在这种情形中工作,真是没有办法干得好的呀!(她本来是位相当沉默的人,可是谈到这个问题,她流水似的,一口气就说完了。大家听了,不期而然的长叹了一声。)

漆:我们待遇还算比较好的,每周工作四十多钟点,(每天除上课七小时外,还要改一大堆练习本子或作文簿),月薪有廿元,因为那里是中心小学,范围比较大些。后来,到乡村小学教书,待遇就少了,每月只十四块钱。但是课余还有些时间散散步,和小朋友玩,倒还觉得有兴趣。因为我爱着音乐,所以和小朋友特别玩得来。

潘:我自战训班毕业后便分发在卢家乡小学担任教职,每周授课廿六点钟,每月薪水十二元,隔年改任城中私立学校教职,担任低年级的管教和童子军训练,但是个性急躁,以致引不起什么兴趣来,所以才决心脱离教育界,打算到□地去服务,或后方从事生产事业。

贺:还是在学生时代,我便志愿将来从事教育事业,所以初中毕业后,就实行我的理想生活。月薪也只有十六元,次年稍增加,但是校长很狡猾竟克扣不发,没有办法,在学期结束后另任城中小学教员,可是薪水一样的发不出,我本来是一个穷人,家里更□不出□米,因此无法再干下去。

彭：(活泼而小巧的彭女士，看上去比十五岁的小姑娘还小些。)我们的生活也真苦极了，每日三餐的汤茶□饭，实在有饿肚子的风味。工作方面更是忙碌，幸而学生活泼，敬爱师长，稍稍得些安慰，但是待遇薄得每月只有六元，生活的不安定，真使我感到有说不出的痛苦！(除伙食外一无余钱)所以也不能不忍心离开那些可爱的小天使另找别路走了。我认为乡村教员，这样办下去，将来会弄得文盲更多，这话怎么说呢，就是形式上教员很发达，各村镇都有学校，而实际上乡村儿童读书的机会更少，因为教师们被生活所困，没有心教书呀！

邓：最初我曾担任过民众教育馆里教育成人的教职，那时只有十七岁，教着二十岁以上的成人，常常有些心慌，在半年的时间中慢慢的倒也混熟了，在暑期中才算圆满的宣告结束，这时接着参加短期小学工作，那时虽然是炎热的天气，但是看到一群衣衫褴褛的孩子有受教育的机会，心里感到无上的快慰。不幸得很，校中的公费政府迟迟不发，工作无法进行了。只能忍心离开这群孩子到成都去求学，又因为某些原因中辍，改入救护训练班，不久正值七七事变发生，我就参加防护团工作，去年回乡来，又过着粉笔生涯，住的破老的古庙，食的大麦米饭，没有盐的泡菜，这样下去，生活也无法解决。对于这教育界的种种不良情形，我认为小学校愈多，将来失学的儿童会更加多，原因是教育和读者都在欺骗自己啊！(她说到这里，面红耳赤的兴奋得不得了！)我再举个例罢，这种苦差还有人争夺得很厉害啊！每年到了六月和十二月，校长先生每天会忙得把肚子胀破呢，就是教师们为了保持这只破饭碗，或想争取这只破饭碗，大家都请校长先生吃饭，这叫"六腊忙"！

李：小学教师真不容易做呢，我初中学业后费了许多力，托了不少人的帮忙才找到一个位置，因为自己还是个没经验的人，什么都跟着人走，真是无味。第二学期改任河沙场教职，可是同事中个性乖僻，气量狭窄的不乏其人，所以常发生嫉妒，诽谤的事情来，至于校外的环境也非常恶劣,记得一次夏天学业结束县长下乡检阅童军,我们获得好评,当时就引起了保甲长的怨恨,造谣谤毁,说县长看中了童军教练,真是使人灰心!要是这些恶势力不加以铲除,乡村教育的前途实在渺茫!因为好一点的教师,都不愿继续了。

陈:因为家道清贫,父母早逝,生活困苦,由一位美国传教士 Miss DosXerdans 资助,才得在初中毕业。五年来的教书生活真使我透不转气来,每月的薪金只有十块钱,但是我还得抚养幼弟弱妹,生活的困苦不必说了。到今年,物价这样的昂贵,再也没法维持,不得已,弟妹白天出去捡些柴草,自己晚上加紧纺纱,连油灯都没法点用,只能用线香来替代了,黑暗中摸索工作,稍事贴补。因此我们对教书的生活实在有些灰心而且厌恶了。至于说到工作也无法做得怎样好,因为一个人的力量是有限的,这样整天整晚的劳作着,也没有时间去准备教材,这种日子真是度日如年啊!(她说到这里,已是声泪俱下,泣不成声,大家几乎也被她引出眼泪来了。)

邓:我还算是幸运的一个,但是因为母亲溺爱,终于初中毕业了没有离开家乡去升学,就在当地的一个小学里教书了,学校是座破庙,一尊尊的泥菩萨在上面高坐着,再加木鱼钟磬的声儿,真叫人起着莫名其妙的感想,上课时几十个满拖鼻涕的孩子来读书了,第一天实在过不惯,上了整天课到晚上还是没有饭吃,没有办法,自己找佣人帮着烹煮起来。等学生回家后,活像个尼姑似的生活着,待遇每学期六十七元,我自己开火煮饭哪里够用呢?还得向家里去拿。乡村小学教师想求得丰衣足食,实不可得,因此抗战后,稍有热忱的人,都不愿在后方活活的饿死而愿意痛痛快快到前线和敌人拼。

有一次我去参观附近的一个学校,学生都不注意听讲上课,随便起立活动,后来才知道那位先生喜欢赶集,常常缺席,所以课室中谈不到上课的秩序了。因此许多学生都不高兴到校上课了,但是督学每每来调查,学生人数少,非但要受斥责,弄得不好,还要撤职的,他们便想个好办法,去和私塾的先生相商,等督学来,向他借些学生来坐坐,要是人数还不够,那便出去找些田上看牛的或捡柴的孩子来充数,来装样,这种教育真是糟糕,在这民教普及声中,希望当局要注意乡村教育的黑幕和乡村教育人员生活的改进才好。此外还有一种怪现象,就是乡村小学里最近有很多"大"学生来了,有的年龄在廿岁以上呢,原来他们是有钱的地主们的儿子来躲服役的啊!

萧:在幼小的时候,便希望着当个领导孩子的导师,因此在求学时代总是刻苦的攻读,希望将来做个好教师。在初中毕业后,因为环境关系,中止求学了。担任本县小学教员,薪额的确数我们不明白,所以校长先生竟只发七分之四,每月大概可得到七八元。后来由于同事们不平的抗议,才算多发了些。后来又改任×小的教职,待遇少而工作繁忙,但是环境还好,所以工作进行还算顺利。最近又在一个县立小学任教职,一切也说不上满意。几年的教书生活,非但引不起什么兴趣来,反而愈弄愈厌恶了。所以想另外学习些技能,以谋求自立,同时还想在抗战期间帮助抗战建国,争取最后胜利呢。①

实录四:怎样改进小学教师的生活(节选)

这里节录两首诗以明乡村教师生活困惫的一般情形:

我是师范生,教书在乡村;因乏牛马术,不惯与人争。

犹忆两年前,归去见母面;听我道失业,颜色为之变。

母说:"怎得了? 阿哥已病倒! 正愁柴和米,你又失业了!"

心烦睡不着,恍惚有所得;午夜起徘徊,月色何惨白。

上城找朋友,怅惘友门前。他也失业了,去将朋友见。

未明便动身,归来日已斜;肚饥口又渴,何处得杯茶!

拂晓灯何黯? 家人默无语。踏上我征尘,有母泪如雨。

---

① 文宣真记录:《川北小学教师座谈会》,《妇女生活》1940 年第 8 卷第 8 期。

怀着满腔热,踏进都市来;原期是天堂,谁知失业海!

当了破棉袍,当了布夹袄,一碗阳春面,不敢再吃饱。

……

这是一位失业师范生的生活苦闷;至于已经占有一席教师地位的,生活又是怎样呢?

我在乡村当教师,月薪八元还屡欠。

家有父母妻儿啼,生计困难怎么办!

饿肚进城去索薪,军警森严不许进!

三求四诉说来因,勉强放行才入内。

放行入内找会计,空桌数张人已去。

连候三天人不见,客栈伙食难赊欠!

栈主催欠迫又迫,偶遇会计发两成。

还上栈钱囊如洗,囊空返校徒叹息!

教员前来问"如何"? 两手清风叹口气;

屋里老小又待食,空手回家相对急!①

实录五:一位独担一校的乡村小学教师

小学教员的生涯,大家都知道是清苦的,无味的;但,同样一个小学教员,也有幸与不幸的差别。都市中的小学教员,有的也不免常在叫苦连天,但来和我们乡村中的相比一下,真是有天渊之别了!像上海南京杭州等几个特别区的头等小学教员,他们有五六十元,八九十元的月薪,位置还有相当的保障,还有年功加俸的希望。他们那里的学生,至少总是整整齐齐的,这种美缺,我们固不必去谈他;就是普通的一般市镇上的小学,大概都有相当的教室,寝室和校役等;起码还有二三个同事,生活上既得调剂,常可减少许多的寂寞和无聊了,哪里有我们这样

---

① 一青:《怎样改进小学教师的生活三》,《教与学月刊》1936 年第 1 卷第 10 期。

的辛苦乏味呢?

我们的学校,是在距镇六里之遥的一个村上,是由另一小学分出来的二部小学,交通异常的不便,来往信札,须等有便人上街时,才得托他们提带,报纸是没有眼福瞧到的。校舍设在一所破旧狭窄的庙内,一个子独担独当的每天从早到晚地上课下课。什么都得由你一个人去做。自炊自食,没有校役,更没有厨房。食于斯,宿于斯,孤单一个人,就在这破庙内生活着!终日所见所闻,真像嚼蜡样地无味!

学生有四十余,从五六岁的幼稚班起,到十七八岁的四年级生止,一共分着四五班。上课时,教会了这班,再掉转头去教那班。其余的要教他们写,教他们算,总不好给他们空坐那里。下了课还要去当心他们。啊!责任多么的烦重啊!

乡村儿童,大概因环境的关系吧?资质总较为迟钝一点。他们每天赤着脚,敞开胸,拖着鼻涕,满身是烂泥;无论你怎样的讲清洁,讲卫生,总归是没有效力的。这也难怪他们,他们的父兄,整日的在泥田里忙着,哪里还有闲工夫来替他们的儿女装扮呢?

有的乡下人非常难弄,他们时常要来"点"你的斤两(即试你的程度),要问你奇奇怪怪的字,要叫你写信,记账,择好日。在菩萨面前求得了签诗,也得你替他们讲解(教室就在菩萨的座前);假使你不去回答他们,他们就要到东邻西村去给你宣传,说你不好。

在农忙的时候,稍大一点的儿童,要歇在家里帮助田事;小一点的,也要回去牧牛,领弟妹,总是零零落落的缺课。待他们的工作完毕了进来时,把各种课程就忘记得干干净净了。你若不一而再的重新教给他们,他们的父兄要来问你一声:"先生,我们的阿狗为啥咯书也读勿出格吥?"管理稍紧,学生就要逃学;管理稍宽,又要说你拆烂污;介于这两难之间,真要使你束手无策了。

至于薪金方面,实在少得可怜,在我未来以前,也未曾梦想得到的,连膳十二元五角,去膳六元,所余只有六元五角了;每学期还要缴小学教师半月刊定费四角,教育研究会会费五角,每教室三角,这都由教育局在薪水上扣除的。再加以自己的零用,像买书邮票等,那就所余无几了。家里怎样还有钱寄回去呢!就是自己想做些衣裳,也很困难的了!

我们这样苦恼的生活,恐怕都市中的小学教员,在梦里也不会想到过吧?①

实录六:生活素描　一个乡村教师之自述

我是一个乡村完全小学的校长,每月有二十四元的收入。这数目在本县小学教师中,已经不能算少了。现在教局已欠薪三月,因为我是客籍人,无处借贷,连伙食也有不能维持之势。

我家中共有八个人:父亲,母亲,妹妹,三位弟弟,未婚妻及我自己。家中有破瓦屋三间,租田五亩耕种,还欠着债。父母都年已半百,妹妹今年二十四,已经许了人家,还未出嫁,在家助理家务。二弟在广东百候中学艺友师范班求学。三弟在山海工学团学做小先生。小弟在我跟前求学,本学期行将修毕小学课程;未婚妻也在一起读书。

照理家中我该按月寄去数元,现在做不到,他们也就不望我寄钱回去。房子快要塌倒了,我也无法,只得不管。爸妈们穿破衣,这在乡村里是很普通的,本也用不着穿得好。妹妹出嫁不得,照我的意思,婚姻是不必花多钱的,但习俗逼人,爸妈们要一些面子,以为做先生的人家,怎么妹子出门,没有一些儿陪嫁,似乎太不成话,等到年成好些,或者有钱时再说。二弟在广东,仗着子建先生帮忙,供给他费用。三弟我很有心想给他几个零用钱,但也只好想想罢了。小弟穿的衣服,破得和叫花子一样。去岁冬天,他手脚上害了好几处冻疮,才好了不久。我自己呢? 因为是先生了,衣衫太褴褛,有碍观瞻,但也没法想,幸有浙大同乡友人施君,自愿垫款替我在当铺里买了一件呢大衣,一套旧西装。夏天

---

① 烟波:《一位独担一校的乡村小学教师》,《读书生活》1936年第4卷第4期。

快到了,我还是披着呢大衣。

这二十四元的收入当中,我和小弟弟等三人的伙食,就要每月支去十二元。

每人每日吃米七合,每日二升一合,按月六斗三升,以每石六元计,该合三元七角八分。

柴每日三次,每次用五斤(脸水在饭锅上燉,否则是不够的),共计十五斤,每月四担半,每百斤一千四百文,按月大洋两元。

油,盐,酱,醋,轮着买,每天用铜元十枚,按月一元。

青菜豆腐,净素不荤,早晨吃粥,买八支铜板花生再加两条油炸枪,起码每天用四百文,按月合计大洋四元。

酒自然不喝,茶不能不饮。茶叶消费也可观,因此喝白开水,自己烧不成算,到茶店去泡,每日三壶,每壶铜元一枚,倘客来另加,按月大洋叁角。

一星期内吃一次荤,肉太贵,鱼也很不贱,吃些蛋,一次吃六个,四六二十四个。每个铜元四枚,那么按月大洋三角。

有时或者客人来,在伙食项下,预储大洋三角二分。

出门走动走动,每月起码要一元。

个人交际应酬,每月平均二元。

暑假寒假回家一次,三人往返一次二十元,两次四十元平均合每月六元余。

医药费每人每月一元,计三元。

以上合计二十四元收支相抵。这是我的预算。

然而上学期我们三人却病倒,医药费就用了八十余元,把我的预算撕得粉碎。加上伙食费六十余元,已吞没了我半年的收入。

父亲,母亲,妹妹及另外两个弟弟,单吃空气就能活吗? 我们是陪着农村一起破产了。①

---

①　黄志成:《生活素描　一个乡村教师之自述》,《生活教育》1934 年第 7 期。

实录七:我的小学教员生活

我是一个生长在×城中的女孩子。当我十七岁的那一年,刚从初中里跑出来,就由姑母介绍到某个小市镇去当小学教员。校长是一个三十多岁的中年男子,校长太太稍年轻些。

学校里连我一共有十个教员,而有六个教室,所以,这学校要算是我们那里设备最完善,校舍也最整齐的一所小学了。

记得那一天,当我将要离开家里去当教员的时候,我的心里真是非常恐惶呢。因为我根本是一个什么也不懂的女孩子,而且,我可以说还是第一次在社会上服务哩!我怕同事中会有人来捉弄我,为难我。可是到校以后,相反的,我竟会一点儿也不觉得恐惶。

那里的教员什九都是青年,比较起来,还是校长和校长太太年纪最大。我在那里,只过了一个多星期就和大家混熟了,校中一切的黑幕也都给我知道了。

校长是一个最懂得人情世故的人,譬如他对于地方上的领袖们,像区长、乡长、署长、中队长,这一类的人物,他知道他们所爱的是金钱,所欢喜的是吃、喝、嫖、赌;那么他也就利用他们这各种不同的嗜好,整日地和他们周旋着。校中的一切他却不闻不问,只知道二期学费。镇上的人们虽然都知道校长先生的弊端,可是无处去告发他。

教员差不多每半年更动的,因为教员的待遇实在太菲薄了。像我在一个月中间,每个星期来回城中一次,路上如果坐黄包车的话,那几乎连车资也不够呢。

所以教员中如有出路的,有血气的人,决不会久留在那里;挨过了半年,便非走不可了。

可是,我们这一群都是不会去跟校长先生纠纷的,也不会指责他的私生活,更不会计较他给我们薪水多少。那因为我们都是青年,我们都有我们个人自己的前程,这里只不过是躲风雨的走廊而已。

　　白天,我们只知道教书,吃饭;到晚上,大家就围在一处,英文啊,古文观止啊,以及大代数等,一项一项地互相研究着。那时候,我们简直都已经忘记了是在社会上做事,我们只当作是特地投奔到这大自然的乡村里来自修的,我们是一群志同道合和意气相投的青年啊。

　　时间是不留情的,半年很快地消磨了过去,在一声和平传遍了整个世界的时候,也正是即将开学的时候,在那个学校里,凡是年青的教员可以说没有一个不走,而我,也在父亲的可能中,再投入学生圈中去,依旧过我以前的学生生活。(寄自无锡)①

---

　　①　小凤:《我的小学教员生活》,《妇女共鸣》1937 年第 6 卷第 4 期。

第七章　对民国乡村教师角色的反思

　　"改造乡村社会的灵魂""复兴民族的战士""全民导师""基层干部"等等,都是民国时期外部世界赋予乡村教师的大名头,而乡村教师真正生活其间的乡村社会和乡村教师自身对于乡村教师角色的认知和体会却另有一番景象。民国乡村教师角色构成具有一定的复杂性和矛盾性,这与近代乡村教师发展方法和路径上的特殊性息息相关。

一、民国乡村教师社会角色的构成

　　民国时期乡村教师的角色构成既有现代民族国家赋予它的具有鲜明时代特征的内在统一性,同时,也有由于近代城乡文化脱节、新旧文化脱节所带来的晦暗难明的复杂性和矛盾性。

　　角色的本质属性首先是社会性,在现实生活中,人总是处于各种社会关系中,居于不同的社会位置,拥有不同的社会身份,代表着不同的社会角色,而每一种角色都象征着个人的社会存在形式。当社会将这种由社会关系所决定的个人行为逐渐地固定下来时,当与社会身份和社会地位相称的行为规范逐渐模式化时,便形成了角色。因此,本质上讲,社会角色是由社会存在决定的,是社会关系的反映。社会才是角色行为的出发点和落脚点。[1]由此可以断言,近代中国社会的时代特性造就了民国乡村教师的基本角色特征——无论由现代知识精英所代表的社会舆论,还是由制度政策法规体

---

① 王姗:《教师社会角色定位研究》,硕士学位论文,山东师范大学,2014年,第10页。

现的现代国家意志,都以现代知识、规范的代言人、传递者作为乡村教师的角色基础;并且在此基础之上,乡村教师角色还具有相当强的公共性,在学校和教学之外,有关乡村政治、经济、社会、文化习俗改良等公共事务,甚至大到国家、民族的命运都是乡村教师责无旁贷的责任。

但是,近代中国是一个断裂转型的社会,既有时间上的传统向现代的转型,又有空间上的城市与乡村、沿海与内地的分化;整个社会分化为有不同文化价值取向的利益集团,不同利益集团对某一特定社会角色的期待势必会存在差异。所以,社会内部的分化投射在乡村教师角色上就使其角色呈现出多元化的特征,民国乡村教师角色绝不仅仅是国家法定建构的模式那么简单。

首先,民国时期的乡村教师是随着近代社会转型和近代教育变革而新兴的职业群体,近代中国社会的时代主题——现代化转型和救亡图存,决定了乡村教师的基本角色特征——现代知识人。而具体来说,近代社会对乡村教师角色的期待又是通过国家法律建构和知识精英的鼓吹与倡导来体现的。也就是说,乡村教师的社会角色是由民国政府所代表的现代民族国家和知识精英所代表的现代社会共同建构起来的。其中,国家权力是最具权威和强制力的因素,历届民国政府通过教育法令法规建构和完善了乡村教师的职责、权利、义务和行为规范系统,规定了乡村教师的基本角色框架。

在民国法律法规中,乡村教师首先被设定为一个在学校这一特定社会组织内从事教学专业的人员,他既是现代知识技能的传授者,同时也是面向全体乡村民众的新的意识形态和社会规范的传播者,能够为国民政府的政权合法性提供有效说明,这就是所谓的“全民导师”角色。而且作为一个专业化的现代职业人群,其角色模式受到国家制度更严格的约束和规范,从乡村教师的培养、聘任、教学、管理到待遇权利等各个环节都受到来自政府的前所未有的严格监督和控制,其专业角色体现出比过去更强的国家意志和制度化特征。民国时期乡村教师角色的国家意志发展到顶峰,就是抗战背景下乡村教师成为国家的基层干部,直接负行政责任。

虽然无论是国家还是知识精英都期待乡村教师能够扮演一个超越单纯的教书匠之外、具有公共性质的角色,都期望他们于单纯的知识传授、价值传递之外承担更多的社会功能和责任。但是,毕竟近代中国不再是一个整体性很强的社会,而是一个分裂的、多元化的社会,以国民政府所代表的国家意志与知识精英所代表的现代社会之间还是有不同利益诉求的。国民政府希望乡村教师于传播现代知识技能之外,还能够成为三民主义意识形态的传声筒——"全民导师",甚至进一步成为政府行政系统中的一个基层干部,直接承担发动农民、组织和训练农民的政治功能,以服务于国民政府的基层政治建设目标和抗战建国大业。所以,其对乡村教师的角色期待有服务于国民党权威政治的狭隘性。而民间知识精英所代表的现代化变革的鼓吹者则基于知识分子易于接受乌托邦的浪漫天性,希望乡村教师有思想、有理论、有能力,能够成为独立领导乡村社会现代化变革的领袖,而不仅仅像政府设想的那样充当意识形态的传声筒和政策的执行者那么简单。在知识精英们看来,乡村教师应该是具有独立的批判精神、超越精神和责任担当意识的理想主义者、一个真正的公共知识分子,他们在乡村社会的现代化转型当中所发挥的作用应该是具有主体性和创造性的。因此,国家政权对乡村教师的期待更多地偏于政治性,而知识精英则期待乡村教师更具知识分子的主体性和公共性。

其次,在民国乡村教师的角色建构过程中,乡村社会所起的作用虽不那么显性,但却是深厚有力的,它构成民国乡村教师角色中比较隐秘的一面。

乡村教师的地域属性,使其角色构成上天然地具有独特性——乡土性。所谓乡村教师的乡土性是指乡村教师是生活在乡村社会中,并以乡村儿童和乡村民众为施教对象;乡村教师角色的确立,必须以乡村教师能够理解乡村、融入乡村、在乡村社会公共生活中掌握一定的话语权为前提。其实,国家和精英社会所期待的具有公共性的乡村教师角色也必须是以乡村教师的乡土性为必要前提的,他们所看重的也正是乡村教师扎根基层、贴近乡村民众的先天优势。而乡村教师的乡土性势必意味着乡村教师在角色模式上对乡村传统、乡村需求的理解和靠拢；也就是说，在近代城乡分化加剧、现代国家权力下沉乡村的情况下，虽然国家权威在建构乡村教师角色方面所起的作用更具强势和显性，但对乡村教师角色，乡村社会同样具有自己的想象和期待，也能施加自己的影响；在民国乡村教师角色与乡村社会之间的关系上，二者是双向互动，而不是乡村教师凭借国家权威对乡村社会的单向输出。

具体说来，乡村社会的文化传统和权力结构通过塾师经验和乡绅权势仍然渗透性地影响了乡村教师的角色扮演，迫使得乡村教师不得不对官方设定的城市化行为模式进行调整，将自己变成一个"半新半旧"的人物，以便与乡村社会的农业生活、经济水平、文化需要、社会权力结构等实际情况相适应，那些生搬硬套城市教师模式的乡村教师往往不能成功。比如，民国乡村教师在与乡村社会的互动中，都或主动或被动地借鉴了乡村塾师的教学技巧和生存经验；有些乡村教师甚至在充分认识到乡绅阶层的落后性的同时，也主动选择了与乡绅"联络"。他们这些看似与乡村传统妥协的行为，对于乡村教师角色的意义具有两面性。

一方面，不容否认乡村教师这种妥协折中的行为有其功利和落后的一面，某种程度上伤害了民国乡村教师角色的现代性。但另一方面，这种妥协折中行为也有积极的一面，毕竟只有在这种与乡村传统的实际交流中，才能获得对乡村社会实际的深刻认识，也才能更深刻地理解乡村教师角色的内涵，从而增强自己参与乡村公共生活的能力，提升对自身使命的认识。比如，在与塾师的对比和竞争当中，乡村教师角色中脱离乡村实际、过于城市化的倾向暴露无遗。再比如，新式教师与乡绅的不融洽，事实上体现了乡村教师与乡村士绅争夺公共生活领导权的矛盾，乡村教师面对传统乡绅时的卑微和妥协，正好反映了民国乡村公共生活空间仍然是掌握在传统乡绅手里、乡村教师公共性旁落这一严酷现实。期望当中的乡村教师的社会中心功能实际上是落空的，所谓乡村教师的公共性恐怕是民国乡村教师角色当中最能体现理想与现实之间反差的部分，如果沿着这个思路深究下去，恐怕会得出许多有益的认识。可惜的是,乡村教师们在挫折痛苦中得来的这些乡土性知识还只停留在乡村教师的实践经验层面,未能获得政府和专家的足够重视,从而上升到国家法定建构和教育专家专业建构的层面,成为民国乡村教师角色构成中的有机组成部分。

乡村教师有别于其他教师角色的独特性正在于他的乡土性,从这个意义上说,民国乡村教师角色的建构远未完成。

再次,社会角色是个体选择基础之上社会建构的产物。从乡村教师这个角色主体来讲,乡村教师本人与乡土社会环境进行互动所获得的经验性、体验性知识,应该与政府和教育专家的意见具有同等价值。乡村教师的角色既是制度赋予和社会认可的角色,也应该是个人认同的角色,是个性和社会性的有机统一。如果乡村教师自身对于社会赋予的角色缺乏认同的话,无论如何,这种社会角色在实践中是不会成功的。

乡村教师的实践体验证明,民国乡村教师的角色实践并不顺畅,而是面临很多主客观的困难,首先是乡村教师在扮演国家和社会赋予的角色时面临过大的压力,比如待遇过低、从业环境条件差、自身知识技能薄弱、认识角色的能力不足、社会活动能力差,以及与其他社会角色之间关系紧张,特别是与乡绅控制的乡村社会之间关系紧张,等等,这些都使乡村教师不仅不能成为乡村社会改良的实际领导者,甚至连做一个单纯的专业性角色——教书匠都不太成功。其次,乡村教师在自我角色认知上的落差也很明显,其现实中扮演的功利性角色与其神圣的理论角色之间差距很大,乡村教师的自我角色认同存在困惑与危机,所谓身负崇高社会责任的角色只存在于理论之中,或者存在于部分乡村教师的理想和期待之中,大部分乡村教师对自身现实角色的体会是卑微、功利和边缘的。

总之,到民国时期,在政府的法定建构和精英社会的督促呼吁下,乡村教师作为一个现代乡村知识人的角色框架已经初步建构起来。其角色功能总体上是服务于中国现代化发展大目标的,乡村教师作为乡村社会中稀缺的现代知识精英,是推动整个乡村社会现代化转型的媒介,充当着国家与社会、精英与大众、现代与传统之间的沟通桥梁。具体说来,其基本角色模式是作为教师的专业性与作为知识分子的公共性的有机统一,公共性又是其角色中最具时代性的亮点。

但是,民国乡村教师角色还远未形成足够的内在统一性,达到稳定和清晰的认识,其角色特征多数情况下还只是理想性描述,而非经验性描述。不同利益集团对于乡村教师的角色定位实际上存在一定差异,特别是从角色实践层面和教师主体角度看,乡村教师的角色扮演还面临很多主客观障碍,远说不上成功,特别是对乡村教师充当乡村公共生活中心或领袖角色的期望实际上是落空的。乡村教师的现实角色与其理想角色之间差距太大,乡村教师角色的自我认同与社会认同之间也有很大反差,对乡村教师的外部期待如何有效地内化为乡村教师的自我认同和现实角色,还是一个有待解决的问题。这些都说明民国时期乡村教师的角色建构是有缺失的,是国家和社会对乡村教师的角色设定过高,还是国家制度对于乡村教师角色的保障不力,抑或是乡村保守势力过于强大,还是乡村教师自身层面的问题?恐怕上述各方面的原因都有,但这些都只是表面原因,问题背后深层的社会历史根源在于乡村教师角色建构过程中的方向性偏差或方法性失误,即外在规约下的主体抑制。某种程度上说,民国乡村教师的主体抑制是乡村教师角色建构过程中外部规约带来的问题。

二、民国乡村教师发展中的问题:外在规约与主体抑制

所谓"外在规约"是指在乡村教师角色形成过程中,来自国家、专家精英等外部型塑力量。民国乡村教师角色建构更多地是来自外部期待和外部控制,乡村教师的角色定位往往习惯于抛开乡村教师和他所处的乡土环境,片面地从外部社会需要来考虑问题,所以乡村教师是被定位、被发展的对象,是工具化的角色。所谓"主体抑制"是指在乡村教师的发展过程中过于强调外部规约,使得作为主体的乡村教师,其角色定位过于被动,公共性表达的主体意识缺失和主体边缘化。

民国乡村教师角色中的问题几乎都与角色发展中的外在规约和主体抑制问题有关。尤其是乡村教师公共性的旁落、乡村教师公共生活中心角色的落空与乡村教师角色上的外在规约与主体抑制问题关系密切。

首先，在民国乡村教师角色上，由于过于强调国家和社会的需要，从而导致过度放大乡村教师的社会功能和社会责任，而忽视相应的社会支持和制度保障。乡村教师的义务与权利不匹配，带来的是乡村教师精神境界世俗化和社会地位边缘化，最终影响乡村教师的角色实践力度和效果。

每一个社会角色的责任与待遇、义务与权利应该是相匹配的，乡村教师要接受制度规范和约束，也需要同时从这一制度中获得相应的资源来保障对身份的认可，这才是一种良性的内在关系。若单纯从责任义务的角度来衡量乡村教师的话，乡村教师就往往被片面地强制践行外在角色期待，而他作为主体能在多大程度上认同和实践人们的期待——乡村教师的主体诉求则往往被忽略，这时乡村教师会时刻背负过多的挑剔和批评，习惯于被动地按照国家和社会规定好的角色路线行动，甚至完全丧失作为知识分子应有的独立思考和反思能力，缺乏改变自身命运的主观能动性。事实上，民国时期有关乡村教师的责任与待遇、义务与权利之间的关系失衡得很严重。虽然乡村教师抽象的理论角色很崇高，但乡村教师实际履职的硬件和软件环境都不理想，尤其是乡村教师的薪资待遇过低，实际造成乡村师资总体素质和工作热情都很低。现实中，他们只是匍匐在生计压力下的教育体系最低端的从业人员，其职业的效能感、荣誉感很低，责任感也随之缺失。养家糊口这一世俗目标是乡村教师职业生活的中心，他们很难成为社会期待中的有理想、有抱负的文化导师或乡村领袖的角色。

而且由于政府对于乡村教师地位的制度保障不力，这同时也会迫使乡村教师更多地依赖乡村社会资源来获取物质保障和精神安慰，其角色扮演必然受到来自乡村社会过多的干预和制约。一方面，由于民国时期乡村社会的文化习俗和评价体系是传统的、保守的，这在客观上必然也加剧了乡村教师队伍素质的良莠不齐，从而可能加剧乡村教师队伍的世俗化。另一方面,乡村教师转而依赖乡村资源,事实上导致乡村教师对乡绅权势的依附,在与乡绅争夺乡村公共话语权时处于不利位置。乡村教师很难独立地掌握一个自由言说的公共空间,甚至在校园这个本该属于他的领域内,乡村教师也无法完全按照自己的意愿自由言说,所以自然也无法扮演乡村公共生活中心的角色。

其次,由于民国乡村教师角色主要源自国家法定建构,乡村教师从培养、聘任、检定,到教学、管理,再到待遇和流动,都被纳入国家的教育管理体系,乡村教师日益成为政府控制下的一个特定阶层,而被迫与自己活动的背景空间——乡村社会隔离开来,沦为乡村生活中的边缘人。这势必也加剧乡村教师公共性的旁落。

民国乡村教师的去乡村化其实是近代国家权力介入乡村的产物,特别是以 20 世纪 30 年代为典型,随着国民政府权威的确立,国家对于义务教育和乡村教育的重视,乡村教师的身份角色发生了重要转型,即国家化。不仅越来越多的乡村学校逐步转为官办或半官办,这类学校的乡村教师就成为正式的"体制内"教师;而且,许多所谓私立学校,如村立、镇立或私人开办的乡村学校,甚至是处于隐蔽状态下的私塾,也都在教学、管理等方面被逐步纳入国家的现代化教育系统,这类学校的教师虽然在正式身份上还属于"体制外",但其职业角色的国家意志很明显,因为他们在任职、待遇、教学上都越来越多地接受国家教育体制的规范。

民国乡村教师角色的国家化与乡村教师的去乡村化是问题的一体两面。在近代中国,工业化和城市发展无疑是国家的战略重心,导致学校文化导向由乡土文化转向工业化所需要的现代文化。随着国家权力下沉到传统社会难以触及的乡村社区,乡村教师的基本角色模式都在国家控制之下远离乡村。一个人能否教书,如何教书,如何评定资格、如何调动工作等都有严格的制度安排,而所有制度安排都开始与乡村社区是否同意无关,乡村教师不再像过去的塾师那样依赖乡村社区的接纳与否,而是渐渐成为游离于乡村之外的群体;他们更关注国家的教育政策和制度,根据城市化和工业化要求设定的培养目标不断打造学生即可。至于乡村的利益、乡村文化该如何发展等问题，其实并不是最关他们切身利害的核心问题。也就是说，对乡村教师的职业评价体系或乡村教师的基本价值取向不是乡村社会内生的，而是外铄的，这样也就很可以理解何以乡村教师在乡村社会生活中日渐陷入孤立的困境了。

事实上，近代乡村教师角色的国家化与其角色的公共性之间存在悖论，中国的现代化转型需要乡村教师在乡村承担更多公共责任，但乡村教师身份的国家化又意味着乡村教师越来越远离乡村，其对乡村社会的整合功能越来越弱，造成乡村教师的公共性旁落。

最后，从教育教学活动的学者专家专业建构角度来看，民国乡村教师日益丧失在自身专业领域的话语权，丧失了乡村教育应有的创造性，这也是乡村教师主体抑制的一个表现。

在近代中国教育现代化的过程中，乡土社区原有的教育发生了重要转变，乡村以外的所谓现代文化和知识技能开始取代乡村传统，地方性知识被迫退居私领域内。新的城乡一体的教育制度并不注重乡村教师特殊性的研究，民国乡村教师角色是照搬城市教师模式的，由教育专家制定的城乡一体的教师专业发展标准使得乡村教师始终追逐城市教师，从而加剧了他们从乡村社会中的游离，缺乏与其生存背景的互动。在追逐专业化、规范化的路上，由教育专家、技术官僚、教育行政系统所代表的知识霸权与技术组织对乡村教师起着支配作用，他们是既是教师标准的立法者又是实际操作过程的阐释者，乡村教师在这样的规则中只是受规训者和执行者。他们的思想被规范，他们的行动被监督。他们只能整天疲于奔命，眼睛只盯着城市看，盲目追求自身所谓科学素质和知识水平的提高，始终处于盲目追赶各种标准，承受各种教育专家的批评与指责的状态。在这种情况下，乡村教师从实践中所得来的经验性和体验性知识，并不被认为与教育专家的意见具有同等价值；乡村教师也变得缺乏与所处乡土环境的双向互动，对应该扮演的社会角色选择性忽视。

　　近代乡村教师作为沟通城乡文化、沟通中西文化的桥梁,其理论角色本身应该是一个学习者、研究者,其基于熟悉乡村、理解乡村基础上自我学习而得来的具有创造性的知识是最可贵的。乡村教师获得自身意义在于他们如何创造性地完成角色规范,而绝不仅仅在于他们刻板地践行了外在赋予的角色期待。近代以来这种僵化的知识体制过度追求专业化、技术化和职业化,忽视了乡村教师独有的实践性知识、缄默知识和地方性知识,使他们丧失了超越性的公共良知,丧失了对教育公共问题、乡村社会问题的深刻关怀。民国乡村教师的职业行为在国家控制和制度约束下变得越来越刻板和程式化,反而不如旧式塾师表现得那样更加自主、活泼,具有创造性。所以,改变城乡同构的教师教育体制和教师专业发展标准,以发挥教师角色主体的潜能,也是解决民国乡村教师的社会角色困境与建构乡村教师公共性的一个途径。

　　总之,国家和社会等外在规约只是赋予乡村教师社会角色变迁的依据与原则,乡村教师具有足够的自我掌控力和自主选择意识,对于乡村教师角色建构也具有重要意义。

参考文献

一、民国时期资料

1. 报刊

《大公报》影印本,人民出版社 1982 年版。

《申报》影印本,上海书店 1983 年版。

国民政府大学院公报编辑处编辑:《大学院公报》,1928—1929 年。

国民政府教育部总务司编:《教育部公报》,1929—1940 年。

《教育杂志》,1909 年 1 月—1948 年 11 月,上海商务印书馆发行。

《中华教育界》,1913 年 5 月—1949 年 11 月,上海中华书局发行。

《东方杂志》,1904—1948 年,上海商务印书馆发行。

《独立评论》,1932 年 5 月—1937 年 7 月。

山东省教育厅主办:《基础教育月刊》,1935—1937 年。

中国儿童教育协会主办、江苏省教育厅第二科编辑:《小学教师》,1940—1945 年。

江苏省教育厅主编:《江苏教育》,1934—1936 年。

江苏省立大港乡村教育实验发行:《乡村运动》月刊,1936—1937 年。

俞子夷主编、儿童书局总店发行:《教师之友》,1935—1937 年。

正中书局教与学月刊社发行:《教与学月刊》,1935—1937 年。

济南乡村运动周刊社:《乡村运动周刊》,1937 年。

安徽省政府教育厅编辑处:《安徽教育周刊》,1927—1928 年。

安徽省政府教育厅:《安徽教育行政周刊》,1928—1933 年。

安徽省政府教育厅:《安徽教育行政旬刊》,1933—。

浙江省教育厅:《浙江教育行政周刊》,1929—1935 年。

湖南省教育会发行:《湖南教育》,1928—。

湖南省义务教育委员会编行:《湖南义教》,1935—。

河南教育厅编辑处:《河南教育》周刊,1928—1931 年。

江西省教育书报编译处:《江西教育旬刊》,1932—1934 年。

江西省教育厅编审处主办:《江西教育旬刊》,1929—1934 年。

江西省政府教育厅:《江西教育》月刊,1934—1937 年。

江西省教育厅发行:《江西地方教育》,1935—1941 年。

四川省政府教育厅编审室:《四川教育》,1937—1938 年。

国立四川大学教育研究会:《教育半月刊》,1936—1946 年。

广东省教育厅发行:《广东教育行政周刊》,1929—1930 年。

广西教育厅编译处发行:《广西教育》旬刊,1928—1929 年。

广西教育厅发行:《广西教育行政月刊》,1931—1933 年。

广西省政府教育厅发行:《广西教育通讯》半月刊,1939—1941 年。

云南省教育厅云南教育周刊编委会:《云南教育周刊》1931—1933 年。

青岛特别市教育局编辑:《青岛教育》周刊,1938—1939 年。

北平众志月刊社:《众志月刊》,1934—1935 年。

山西教育学院夜光社:《夜光》,1931 年。

福建省教育厅编辑委员会:《福建教育》,1928—1934 年。

湖南省立长沙高级中学附属小学校小学教育研究会:《教学生活》月刊,1935—
1936 年。

人间世半月刊社:《人间世》月刊、半月刊,1939—1949 年。

国立第一中山大学教育学研究所:《教育研究》月刊,1928—1942 年。

山东省立民众教育馆编:《民众周刊》,1931—1934 年。

山东滋阳乡师半月刊编委会:《山东滋阳乡师半月刊》,1935—1936 年。

山东省立民众教育馆:《山东民众教育月刊》,1933—1937 年。

山东乡村建设研究院编:《乡村建设》半月刊,1931—1937 年。

中华职业教育社编:《教育与职业》,1917—1925 年。

江苏省立教育学院研究实验部编:《教育与民众》,1929—1941 年。

北平实报馆发行:《实报》半月刊,1928—1944 年。

新生周刊社发行:《新生》周刊,1934—1935 年。

青年导报社:《青年导报》,1934 年。

南京国民政府教育部国民教育司与各省教育厅编审室合编:《国民教育指导月刊》
(湖北、广西、福建、四川),1941 年 9 月—1942 年 9 月。

2. 著作、资料汇编

俞子夷:《一个乡村小学教员的日记》,商务印书馆 1933 年版。

徐天武:《基础学校教师生活记述》,民团周刊社 1939 年版。

刘百川:《乡村教育实施记》,中国教育研究社 1937 年版。

刘百川：《乡村教育的经验》，商务印书馆 1937 年版。

卢绍稷：《乡村教育概论》，大东书局 1932 年版。

舒新城：《我和教育——三十五年教育生活史（1893—1928 年）》，中华书局 1945 年版。

舒新城：《近代中国教育思想史》，上海中华书局 1929 年版。

廖泰初：《动变中的中国农村教育：山东汶上县教育研究》，1936 年版。

庄泽宣：《乡村建设与乡村教育》，中华书局 1939 年版。

陈东原：《中国教育史》，上海商务印书馆 1935 年版。

周予同：《中国现代教育史》，上海良友图书公司 1934 年版。

余家菊：《乡村教育通论》，上海中华书局 1934 年版。

甘豫源：《乡村教育》，中华书局 1935 年版。

傅葆琛：《乡村生活与乡村教育》，江苏省立教育学院研究实验部 1930 年版。

傅葆琛：《乡村平民教育的理论与实际》，江苏省立教育学院 1931 年版。

张宗麟：《乡村教育及民众教育》，商务印书馆 1940 年版。

张宗麟：《乡村小学教材研究》，黎明书局 1933 年版。

张宗麟：《乡村教育》，世界书局 1933 年版。

张宗麟：《乡村教育经验谈》，世界书局 1935 年版。

赵质宸：《乡村教育概论》，著者书店 1933 年版。

古楳：《乡村教育新论》，民智书局 1930 年版。

古楳：《乡村教育》，上海商务印书馆 1935 年版。

古楳：《乡村师范概要》，上海商务印书馆 1936 年版。

杨效春：《乡农的书》，山东乡村建设研究院 1935 年版。

杨效春：《乡村教育纲要》，中华书局 1934 年版。

邰爽秋：《乡村教育之理论与实际》，教育编译馆，出版年不详。

陈翊林：《最近三十年中国教育史》，上海太平洋书店 1930 年版。

吴寄萍：《私塾改良》，中华书局 1939 年版。

郭人全：《农村教育》，黎明书局 1932 年版。

雷通群：《中国新乡村教育》，新亚书店 1933 年版。

国联教育考察团：《中国教育之改进》，国立编译馆译，1932 年版。

包笑天：《钏影楼日记》，山西古籍出版社 1999 年版。

李景汉编著：《定县社会概况调查》，中国人民大学出版社 1986 年版。

费孝通、吴晗：《皇权与绅权》，天津人民出版社 1988 年版。

林耀华：《金翼——中国家族制度研究》，生活·读书·新知三联书店 1999 年版。

杨懋春：《一个中国村庄：山东台头》，张雄等译，江苏人民出版社 2012 年版。

陈景磐:《中国近代教育史》,人民教育出版社 1978 年版。

邰爽秋、黄振祺等:《中国普及教育问题》,商务印书馆 1938 年版。

舒新城:《近代中国教育史料补编》,上海中华书局 1928 年版。

南京国民政府教育部国民教育司编印:《三十年视察各省市国民教育报告》,1941 年 12 月版。

南京国民政府教育部国民教育司编印:《三十年度各省市国民教育概况》,1942 年 1 月版。

南京国民政府教育部国民教育司、国民教育辅导研究委员会编印:《三十一年度国民教育实施概况》(上、下),1943 年版。

南京国民政府教育部编:《教育法令汇编》第 1—6 辑,正中书局发行,1936—1941 年版。

南京国民政府教育部中国教育年鉴编审委员会编:《第一次中国教育年鉴》,上海开明书店 1934 年版。

南京国民政府教育部教育年鉴编纂委员会编:《第二次中国教育年鉴》,上海商务印书馆 1948 年版。

二、现当代资料

1. 著作

李华兴主编:《民国教育史》,上海教育出版社 1997 年版。

申晓云主编:《动荡转型中的民国教育》,河南人民出版社 1994 年版。

黄书光:《中国教育哲学史》第 4 卷,山东教育出版社 2000 年版。

熊贤君:《千秋基业——中国近代义务教育研究》,华中师范大学出版社 1998 年版。

苗春德主编:《中国近代乡村教育史》,人民教育出版社 2004 年版。

商丽浩:《政府与社会——近代公共教育经费配置研究》,河北教育出版社 2001 年版。

田正平、肖朗主编:《世纪之理想——中国近代义务教育研究》,浙江教育出版社 2000 年版。

董宝良等主编:《中国教育思想通史》第 7 卷,湖南教育出版社 1994 年版。

董纯才主编:《中国革命根据地教育史》第 1 卷,教育科学出版社 1991 年版。

郑杭生:《社会学概论新修》,中国人民大学出版社 2002 年版。

张仲礼著,李荣昌译:《中国绅士——关于其在十九世纪中国社会中作用的研究》,上海社会科学出版社 1991 年版。

潘光旦:《话说乡土教育》,《潘光旦文集》,光明日报出版社 1999 年版。

刘大鹏遗著,乔志强标注:《退想斋日记》,山西人民出版社 1990 年版。

王铭铭：《村落视野中的文化与权力》,生活·读书·新知三联书店1997年版。

乔志强、行龙主编：《近代华北农村社会变迁》,人民出版社1998年版。

黄宗智：《华北小农经济与乡村社会变迁》,中华书局2000年版。

黄宗智主编：《中国乡村研究》第1—4辑,商务印书馆2003—2006年版。

蒋纯焦：《一个阶层的消失:晚清以降塾师研究》,上海书店出版社2007年版。

郝锦花：《新旧学制更易与乡村社会变迁》,人民出版社2009年版。

江沛、王先明主编：《近代华北区域社会史》,天津古籍出版社2005年版。

王先明主编：《华北乡村社会文化与权力结构变迁》,人民出版社2002年版。

李书磊：《村落中的"国家"——文化变迁中的乡村学校》,浙江人民出版社1999年版。

陶钝：《一个知识分子的自述》,山东人民出版社1987年版。

王先明：《近代绅士——一个封建阶层的历史命运》,天津人民出版社1997年版。

《世纪学人自述》第1—3卷,北京十月文艺出版社2000年版。

张鸣主编：《乡村社会权力与文化结构的变迁》,广西人民出版社2001年版。

《毛泽东农民调查文集》,人民出版社1982年版。

[美]明恩溥著,午晴、唐军译：《中国乡村生活》,时事出版社1998年版。

[美]杜赞奇著,王福明译：《文化、权力与国家——1900—1942年的华北农村》,江苏人民出版社1996年版。

[丹麦]曹诗弟著,泥安儒译：《文化县:从山东邹平的乡村学校看二十世纪的中国》,山东大学出版社2005年版。

朱汉国：《梁漱溟乡村建设研究》,山西教育出版社1996年版。

马勇：《梁漱溟教育思想研究》,辽宁教育出版社1994年版。

中国文化书院学术委员会编：《梁漱溟全集》第5卷,山东人民出版社1992年版。

华中师范学院教育科学研究所主编：《陶行知全集》第1卷,湖南教育出版社1984年版。

华中师范学院教育科学研究所主编：《陶行知全集》第2卷,湖南教育出版社1985年版。

董宝良编：《陶行知教育论著选》,人民教育出版社1991年版。

田正平、李笑贤编：《黄炎培教育论著选》,人民教育出版社1993年版。

蒋廷黻口述：《蒋廷黻回忆录》,岳麓书社2003年版。

蒋梦麟：《西潮与新潮——蒋梦麟回忆录》,东方出版社2006年版。

冯友兰：《三松堂全集》第1卷,河南人民出版社2001年版。

陈侠、傅启群编：《傅葆琛教育论著选》,人民教育出版社1994年版。

高平叔编：《蔡元培全集》第2卷,中华书局1984年版。

许纪霖、陈达凯:《中国现代化史》第 1 卷,上海三联书店 1995 年版。

《中国大百科全书·社会学》,中国大百科全书出版社 1991 年版。

2. 文史资料、地方志

中国人民政治协商会议湖北省宜昌县委员会文史资料研究委员会编:《宜昌县文史资料》第 5 辑,1991 年版。

中国人民政治协商会议菏泽市文史资料研究委员会编:《菏泽文史资料》第 1 辑,1988 年内部发行。

中国人民政治协商会议山东省淄博市博山区委员会编:《博山文史资料选辑》第 2 辑,时间不详,内部发行。

四川省资阳县志编纂委员会编纂:《资阳县志》,成都巴蜀书社 1993 年版。

《慎城春秋》第 1 辑,安徽省颍上县文史委 1986 年版。

交城县志编写委员会编:《交城县志》,山西古籍出版社 1994 年版。

平鲁县志编纂委员会编:《平鲁县志》,山西人民出版社 1992 年版。

中国人民政治协商会议山西省稷山县委员会文史资料组编:《稷山文史资料》第 1 辑,山西省稷山县政协文史资料研究委员会,1985 年版。

《万全文史资料》第 1 辑(上册),中国人民政治协商会议万全县委员会文史资料征集委员会。

安徽省地方志编纂委员会编:《安徽省志·教育志》,方志出版社 1997 年版。

山东省教育史志编纂委员会办公室编:《山东教育史志资料》,1983—1989 年版。

山东省政协文史资料委员会编:《山东文史集萃》教育卷,山东人民出版社 1993 年版。

宜宾教育局编:《宜宾教育志》,西南师范大学出版社 2005 年版。

潘龙光等修,张嘉谋等纂:《西华县续志》,《华北方志丛书(华北地方)第 101 号》,台北成文出版社 1968 年版。

宁夏教育史志编纂委员会办公室编:《宁夏教育史志资料集》(上辑),内部资料,1996 年。

湖南省益阳地区教育志编纂委员会:《益阳地区教育志》,中国文史出版社 1991 年版。

德州地区教育局教育志办公室编:《德州地区教育史志资料》,1987 年。

福建省地方志编纂委员会编:《福建志·教育志》,方志出版社 1998 年版。

广东省地方志编纂委员会编:《广东省志·教育志》,广东人民出版社 1995 年版。

《江西省教育志》编纂委员会编:《江西省志·教育志》,方志出版社 1996 年版。

广西壮族自治区地方志编纂委员会编:《广西通志·教育志》,广西人民出版社 1995 年版。

3. 档案、资料汇编

中国第二历史档案馆编:《中华民国档案史资料汇编》第 3 辑教育,江苏古籍出版社 1991 年版。

中国第二历史档案馆编:《中华民国史档案资料汇编》第 5 辑第 1 编教育,江苏古籍出版社 1994 年版。

中国第二历史档案馆编:《中华民国档案史资料汇编》,第 5 辑第 2 编教育,江苏古籍出版社 1997 年版。

宋恩荣、章咸主编:《中华民国教育法规选编(1912—1949)》,江苏教育出版社 1990 年版。

李文海主编:《民国时期社会调查丛编·文教事业卷》,福建教育出版社 2004 年版。

陈学恂编:《中国近代教育史教学参考资料》(上、中、下册),人民教育出版社 1986 年。

李桂林、戚名秀、钱曼倩编:《中国近代教育史资料汇编·普通教育》,上海教育出版社 1995 年版。

陈学恂、田正平编:《中国近代教育史资料汇编·留学教育》,上海教育出版社 1991 年版。

璩鑫圭、唐良炎编:《中国近代教育史资料汇编·学制演变》,上海教育出版社 1991 年版。

璩鑫圭、童富勇编:《中国近代教育史资料汇编·教育思想》,上海教育出版社 1997 年版。

[日]多贺秋五郎:《近代中国教育史资料 民国编》,台北文海出版社 1976 年版。

舒新城编:《中国近代教育史资料》(上、中、下册),人民教育出版社 1981 年版。

4. 论文

司洪昌:《嵌入村庄的学校——仁村教育的历史人类学探究》,博士学位论文,华东师范大学,2006 年。

范星:《民国时期山东小学教员检定研究》,硕士学位论文,山东师范大学教育史专业,2010 年。

杨娟:《苏南乡村教育研究(1905—1937)》,博士学位论文,华东师范大学教育学系,2009 年。

王翠红:《近代山东私塾改良研究》,硕士学位论文,山东师范大学,2007 年。

杨晓军:《区域视野中的乡村、学校与社会:1905—1931 年东北乡村教育研究》,博士学位论文,吉林大学中国近现代史专业,2009 年。

张济洲:《文化视野中的村落、学校与国家——一个县教育的历史人类学考察(1904—2006)》,博士学位论文,华东师范大学教育史专业,2007 年。

吴晓朋:《民国时期的江苏省乡村师范教育(1922—1937)——以省立六所乡师为中心的考察》,硕士学位论文,南京大学,2008年。

郝锦花:《新旧之间——学制转轨与近代乡村社会》,博士学位论文,山西大学历史与旅游学院,2004年。

曾崇碧:《20世纪30年代四川小学教师状况研究》,硕士学位论文,四川大学历史文化学院,2003年。

许妍:《1927—1937年河南教师群体研究》,硕士学位论文,河南大学,2008年。

高海燕:《1927—1937年间江苏小学教师研究》,硕士学位论文,南京师范大学教育科学学院,2008年。

刘强:《1927—1937年安徽教师群体研究》,硕士学位论文,安徽大学历史系,2011年。

杨学功:《战时四川省小学教师生存境况的考察》,硕士学位论文,南京师范大学社会发展学院,2007年。

丁留宝:《乡村教师:乡村革命的播火者——以安徽农村党组织建设为例(1923—1931)》,硕士学位论文,上海师范大学人文与传播学院,2007年。

于伟敏:《南京国民政府时期义务教育研究(1927—1945年)》,硕士学位论文,东北师范大学历史文化学院,2008年。

黄飚:《民国时期义务教育师资培养与管理研究》,硕士学位论文,东北师范大学,2007年。

阎广芬:《试论中国近代义务教育的师资培养》,《高等师范教育研究》2003年第1期。

陈育红:《二十世纪二三十年代小学教师的薪水及其生活状况》,《民国档案》2004年第4期。

慈鸿飞:《二三十年代教师、公务员工资及生活状况考》,《近代史研究》1994年第3期。

关晓红:《科举停废与近代乡村士子:以刘大鹏、朱峙三日记为视角的比较考察》,《历史研究》2005年第5期。

郝锦花、王先明:《从新学教育看近代乡村文化的衰落》,《社会科学战线》2006年第2期。

郝锦花、王先明:《论20世纪初夜中国乡间私塾的文化地位》,《浙江大学学报》2005年第1期。

郝锦花、王先明:《清末民初乡村精英离乡的"新学"教育原因》,《文史哲》2002年第5期。

王先明、杨东:《新世纪以来中国近代乡村史研究的回顾与反思》,《史学月刊》2010

年第 7 期。

王先明:《乡绅权势消退的历史轨迹:20 世纪前期的制度变迁、革命话语与乡绅权力》,《南开学报》2009 年第 1 期。

郝锦花、田正平:《民国时期乡村小学教员收入状况考察:中国教育早期现代化问题研究之一》,《教育与经济》2007 年第 2 期。

侯明喜、曾崇碧:《试论民初乡村小学教师的社会地位:以 20 世纪 30 年代四川为例》,《四川师范大学学报》2007 年第 7 期。

蒋纯焦:《晚清士子的生活与教育:以塾师王锡彤为例》,《华东师范大学学报》2006 年第 6 期。

梁勇:《清末"庙产兴学"与乡村权势的转移:以巴县为中心》,《社会学研究》2008 年第 1 期。

杜维鹏:《民国时期乡村教师的收入状况与生存状态——以华北地区为中心的考察》,《历史教学》2015 年第 4 期。

刘克辉:《南京国民政府时期的乡村师范学校》,《天中学刊》2008 年第 6 期。

刘克辉:《民国时期乡村教育问题研究述评》,《史学月刊》2007 年第 11 期。

柳琴、左松涛:《略论 20 世纪上半叶中国的私塾改良》,《历史档案》2002 年第 2 期。

罗玉明、汤永清:《三十年代南京政府对私塾的改良述论》,《江西社会科学》2003 年第 3 期。

罗志田:《科举制废除在乡村中的社会后果》,《中国社会科学》2006 年第 1 期。

苗春德:《论 20 世纪上半叶"乡村教育"运动的基本特点》,《河南大学学报》2003 年第 1 期。

任念文:《民国初期山西"村政"改革与山西乡村教育关系考》,《晋阳学刊》2006 年第 1 期。

田正平、杨云兰:《中国近代的私塾改良》,《浙江大学学报》2005 年第 1 期。

童富勇:《论乡村教育运动的发轫兴盛及其意义》,《浙江学刊》1998 年第 2 期。

王印焕:《民国政府公教人员生活状况的演变》,《北京科技大学学报》2005 年第 1 期。

郑起东:《近代华北乡村教育的变迁》,《中国农史》2003 年第 1 期。

熊贤君:《中华民国时期私塾的现代化改造》,《华东师范大学学报》(教育科学版)1998 年第 3 期。

姜朝晖、朱汉国:《1930 年代中期新旧教育二元并存格局初探》,《齐鲁学刊》2013 年第 3 期。